◆ 修訂二版 ◆

中華民國憲法

▶ 憲政體制的原理與實際

蘇子喬　著

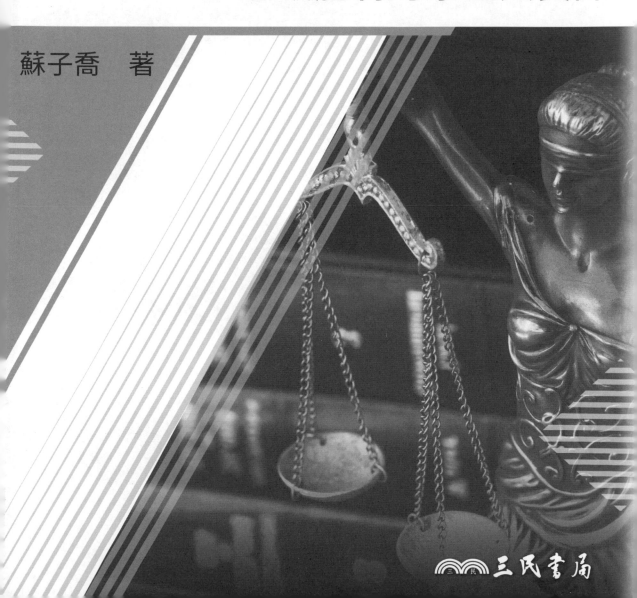

三民書局

▎推薦序▎

王業立教授推薦序

結合政治學與法學分析的跨學門著作

吳玉山教授推薦序

以我國憲政體制為焦點的半總統制研究

黃德福教授推薦序

兼顧「結構」與「行動」層面的憲政研究

黃錦堂教授推薦序

對我國憲政發展的細緻觀察

（依姓氏筆畫排序）

王業立教授推薦序

結合政治學與法學分析的跨學門著作

　　無論是在理論或實務上，半總統制的研究在臺灣皆具有相當重要的意義。在理論上，半總統制是一個新興發展的研究領域。這個研究領域的興起，主要是因為許多第三波民主化的國家在憲政體制上選擇採行半總統制，而半總統制不論是在定義、實際內容以及各國運作所產生的多樣性經驗，都受到研究者的重視。在實務上，我國當前的憲政體制也是屬於半總統制，許多的憲政爭議，都是源於不同政府部門、政治人物以及學者對於我國目前這部半總統制憲法的內涵有不同看法。我國半總統制的研究與實際憲政運作的爭議課題亦步亦趨，充滿濃厚的現實關懷。特別的是，在半總統制的研究中，國內學者的研究成果比起國外學界毫不遜色，國內學界對於半總統制的研究是一個少數能與國際接軌的研究領域。蘇子喬博士是國內研究半總統制的年輕學者之一，他這本著作的出版，增添並豐富了國內學界在半總統制方面的研究成果。

　　蘇博士這本著作涵蓋了三個「兼顧」。首先，它是一本試圖兼顧法學分析與政治分析的著作。憲政體制是憲法學者與政治學者皆關切的研究議題，但探討方式通常各有所偏——憲法學者偏重憲政體制的法理分析，政治學者偏重憲政體制的實證分析。蘇博士身為政治學者，專精於憲政體制的實證分析，不過他在大學時期法律系雙主修的學習經歷，亦使他比一般政治學者更有意

識地去探討憲政體制的法理邏輯，他既是一個「政治人」，也是一個「法律人」。這本著作一方面對於憲政體制進行政治學的實證分析，例如本書對於半總統制利弊得失的討論、對於我國憲政體制變遷路徑的探討，以及對於我國半總統制為何不會換軌的制度分析，探究的焦點都是憲政體制的政治邏輯，這部分是政治學者較熟悉，而憲法學者較少著墨的探討面向。尤其本書以近年來在政治學界廣受重視的新制度論作為研究途徑，試圖描繪我國憲政體制變遷的軌跡，確實有其創見。另一方面，本書也對憲政體制進行憲法學的法理分析，例如本書對於影響我國憲政運作的大法官解釋的分析相當細緻，也對我國司法院、考試院、監察院等獨立機關進行法制面的探討，這部分則儼然看到「法律人」而非「政治人」的影子。在本書中，蘇博士試圖穿梭於「政治人」與「法律人」兩種敘述者的角色之間，希望兼顧憲政體制的實證與法理分析，對於憲法學與政治學的科際整合做了令人印象深刻的示範。

其次，本書是一本兼具學術深度與教科書通論性質的著作。本書中許多篇章的素材與內容源於蘇博士過去在國內重要期刊上發表的論文，頗具學術深度，但本書並非一本集合各篇獨立論文的學術論文集。經由蘇博士對過去發表期刊論文的大幅改寫與增補，本書各章構成一個論述邏輯清晰、層次分明的完整架構，對於我國憲政體制進行全面且深入的探討。本書先對民主國家的憲政體制類型做基本介紹（第一章至第三章），再聚焦於我國的憲政體制（第四章至第八章）。在探討我國憲政體制時，先討論我國憲政體制的變遷過程（第四、五章），再探究我國憲政體制的運作（第六、七、八章）。而在探討我國憲政體制的變遷過程與運作時，皆先進行微觀分析 (micro-analysis)（第四章以及第六、七章），而後進行巨觀分析 (macro-analysis)（第五章與第八章）。探討了我國憲政體制之後，最後一章（第九章）則將觀察的視野放大，從全球的角度、比較的觀點探討憲政體制的合宜制度配套。蘇博士這本

深入淺出的著作不僅是要跟研究憲政體制的學術工作者對話，也試圖跟廣大的莘莘學子交談。

　　第三，本書是一本兼顧本土研究與比較觀點的著作。本書不僅探討我國的憲政體制，對於世界上其他民主國家的憲政體制也著墨甚多。例如本書第一章對於民主國家憲政體制類型的介紹、第三章對於半總統制次類型的討論，以及第九章對於憲政體制與選舉制度配套組合的探討，都是將全世界民主國家的憲政體制納入觀察。第八章對於我國憲政體制整體運作模式的討論，則是以法國第五共和的憲政體制作為研究的對照組。讀者不僅能夠從本書瞭解我國的憲政體制，也能從本書中獲取比較政治領域中政治制度方面的相關知識。

　　基於以上三個「兼顧」，本書是一本可讀性很高的著作，值得關心憲政體制議題的研究者與對此議題有興趣的廣大讀者悉心閱讀。我也期許蘇博士未來的學術道路能夠行穩致遠，繼續寫出高水準的著作以饗讀者。

臺灣大學政治學系教授

王業立

2013.10.16

吳玉山教授推薦序

以我國憲政體制為焦點的半總統制研究

在臺灣從事憲政研究具有特殊的意義。這是因為中華民國的民主政體建立不久，屬於在二十世紀末所出現的第三波新興民主國家。因此研究臺灣憲政的一個重要目的，就是檢視臺灣的新興民主體制是否能在合宜的憲法框架之下穩定發展。從這個角度來看，憲政研究是一種比較政治中的民主化和民主鞏固研究。除了民主的意義之外，臺灣的政治競爭主軸一向是環繞著認同和統獨議題，而此一議題也已經進入了憲政領域，「正名制憲」所顯示的就是這個現象。統獨與制憲又和兩岸與國際關係緊密地聯繫在一起，於是臺灣的憲政乃與國家安全密切相關。總體來說，臺灣的憲政發展對於我們的民主鞏固、國家認同，和對外關係都具有極大的影響，這在世界上是非常獨特的案例，而也正因為這樣，憲政研究具有極大的重要性與迫切性，亟需學術界積極投入。

蘇子喬博士的《中華民國憲法——憲政體制的原理與實際》正是一本及時之作。在本書中，作者掌握了兩個主軸：半總統制與中華民國憲政體制，並且把二者緊密地聯繫在一起。半總統制是研究我國憲政的一個極佳切入點。由於半總統制是當今世界上傳布最廣的一種憲政體制，特別為新興民主國家所接受，並且從民國86年第四次修憲開始成為我國的現行政體，因此研究半總統制可以讓我們深入瞭解本國制度的基本規律，並且提供了與他國進行比

較的機會。蘇博士首先在本書的第一部分探討了半總統制的一般規律，而後以此為基礎，在第二部分進入我國憲政體制的探討，最後則在第三部分提供展望。這樣的組織安排，一方面讓讀者熟識半總統制的分析框架和運作情況，一方面又將我國體制放到半總統制當中來理解，使得讀者能更清楚地掌握我國制度的特徵，並瞭解其運作容易產生困難之處。這樣從宏觀到微觀、從一般到特殊，是一種非常合理的安排方式，相信能為讀者所欣賞。

本書的特色是以半總統制來分析臺灣的憲政體制，是國內方興未艾的半總統制研究的最新力作。在民國 99 年，一群政治學界的憲政學者，希望能夠以集體的力量來推進對於半總統制的研究，因而組成了「半總統制研究群」，蘇博士從一開始便積極投入。這個研究群展現了極大的研究能量，接下來每年都舉辦半總統制與民主學術研討會，把國內的半總統制研究帶上一個高峰，蘇博士在其中也多所發表。由於研究群的同仁相互討論激盪，產生相當多的研究成果，並進行國際的學術交流。除了個別的研究表現之外，更以集體之力，在國際和國內出版專書，並在重要的學術期刊編輯半總統制的研究專刊。蘇博士是研究群的重要成員，對國內半總統制和憲政研究做出了很大的貢獻，本書便是蘇博士在這個研究方向上的醒目表現。

本書的另外一個特色是其方法論。蘇博士曾經接受政治與法律兩個學門的紮實訓練，對於兩種分析方法均能心領神會，因此在本書中對於概念的掌握特別準確，邏輯推論非常嚴謹，而對於經驗資料的分析又相當精到，可說兼具兩家之長。在進行憲政研究的時候能夠融合政治與法律兩個學門的研究途徑是非常重要的，這是因為憲法本來就是政治學和法學的共同重點關切項目，而二者又各自發展了不同的觀點、議題與研究方法，因此如何讓兩個學門在憲政研究上相互交流與融合，進行跨學門的溝通，是促進學術、深化研究的必要途徑。國內過去在這一方面曾有一些努力，例如在民國 94 年中研院

的政治與法律兩所便曾經舉行了三次的「憲改論壇─法政對話」,將兩學門從事憲政研究的學者聚於一堂,發表論文並相互評論,後來並出版成專書,但是這樣跨學門的合作經驗畢竟有限,而且多限於政治、法律各自表述。在本書當中,我們看到了兩個方法論透過同一位作者的巧思,進行了深度的融合,這實在是值得賀喜的現象,也是跨領域研究 (interdisciplinary study) 的最佳案例。

就本書的實質內容而言,在對於半總統制的定義方面,蘇博士採用了規範、而非實踐的定義形式,認為半總統制是指一國憲法中明文規定總統直選、又在總統職權方面提供了具有實權的詮釋空間,且國會對於內閣具有倒閣權的憲政體制。他釐清了半總統制和其他類似概念之間的關係,認為半總統制是「雙首長制」的一種次類型,而「行政權雙軌制」則是若干半總統制國家的實際運作型態。他對於半總統制的分類是根據其定義而來的,也就是將 Matthew Shugart 和 John Carey 的「總理總統制 vs. 總統議會制」二分法進一步發展成內閣僅對國會負責的「一元型半總統制」,和內閣同時對國會與總統負責的「二元型半總統制」。這裡他仍然維持了規範型的定義,而將憲政實踐加以分別討論。在論及如何才是好的半總統制制度設計時,蘇博士顯然偏向一元型的半總統制,而要求憲法明文賦予國會對於閣揆的人事同意權,並排除總統對於閣揆的免職權。他又希望能夠採取單一選區相對多數選制或並立制以形塑兩黨制,以及讓總統和國會的選舉同時舉行或儘量接近以造成府會一致。這整套的制度設計顯然是希望半總統制能夠儘量運作地像國會屬於兩黨制的內閣制,而避免雙頭馬車的出現。從作者對於半總統制定義、次類型和理想狀態的討論,可以看出他相當接受半總統制文獻中的主流看法,而與 Robert Elgie 等人的觀點一致。

在本書的第二部分,作者很細膩地將臺灣憲政體制的變遷用圖像化的方式表現出來。他認為國大的修憲、大法官的釋憲,以及實際的憲政運作是推

動體制轉型的三個主要的力量。在這三個力量的驅動之下，臺灣的憲政體制先是在第三次修憲後從「修正式內閣制」轉入次類型不明的半總統制，而後又透過大法官的解釋確定進入「總理總統制」。然而接下來的第四次修憲又將體制推入一段混沌不明的狀況，最後則是藉由憲政實踐和大法官的解釋將憲制帶入「總統議會制」的次類型。由於作者對於次類型的判定總想要有規範的根據，因此他對大法官有關於內閣是否應在新總統就任或新國會開議前總辭的解釋特別重視，認為那是確定內閣是否對總統或國會負責的重要表徵，並將其與閣揆的任命權與免職權並列，視為判別總理總統制或總統議會制的三個關鍵議題。一旦內閣必須在新總統就任之前總辭，讓總統有任命新閣的機會，那麼這便是總統議會制。從作者對於大法官會議解釋的重視，並將之作為憲制分類的標準，就可以看出他嘗試結合政治學和法學的研究途徑，來對憲政體制進行理解和詮釋，這在半總統制的文獻當中是頗為獨特的。

在描繪了臺灣半總統制發展的軌跡之後，作者便進入個別機關的制度變遷，以政治性的總統、行政院和立法院為一個群組，獨立性的司法院、考試院和監察院為另一個群組。由於作者具有堅實的法學訓練，讀者可以透過這兩部分的細膩描述和分析，掌握住各機關在過去二十多年的制度變遷，而對於今天中華民國的憲政架構能有清楚的理解。在第二部分的最後一章，作者將臺灣的憲政體制定性為「不會換軌的半總統制」，這是相對於一般認為半總統制會依據總統黨是否掌握國會多數而進行換軌（亦即法國式的半總統制）所做的澄清，並藉以表明我國半總統制不同的特徵。到了這個階段，作者已經進入了憲政實踐的討論，並納入非規範性的因素來解釋實際的憲政狀況。接下來，作者很自然地進入了本書最為政治科學的第三部分，提出如何進行憲制和選制（包括總統選制與國會選制）的配套，以獲致良善的半總統制。這一章是呼應了第一部分最後一章的結論，並以細膩的制度配套作為討論重

點。他先進行憲制與選制的分類，而後產生各種制度組合，再進行可欲性的評量，同時指出「制度地雷區」，要求制度設計者特別注意。最後作者提出「我國目前的最佳制度配套，是半總統制的憲政體制（其中國會應有閣揆或內閣的人事同意權）、並立制的國會選制，以及絕對多數的總統選制」。綜合來看，作者念茲在茲想要避免的，就是分立政府和少數政府，並促成府會一致的多數政府。這樣的討論，一方面具有學理的根據，一方面帶有現實的政策意義，對於我國將來進行制度調整，具有相當大的參考價值。

我國的半總統制由民國 97 年至今（102 年）是處於一致多數政府的階段，暫時沒有作者所擔心的分立政府或是少數政府的情況，然而未來府會是否必然一致，實在難以逆料。一旦出現府會分立，必然帶來民進黨執政八年時期（民國 89 至 97 年）的那一種憲政考驗，屆時是宜採法國式的換軌、俄國式的少數政府，還是某種折衷模式（例如 1989 到 1997 年間的波蘭），尚未可知，而各種模式都有其政治成本，宜儘早綢繆。本書用半總統制的觀點來看我國的憲政體制，點出了其核心特徵，也指出其運作困難之處，是半總統制研究的最新力作，實在是值得學界、政界與社會大眾細細閱讀。

時任中央研究院政治學研究所特聘研究員兼所長
現為中央研究院院士
吳玉山
2013.10.3

黃德福教授推薦序

兼顧「結構」與「行動」層面的憲政研究

憲政體制研究向來是憲法學者與政治學者共同關切的主題，這個主題乃是法律學與政治學研究的重疊領域。這種現象主要是源於憲政體制存在法理邏輯與政治邏輯的二元性格，一方面憲政體制被期待用來規範現實的政治活動，它被視為一種應然的規則，而此一規則要對現實政治活動發生規範力，須有一套完整的法理邏輯作為憑藉；另一方面，憲政體制乃是經由現實的政治活動所塑造，它亦被視為一種實然的政治現象，而此一政治現象必然存在著利益取向的政治邏輯。因此，憲政體制既是規範政治權力運作的規則，同時也是政治權力運作的結果，其兼具法理邏輯與政治邏輯此二元性，亦可說是「法與力的辯證」結果。「力」（政治邏輯）傾向衝動與脫逸「法」（法理邏輯）界定的遊戲規則，「法」則企圖制約「力」的任意性與非理性，法和力兩者要彼此平衡，實存的憲政體制才能產生規範力量。因此在憲政體制的研究中，總會看到其中憲政規範與政治權力的互相拉鋸，或說法理邏輯與政治邏輯的彼此糾葛。

憲政體制雖然是憲法學者與政治學者的共同研究領域，但著重的面向通常各有所偏。一般而言，憲法學者在研究憲政體制時重視法理邏輯的探究，政治學者則擅長於政治邏輯的演繹。就憲法學者而言，憲政主義、國民主權、權力分立、責任政治等精神是他們探究憲政體制的指導原則。根據這些原則，

憲法學者針對憲法文本進行法理邏輯的推演與詮釋，從而建構憲法的規範性。當憲法學者以法理邏輯所建構出來的憲政體制，來檢視實存的憲政運作時，必然會發現兩者存有扞格，也因此會對這種應然面和實然面呈現落差的現象進行針砭批判，基於捍衛憲政法理精神而對實際憲政運作諄諄提醒。然而由於憲法學者對於憲政體制運作的政治邏輯不見得掌握得非常透徹，其對憲政體制的探討常會被批評陷入「法學化約主義」或「形式主義」。

相對地，就政治學者而言，在經歷了數十年來追求科學化的發展之後，政治學界對於憲政體制的探討，儘管不能完全脫離憲政法理的探究，但相當程度轉向探討憲政體制之政治邏輯的經驗研究。以 1990 年代以來在政治學界所掀起的「總統制和內閣制孰優孰劣」的辯論為例，辯論的焦點並不在於何種制度較能符合憲政法理的要求（例如「究竟是總統制還是內閣制的憲政設計較能符合國民主權或權力分立原則」等問題），多數的政治學者主要是以現實經驗的觀察為基礎，用邏輯建構來論證內閣制或總統制的優劣，或是用經驗性的統計資料來論證這兩種制度對於世界各國民主表現影響的成敗。換言之，即使是面對「總統制和內閣制孰優孰劣」此一規範性的問題，政治學者仍是透過對現實經驗的觀察來判斷此一規範性問題的答案，而與憲法學者較為偏重法理邏輯探討的研究取向大異其趣。政治學者對於憲政體制形成的政治過程、實際運作以及其政治結果等所謂政治邏輯的面向，固然較能有效掌握，但是政治學者有時囿於法學解釋方法論的缺乏，在對憲法文本進行解讀時往往無法作出合乎憲政法理的規範性詮釋。

憲政體制不僅具有法理邏輯與政治邏輯並存的二元性格，若將憲政體制的研究議題聚焦於「憲政體制的形成與變遷」，則憲政體制的形成與變遷亦具有結構 (structure) 與行動者 (agency) 並存互動的二元性格。一方面憲政體制係由政治行動者（如政黨、政治人物）基於本身的利益考量與彼此的策略互

動所塑造，另一方面憲政體制本身亦是制約政治行動者的結構，政治行動者
乃是在既有的憲政體制所籠罩的政治結構下，形成自身的偏好、確認自己的
利益，並決定與其他政治行動者互動時的策略。憲政體制的形成與變遷，則
是一連串結構與行動者之間不斷交織互動的過程。因此研究者在面對憲政體
制之形成與變遷的議題時，若僅是從結構或行動者其中一個面向出發，便無
法掌握整個憲政體制形成與變遷過程的全貌，只能說是「拍攝」到整個過程
中的一個「快照」(snapshot) 而已。

　　因此，若要清楚掌握憲政體制的實質內涵，必須要同時兼顧法理邏輯與
政治邏輯兩個層面；若要進一步探討憲政體制變遷的過程，則必須同時兼顧
結構與行動者兩個層面，然而「兼顧」二字正是難題所在。這樣的難題一方
面是學科分割無法避免的結果，憲法學者無法確實地掌握憲政體制的政治邏
輯，而政治學者無法細緻地掌握憲政體制的法理邏輯，經常是基於兩個學門
之研究者本身的專業侷限。以我國憲政體制的研究為例，雖然許多研究者意
識到憲政體制兼具政治邏輯與法理邏輯的二元性格，但經常只是將憲政體制
的政治與法理邏輯機械式地並陳，同時詳述修憲史實與歷次修憲條文的法理
意涵。在這種論述方式下，修憲「故事」或許說得詳細精采，卻無法清楚指
陳我國憲政體制變遷的模式。另一方面，由於強調結構面向的「結構論」與
強調行動者面向的「意志論」是政治學乃至更廣泛的社會科學中許多研究途
徑的原型 (prototype)，即使研究者有心兼顧兩種研究角度，也經常會遇到「如
何兼顧」的困境。

　　蘇子喬博士在這本研究我國半總統制專著中的主要企圖心，便是試圖兼
顧憲政體制的法理邏輯與政治邏輯，以及兼顧結構與行動兩種層面。由於蘇
子喬博士過去求學背景上兼具法律學與政治學兩個學科領域的學術訓練，以
及他在比較政治此一專長領域持續研究所培養的深厚素養，使他既能夠以政

治學與法律學的科際整合角度，亦能夠從跨國性、比較性的觀點去探討我國的憲政體制問題。在本書中，蘇子喬博士以「歷史制度論」作為探討我國憲政體制變遷的理論架構，並將憲政體制與總統選制、國會選制、政黨體系四個重要的制度變項予以整合，提出一個可以用來進行跨國性比較研究的分析架構，確實有他的獨到見解與學術貢獻。

　　蘇子喬博士是一位非常謙虛用功的年輕學者，我期許他能夠不斷耕耘，持續在比較政治與憲政體制的研究領域發光發熱。我也誠摯將這本書推薦給所有關心我國憲政體制與民主政治發展的讀者。

臺北市立教育大學社會暨公共事務學系教授
黃德福
2013.10.15

黃錦堂教授推薦序

對我國憲政發展的細緻觀察

憲政體制係指憲政有關制度的集合與構造，包括政府體制的選擇、機關設置與權力劃分的安排、選舉制度的決定等，影響國家發展至為深遠，相關的討論涵蓋政治學、比較政府、法律學，範圍包括宏觀面之政經變遷與微觀面之政治行動主體於各該主要政治過程中的策略行動和後續影響。蘇子喬博士於大學時期便已經是法政雙修，加上長年的關注，最適合研究這樣的議題。對於我國七次憲改過程與產出及有關的評價，乃至未來憲政政策的走向建議，專門且體系性的著作仍然有限，本書正足以彌補這個缺憾，值得鄭重推薦。

在方法論上，本書指出憲政制度的選擇，或是憲政表現的良窳，並非「制度決定論」或「制度萬能論」；除了制度因素外，政治文化、人民憲法意識、政黨與政治菁英於關鍵時刻的策略行動等，都是可能的變數。作者不採傳統政治學研究之「法制形式主義的途徑」，蓋這種研究侷限於正式的國家組織制度，並假定個體行為者必然完全遵守而無自主性，有其不完整性，從而取向「新制度論」；作者奉行折衷的歷史制度論，認為制度係由歷史發展一路以來所形成，亦即有「路徑依賴」現象，整個制度建構過程為一次又一次的選擇過程，上一個階段所作的路徑選擇將會限制下一時間點者。這種途徑兼顧「結構」與「行動」之雙元面向：結構不僅限制個人的行動，也使行動得以施展，個人的主體能動性唯有置於結構中才有可能；另方面，行動者的行動使結構

持續存在成為可能，也為結構帶來變革與創新的契機。

在實質命題上，作者於前三章討論憲政體制的基本模型，尤其指出半總統制的概念、類型與基本之利弊所在。第二部分，為我國憲政體制的討論，應予特別推薦者為第五章針對我國七次修憲之整體理解。其中指出，李登輝總統繼任以後所推動的修憲，原因在於臨時條款儘管為政府遷臺後國民黨威權統治提供表面上的合法性，但隨著 1980 年代中期以來逐漸湧現的政治自由化與民主化潮流，第一屆中央民意代表長期未改選之「萬年國會」尤其受人詬病。第一次與第二次修憲過程與結果的理解，須從國民黨內主流派與非主流派之對立與消長的角度，加以掌握。1991 年底國民大會全面改選獲得重大勝利，顯示國民黨有能力與機會進行更進一步的改革，這是 1994 年第三次修憲的基礎背景。究竟總統應由委任選舉或人民普選產生，涉及總統此單一職位係「贏者全拿」，黨內非主流派傾向支持限縮總統民意基礎與權力之改革方案，但這股勢力隨著當時行政院長的換人與新黨出走等，而在國民黨內有所消退，公民直選派也就益形鞏固。本書也一併指出，世界各國憲政發展的經驗顯示，只要總統是由人民直選產生，在往後的制度調整中，就很難將直選總統的權力從人民手中收回，亦即具有「不可逆性」。第三次修憲採行半總統制係一種路徑依賴的結果，一方面符合國民黨執政菁英的利益考量，而另方面也符合社會大眾於長期威權體制以來對於雙首長制的理解與接納；此外制度選擇也有臺灣主體意志勃興之意涵，蓋總統直選不無彰顯人民主權、形塑臺灣人民集體國家認同的功能，為臺灣國族建立過程的一環；在臺灣面臨海峽對岸中共威脅的情境下，透過總統直選之全國性的政治動員，可以有效凝聚臺灣人民的集體意識，並藉此向國際社會宣示臺灣主權獨立的事實。

第四次修憲取消了立法院的閣揆同意權，改由總統直接任命閣揆，而為了安撫立法院的反彈並順利完成修憲，乃賦予立法院倒閣權及調降覆議案維

持原議之否決門檻，但也同時授與總統於立法院倒閣後解散立法院之權力。何以國民黨執意要將閣揆同意權刪除？當時的政治生態轉變，國民黨有可能在未來的立法委員選舉席次不過半，在黨紀不佳的情況下，加上民進黨與新黨之立法委員共飲「大和解的咖啡」，國民黨高層不無憂心喪失執政之可能。至於國民大會戲劇性的衰亡，其第一次修改為「任務型國代」，是因為國、民兩黨聯手修憲防堵宋楚瑜（親民黨）經由該次選舉而取得國民大會第一或第二大黨地位。2005 年第七次修憲之國大廢除及立法院選舉制度的改變，尤其區域選舉 73 席、全國不分區 34 席，後者須政黨得票率達百分之五以上的政黨始可參與席次分配，對於第三黨以下之政黨不利，本書也有所分析。

　　除了以上的優點之外，本書對於當今的政府體制性質與運作模式，也有非常重要的發現。第四次修憲結果之半總統制在條文的解釋適用上存有爭議，亦即，憲法增修條文第 3 條第 1 項規定「行政院長由總統任命之」並未規定總統之閣揆任命權為絕對或相對自由，但修憲提案理由有一定之說明。2000 年總統選舉陳水扁勝出後，由於選民對總統選舉意義、選戰雙方的理解、選戰的激烈性等，國民黨對於總統應否任命當時在立法院擁有過半席次的國民黨人選出任閣揆一事，並未聲請大法官解釋。經由陳水扁任內的任命案例，以及釋字 520 號解釋文與理由書所賦予新總統的權力，我國乃逐漸演變成為「總統議會制」。馬總統於 2008 年就職後，固然一度曾嘗試退居第二線，但出於人民對於直選總統的角色期待，加上媒體、在野黨強力監督之回應需要等，於運行上進一步傾向直接領導，結果乃呈現「實際運作上總統與行政院長為主從關係」。

　　另一方面，作者也指出，第四次修憲除了將閣揆改為總統任命之外，其餘為強化立法院的權力，行政院長為最高行政首長並向立法院負責的規定並未有任何改變，人權干預事項之法律保留及重要事項須經立法院參與的規定

也未曾修改。作者的另一個重要發現，為第八章所指出之我國為「不會換軌的半總統制」。至於原因，作者以法國為對照觀察，其國會中多數政黨聯盟相當團結與穩定，國會議員選舉係採兩輪投票制，總統沒有主動將總理免職之權力，而更具決定性者為總統之主動解散權。至於未來半總統制是否可能由現行實踐上之「總統議會制」轉回「總理總統制」？作者指出，立委選舉制度下黨紀的強化與黨中央影響力的增強可預期，單一選區選舉造成現任者優勢，改選結果變動可能性將會降低，而這將使得立法院較不懼怕倒閣後被總統解散；整體而言，立委選制有助於塑造立法院中穩固團結的單一過半政黨，一旦立法院中存有之，而且當總統與立法院多數不一致時，總統將不無可能屈服立法院多數的壓力，而任命立法院多數人士組閣，亦即有朝向總理總統制發展的動力。作者並於第九章指出，憲政體制、國會選制與總統選制三者應共同搭配思考。

本書具有跨學門、體系性與專論性之優點，視野寬廣又聚焦本土，貢獻卓著。若有可能，作者未來也得針對我國政治、經濟、社會、文化、法制、檢調與司法、媒體、科技等諸多次體系之歷史以來結構性特色與優劣所在，例如四年一次總統與立委之選舉、「七合一」之期中選舉、藍綠內戰、黨團成立門檻過低及黨團協商之一致決、檢調與法院之能力、媒體紛亂等，以及激烈變遷中的時代結構，例如全球化、後現代化、資訊暨網絡化、民主與人權日益深化、「茉莉花革命」等，加以論證，指出我國（總統）應採的治理模式，以及略作李登輝、陳水扁與馬英九諸位總統所採策略與風格之評析。

臺灣大學政治學系教授

黃錦堂

2013.10.15

修訂版序

　　本書自 2013 年出版至今已將近八年。在過去這段期間，我國憲政體制的架構既有維持不變之處，也有發生變遷之處。一方面，在總統、行政院與立法院構成的三角關係中，總統與立法院多數皆出現政黨輪替，行政院院長已有多次人事更迭，但我國憲政體制始終呈現為總統主導、偏總統制運作的半總統制。另一方面，司法院、考試院與監察院的制度發生不少變遷。就司法制度而言，我國的違憲審查制度將因《憲法訴訟法》的實施而有重大變革；《國民法官法》實施後，我國刑事訴訟將引入參審制；司法院之下的公務員懲戒委員會已改為懲戒法院。就考試與監察制度而言，考試委員的名額與任期已做調整，監察院已設置國家人權委員會。基於我國憲政體制過去這段期間的諸多調整，本書乃有修訂的必要。

　　本書此次修訂，除了因應我國憲政體制的變遷而增補相關內容外，為了使年輕學子更有效率地吸收本書的內容，本書修訂版也將原版書中篇幅較長的文字敘述進行修整，精簡各段文字的篇幅，並增加標題對書中內容加以提示。我希望本書修訂版的調整，能使讀者閱讀時更容易掌握本書的內容。

　　時光荏苒，回顧自己過去的學涯道路，八年前本書出版時，我尚在台灣大學政治學系擔任博士後研究員，而今日本書修訂版問世時，我已在中國文化大學行政管理學系任職多年，擔任專任教授。從我過去碩博士班求學階段、博士後研究到現在擔任教職，憲政體制始終是我關注的研究領域。每當我觀察國內與世界各國的憲政運作，我腦海中經常會蹦出想要進一步深入研究的

憲政議題，如今面對不斷累積但尚無時間深入研究的議題，我始終提醒自己要奮力與時間賽跑，希望有朝一日能將這些未完待續的研究逐一完成，期許自己在憲政研究上能夠持續精進，展現更豐碩的研究成果。

藉由本修訂序，我要感謝在我學術道路上一路提攜我、教導我的師長：王業立教授、黃德福教授、吳玉山院士、周育仁教授、黃秀端教授、廖達琪教授、吳重禮教授、黃錦堂教授、李酉潭教授、張佑宗教授，以及已故的林繼文教授。我也要感謝在我學術生活中不斷給我鼓勵、建議和啟發的學長姐與好友（以下依姓氏筆畫排序）：沈有忠教授、邱師儀副教授、李鳳玉副教授、林瓊珠副教授、張峻豪教授、許友芳助理教授、蔡榮祥教授、蔡韻竹助理教授、劉嘉薇教授，以及我的大學同窗蘇世岳講師。我所任職的中國文化大學行政管理學系過去幾年來提供我許多研究的資源與協助，我要特別感謝學校以及系上的各位同仁。值得一提的是，我這本書最初得以透過三民書局出版，是由劉政辰與黃麗瑾夫婦不吝引介，才讓我和三民書局得以結緣，我對於他們當時的慷慨協助非常感激。

本書作為修訂版，我雖有把握本書品質比初版更為提升，但必然仍有許多未盡完善之處，尚請各位師友與讀者不吝批評指教。

蘇子喬

2021.3.31

初版序

　　憲政體制一直是臺灣民主政治發展的關鍵課題，也是我長期關注的研究議題。回顧個人的學習經歷，將近二十年前，大學時期身為政治系學生的我同時修習法律系的雙主修學位，政治系與法律系都將「中華民國憲法（與政府）」列為必修科目。在當時修讀政治與法律兩系憲法課程時，我就曾經感受到政治學者和法律學者對於同一憲政課題似乎有著迥異的思維方式，當時我就對憲政體制研究中法律邏輯與政治邏輯相互抗衡辯證的特色感到疑惑好奇。這樣的困惑與好奇致使我在後來的碩博士階段，都以憲政體制相關議題作為學位論文的研究主題。直到二十年後的今日，憲政體制仍是我關注的研究領域之一。我始終希望自己對於憲政體制的研究，能夠同時兼顧政治分析與法學分析，而本書應可視為過去累積至今的初步研究成果。

　　如果個人先前幾本翻譯著作不算在內的話，這本書是我個人正式出版的第一本學術論著。本書能夠完成，要感謝的人很多。黃德福教授是我博士修業期間的指導教授，我的主要研究領域——比較政治與政治經濟學的知識體系，是從碩博士班不斷修習黃教授開設的課程後才得以建立的。黃教授對我學問上的啟發與提攜照顧，我永遠都無法忘懷。王業立教授是我目前在臺大政治系擔任博士後研究員的計畫主持人，這幾年我在學術工作的許多想法，都是因為跟著王教授學習而得到開展，除了學問上的啟發，我也始終將王教授溫柔敦厚的行事風格作為我做人處世的模範。吳玉山教授是我學術道路上的啟蒙老師，我始終記得我大學二年級初次上吳教授開設的「政治社會學」

時那種醍醐灌頂的充實心情，吳教授嚴謹的治學態度與強大的教學魅力，一直是我學習的典範與標竿。我在吳教授目前所帶領的半總統制研究學群中，也得到許多激勵我持續研究的動力。黃錦堂教授是我大一初次接觸法學領域的啟蒙老師，這幾年來黃教授對我學術工作上的諸多鼓勵，讓我感懷在心。周育仁教授是我碩博士論文的審查委員，在憲政體制的研究上給了我很多的指導，在學術道路上也得到周教授許多鼓勵與幫忙，讓我由衷感謝。我這本書若是沒有上述師長的鼓勵與協助，是絕對不可能完成的。我也感謝吳釗燮教授、李酉潭教授、蔡熊山教授、林繼文教授、劉義周教授、陳義彥教授、楊日青教授、盛杏湲教授、郭承天教授、張佑宗教授、陳文政教授、胡正光教授，這些師長過去或現在給我的教導和鼓勵，讓我有足夠的信念繼續在學術道路上不斷掙扎努力，其實也是這本書最終得以完成的後盾。

　　本書得以順利出版，要特別感謝三民書局上下同仁的鼎力協助，使我整個撰寫工作得以順暢進行。當然，個人的學識水準仍然有限，本書必然還有許多缺失不足之處，尚請各位先進與讀者不吝批評指教。

蘇子喬

2013.9.30

導論——我國憲法概要

當代民主國家的憲法，皆以憲政主義 (constitutionalism) 為核心精神。憲政主義強調政府的權力必須受到限制，以保障人民的自由權利。由於政府是為人民而存在，為了使政府能夠充分地為人民謀福祉，人民必須賦予政府一定的權力，但擁有權力的政府也可能濫用權力，非但未為人民謀求福祉，反而造成人民自由權利的侵害。因此為了保障人民的自由權利，必須限制政府的權力。簡言之，「保障人權」是憲政主義所要追求的終極目的，而「有限政府」則是達到此一目的的手段。

基於憲政主義的理念，當代民主國家的憲法一般而言會具備兩個層面的條文，一是人權條款，另一是政府權力的規範條款。一方面，憲法明定的人權條款將人民自由權利的內涵予以具體化，避免抽象的人權概念成為空言，憲法標舉出人權的範圍，即是諭令政府的作為不得逾越人權範圍的界限，同時也是標舉出國家權力的限度。另一方面，憲法對政府權力的規範條款則是透過權力分立的設計，規範不同政府部門的組織架構與權力界限，避免特定政府部門權力獨大而侵害人權。除了人權條款與政府權力的規範條款，有些民主國家基於積極政府與社會福利國的理念，亦會明定基本國策，在憲法中宣示國家發展的目標，一方面課予政府推動若干重要政策的義務，另一方面也藉此使人民的自由權利（尤其是受益權）獲得進一步的實現。

我國憲法包含憲法本文與增修條文兩部分，憲法本文分為十四章，共有一百七十五條；憲法增修條文共有十二條。如同一般民主國家的憲法，我國憲法本文除了頭尾兩章（即第一章「總綱」與第十四章「憲法之施行與修改」）規定國家的國體、政體、主權歸屬、領土範圍、法位階秩序、修憲程序等基本事項外，憲法本文大體上亦分為人權條款與國家權力規範條款兩大層面的規定。一方面，人權條款規定於憲法本文第二章人民之「權利義務」，規定人民享有平等權、自由權、受益權、參政權等基本權利，而為了使人民的參政權得以充分落實，憲法本文第十二章「選舉、罷免、創制、複決」則進

一步明定人民行使參政權的基本制度規範。另一方面，國家權力的規範條款則是規定於憲法本文第三章至第十一章，其中第三章至第九章分別規定我國憲政體制中的中央各機關，即國民大會、總統、行政院、立法院、司法院、考試院、監察院等七個機關的組織與權限，第十章與第十一章則延伸至地方層級，規定「中央與地方之權限」與「地方制度」。除了人權條款與國家權力的規範條款這兩大層面的規定，我國憲法亦如同世界上若干強調積極政府與社會福利國理念的民主國家，於憲法本文第十三章明定「基本國策」。

以上所指為憲法本文的內容結構，至於我國憲法增修條文，主要目的是為了調整國家機關的權力結構，故增修條文的內容主要是增訂國家權力的規範條款，並凍結憲法本文中若干規定，亦增訂基本國策，並無增訂任何人權條款。行憲至今六十多年來我國憲法中人權內涵的演進與擴張，主要是透過大法官釋憲的方式，隨著環境變遷不斷賦予既有的人權條款新的時代意涵。透過憲法增修條文的制定，我國確立目前海峽兩岸分治的法理定位為「一國兩區」（中華民國包括自由地區與大陸地區），廢除國民大會，將省虛級化，總統與五院的權力關係在經過歷次修憲調整後，整個憲政體制由憲法本文的「修正式內閣制」轉變為「半總統制」（雙首長制）。整體而言，我國政府組織架構的變動幅度相當巨大。

在憲法所涵蓋的人權條款與政府權力的規範條款這兩大層面中，本書《中華民國憲法：憲政體制的原理與實際》討論的對象是後者而非前者，尤其聚焦於中央機關的權力運作。換言之，本書係以我國憲政體制的運作為探討的核心。本書共分為「憲政體制總論」、「我國憲政體制的探討」，「比較評析」等三部分。在第 1 部分「憲政體制總論」中，主要是對民主國家的憲政體制類型（內閣制、總統制、半總統制等）做通論性的介紹（第一章），並將探討的重心放在半總統制——釐清半總統制這種憲政體制的概念界定（第二章）、次類型劃分（第三章）。透過第一部分「憲政體制總論」的介紹，讀者對於半總統制整體的制度內涵應能建立綜觀性的理解。

本書的第 2 部分「我國憲政體制的探討」則將探討焦點轉至我國憲政體制，此部分分為五章，一方面「縱剖」我國憲政體制，從歷史的向度探討我

國半總統制的形成過程；一方面也「橫切」我國憲政體制，從當前我國已然形成的半總統制細微地分析此一體制中的各個構成單元，並指出整體的運作模式。

進一步言，此部分中的前兩章（第四章與第五章），即在探討我國憲政體制的縱剖面，亦即歷史發展層面。第四章探究我國憲政體制中各機關權力關係的變遷；第五章則以歷史制度論為分析架構，探討我國憲政體制的變遷軌跡。這兩章都在探討我國憲政體制的變遷過程，但兩章的分析角度有別，第四章是微觀、個體性的分析，第五章則是巨觀、總體性的分析。

此部分的後三章（第六、七、八章），則在探討我國憲政體制的橫切面（當前憲政運作層面）。由於在我國五權體制下，存在著總統、行政院、立法院、司法院、考試院、監察院等六個憲法機關，這六個機關可分為兩種性質，前三者是政治部門，後三者是獨立機關，因此第六章與第七章即分別就我國憲政體制中政治部門（總統、行政院與立法院）與獨立機關（司法院、考試院、監察院）的組織、權力進行探討。在詳細分析我國憲政體制中的各個構成單元後，接下來的第八章則指出我國憲政體制整體的運作模式，即「不會換軌的半總統制」，並分析此一運作模式的制度成因。簡言之，第六、七、八章探討我國當前憲政體制運作的內涵，但第六、七兩章與第八章的分析角度有別，第六、七章是微觀、個體性的分析，第八章是巨觀、總體性的分析。總之，本書的第 2 部分希望透過微觀與巨觀的分析角度，對我國憲政體制進行「縱剖橫切」，使讀者對我國憲政體制的內涵有全面性的理解。

本書的第 3 部分「比較評析」則是本書的最終章，也是本書的總結。在本書前兩部分探討了民主國家憲政體制類型的梗概與我國憲政體制的內涵之後，第 3 部分的主要問題意識是：在我國既有的制度條件與環境脈絡下，如何設計一個好的半總統制？本書試圖從世界民主國家的比較分析去尋找此一問題的解答。本書認為，憲政體制、總統選制、國會選制與政黨體系應該放在一個分析架構中，將憲政體制與選舉制度予以配套思考，才能設計出一個好的半總統制，也才能夠為我國未來憲政體制的改革方向找到一個更明確的出路。

　　總之，本書試圖結合政治學與法學研究方法，對於我國憲政體制進行全面且深入的探討。本書介紹了民主國家的憲政體制類型，對我國憲政體制的變遷過程與實際運作進行微觀與巨觀分析，並從全球視野與比較觀點探討憲政體制與選舉制度的合宜制度配套。本書一方面兼顧了憲政體制的實證與法理分析，另一方面也兼顧了微觀與巨觀分析、學術深度與通識理解、本土性與全球性分析，非常適合政治學與憲法學相關領域的教師與學生閱讀，也適合對憲政體制與臺灣民主政治發展有興趣的一般讀者閱讀。

中華民國憲法
憲政體制的原理與實際

第六章　我國憲法中的政治部門
──總統、行政院、立法院

第七章　我國憲法中的獨立機關
──司法院、考試院、監察院

第八章　我國憲政體制的整體運作模式
──不會換軌的半總統制

第 3 部分　比較評析

第九章　從全球民主國家經驗看我國憲政體制、國會選制與總統選制的妥適組合

第 **1** 部分

憲政體制總論

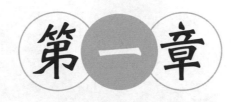

民主國家的憲政體制類型

英國學者艾克頓 (Lord Acton) 有一句名言：「權力使人腐化；絕對的權力，絕對地腐化。」 (Power tends to corrupt, and absolute power corrupts absolutely.) 為了防止政府腐化與濫權，以保障人民的自由與權利，政府的權力必須有所限制。然而，一個權力受到限制的政府要如何建構呢？當代民主國家，莫不以權力分立原則 (the doctrine of separation of powers) 作為建構政府體制的基本原則。

所謂權力分立原則，不僅是指政府的權力應分配給行政、立法、司法等不同部門行使，同時也強調不同部門的權力彼此間必須相互制衡 (checks and balances)，亦即透過不同部門之間權力的相互牽制，以追求整體政府權力的平衡。權力分立的目的，在於避免政府濫權以保障人民自由權利，且透過政府部門之間的適度分工，提高政府運作的效率。

當代民主國家的憲政體制中，通常分為行政、立法與司法部門，由於民主國家均採司法獨立的制度，憲政體制類型的區分與司法機關較無直接關係。至於行政與立法這兩個政治部門，日常運作中的互動較為頻繁，基於兩者互動關係的差異，遂有三種不同憲政體制的類型：一是在權力分立的基本原則下，行政、立法兩權仍具有融合精神的議會內閣制 （parliamentary system 或 parliamentarism），❶簡稱內閣制。二是行政、立法兩權嚴守分立精神的總統

---

❶ 在國內，一般皆將 parliamentary system 譯為「內閣制」，但須注意的是，parliament 係指議會，並非內閣 (cabinet)，故 parliamentary system 其實應譯為「議會制」較為適當，或至少應譯為「議會內閣制」。但基於國內的普遍稱呼，本書仍將此制逕稱為「內閣制」。

制（presidential system 或 presidentialism）。三是行政、立法兩權兼具融合與分立精神，兼具內閣制與總統制精神的半總統制 (semi-presidentialism)，或稱雙首長制 (dual-executive system)。

在三種不同的憲政體制類型中，基於行政與立法兩權的關係不同，行政權的歸屬亦有差異：在內閣制中，行政權歸屬於閣揆及其領導的內閣；在總統制中，行政權歸屬於總統；在半總統制中，行政權則由總統與閣揆分享。在以上三種主要的憲政體制類型之外，另有一種較為特殊的憲政體制為瑞士採行的委員制 (council system)，本章亦會一併介紹。

關於全世界內閣制、總統制與半總統制民主國家的地理分布，參見圖 1–1。

第一節　內閣制

世界上採行內閣制的重要國家有英國、德國、加拿大、日本等國，在世界各區域中，內閣制在歐洲國家相當普遍。另外，過去為英國殖民地的國家（例如印度、馬來西亞、紐西蘭、澳大利亞與許多中美洲加勒比海國家）也多承襲英國的憲政體制而採行內閣制（參見表 1–1）。以下便以英國、德國、日本等國為例，說明內閣制的一般特徵（參見圖 1–2），並指出一般內閣制國家在憲政運作上的優缺點。

表 1–1　世界上採行內閣制的民主國家

地　區	國　家
美　洲	加拿大、安地卡及巴布達、巴貝多、巴哈馬、貝里斯、多米尼克、格瑞那達、牙買加、聖文森、千里達、聖克里斯多福、聖露西亞、蓋亞那
歐　洲	英國、德國、荷蘭、比利時、盧森堡、安道爾、列支敦斯登、挪威、丹麥、瑞典、希臘、義大利、西班牙、聖馬利諾、馬爾他、愛沙尼亞、拉脫維亞、匈牙利、塞爾維亞、蒙特尼哥羅、阿爾巴尼亞
亞　洲	日本、馬來西亞、印度、孟加拉、尼泊爾、不丹、以色列、約旦、科威特、黎巴嫩
非　洲	南非、賴索托、摩洛哥、模里西斯
大洋洲	紐西蘭、澳大利亞、馬紹爾群島、密克羅尼西亞、巴布亞紐幾內亞、所羅門群島、東加、吐瓦魯、諾魯、斐濟、萬那杜、薩摩亞

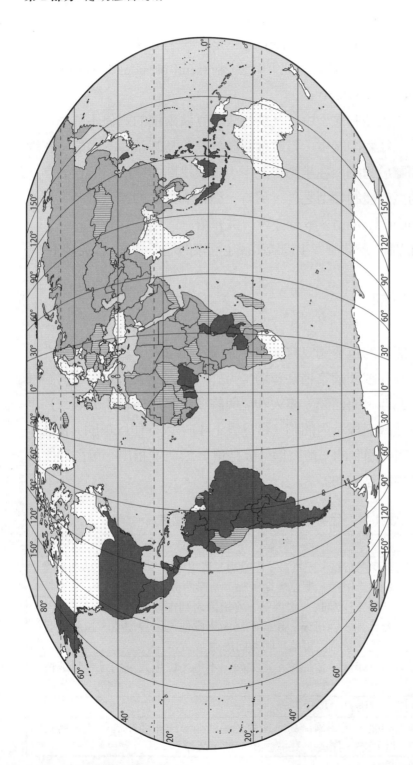

圖 1-1　世界民主國家憲政體制類型的地理分布

內閣制

總統制

半總統制

非民主國家

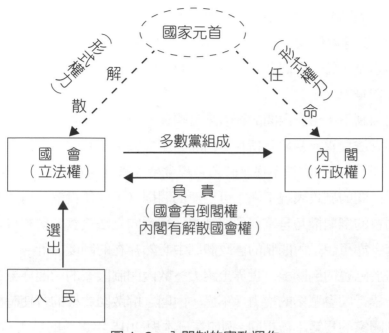

圖 1-2　內閣制的憲政運作

一、內閣制的特徵

㈠行政與立法兩權相互融合

　　在內閣制的政府體制中，由人民選出國會議員，並由國會（立法部門）過半數的政黨或政黨聯盟組成內閣（行政部門），掌握行政權的內閣因產生於掌握立法權的國會，行政與立法兩權的關係遂具有融合的精神。若在國會中有任一政黨的席次超過國會半數，則由此一政黨單獨組閣，組成「一黨內閣」，例如英國的內閣在絕大多數時期即為一黨內閣。❷ 若國會中沒有任何政

---

❷　儘管英國多數時期的內閣型態為一黨內閣，但有時候仍會有例外情況。英國於 2010
　　年 5 月國會大選後，保守黨打敗工黨成為國會第一大黨，但仍未獲得國會過半數席
　　次。在各黨不過半的情況下，自 2010 年 5 月至今由保守黨與自由民主黨組成聯合
　　內閣共同執政。這是英國自 1974 年以來首度出現國會各黨不過半的情形，也是英
　　國繼第二次世界大戰期間邱吉爾首相所領導的戰時大聯合內閣之後，戰後首次出現
　　的聯合內閣。

黨的席次超過國會半數，則須由國會中各政黨彼此合作組閣，掌握國會過半數的席次，這種兩個以上的政黨合作組成的內閣則稱為「聯合內閣」。在歐陸的內閣制國家，聯合內閣非常普遍，例如德國、荷蘭、比利時、義大利、西班牙等國皆是。

在內閣制下，由於內閣的權力來自國會，所以內閣須對國會負責，亦即行政須向立法負責。基於此精神，內閣的產生與存續必須獲得國會過半數的支持和信任，故內閣官員不僅平時須到國會接受國會議員質詢，更重要的是，若國會對內閣的施政表現不滿，可行使倒閣權（不信任投票）迫使內閣總辭下臺。國會的倒閣權乃是確保內閣制中「行政向立法負責」精神得以貫徹的核心制度，亦可說是內閣制的憲政體制中必然存在的制度設計。

相對於國會的倒閣權，世界上絕大多數內閣制國家的內閣亦擁有解散國會、重新舉行國會選舉的權力。不過，內閣之解散國會權的行使時機，在不同內閣制國家的規範不盡相同。例如在日本與 2015 年之前的英國，內閣的解散國會權並無行使時機的限制，內閣「理論上」可在任何情況下主動解散國會，但由於內閣閣員係由國會議員兼任，內閣一旦行使解散國會權，內閣的任期也告終結，此舉猶如與國會「同歸於盡」，因此內閣通常不會輕言解散國會。

一般而言，內閣行使解散國會權的時機有以下二者：第一，當國會通過倒閣案後，若被倒臺的內閣認為國會倒閣的決定不足以代表真正的民意，內閣此時可呈請國家元首解散國會，❸迫使國會全面改選，以便將內閣和國會的爭議交付人民公斷。換言之，倒閣和解散國會可能連鎖發生；第二，當內閣在國會任期中若感到國家情勢或民意趨勢有利於執政黨，有把握執政黨在解散國會重選後仍能獲得國會多數席次，為了追求繼續執政，也可呈請國家元首解散國會提前重新選舉，以維持自己的執政地位。❹不過，除了日本與

❸　在內閣制國家中，解散國會的實質決定權屬於內閣，但形式上仍須呈請國家元首解散國會，由虛位元首正式宣告解散國會。

❹　以英國為例，1997 年 5 月國會選舉，工黨擊敗保守黨而取得執政地位，由工黨黨魁布萊爾 (Tony Blair) 擔任首相。由於英國國會的法定任期為五年，故 1997 年 5 月改選的國會，其法定任期至 2002 年 5 月為止，但首相布萊爾在 2001 年 5 月，根據當

過去英國等內閣制國家擁有主動解散國會權的制度設計之外，有些內閣制國家對內閣的解散國會權設有行使時機的限制（例如德國與當前英國），❺甚至有少數內閣制國家的內閣並無解散國會的權力（例如挪威）。

就此看來，內閣制下行政權與立法權並非截然分立，兩權在本質上是相互依賴、相生相滅的，具有權力融合的特徵，故這種權力分立模式乃是「柔性的權力分立」（吳庚、陳淳文，2014: 346；許慶雄，2000: 298），或稱「不嚴格的權力分立」、「部分的權力分立」（Heywood, 2015: 203）。

㈡行政權歸屬閣揆領導的內閣

在內閣制中，由閣揆及其所領導的內閣掌握行政權，閣揆是國家最高行政首長。在不同的內閣制國家，閣揆的正式職稱不盡相同，例如在英國稱「首相」(prime minister)；在德國稱「總理」(chancellor)；在日本稱「總理大臣」，亦俗稱「首相」。由於國會是內閣權力的來源，閣揆人選係由國會決定，❻而

時民意趨勢，評估若在此時舉行國會選舉，工黨應能獲得勝利，故提請英王宣布解散國會，果然在 6 月的國會選舉中，工黨獲得壓倒性勝利，由工黨繼續執政。而 2001 年 6 月改選之國會，其法定任期至 2006 年 6 月為止，但與前次情形如出一轍，首相布萊爾在 2005 年 4 月，在國會法定任期尚有一年的情況下，提前提請英王宣布解散國會，在 5 月的國會選舉中，工黨又獲得勝利而繼續執政，直到 2010 年 5 月國會大選，工黨終於落敗而失去執政權。

❺ 2011 年英國國會通過《國會固定任期法》後，內閣對國會的主動解散權已經取消。該法規定每屆國會任期固定為五年，僅有在以下兩種情況下，國會得提前解散改選：一、國會通過倒閣，而新內閣無法於十四日內在國會多數支持下組成；二、三分之二以上的國會議員同意提前舉行國會選舉。

❻ 在內閣制國家，閣揆人選由國會決定，但國會決定的程序在不同內閣制國家不盡相同。在英國，首相在形式上由英王直接任命，但依據憲政慣例，英王必然會任命國會多數黨的黨魁擔任首相。在德國，依《憲法》規定，總理由總統提名，經國會同意後任命，而在實際運作上，總統提名的總理人選為國會各政黨已經協商決定的人選，總統的提名權形同虛權。在日本，首相由國會選舉產生，送天皇任命。儘管不同內閣制國家選任閣揆的細節程序不盡相同，但整體而言，國會對閣揆人選有實質的決定權。

內閣是否持續在於是否獲得國會多數支持，因此閣揆與內閣並無固定任期的保障。同時，基於行政、立法兩權相互融合的精神，絕大多數內閣制國家的閣揆與閣員，由擁有國會過半數席次之政黨（或政黨聯盟）的國會議員兼任。不過，也有少數內閣制國家的國會議員與閣員互不兼任，如荷蘭、挪威、盧森堡。至於日本，則是《憲法》規定內閣閣員中至少須有一半的成員由國會議員兼任。因此嚴格而言，閣員與國會議員兼任並非內閣制必然存在的制度設計。

㈢虛位元首

在內閣制中，國家元首 (head of state) 與政府首長 (head of government) 係由不同人士擔任：政府首長乃是閣揆，國家元首在君主國體的內閣制是世襲的君主（例如英國國王、日本天皇、西班牙國王、瑞典國王）；在共和國體的內閣制則是由人民間接選舉產生、有固定任期的總統（例如德國總統、義大利總統、希臘總統、印度總統）。國家元首僅對外代表國家，主持重要儀式、頒布法令、授與榮典，並未掌有實質的行政權力，乃是統而不治、地位超然的虛位元首。國家法令雖然是由國家元首頒布，但須由閣揆及相關閣員「副署」，亦即法令在元首正式簽署頒布前，必須經閣揆與相關閣員簽名確認。換言之，國家元首是法令的「正署者」，閣揆與相關閣員是法令的「副署者」，這意味著法令的執行不是由國家元首負責，而是由副署的閣揆與閣員承擔實際的政治責任。

二、內閣制的優點

㈠一元的民主正當性，施政有效率

在內閣制下，僅國會有直接的民主正當性，國會由人民選舉產生，內閣則由國會多數黨組成。內閣既然產生於國會多數，內閣的施政能夠獲得國會多數的支持，內閣對國會提出的法案一般而言皆能獲得國會通過。因此在內閣制行政立法兩權相互融合的運作下，較不會有政治僵局發生，政府施政較

有效率 (Gunther, 1999: 86–87)。即使內閣與國會發生衝突，亦能透過倒閣與解散國會的機制來加以解決。且由於內閣制係由國會多數黨組閣，國會多數黨當然須承擔施政良窳的責任，無從推託，政治責任的歸屬相當明確 (Stepan and Skach, 1993: 16–22)。

(二)內閣任期具有彈性

內閣制下，閣揆並無任期保障，是否持續在位端視國會多數是否支持。身為國會多數黨（或多數陣營）領袖的閣揆若能帶領自己的政黨在國會大選中獲勝，維持國會多數黨領袖的身分並持續獲得國會多數的支持，便能長期擔任閣揆。然而若因為閣揆施政失當，導致國會多數黨（或多數陣營）領袖的地位不保；或導致國會倒閣，都可能造成閣揆下臺。換言之，內閣制下的閣揆任期可長可短，施政表現良好的閣揆可以長期在位，施政表現不佳的閣揆則可能旋即下臺，任期具有彈性 (Linz, 1994: 8–10)。

(三)避免贏者全拿，有權力分享的機會

在內閣制下，若國會大選中無政黨獲得國會半數以上的席次，通常須組成聯合內閣，由數個政黨共同組閣分享執政權力，不致產生 「贏者全拿」(winner-take-all) 的結果 (Mainwaring and Scully, 1995: 33 ; Lijphart, 2004: 7–8)。假若有單一政黨獲得國會半數以上的席次，儘管由該黨單獨組閣，但國會中的在野黨仍能在國會中組成 「影子內閣」，在國會中發揮監督內閣的力量，一旦執政黨施政表現不佳，在野黨仍有機會透過倒閣等手段隨時取而代之。

(四)閣揆成為民粹式領袖的可能性較低

內閣制強調集體決策，閣揆雖是國會多數黨（或多數陣營）領袖，但並非全民直選，就閣揆本身所擁有的選民基礎而言，不過就是全國某一選區選出的國會議員之一，因此閣揆通常不致衍生過多的權力幻覺，較不會成為民粹式的領袖。且擔任閣揆者乃為國會多數黨（或多數陣營）領袖，而能擔任

國會多數黨領袖的人物，通常已有較豐富的政治資歷，較不可能是完全的政治門外漢 (Linz, 1994: 26–30)。

三、內閣制的缺點

㈠容易造成政府濫權的危機

內閣制的權力融合導致內閣與國會的制衡消失，較易造成內閣與國會的相互勾結。在內閣制強調行政與立法權力融合的制度精神之下，行政部門（內閣）來自立法部門（國會），內閣原則上能夠掌握國會多數，內閣提出的政策與法案原則上都能獲得國會通過，因此較容易造成政府濫權，不利保障人民權利 (Horowitz, 1990: 73–79；Gunther, 1999: 80–86)。

㈡政治不穩定

在內閣制下，內閣有可能因為參與組閣的政黨彼此發生內訌而退出內閣導致內閣改組，也有可能被國會倒閣；國會也有可能被內閣提前解散，內閣與國會都沒有固定的任期保障，政治顯得較不穩定 (Lijphart, 1984: 74；Heywood, 2000: 173–174)。

㈢政治責任歸屬不明確

內閣制在非選舉期間常有內閣更迭的情況發生，許多政黨在內閣中進進出出，國會中各政黨很可能在某段期間是參與組閣的執政黨，某段時間又是未參與組閣的在野黨，以致選民在選舉時，很難辨明從上次國會選舉到這次國會選舉這段期間內，各政黨所需擔負的政治責任。就選民與行政部門之間的選舉課責 (electoral accountability) 機制而言，內閣制的選舉課責強度不如總統制，尤其是多黨制的內閣制國家，選舉課責的強度往往很弱 (Hellwig and Samuels, 2007)。

㈣選民對執政者的可辨識性較差

在內閣制的憲政運作中，選民對執政者的可辨識性較差，這是因為在內閣制之下，內閣的組成經常是政黨協商的結果，在國會大選時選民很難確定究竟是哪些政黨組閣、誰是內閣閣員。選民與未來的執政者（指掌握行政權者）之間並無直接的連結關係，某種程度上也較不符合人民主權的精神（Shugart and Carey, 1992: 45–46）。

㈤較難促成快速的政治變遷

在內閣制之下，決定組閣權（執政權）歸屬的選舉是國會選舉而非總統選舉，席次眾多的國會選舉制度涉及較複雜的選票結構、選區規模、計票規則、選舉門檻等制度要素，而這些制度要素皆可能對民主政治「一人一票、票票等值」的原則造成一定的扭曲，因此在威權政體發生民主轉型後，即便基層民眾擁有選舉權，但若採行內閣制，原本威權政體下的執政菁英，仍有機會透過國會選舉制度的操作，使自己在民主轉型後的國會選舉中保持一定的勢力，不致完全失勢。Fukuyama, Dressel and Chang (2005) 便指出，從菲律賓、印尼、南韓等東亞總統制國家的經驗看來，這些國家若在民主轉型後採行內閣制而非總統制，將很難想像這些國家能在民主轉型之後十幾年間產生這麼快速且巨大的政治變遷。

第二節　總統制

世界上採行總統制的國家有美國、墨西哥、菲律賓等國。在世界各區域中，總統制在中南美國家相當普遍，非洲也有不少國家採行總統制。在歐洲，則無任何國家採總統制（參見表 1–2）。在世界上成熟民主國家中，採取總統制的國家首推美國，而美國亦是世界上最早採總統制的國家，以下便以美國的總統制為主要例子介紹總統制的特徵（參見圖 1–3），並指出一般總統制國家在憲政運作上的優缺點。

表 1-2　世界上採行總統制的民主國家

地　區	國　家
美　洲	美國、墨西哥、瓜地馬拉、宏都拉斯、薩爾瓦多、尼加拉瓜、哥斯大黎加、巴拿馬、多明尼加、巴拉圭、哥倫比亞、阿根廷、巴西、智利、烏拉圭、委內瑞拉、玻利維亞、厄瓜多、蘇利南
歐　洲	無
亞　洲	南韓、菲律賓、印尼、賽普勒斯、土耳其
非　洲	甘比亞、貝南、賴比瑞亞、迦納、奈及利亞、獅子山、坦尚尼亞、蒲隆地、烏干達、馬拉威、尚比亞、吉布地、塞席爾
大洋洲	帛琉、吉里巴斯

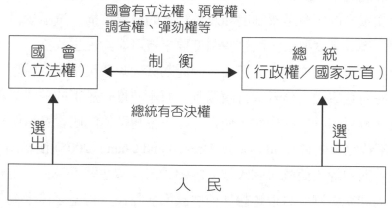

圖 1-3　總統制的憲政運作

一、總統制的特徵

㈠行政權與立法權彼此分離

　　在總統制中，掌握行政權的總統與掌握立法權的國會皆由人民選舉產生，❼總統與國會各自有獨立的民意基礎，因此行政與立法兩權的關係具有

---

❼　總統制國家的總統絕大多數由人民直選產生，擁有直接的民意基礎。特別的是，美國總統選舉雖有公民普選的程序，但形式上是由選舉人團選出。美國各州各有數額不等的選舉人團代表名額，全國總額為 538 名。在各州獲得公民普選票最多的總統候選人，可獲得該州全部的選舉人團代表名額。根據此一「贏者全拿」的原則，獲得全國過半數選舉人團代表名額（即 270 名以上）的總統候選人即當選總統。

分離的精神。由於總統的權力直接來自人民，總統的產生和存續與國會的支持信任與否並無關聯，總統並不須對國會負責，而是與國會形成相互制衡的關係。在行政與立法相互制衡的原則下，掌握立法權的國會有立法權、預算審查權、人事同意權、調查權、彈劾權等權力來牽制掌握行政權的總統；而總統則有否決權（要求覆議權）來牽制國會，藉此達到行政與立法兩權之間的平衡。

　　所謂否決權，以美國為例，是指總統若不接受國會議決通過的法案，可在國會送達法案十日內將其否決，亦即將法案退回國會覆議，此時國會須以兩院皆三分之二多數通過始能維持原法案，才能再將法案送交總統公布。換言之，總統只要獲得國會兩院之一「三分之一加一位」的支持，即有能力否決該法案，這是總統制衡國會的重要權力之一。

　　事實上，在總統制中，若將司法權與行政權、立法權一起觀察，不僅行政與立法兩權分立而相互制衡，司法權（法院）透過爭訟裁判權與違憲審查權，亦與行政立法兩權相互制衡。從另一個角度觀之，在總統制三權分立且相互制衡的原則下，行政、立法與司法三個部門其中一個部門要順利地行使其權力，必須尋求其他部門的合作，政府三個部門都擁有其他部門的部分權力。例如，以美國的總統制為例，國會參議院的人事同意權，可謂分享了總統所擁有的行政權；❽總統對國會的否決權（要求覆議權），則可謂分享了國會的立法權。

　　就此看來，每個權力部門藉由對其他權力部門的制衡，也參與行使了其他權力部門的權力。故有論者認為總統制的基本特徵乃是「分立的機關競逐共享的權力」（separated institutions competing for shared powers）(Jones, 1990: 3)。整體而言，在總統制的憲政運作中，不僅權力分立，而且權力分享；不僅權力相互制衡，而且彼此合作，兩者實為一體的兩面。

　　在總統制下，由於總統與國會的產生與消滅，彼此間並無關聯，故這種

---

❽　美國國會為兩院制，分為聯邦參議院與聯邦眾議院。依《美國聯邦憲法》規定，人事同意權為參議院的權力，眾議院則無。參議院對於總統任命的主要行政官員、外交使節與聯邦最高法院大法官有人事同意權。

權力分立模式乃是「剛性的權力分立」，或稱「嚴格的權力分立」（吳庚、陳淳文，2014: 345）、「完全的權力分立」(Heywood, 2015: 203)。

㈡行政權歸屬總統

　　在總統制中，由總統與其任命的行政團隊掌握行政權，總統乃是最高行政首長，為統領整個行政體系的最高長官。行政部門的各部會首長皆是總統的下屬，承總統之意志行事，對總統負責。由於擔任最高行政首長的總統由人民選舉產生，人民透過選票賦予總統固定任期，除非總統有違法失職的情事而遭國會彈劾解職，在一般情況下，國會無法基於政治上對總統的不信任而迫使總統提前去職，相對地，總統也無解散國會的權力迫使國會提前改選。而且基於行政與立法兩權彼此分離的精神，行政官員與國會議員兩者在身分上是不兼任的。

㈢實權元首

　　在總統制中，總統既是國家元首，又是政府首長。國家元首與政府首長兩個職位集中於總統一人身上，故總統乃是掌握行政權的實權元首。國家法令由總統以國家元首的角色頒布，亦由總統以政府首長的角色負責執行，因此在一般總統制國家中並不像內閣制國家有所謂的副署制度存在。

二、總統制的優點❾

㈠防止政府濫權，較能保障人民權利

　　在總統制強調行政與立法權力分立且相互制衡的制度精神之下，將有助於防止政府權力過度集中和濫用。國家重要政策和法案的推動，必須建立在總統與國會這兩個同樣具有民主正當性的部門共同接受的基礎上，亦即一方面國會通過法案，一方面總統不行使否決權而願意公布。簡言之，法律施行

---

❾　關於學界對總統制的讚揚觀點，參見 Horowitz (1990: 73–79); Shugart and Carey (1992); Mettenheim and Rockman (1997: 136–246); Fukuyama, Dressel and Chang, (2005)。

須經國會與總統「雙重確認」(double check)，因此較能保障人民的自由權利 (Powell, 1982: 218–223；Horowitz, 1990: 73–79)。

(二)政治穩定❿

總統與國會各有固定的法定任期，國會在總統任期內除了以總統違法失職為由提出彈劾外，不能以不信任投票使總統提前去職，因此行政部門可以避免國會發動倒閣的威脅，能安心做完任期。另外，國會議員也擁有固定任期，總統不能中途解散國會重新選舉。總統與國會都能各安其位，政治比較穩定 (Mettenheim and Rockman, 1997: 240)。

(三)政治責任歸屬較明確

總統制由於任期固定，選民定期改選總統，在兩次總統大選之間，總統原則上不會發生更迭，人民在選舉時可清楚透過選票表達對總統施政表現的評價。總統選舉的結果可反映選民對總統施政良窳的判斷，因此政治責任歸屬較明確 (Shugart and Carey, 1992: 44–45)。

❿ 政治學界對於「政治穩定」意涵的看法和界定方式不盡相同。此處的「政治穩定」指的是「政府（行政部門）的持續時間長、更迭頻率低」，亦即「政府穩定」。值得注意的是，將政治穩定視為總統制優點的觀點引發若干論者的駁斥。例如，將總統任期固定視為缺點的 Linz (1997: 1–13) 即指出，總統制下由於總統任期固定，固然符合上述「政治穩定」的定義，但從許多總統制國家實際運作的經驗看來，正是因為施政失當、不得民心的總統無法透過體制內的手段迫其下臺，反而致使人民或反對總統的政治菁英透過體制外的抗爭活動逼迫總統下臺，甚至透過革命、政變等方式更換總統，造成民主政治的崩潰。相對地，有些內閣制國家即使內閣更迭頻繁、倒閣頻仍，也僅是民主體制內解決僵局的調適現象。綜言之，Linz 認為內閣制的「政治不穩定」反映了憲政體制的彈性，看似負面現象的「政治不穩定」通常只是政府的危機 (government crisis)。相對地，總統制的「政治穩定」反映了憲政體制的僵化，看似正面現象的「政治穩定」往往惡化為政體的危機 (regime crisis)。Hochsteller (2006) 亦有類似觀點，他指出拉丁美洲的許多總統制國家，不乏總統在任期中遭到體制外方式逼迫下臺的案例，這些案例顯示拉丁美洲的總統制國家經常面臨民主倒退甚至是民主崩潰的危機。

㈣選民對執政者的可辨識性較佳

在總統制的憲政運作中，掌握行政權的總統係由人民直接選舉產生，亦即選民投票時，能夠與未來的執政者（指掌握行政權者）發生直接的聯繫，因此在總統制中選民對執政者的可辨識性 (identifiability) 較佳，也可說更符合民主政治所強調的人民主權精神 (Shugart and Carey, 1992: 45–46)。

㈤較能促成快速的政治變遷

在總統制下，單一職位的總統選舉具有贏者全拿的特質，而在民主政治強調「一人一票、票票等值」的原則下，菁英份子與基層民眾所投出的總統選票對選舉結果的影響力相同，然而基層民眾的人數遠多於菁英份子，因此在威權政體發生民主轉型後，一旦基層民眾普遍擁有選舉權並採行總統制，在決定執政權歸屬的總統選舉中，原先威權政體的執政菁英通常不敵基層大眾的集體意志，受基層民眾支持且草根色彩濃厚的總統候選人較容易當選，原先的執政菁英較容易被直接取代，在總統選舉後頓時失勢。簡言之，在新興民主國家，採行總統制較能促成政權輪替並導引較快速的政治變遷 (Fukuyama, Dressel and Chang, 2005)。

三、總統制的缺點❶

㈠雙重民主正當性的危機

在總統制下，總統與國會皆由人民選舉產生，兩者皆有直接的民主正當性，一旦兩者發生衝突，尤其是當總統與國會多數分屬不同政黨或政治陣營，亦即出現分立政府 (divided government) 的情況時，彼此並無不信任投票與解散國會的制度來化解僵局 (Linz, 1990a: 62–64)。當總統與國會多數不一致時，國會多數通過的法案可能被總統否決，總統希望通過的法案又無法在國會中通過，相互抗衡牽制導致政府施政缺乏效率。而此時政府施政成效的良窳究

---

❶　關於學界對總統制的批評觀點，參見 Linz (1990a: 51–69, 1990b: 80–83, 1994: 3–74, 1997: 1–13); Lijphart (1993: 237–250, 1994: 91–105); Mainwaring (1993: 198–228); Stepan and Skach (1993: 1–22)。

竟應由何者負責，也變得相當模糊。可以想見的是，總統與國會此時容易相互指責、相互推卸責任，民眾不易分辨究竟是總統還是國會應對政策成敗負責，導致政治責任難以釐清。

㈡總統任期固定導致體制僵化

總統制的總統任期固定，且大多數總統制國家的總統都有連任的限制，多數國家規定總統連選得連任一次，有些國家甚至規定總統不得連任（例如南韓、菲律賓）。一方面，由於總統擁有任期保障，除非總統因違法失職被國會彈劾，否則即使總統昏庸無能、政策失當，在制度上也無法迫其下臺；另一方面，由於總統有任期限制，即便是表現傑出的總統在做滿固定任期後也必須卸任。換言之，在總統任期固定的情況下，總統制國家在政務推動上往往難以因應政治、社會、經濟情況的需求，而更換或延續其領導者 (Linz, 1994: 8–10)。

此外，總統任期固定也導致國家的政務推動被總統任期生硬地切割，導致以下弊病：一方面，任期尚未結束但已不能連任的總統，提前喪失政治上的影響力，成為「跛鴨總統」(lame duck)；另一方面，總統基於時間的迫切感，政策沒有周延規劃便匆促實施；政策追求近利，短線思考而忽略長期計畫（彭錦鵬，2000: 84）。

㈢造成贏者全拿的零和競爭

在總統制下，單一職位的總統選舉乃是零和賽局 (zero-sum game) 的選舉，贏者全贏，輸者全輸。勝選的政黨與候選人包辦所有的行政權力，且維持一段相當時間的固定任期；敗選的政黨與候選人即使獲得可觀的選票，但敗選後仍一無所有，沒有分享權力的可能，只能在數年之後才有機會捲土重來。因此，「贏者全拿」的總統選舉容易導致主要候選人產生「輸不起」的心理，將選舉勝負視為決定自己政治生命生死關頭的重大之事，各方候選人往往不惜以「全國總動員」的方式爭取民眾支持，形成極激烈的對決局面，升高政治的極化與緊張情勢 (Linz, 1994: 14–15；Lijphart, 1999: 159–162)。

㈣民選總統容易成為民粹式領袖

儘管總統制下總統與國會各有自己的民意基礎,兩者在理論上相互制衡、平起平坐,但就政治職位的角度觀之,總統制下的總統由人民直選產生,是全國民意基礎最雄厚的單一職位。擁有全國民意基礎的總統面對議員數目眾多的國會,往往產生權力幻覺,將自己視為全民利益的化身,而將國會視為地方利益的集合,對國會產生輕視的心態。假若這樣的總統具有個人魅力而得到為數不少的民眾支持,往往成為民粹式領袖,甚至進一步轉變為威權領袖,導致民主倒退的危機。Guillermo O'Donnell (1994) 即以拉丁美洲實施總統制的國家為例,將這種現象稱為「委任式民主」(delegative democracy)。❶❷

在當前影像政治 (video politics) 的時代,這種危機尤其明顯。在電視等影像媒體的影響下,一般大眾在總統選舉過程中經常將焦點放在候選人的形象與個人瑣事,而不將重心放在理念與政策。選民很容易在媒體形象的塑造下,選出具有群眾魅力與煽惑力的人士擔任總統,然而這樣的人物往往是政治門外漢 (political outsider),並不見得有豐富的政治歷練。由充滿民粹色彩卻缺乏政治歷練的人物掌握國家大政,是非常危險的 (Sartori, 1997: 114)。

第三節　半總統制

世界上採行半總統制的國家有法國、芬蘭、葡萄牙、俄羅斯、烏克蘭、波蘭等國。在世界各區域中,半總統制國家主要集中在東歐地區與前蘇聯地

---

❶❷ O'Donnell 所指的「委任式民主」是指僅有垂直課責 (vertical accountability),卻缺乏水平課責 (horizontal accountability) 的民主政治。在這種民主政治中,人民透過尚稱公開公平的選舉選出總統(故有垂直課責),但受人民擁戴的總統卻獨攬權力,不受立法與司法機關的制衡,亦即國家機關內部的制衡機制失靈(故無水平課責)。委任式民主是一種有瑕疵且脆弱的民主政治,因為總統猶如權力不受節制的「民選皇帝」,而委任式民主之所以仍稱得上「民主」,是因為此種體制尚存在最低限度的公平選舉。然而,可以想見的是,由於總統的權力不受節制,選舉的公平性遭到破壞的可能性是很高的。而一旦選舉的公平性遭到破壞,民主也就蕩然無存了。因此,委任式民主與獨裁政治其實只有一步之隔。

區，此外，非洲許多過去為法國與葡萄牙殖民地的國家，也承襲法、葡兩國
的憲政體制而採行半總統制。而我國當前的憲政體制亦屬半總統制（參見表
1–3），以下說明半總統制的一般特徵（參見圖 1–4），並指出一般半總統制國
家在憲政運作上的優缺點。

表 1–3　世界上採行半總統制的民主國家

地　　區	國　　家
美　　洲	祕魯、海地
歐　　洲	法國、芬蘭、葡萄牙、愛爾蘭、冰島、奧地利、立陶宛、捷克、波蘭、烏克蘭、保加利亞、羅馬尼亞、斯洛伐克、斯洛維尼亞、克羅埃西亞、塞爾維亞、波士尼亞赫塞哥維納、北馬其頓、摩爾多瓦、俄羅斯❸
亞　　洲	臺灣、蒙古、新加坡、東帝汶、吉爾吉斯、亞美尼亞、喬治亞、葉門、斯里蘭卡
非　　洲	肯亞、莫三比克、馬達加斯加、塞內加爾、幾內亞比索、布吉納法索、馬利、聖多美普林西比、維德角、納米比亞、尼日、坦尚尼亞、中非共和國、多哥、突尼西亞
大洋洲	無

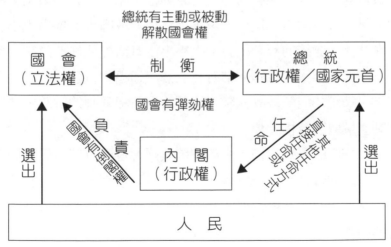

圖 1–4　半總統制的憲政運作

❸　俄羅斯在 1991 年蘇聯解體後，曾一度民主化成為新興民主國家，但現已民主倒退
　　為獨裁國家。俄羅斯雖已非民主國家，但由於該國為世界重要大國，其憲政體制架
　　構仍受各界重視，故本書仍將該國列入本表。

一、半總統制的特徵

㈠行政、立法兩權關係兼具內閣制與總統制特色

　　在半總統制中，掌握若干行政權的總統與掌握立法權的國會分別由人民選舉產生，由總統任命閣揆（在法國與其他多數半總統制國家，正式職稱為「總理」；在我國則為「行政院院長」）。值得注意的是，在不同半總統制國家中，總統任命閣揆的憲法權力大小不盡相同，例如我國總統可直接任命行政院長，不須經立法院同意；法國總統依《憲法》規定亦有權直接任命總理，不須經國會同意，但依憲政慣例會任命國會多數陣營的人士擔任總理；波蘭總統提名的總理人選，則須經國會同意後始由總統正式任命；在芬蘭，則是由國會選出總理人選後，提請總統任命，總統對總理的任命權已接近形式的權力。

　　在半總統制中，閣揆的任命方式固然有所不同，但閣揆上任後，閣揆所領導的內閣須對國會負責，亦即國會有倒閣權，以實現內閣對國會負責的精神。在總統與國會之間，國會對總統有彈劾權，總統則有解散國會的權力。仍須注意的是，在不同半總統制國家中，總統解散國會的權力大小也不盡相同，例如在法國，總統的解散國會權大體上沒有前提要件的限制，擁有的是「主動」解散國會權；在我國，唯有在立法院通過對行政院院長之不信任投票的情況下，總統才能解散立法院，這種設有前提限制的解散國會權通常被稱為「被動」解散國會權。❶❹

　　綜觀半總統制的憲政架構，由於總統與國會皆各自擁有民意基礎，具有行政、立法分離的精神，此一特徵與總統制雷同；而內閣對國會負責的制度設計，則意味著內閣的存續須以國會多數的支持和信任為基礎，具有行政、立法融合的精神，此一特徵又與內閣制雷同，故半總統制可說是一種同時兼

---

❶❹　《法國憲法》僅有限制總統在以下兩種情況不得解散國會：一、總統解散國會後一年內，不得再次解散國會；二、當國家發生重大危機，總統採取緊急措施期間，不得解散國會。除上述兩種特殊情況外，總統的解散國會權沒有前提時機的限制，故大體上可稱法國總統擁有「主動」解散國會權。

具總統制與內閣制特色的「混合制」。就權力分立的運作模式而言，半總統制下總統與國會之間的關係偏向剛性的權力分立，內閣與國會的關係則偏向柔性的權力分立。

㈡行政權歸屬總統與閣揆

在半總統制中，總統與閣揆皆掌有行政權，具有行政權二元化的特色，猶如存在兩位行政首長，故半總統制也常被稱為「雙首長制」。行政權二元化是半總統制有別於內閣制與總統制的重要特徵之一，因為在內閣制與總統制中，行政權都是一元化的。在內閣制中，行政權完全屬於內閣，閣揆為最高行政首長，共和國體的內閣制即使有總統一職存在，但總統為虛位元首，並未掌握行政權；在總統制中，行政權完全屬於總統，總統為最高行政首長，總統領導的行政團隊（亦即內閣）完全聽命於總統，並無自己單獨的憲法權力。而在半總統制中，總統與閣揆皆有《憲法》所賦予的權力與執掌，國家的行政權切割成總統與內閣兩個部分。

在不同的半總統制國家，總統與閣揆的權力劃分方式各有不同，大體而言，由於總統身為國家元首，對外代表國家，因此總統在國防、外交領域通常有較大的權力，或至少在國防、外交領域有一定的發言權；而閣揆則主要負責經濟、內政事務。在法國與我國，大致可以看到這樣的分工現象，但事實上，不論是法國和我國，《憲法》中關於總統與閣揆的權力劃分並不是十分明確。

㈢實權元首與行政權「換軌」的現象

在半總統制中，總統是擁有行政權的實權元首，閣揆亦掌有行政權，不過在有些半總統制國家中，總統與閣揆之間的實際權力大小，會因為總統與國會多數是否一致而有所不同。以法國為例，當法國總統與國會多數屬於同一政治陣營時，總統會任命同陣營的人士為總理。在此情況下，總統既是國會多數陣營的實質領袖，總理帶領的內閣亦聽命總統行事，總統的權力遠超過總理，整體的政府運作即由總統主政，偏向總統制運作。當總統與國會多

數屬於不同政治陣營時，總統仍會任命國會多數陣營的人士出任總理組閣，此時總理的權力超過總統，整體的政府運作由總理主政，偏向內閣制運作。在法國，由於此時總統與總理這兩位行政首長分別由左右派兩大陣營的人士擔任，故又稱「左右共治」(cohabitation)。這種時而偏內閣制、時而偏總統制的行政權「換軌」現象，是法國憲政運作的重要特色。

然而，與法國不同的是，我國到目前為止並未出現行政權「換軌」的現象，這是因為不論我國總統與國會多數是否屬於同一陣營，總統通常都任命自己政治陣營的人士為閣揆，閣揆聽命總統行事，故我國總統與閣揆的權力大小，並不像法國一樣會隨著總統與國會多數一致與否而出現消長。因此，我國半總統制的實際運作到目前為止，始終偏向總統制運作的格局。

二、半總統制與內閣制、總統制的特徵比較

綜上所述，我們可以將內閣制、總統制、半總統制這三種憲政體制的特徵依不同層面歸納比較如下：

㈠行政權與立法權的關係

內閣制具有行政權與立法權相互融合的精神；總統制強調行政權與立法權分離的精神；至於半總統制，則同時存在行政權與立法權相互融合（因為內閣對國會負責）與相互分離（因為總統與國會分別由人民選舉產生）的精神。

㈡行政權與立法權的互動原則

內閣制強調行政權向立法權負責；總統制強調行政權與立法權相互制衡；至於半總統制，由於內閣對國會負責，總統則與國會相互制衡，故同時存在行政權向立法權負責又彼此制衡的特色。

㈢最高行政首長的產生方式

內閣制中的閣揆身為最高行政首長，人選由國會決定；總統制中的總統

身為最高行政首長，由人民普選產生；至於半總統制，總統與閣揆皆為行政首長，總統由人民普選產生，閣揆則由總統任命，而有些（並非全部）半總統制國家的總統任命閣揆時會尊重國會的意見。

㈣最高行政首長的任期

內閣制中的閣揆身為最高行政首長，並無固定任期的保障；總統制中的總統身為最高行政首長，則有固定任期的保障；至於半總統制，閣揆身為「雙行政首長」之一，一方面由於內閣須對國會負責，國會對內閣有倒閣權，另一方面有些半總統制國家的總統亦有權隨時將閣揆免職，故閣揆並無固定任期的保障；而總統亦為「雙行政首長」之一，則有固定任期的保障。

㈤議員與閣員的身分關係

多數內閣制國家的內閣閣員由國會議員兼任，但亦有少數內閣制國家的內閣閣員不由國會議員兼任；總統制的內閣閣員（即部會首長）與國會議員則禁止兼任；至於在半總統制中，內閣閣員是否由國會議員兼任，不同半總統制國家的制度規範並不完全相同，例如在法國與我國，《憲法》皆明定內閣閣員不由國會議員兼任，但有些國家則是採兼任的制度，例如蒙古。

㈥國家元首的角色

內閣制的國家元首（君主或總統）為虛位元首；總統制的國家元首（總統）為實權元首；至於半總統制的國家元首（總統）既然是「雙行政首長」之一，亦為實權元首。

綜合以上各項層面的比較，可發現在三種憲政體制中（如表1–4），內閣制與總統制的特徵大致上是相互對立的，半總統制則是綜合了總統制與內閣制的特徵。

表 1–4　內閣制、總統制與半總統制的比較

	內閣制	總統制	半總統制
行政權與立法權的關係	融　合	分　離	融合 & 分離
行政權與立法權的互動原則	行政向立法負責	行政與立法相互制衡	行政（內閣）向立法負責 & 行政（總統）與立法相互制衡
最高行政首長的產生方式	國會決定	人民普選	閣揆由總統任命 & 總統由人民普選
最高行政首長的任期	無任期保障	有任期保障	閣揆無任期保障 & 總統有任期保障
議員與閣員的身分關係	通常兼任	不兼任	不一定
國家元首的角色	虛位元首	實權元首	實權元首

三、半總統制的優點

　　由於半總統制兼具總統制與內閣制的特色，因此這種憲政體制經常被期待能夠兼具總統制與內閣制的優點，並同時避免總統制與內閣制的缺點。理論上，一個運作順暢的半總統制應可具有以下的優點：

㈠可避免行政權與立法權的僵局

　　在半總統制中，存在著倒閣與解散國會的機制，可藉此化解行政權與立法權兩權之間的僵局。因為在純粹的總統制中，一旦總統與國會多數不一致而出現分立政府，總統與國會之間並無任何解決僵局的正式機制，這是總統制最讓人感到疑慮的缺失。然而在半總統制中，儘管總統與國會多數仍可能不一致，但透過國會倒閣與總統解散國會的制度，仍有機會化解行政權與立法權之間的衝突與僵局 (Sartori, 1994: 135–137；Bahro,1999: 4–6)。

　　換言之，在半總統制中，由於倒閣和解散國會的機制在制度淵源上乃是屬於內閣制的制度設計，因此，半總統制的憲政設計乃是將內閣制的運作機制嵌入總統制的架構中，以矯正總統制容易發生政治僵局的缺失。

㈡強化政治穩定

在半總統制中，總統是由人民直選的實權元首，具有直接的民主正當性，並有任期保障，比純粹的內閣制更能強化政治穩定。因為在純粹的內閣制中，由內閣掌握全部的行政權，一旦國會倒閣通過或因為參與組閣的政黨發生內訌而導致內閣改組，整個行政權都會受到撼動，因此政治較不穩定。而在半總統制中，由於行政權二元化，行政權切割為總統與內閣兩個部分，儘管國會仍有倒閣權，但即使國會倒閣通過或內閣發生改組，也不至於撼動全部的行政權。因為掌握部分行政權的總統擁有任期保障，除非違法失職被國會彈劾，否則不受國會影響（陳淳文，2013: 44–45）。

換言之，在半總統制中，對國會負責的內閣代表較浮動的行政權，不對國會負責的總統則代表相對穩定的行政權。由於任期固定的實權總統屬於總統制的制度設計，因此，半總統制的憲政設計乃是將總統制的運作機制嵌入內閣制的架構中，以矯正內閣制容易造成政治不穩定的缺失。

四、半總統制的缺點

半總統制作為一種兼具內閣制與總統制精神且行政權二元化的憲政體制，也可能具有以下的缺點：

㈠組閣權歸屬容易引起爭議

在半總統制中，總統擁有對閣揆的任命權，內閣又須對國會負責，當總統與國會多數一致時，總統任命自己陣營人士，同時也是國會多數陣營人士組閣，在總統、內閣、國會多數三者「一家親」的情況下，彼此之間不致發生重大衝突。然而，當總統與國會多數不一致時，究竟總統應任命自己陣營人士組閣？還是應任命國會多數陣營人士組閣？若《憲法》對此規定不夠清楚而有模糊空間，常會引起憲政爭議。簡言之，當總統與國會多數不一致時，實質組閣權究竟是屬於總統或國會，容易引發總統與國會的衝突（黃德福，2000: 4–5；Wu, 2003: 10–11）。

事實上，此時總統與國會之間的組閣權之爭，也可說是內閣制與總統制兩種憲政體制的制度邏輯之爭。一方面，總統基於半總統制具有總統制的精神，常會堅持總統既然對閣揆有任命權，應可任命自己陣營人士組閣，此時總統顯然是想將半總統制盡可能操作為總統制；另一方面，國會基於半總統制具有內閣制的精神，會堅持內閣既然對國會負責，總統應任命國會多數陣營人士組閣，此時國會顯然是想將半總統制盡可能操作為內閣制。總之，在半總統制中隱含的總統制與內閣制制度邏輯之爭，當總統與國會多數不一致時，會具體呈現為組閣權之爭，引發總統與國會間的衝突。

㈡行政權二元化容易造成雙頭馬車

在半總統制中，由於行政權二元化，行政權分屬總統與閣揆。儘管《憲法》對總統與閣揆的權力範圍可做明文規範，但無論如何，總統與閣揆的權力界線總有模糊地帶，因此總統與閣揆也可能相爭權力。「半總統制」中的雙元行政關係在本質上必然會出現衝突矛盾的情況，只是衝突高低有別而已 (Protsyk, 2006；Cheibub and Chernykh, 2009)。事實上，不論總統與閣揆是否同屬同一政治陣營，此一問題都不能完全避免，而在總統與閣揆分屬不同陣營時，雙頭馬車的問題會顯得更嚴重（林子儀等：630–631）。**⓯**

⓯ 以我國為例，儘管歷年來總統與閣揆大抵屬於同一政治陣營（陳水扁總統任命的首位行政院院長唐飛為例外），閣揆原則上也聽命於總統，但有時仍會看到總統與閣揆政策立場不完全一致或彼此溝通不順暢的情形。例如陳水扁總統與閣揆謝長廷在兩岸政策方面有明顯的立場差異，又例如馬英九總統與閣揆陳冲在調漲油電費率、課徵證所稅等政策的推動上，也有步調不一致的情形。在法國，當總統與國會多數不一致時，總統會任命國會多數陣營支持的人士擔任總理，形成「左右共治」，此時固然由總理主政，總統的實質權力相對弱化，但總統仍非完全垂拱而治的虛位元首，總統與總理發生齟齬的情況仍時有所聞。例如在 1986 年至 1988 年左右共治期間，左派的密特朗 (François Mitterand) 總統與右派的席哈克 (Jacques Chirac) 總理之間仍時有爭執，兩人關係並不十分融洽。關於法國總統與總理的實際互動，參見劉嘉甯 (1990: 106–109)、許有為 (1995)。

第四節　委員制與其他特殊憲政體制

當代民主國家的憲政體制類型，除了內閣制、總統制與半總統制這三種主要的憲政體制之外，尚有另一種特殊類型「委員制」，目前世界上僅有瑞士一國採行。另外世界上也有少數國家的憲政體制不同於一般典型的內閣制、總統制與半總統制，但依這些特殊憲政體制的核心特徵，仍可將其歸類為內閣制、總統制與半總統制等三種主要憲政體制之一。本節先介紹瑞士的委員制，而後介紹世界少數國家較特殊的憲政體制。

一、瑞士的委員制

瑞士委員制的架構如圖 1–5 所示，這種特殊憲政體制的特徵可分述如下：

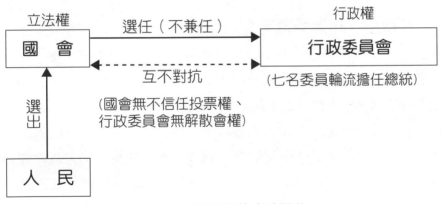

圖 1–5　委員制的憲政運作

㈠行政與立法兩權既不分離，亦不對抗

瑞士為聯邦制國家，故國會設兩院，上議院為聯邦院 (Council of States)，代表各邦，議員由各邦人民普選或邦議會選舉產生；下議院為民族院 (Council of Nation) 代表人民，由人民以比例代表制選舉產生，任期四年。國

會兩院有平等的立法權。 掌管行政權的聯邦行政委員會 (Federal Executive Council) 由國會兩院聯席會議選出，共有七名委員，分掌七個部（外交、內政、司法與警政、國防、財政暨國稅、經濟、交通通訊暨能源），換言之，七名聯邦行政委員即為七位部長。聯邦行政委員不兼任國會議員，故若有國會議員被選為聯邦行政委員，必須辭去議員職務。聯邦行政委員會的職責為忠實執行國會通過的法律，並須列席國會以供諮詢，向國會報告政務，但國會並無不信任投票的權力迫使聯邦行政委員辭職。聯邦行政委員會對國會的決定既無要求覆議的權力，更無解散國會的權力，故聯邦行政委員會與國會皆有四年的固定任期。

　　因此，在瑞士的委員制中，聯邦行政委員會儘管其權力來自國會，但聯邦行政委員會並不像內閣制中國會透過倒閣制度迫使內閣對其負責，行政與立法兩權呈現既不分離（因為行政權來自立法權），亦不對抗（因為行政權並不對立法權負責，兩權之間也不強調制衡精神）的關係。

㈡合議的聯邦行政委員會掌握行政權

　　掌握行政權的聯邦行政委員會採合議制，七位委員地位平等，實行集體領導。特別的是，聯邦行政委員會的組成結構類似「大聯合內閣」的型態。七名委員依照國會下院 （民族院） 中四個主要政黨大致的席次比例， 以「2:2:2:1」的比例分配，亦即七名委員依上述比例由四個政黨的人士出任。除了依照國會中的政黨比例外，聯邦行政委員會的成員結構還同時兼顧族群與區域平衡的原則，在七名委員中，德語族裔有四名、法語族裔二名、義語族裔一名，而且不得有二名委員來自同一個邦，但必然各有一名委員來自首都伯恩與蘇黎世這兩個文化背景互異的重鎮。總之，聯邦行政委員會的組成結構試圖兼顧瑞士國內不同社會分歧部分的利益，強調權力分享的精神，故瑞士的政治制度常被視為協和民主 (consociational democracy) 或共識民主 (consensus democracy) 的著例 (Lijphart, 1999)。

㈢國家元首由聯邦行政委員會委員輪流兼任

聯邦行政委員會互選主席、副主席各一人，正式職銜為聯邦總統、副總統，但任期僅有一年，且不得在次年連任，但可隔屆再任。故在實際運作上，即由七名委員輪流兼任國家元首。總統一職並無特殊的權力，與其他委員的權力並無太大差異，僅是國家名義上的元首及主持聯邦行政委員會的會議而已。

瑞士的委員制既不同於內閣制與總統制，亦非同時具有總統制與內閣制特徵的混合體制，但由於其行政權來自立法權，整個體制的精神較接近內閣制，但至少有以下三點與一般典型的內閣制不同：

1. 內閣制強調行政權（內閣）向立法權（國會）負責的精神，而國會倒閣權是確保內閣對國會負責的制度設計，且多數內閣制國家中內閣有解散國會權；委員制則無上述制度精神。

2. 一般內閣制下的內閣閣員係由國會議員兼任，而在瑞士的委員制中，聯邦行政委員不得由國會議員兼任。

3. 在典型的內閣制中，由虛位的總統或君主擔任國家元首，為一特定職位，並非由內閣閣揆或閣員兼任，而在瑞士的委員制中，則是由聯邦行政委員（部長）輪流兼任國家元首，相當特別。基於上述，委員制或可視為內閣制的某種變體。

二、特殊的憲政體制

除了內閣制、總統制、半總統制與委員制之外，世界上也有少數民主國家的憲政體制特徵，都不完全符合上述四種憲政體制類型的任何一種類型。不過，若以行政權與立法權的關係作為界定這些國家憲政體制類型的主要依據，大抵仍能將這些國家的憲政體制類型歸為上述幾種主要類型之一。

㈠特殊的內閣制

在全世界具有總統職位的內閣制國家中，較為特別的是總統身兼國家元首與政府首長的國家，例如南非、波札那、蓋亞那、蘇利南、馬紹爾群島、

密克羅尼西亞、諾魯。這些國家的總統為實權元首，但這些國家的總統並非由人民直選，而是由國會選舉產生，通常由國會多數黨領袖出任總統。以蓋亞那為例，該國國會選舉採政黨名單比例代表制，名列各政黨名單第一名的候選人即為各黨提名的總統候選人（同時也是國會議員候選人）。在國會選舉中，得票最多的政黨所提名的總統候選人即當選為總統 (Elgie, 2008)。國會可以透過不信任投票（倒閣權）迫使總統下台。在這些國家的憲政體制中，行政權（總統）來自立法權（國會），且由於國會擁有倒閣權，掌握行政權的總統須對掌握立法權的國會負責。

　　在南非，總統及其領導的內閣就對國民議會負責，並依據國民議會對其的信任行事。國民議會可以過半數的決議對總統與內閣通過不信任案。如果不信任案僅針對內閣，不包括總統，總統必須改組內閣；若不信任案僅針對總統，則總統與內閣所有成員都必須去職。國民議會除了有權力提出不信任案，亦有權彈劾總統。當總統嚴重違反憲法或法律、嚴重瀆職或沒有能力履行職責時，國民議會得以三分之二多數決議彈劾總統，迫使總統去職。❻

　　以上這樣的憲政體制，乃是將典型內閣制中國家元首與政府首長的兩個職位合而為一，而由身為閣揆的政府首長身兼國家元首，而閣揆的正式職稱為總統，而不稱總理。由於這些國家的總統並非由人民直選，並具有行政向立法負責的制度特徵，絕大多數學者仍將其歸類為內閣制 (Albert, 2009: 536；Butler, 2013: 4；Craneburgh, 2009: 52；Kuenzi and Lambright, 2005: 441；Neto and Lobo, 2014: 435)。❼這種以總統為實權元首的內閣制，其制度設計的用

---

❻　在蓋亞那，內閣由總統、總理、副總統與各部長組成，掌理政府事務。內閣集體對國會負責，若國會以過半數通過不信任案，包括總統在內的內閣成員皆須去職，並在三個月內重新舉行國會大選 (Sawe, 2017)。

❼　南非與蓋亞那在憲政體制類型的歸類上，常被分別誤認是總統制與半總統制。由於南非的總統為實權元首，而實權元首並非典型內閣制的特徵，而通常是總統制的特徵，因此南非也常被歸類為總統制。至於蓋亞那的憲政體制中由於同時有總統與總理職位，有時也會被誤認為半總統制。蓋亞那的總統並非以單獨的選舉選出，而是連同國會議員選舉產生，因此並不符合半總統制的要件。其實，蓋亞那總統的角色相當於典型內閣制中的總理，但同時兼任國家元首；該國總理的角色則相當於典型

意乃是避免總統侵占閣揆所擁有的權力，或避免總統與閣揆發生權力衝突，遂將總統與閣揆的身分合而為一，而將總統的稱號與功能轉移給閣揆。世人對這些非典型內閣制較為陌生，這些內閣制國家的憲政體制在主流憲政研究中也經常被忽略。❶⑧

㈡特殊的總統制

　　南韓的憲政體制兼具總統制與內閣制的特徵。南韓總統與國會由人民直選，總統既是國家元首，也是最高行政首長，總統有五年的任期保障，掌握行政權的總統與掌握立法權的國會各有民主正當性，彼此相互制衡，因此南韓總統制的色彩是非常鮮明的。但南韓憲政體制仍有若干內閣制的特徵：首先，在總統之外，還有國務總理的設計，總理由總統提名，經國會同意後任命之；其次，總理與閣員必須至國會院會或委員會作施政報告，並接受國會議員的質詢；第三，國會經三分之一提出、過半數議決，得建議總統將總理或內閣閣員免職；第四，總統頒布法律與命令須經總理和相關閣員副署。以上有關總理職位的設計、質詢制度、倒閣建議權的制度、副署制度等憲法規定，呈現出若干內閣制的精神。

　　南韓這種兼具總統制與內閣制精神的憲政體制，絕大多數論者將其定位為總統制，但也有部分論者將其定位為半總統制。❶⑨究竟南韓憲政體制應如何歸類？事實上，半總統制兩項有別於總統制的核心特徵，首先，半總統制具有行政權二元化的現象，總統與內閣總理皆有行政權，而不像在總統制中，行政權乃是一元化的。總統制下的總統身為最高行政首長，統領整個行政部

　　內閣制中的副總理。

⑱　不過，若以行政權歸屬的角度作為判斷憲政體制類型的主要標準（若一國的行政權歸屬於閣揆所領導的內閣即認定其為內閣制，若行政權歸屬於總統即認定其為總統制，若行政權同時歸屬於總統與內閣即認定其為半總統制），由於南非的行政權歸屬於總統，且具有一般總統制中總統身兼國家元首與行政首長的特徵，故也可能被歸為總統制。

⑲　例如 Elgie (1999)、李佩珊 (2005)、陳宏銘、蔡榮祥 (2008)、Zhang (2008)、Tsai (2009)、沈有忠 (2012)，皆將南韓憲政體制定位為半總統制。

門，行政部門的各部會首長皆是總統的下屬，承總統的意志行事。反觀半總統制中，不論總統或總理何者權力較大，或不論總理在實際運作上是否聽命於總統，半總統制下的總統與總理各有不相隸屬的特定憲法權力。其次，半總統制中儘管總統與國會皆由人民選舉產生，總統不須對國會負責，但總理所領導的內閣仍須對國會負責，亦即仍具行政向立法負責的精神。反觀總統制中，總統所代表的行政權與國會所代表的立法權彼此分立制衡，沒有行政向立法負責的精神存在。

就此看來，南韓的憲政體制並不具備上述半總統制的兩項核心特徵。首先，雖然南韓憲政體制中除總統之外尚有國務總理，但《南韓憲法》第 66 條明文規定，「行政權屬於總統為首之政府所有」，並未呈現行政權二元化的現象。總理輔佐總統，承總統之命統領管轄各行政部門。由總統、總理與國務委員共同組成的國務會議，負責議決所有行政事務。國務會議由總統擔任主席，總理擔任副主席。在主從關係上，總理由總統任免（總統任命總理須經國會同意，將總理免職則無須國會同意），是完全聽從總統指揮的幕僚長。或有論者認為總理的副署權仍具有牽制總統的功能，但由於總統對總理擁有免職權，假若總理欲以副署權對抗總統，總統即可將其免職，因此總理的副署權在南韓憲政體制中僅具有總理確認獲悉總統舉措的意義，而不存在任何牽制總統權力的作用。

其次，南韓總理為首的內閣並不真正對國會負責，這是因為南韓國會對於內閣並無倒閣權。南韓國會固然有倒閣建議權，但「倒閣建議權」並不等於「倒閣權」。在《南韓憲法》中，國會即使決議通過對總統提出倒閣建議，總統仍可拒絕國會的建議，總理與行政官員的去留完全由總統決定，國會的倒閣建議權對總統並無法定拘束力。就此看來，南韓憲政體制儘管帶有若干混合制的色彩，但在憲政體制類型的歸類上實屬總統制無疑。❷⓿

---

❷⓿　關於南韓憲政體制類型應如何歸類，涉及「半總統制」判斷標準的問題，在本書第二章還會進一步討論。

㈢特殊的半總統制

東歐國家波士尼亞赫塞哥維納的憲政體制也較為特別,由於該國存在著明顯的種族分歧——有波士尼亞族、克羅埃西亞族與塞爾維亞族三個種族,為了使各種族和平共存,故在憲政體制的設計上特別強調權力分享的精神。目前波士尼亞赫塞哥維納是一個聯邦制國家,由兩個政治實體所構成,分別是以波士尼亞族與克羅埃西亞族為主的波士尼亞與赫塞哥維納聯邦(Federation of Bosnia and Herzegovina,以下稱波赫聯邦)與以塞爾維亞族為主的塞族共和邦 (The Republic of Srpska)。該國的中央政府設有三人組成的主席團,由三個種族的人民分別直選出一名主席,其中由波赫聯邦選出一名波士尼亞族主席與一名克羅埃西亞族主席,塞族共和邦選出一名塞爾維亞族主席,每個主席各屬一個族群,任期四年,四年中每人輪流擔任八個月的主席團主席 (Chairman of Presidency),為對外代表國家的國家元首。

該國在主席團之外,另設有部長會議 (Council of Ministers),為掌理中央政府行政權的部門,部長會議主席由人民直選的三人主席團提名,經眾議院同意後任命,部長會議主席為中央政府的最高行政首長,有權任命各部會首長,但部會首長的族群比例須符合比例原則,來自波赫聯邦的成員不得超過部長全部名額的三分之二。眾議院可透過不信任投票迫使部長會議主席下臺,亦即部長會議須對國會負責。

儘管波士尼亞赫塞哥維納的憲政體制看來較為特別,但從該國憲政體制的主要特徵看來,應可將該國歸為半總統制國家。因為在波士尼亞赫塞哥維納的憲政體制中,主席團輪值主席即相當於半總統制國家中的總統,部長會議主席則相當於半總統制國家中的內閣總理。該國與一般半總統制國家的差別,僅在於一般半總統制國家僅會設置單一的總統職位,而不會設置三位「輪值總統」。除此之外,該國的憲政體制與一般半總統制國家的主要特徵並無二致。

在本章中,我們對於民主國家的憲政體制類型做了基本的介紹。由於我國當前憲政體制類型屬於半總統制,從下一章開始,將把焦點集中於半總統制的討論。

「半總統制」相關概念的釐清

　　「半總統制」(semi-presidentialism) 是有別於總統制與內閣制的第三種憲政體制類型。這種憲政體制同時兼具總統制與內閣制的制度精神,且總統與閣揆皆享有行政權。在 1980 年代之前,採取這種憲政體制的國家並不多,主要是歐洲的一些老牌民主國家採行。不過,1990 年代以來,許多新興民主國家不約而同採取不同於典型總統制與內閣制的混合式憲政體制,半總統制一時之間儼然成為新興民主國家憲政體制選擇的流行選項,當前學術界對於「半總統制」的研究也因此蔚然成風。

　　然而,儘管當前「半總統制」的研究已累積了不少研究成果,有關「半總統制」的許多議題,諸如當前世界上「半總統制」國家的數目、「半總統制」的次類型劃分、對於「半總統制」的評價等,皆缺乏共識,不同論者各有截然不同的觀點。事實上,此現象的癥結乃是因為研究者連最基本的問題——「什麼是半總統制」,就各有不同的想像與立場。

　　本章擬探討的便是此一最根本的概念界定問題,試圖釐清學術界對於「半總統制」在理解和認知上的分歧與爭議。本章探討的主題看似政治學中最基本的概念界定問題,但此問題卻是探討「半總統制」相關議題之前必須先釐清的前提。唯有在「半總統制」意涵已經獲得釐清的基礎上,吾人才能進一步確認一個國家的憲政體制「是不是『半總統制』」,以及「是哪一種『半總統制』」,隨後更細緻的實證研究才能展開,相關研究的學術辯論也才能夠更有交集。❶

---

❶　本章架構來自於蘇子喬 (2011),並在內容上加以增刪。

　　在本章的第一節中，筆者將對「半總統制」與其他類似概念（如混合制、雙首長制、行政權雙軌制）的差異進行釐清。而後在第二節中討論「半總統制」此一概念的缺失，接下來在第三節討論究竟應以何種標準為依據，以判斷一個國家的憲政體制是不是「半總統制」。

第一節　「半總統制」與其他類似概念的釐清

　　關於當代民主國家的憲政體制類型，傳統上有「總統制」與「內閣制」的二分法，❷然而，晚近有愈來愈多的國家（包含我國在內）採取的是「第三種」憲政體制，這種憲政體制中既存在一個擁有實權的民選總統，又存在一個向國會負責的內閣，顯然已非傳統的「總統制／內閣制」二分法所能涵蓋。關於此「第三種」憲政體制的名稱，有「半總統制」、「混合制」、「雙首長制」、「行政權雙軌制」等不同的概念。不少論者將上述概念大致畫上等號，認為都是用來指涉同一種憲政體制，並認為該憲政體制類型的名稱之所以會有分歧，只是因為不同論者對同一種憲政體制的觀察角度各有不同所致。

　　然而，若仔細分析這些概念，吾人將會發現這些不同的概念指涉的對象範圍其實各有不同，並不只是觀察角度不同而已。因此，本節擬對「半總統制」及其他同樣指涉「第三種」憲政體制類型的概念內涵進行分析，並釐清不同概念的異同處與彼此之間的關聯性。

一、半總統制

　　在各種「第三種」憲政體制類型的界定方式中，學術界引用最多、討論最頻繁的當屬 Maurice Duverger 所稱的「半總統制」，Duverger (1980) 所謂的「半總統制」包含下列三個要件：

1.總統由普選 (universal suffrage) 產生。

---

❷　瑞士的委員制固然是總統制與內閣制之外的特殊憲政體制類型，但由於採取委員制的國家始終只有瑞士一國，在當代民主國家的憲政體制中不具有普遍性，因此總統制與內閣制的二分法，乃是傳統政治學教科書的通論。

2.總統擁有相當的權力 (considerable powers)。

3.在總統之外，尚有總理為首的內閣掌控政府的行政權力，只要國會不表示反對，就可以繼續在位，❸亦即內閣需向國會負責。

　　在 Duverger 於 1980 年前後提出「半總統制」的概念時，只有法國、奧地利、芬蘭、葡萄牙、冰島、愛爾蘭以及威瑪共和時期的德國等七個國家的憲政體制被 Duverger 歸類為「半總統制」。然而，自從第三波民主化浪潮席捲歐、美、亞、非各洲之後，許多新興民主國家在民主轉型過程中進行憲政體制選擇時，紛紛採取符合「半總統制」特徵的憲政體制，至今全世界採取「半總統制」的國家至少有三十多個，甚至有學者認為已經超過五十個 (Elgie, 2008)。隨著符合「半總統制」特徵的國家日益增多，學界在 1990 年代之後對於「半總統制」的相關研究亦日益熱烈。

　　但是，究竟什麼是「半總統制」，不同學者的界定方式也不盡相同，舉例來說，Patrick O'Neill (1993: 197) 將「半總統制」界定為具有以下兩項特徵的憲政體制：

1.行政權力被身為政府首長的總理和身為國家元首的總統所分割。

2.總統具有實質的權力。

　　Juan Linz (1994: 48) 則指出「半總統制」有兩項要件：

1.總統由人民直接或間接選舉產生，而非由國會選舉產生，亦即總統擁有不同於國會的民主正當性。

2.總理必須得到國會信任，亦即必須對國會負責。

　　Robert Elgie (1999) 對半總統制的界定方式與 Linz 頗為接近，他認為半總統制有以下兩個要件：

1.有一個經由全民普選並有固定任期的總統。

---

❸　Duverger (1980: 165) 所指出的「半總統制」三要件，英文原文是：1. The president of the republic is elected by universal suffrage. 2. He possesses quite considerable powers. 3. He has opposite him, however, a prime minister and ministers who possess executive and governmental power and can stay in office only if the parliament does not show its opposition to them.

2.對國會負責的總理及內閣。

儘管學界對於「半總統制」的定義充滿分歧，但大體而言，Duverger 的界定仍是學界引用最廣的界定方式。除了 Duverger 的界定方式之外，另外一個同樣廣為學界流傳的界定方式則是 Giovanni Sartori 的定義。Sartori 於 1994 年承襲先前 Duverger 提出的「半總統制」概念，對「半總統制」的概念內涵重新予以詮釋。Sartori (1994: 132) 認為「半總統制」有以下的特徵：

1.總統為國家元首，由人民直接或間接選舉產生，並有固定任期。

2.總統與內閣總理共享行政權，形成二元權威結構 (dual authority structure)，而此二元權威結構的特徵有三：

(1)總統獨立於國會之外，無權直接單獨治理，其意志必須經由內閣傳達並處理；

(2)內閣總理與其領導之內閣是否能夠在位，依國會是否信任而定；

(3)此種二元權威結構容許有不同的制度安排，也容許總統與總理間權力的變動，但無論如何，總統與總理在此二元權威結構中都有「獨立行事的潛能」(autonomy potential) 存在。

若比對 Duverger 與 Sartori 兩位學者對「半總統制」所下的定義，會發現兩位學者所理解的「半總統制」其實是相當一致的，只是 Sartori 的界定方式比 Duverger 更為詳盡。不過，還是可以看出兩位學者對於「半總統制」有各自想要強調的特徵。首先，就 Duverger 而言，在他提出的「半總統制」概念中，一方面指出在此種憲政體制中存在著一個有權力的民選總統，表示此種憲政體制具有總統制雙元民主正當性的特色，與總統制同樣具有「權力分立」(separation of powers) 的制度設計；另一方面又指出此種憲政體制具有行政向立法負責的內閣制精神存在，與內閣制同樣具有「權力融合」(fusion of powers) 的制度設計。Duverger 這樣的界定方式顯然是認為「半總統制」同時兼具總統制與內閣制的特徵。❹

---

❹ 不過，Duverger (1980) 仍然強調，雖然「半總統制」同時兼具內閣制與總統制的特徵，但仍是一種「特定且獨立」(specific and separate) 的憲政體制類型，而非內閣制與總統制的變體。

　　正因為如此，不少論者對於「半總統制」的理解，乃是如圖 2-1 所示，係將「半總統制」想像為內閣制與總統制的交疊地帶，「半總統制」也因此常被稱為「混合制」(hybrid system; mixed system) (Cheibub, 2002)。「半總統制」既然被視為「混合制」，也有不少研究者對於內閣制、總統制與半總統制的理解，乃是如圖 2-2 所示，係將總統制與內閣制設想為位於一個憲政體制光譜的兩端，是制度特徵彼此對立的憲政體制，而「半總統制」這種混合制則居於中間地帶，分採總統制與內閣制這兩種憲政類型的若干特質折衷而成。❺

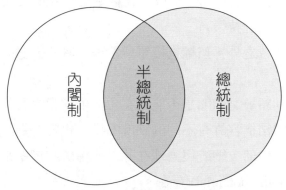

圖 2-1　三種憲政體制的關係

　　其次，就 Sartori 而言，在他指出的「半總統制」概念中，特別強調「半總統制」蘊含著總統與總理各自擁有不同權限的「二元權威結構」。❻由於行政權分別由總統與總理掌握而形成二元化現象，便可能出現總統與總理相互競逐權力的現象，而與行政權一元化的內閣制及總統制迥然不同 (Protsyk, 2006: 219-244)。Sartori 這種對於「半總統制」的理解角度，自然很容易讓人

❺　例如 G. A. Almond 與 G. B. Powell, Jr. 即以政治體系中權力集中與否作為指標，將權力分立與權力集中各置於光譜的兩端。總統制位於權力分立的一端，採取「權力融合」原則的內閣制則較偏向權力集中的一端（位於權力集中之一端者則為威權體制），至於法國、芬蘭等「混合制」則是介於總統制與內閣制之間。參見 Almond and Powell (1978: 238)。

❻　Sartori 在《比較憲政工程》一書討論「半總統制」的專章中，一開頭便開宗明義地指出：「任何『半總統制』必要的一個特徵，就是二元權威結構，亦即雙元首長的配置。」由此可見他對這項特徵的強調。參見 Sartori (1994: 122)。

聯想到關於「第三種」憲政體制的另一種定位方式——「雙首長制」。

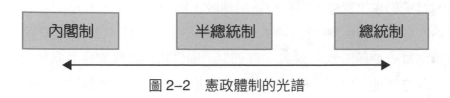

| 內閣制 | 半總統制 | 總統制 |

圖 2-2　憲政體制的光譜

二、雙首長制

　　「半總統制」固然是學界討論最頻繁的概念，但是國內輿論界最常使用的名稱卻是「雙首長制」(dual-executive system; dual leadership)。事實上，學界對於「雙首長制」此一概念的討論，遠不及「半總統制」來得多。Karl Loewenstein (1957: 90) 曾經指出，所謂「雙（行政）首長制」(dual-executive system)，是指一個國家的行政權由總統和總理（或政府）所分享的體制。

　　而 Jean Blondel 所界定的「雙首長制」(dual leadership，或稱二元領導制)，則要比 Loewenstein 的界定更為廣泛。依照 Blondel (1992) 的界定，雙首長制指的是兩個人實際、持續、有效地共同治理政務，亦即政府首腦的權力同時掌握在兩個人（且只有兩人）手中的政府體制。行政權由單獨一人掌有的體制當然不屬於雙首長制，而由超過兩人所組成的執政團或會議形式的集體領導亦不屬雙首長制。在雙首長制中，兩個領導人可能共同監督所有的決策，也有可能按不同政策領域或政策重要程度，以分工方式分擔政務。Blondel 指出，雙首長制可再細分成三類，一是前述論及的「半總統制」(semi-presidential republics)；二是「二元君主制」(dual monarchies)；三是「共產主義體制」(communist systems)。

　　在雙首長制的這三種次類型中，「二元君主制」又稱「國王與首相制」(the king and prime minister system)，是三種次類型中最早發展出來的雙首長制類型，❼即指同時存在國王與首相掌理政務、分享權力的體制，這種現象

---

❼　雙首長制甚至可溯源自古希臘時代與羅馬共和時代。在古希臘時代，斯巴達城邦有兩個國王，一在前方督戰，一在後方執政；在羅馬共和時代則有兩個執政官共同統

係出現在由君主專制政體轉變為自由民主政體的過渡階段。在此一過渡階段，原有的君主仍掌握實權，而另有首相輔政，例如十八、十九世紀從君主主權過渡到國會主權的英國即屬此類，當今的不丹、約旦、2008 年之前的尼泊爾❽等也屬於這種類型。「共產主義體制」則是指共產國家中共黨領袖（總書記）及政府領袖（總理）分別由不同人士擔任的二元領導體制；至於民主共和體制下的「半總統制」中由於有總統和總理共享行政權，因此亦屬雙首長制（陳宏銘，2004）。

　　換言之，在 Blondel 的定義下，「半總統制」被視為「雙首長制」下的一種次類型，「雙首長制」嚴格而言是一個比「半總統制」更為廣泛的概念。

　　值得一提的是，「雙首長制」三種次類型中的「二元君主制」，雖然在今日並不是盛行於世界各國的憲政體制，但是從歷史的角度來看，此種制度在世界民主憲政體制的發展過程中，其實具有重要意義。如圖 2–3 所示，若以英國此一世界上最老牌的民主國家為觀察焦點，英國在 1688 年至 1689 年間光榮革命確立國會至上原則之後，國王並非瞬間成為虛位元首。國會至上原則在當時十七世紀末初步確立時的意涵，僅是意謂國王的意志不能凌駕於國會之上，國王其實仍握有行政實權，並設有內閣首相輔佐國王處理國政而呈現行政權二元化的現象，此種現象即是「二元君主制」。

　　至於當代以虛位元首為特徵的內閣制，乃是「二元君主制」中原本二元化的行政權在後來將近兩百年的發展過程中逐漸走向一元化，國王的權力不斷讓渡給對國會負責的內閣，終至權力喪失殆盡的結果。

理政務，這是比二元君主制更為古老的雙首長制。

❽ 尼泊爾的「二元君主制」在歷經 2005 年至 2006 年的政潮後，於 2006 年 6 月轉變為君主立憲的內閣制。2008 年 5 月，制憲會議通過廢除長達二百四十年的王室，目前尼泊爾已由君主國體轉變為共和國體的內閣制。

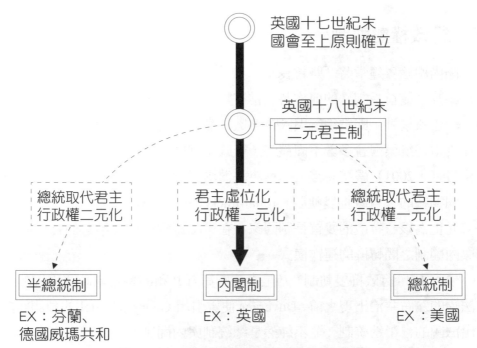

圖 2-3　各種憲政體制類型的發展過程

　　至於十八世紀末美國制定《聯邦憲法》時,則是以民選總統來取代在英國尚有實權的世襲君主,並將當時「二元君主制」中二元化的行政權予以一元化,而成為總統制。到了二十世紀初,芬蘭與德國在設計憲政體制時,一方面以總統取代「二元君主制」中的世襲君主以作為國家元首,另一方面又維持「二元君主制」中行政權二元化的特質,使總統和內閣皆享有行政權,而形成「半總統制」,這種制度可說是改良自舊版「雙首長制」(二元君主制)的新版「雙首長制」,且芬蘭與德國兩國非常湊巧都在 1919 年創設此種體制。

　　因此,就歷史的角度看來,「二元君主制」此一制度作為最早出現的「雙首長制」,其實是後來 「總統制」、「內閣制」 與新版 「雙首長制」(「半總統制」)三種制度的源頭。此一歷史現象與吾人對憲政體制的一般理解——將內閣制與總統制視為憲政體制的兩大傳統,而雙首長制視為是在上述兩大傳統的基礎上所發展出來的憲政體制,其實有一定的落差。

三、行政權雙軌制

國內輿論界經常將「雙首長制」和「行政權雙軌制」畫上等號。不少論者在論及「雙首長制」的運作時，常有類似以下的說法──「所謂『雙首長制』的憲政精神，即當總統與國會多數同黨時，憲政體制在總統制的軌道上運作；當總統與國會多數不同黨時，憲政體制則在內閣制的軌道上運作。」（楊日青，2001）嚴格說來，這種說法混淆了意涵較為廣泛的「雙首長制」與法國獨特的「行政權雙軌制」(dual-tracked executive)，因為世界上以行政權二元化為核心特徵的雙首長制國家，在實際憲政運作並不必然會呈現總統制與內閣制之間轉換的運作模式。

事實上，「行政權雙軌制」乃是指法國第五共和的獨特憲政運作經驗。早在法國的左右共治出現之前，Duverger 便曾引用 Georges Vedel 的預測觀點，指出法國的「半總統制」並不純然是總統制與內閣制的綜合體，而是會在總統制與內閣制兩種情況相互交替的憲政體制 (Duverger, 1980: 186)。

同樣地，Raymond Aron (1981: 8) 也認為法國第五共和體制是一種在總統制與內閣制之間轉換的憲政體制。亦即如圖 2-4 所示，當總統和國會是由同一政黨（或政黨聯盟）控制時，政治權力集中在總統之手，成為總統制；但當總統與國會是由不同政黨（或政黨聯盟）所控制時，政治權力則集中在總理手中，憲政體制便轉換為內閣制。簡言之，這種憲政體制具有在總統制和內閣制之間「換軌」(alternation) 的特色。

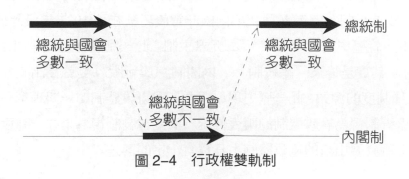

圖 2-4　行政權雙軌制

　　而在法國的憲政運作已經出現過三次左右共治之後，❾ Arend Lijphart (1999: 128) 指出，法國第五共和在共治與非共治時期的憲政運作經驗，確實應驗了前述 Vedel 與 Aron 的預測。正因為 Lijphart 十分贊同憲政體制「換軌」的觀點，因此 Lijphart 在進行憲政體制類型的分類時，根本就不承認有所謂的「半總統制」或「雙首長制」。他認為在一個憲政體制中，只要能確認究竟是總統或總理才是真正的行政首長，便能將憲政體制劃歸為總統制或內閣制，所以他認為「半總統制」不是一種獨特的憲政體制類型，只是總統制與內閣制的變體 (Lijphart, 2004: 102)。

　　因此，前述 Duverger 所舉的幾個「半總統制」國家，都被 Lijphart 劃歸為總統制或內閣制——非共治時期的法國被他列為總統制國家；而共治時期的法國，以及芬蘭、奧地利、冰島、愛爾蘭、葡萄牙等國則被他列為內閣制國家。

　　「行政權雙軌制」的概念顯然是希望更貼切地掌握法國第五共和憲政運作的動態，但這個概念卻不是一個完全沒有爭議的概念。Sartori 根據法國的實際憲政運作經驗，認為「行政權雙軌制」這個概念中有關「換軌」的說法看似生動，但仍過於簡化、武斷，並不完全符合法國憲政運作的實情。

　　因為在法國，當總統與國會多數一致時（即非共治時期），總統雖然掌握行政大權，但他主要是以國會執政黨領袖的身分發號施令，內閣向國會負責的機制依然存在，總理在此時儘管在原則上聽命於總統，但仍擁有一定的行政實權，與行政權完全由總統掌有的總統制仍有很大的差別。同樣地，當總統與國會多數不一致時（即共治時期），行政權固然主要是由國會多數支持的內閣總理掌握，總統仍具有一定的獨立權力與實質影響力，亦非如內閣制下

❾　在共治時期，總統所屬政黨並非國會多數，此時總統與國會多數支持的總理分屬不同政黨聯盟。截至目前為止，法國第五共和曾經出現過三次共治，分別出現在 1986–1988 年〔左派（社會黨）總統密特朗 (François Mitterand) vs. 右派（共和聯盟）總理席哈克 (Jacques Chirac)〕、1993–1995 年〔左派（社會黨）總統密特朗 vs. 右派（共和聯盟）總理巴拉杜 (Edouard Balladur)〕、1997–2002 年〔右派（共和聯盟）總統席哈克 vs. 左派（社會黨）總理喬斯班 (Lionel Jospin)〕。

之國家元首幾乎無權過問國事的地步。

　　換言之，在法國不論總統與國會多數一致或不一致，法國的行政權始終是二元化的，總統和總理皆是掌有實權的，但「行政權雙軌制」這個概念，很容易讓不瞭解法國憲政運作實情的人，誤以為法國的憲政運作是在「總統有權、總理無權的總統制」和「總統無權、總理有權的內閣制」之間轉換，也就是誤認在任一特定時刻皆是呈現行政權一元化的。

　　前文曾提及，Sartori 在他對「半總統制」所下的定義中，非常強調其具有行政權二元化的特徵，存在著「二元權威結構」。因此，Sartori 自然無法認同隱含著行政權一元化意涵的「行政權雙軌制」定位方式，於是他提出「擺盪」(oscillation) 的概念來修正「換軌」的說法。Sartori 指出，法國不論在共治或非共治時期，行政權二元化的現象始終都是持續存在的，只是總統與總理這兩個職位究竟誰才是真正的「第一位首長」(the first head)，會隨著總統與國會多數之組合的變動情形而發生變動，而在這種「第一位首長的轉換」(first-head shifting) 中，憲政體制中的某些制度特徵是始終保持不變的。

　　畢竟，一個在實際運作上非常「接近總統制」或是非常「接近內閣制」的憲政體制，都不會因而就完全等同於「總統制」或「內閣制」（蘇彥圖，2002: 431），因此這種「第一位首長的轉換」乃是總統與總理之間權力拉鋸的結果，只能說是同一種憲政體制內部的變動，並不涉及憲政體制定位的更替。因此，Sartori 認為，與其武斷地宣稱法國憲政運作在「總統制」和「內閣制」之間「換軌」，不如稱法國憲政運作是在「總統主政」與「總理主政」之間「擺盪」(Sartori, 1994: 124–125)。

　　「擺盪」的說法可用圖 2–5 表達：行政權這個鐘擺受到總統和總理兩個力量的拉扯，當總統與國會多數一致時，行政權偏向總統，呈現總統主政的格局；當總統與國會多數不一致時，行政權偏向總理，呈現總理主政的格局。但無論行政權這個鐘擺是擺向總統或總理，另外一股總理或總統的拉力仍然始終存在，只是力量相對較小罷了。

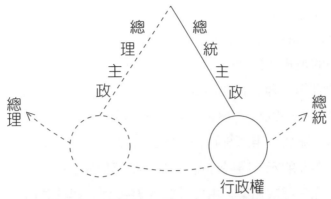

圖 2-5　法國憲政體制中行政權的擺盪

事實上，儘管「換軌」或「擺盪」這兩種界定方式對法國憲政運作的描繪與想像有細節上的差異，但兩種界定方式皆指出了法國的行政權在實際憲政運作中會出現浮動的現象。

四、雙首長制、半總統制與行政權雙軌制等概念的比較

在探討了「半總統制」、「雙首長制」、「行政權雙軌制」等「第三種」憲政體制的各種概念界定方式之後，應可發現「半總統制」這個概念，確實是學界描述總統制與內閣制之外的第三種憲政體制時最常引用、最具共識的名稱用法。首先，Blondel 所稱之「雙首長制」的概念內涵其實相當簡要，其指涉的僅是行政權二元化的政治體制，正因為這個概念的內涵非常單調，因此在現實世界中符合此一概念的體制當然也就最多，許多民主與非民主政體下的政治體制都可以被涵蓋在內。由於我們關注的焦點畢竟是民主政體下的憲政體制類型，因此，在雙首長制的三個次類型中，如果我們對「二元君主制」與「共產主義體制」這兩種非民主政體的憲政體制存而不論，「半總統制」與「雙首長制」幾乎是可以畫上等號的。

其次，在 Duverger 和 Sartori 等人所界定的「半總統制」定義中，也已經充分彰顯出「雙首長制」所指涉的行政權二元化的意涵（尤其在 Sartori 的定義中更是強調此一意涵），同時也彰顯了此種憲政體制兼具總統制與內閣制特徵的「混合制」特色。

　　第三，不論是 Aron、Lijphart 所強調的「換軌」或是 Sartori 所微調的修正觀點「擺盪」，都僅是指出法國第五共和憲政運作中行政權的浮動特質，這乃是單就法國的憲政運作而論，因此並不能廣泛地作為界定總統制國家與內閣制國家外的「第三種」憲政體制類型。「行政權雙軌制」或「擺盪」的說法，應可說是「半總統制」下特定國家的實際運作型態。

　　綜上所述，關於「半總統制」、「雙首長制」、「行政權雙軌制」等概念的關聯性，如圖 2-6 所示。「雙首長制」有「半總統制」、「二元君主制」與「共產主義體制」等三種次類型，由於「二元君主制」與「共產主義體制」皆屬獨裁而非民主國家的憲政體制，因此若只討論民主國家的憲政體制，則「雙首長制」與「半總統制」可以畫上等號，亦即採「雙首長制」的民主國家即為「半總統制」。而「半總統制」的重要案例──法國第五共和，由於其憲政運作呈現換軌或擺盪的現象，因此又被稱為「行政權雙軌制」。整體看來，「半總統制」這個概念既不像「雙首長制」這麼籠統，又不像「行政權雙軌制」這麼狹隘，確實是各種描繪「第三種」憲政體制的概念中具有具體內涵，能夠指涉特定制度類型而非僅指涉特定國家的概念界定方式。

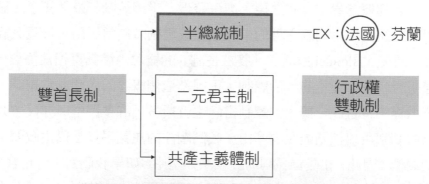

圖 2-6　半總統制與其他類似概念的關聯性

第二節 「半總統制」概念的缺失

Duverger 等人提出的「半總統制」雖然是學界中最廣為接受的「第三種」政府體制界定方式，但「半總統制」這個概念仍然受到許多質疑與批評。其中最常見的批評，是 Duverger 在界定「半總統制」時所提出的三項要件，仍有許多內涵不明確之處。此外，從「半總統制」這個名稱及其三個要件，吾人仍無法掌握這種憲政體制的基本原則和運作邏輯為何。以下將分別對「半總統制」概念的這兩個主要缺失進行討論。

一、「半總統制」概念的內涵不明確

㈠何謂「總統有相當的權力」

「半總統制」概念最容易遭到的批評，就是內涵不夠精確，尤其是 Duverger 所提出的「半總統制」三項制度要件中，第二項要件所謂「總統有『相當的權力』(considerable powers)」的意涵曖昧不明，最常受到質疑。究竟總統有「相當的權力」是指多大的權力？在國內學界，對於 "considerable powers" 一辭，學者也各有不同的主觀認知，有學者認為是指「相當的權力」（呂炳寬，2009；黃秀端，2010）；有學者認為是指「重要的權力」（沈有忠，2004）、「相當重要的權力」（蔡榮祥，2008: 112）、「相當大的權力」（蘇偉業，2005）、「可觀的權力」（陳宏銘，2004）等，顯見此一要件的意涵確實模糊不清。

在「總統有相當的權力」此一要件意涵不明確的情況下，將有可能因為研究者對此一要件的主觀認知不同，導致運作型態迥然不同的憲政體制都被歸類為「半總統制」。我們可以想像，假若某一個國家的制度特徵符合 Duverger 的第一、三要件，又該國總統所擁有的權力僅有被動的解散國會權與經由國會認可的總理任命權，如果我們認為這樣的總統權力仍符合「總統有相當的權力」這項要件，則此一國家的憲政體制固然同時滿足「半總統制」

的三項制度要件，但在實際運作上將與內閣制無異 (Hsieh, 2003: 2–3)。

　　同樣地，我們也可以想像，在一個國家的制度特徵符合 Duverger 之第一、三要件的情況下，假若總統的「相當權力」指的是總統可以自由任命總理、罷黜總理、主動解散國會、直接頒布法令，任意發布緊急命令，並且掌握日常的一般行政權，則該國總統所擁有的權力，可能比總統制下的總統所擁有的權力更大。試想，如果「半總統制」可以同時包含在實際運作上如此大相逕庭的憲政體制，那麼「半總統制」能否被稱為是一個有效的概念，自然會受到質疑。因此甚至有學者根本拒絕承認「半總統制」這個概念，而直接以「總統制 vs. 內閣制」的二分法看待所有民主國家的憲政體制類型。❿

㈡何謂「總統由人民普選產生」與「內閣對國會負責」

　　除了 Duverger 所指出的 「半總統制」 第二項要件的明確性受到質疑之外，即使是意涵較為明確的第一項要件（總統由人民普選產生）與第三項要件（內閣對國會負責），也不是毫無爭議。例如，芬蘭自 1919 年至 1988 年選出的總統並非由人民直選產生，而是由選舉人團選舉產生，⓫但 Duverger 仍將芬蘭歸類為「半總統制」國家。究竟 Duverger 所謂的「全民普選」是否意味著總統一定要由人民直接選舉，還是間接選舉也符合全民普選的要件，似乎也有若干疑義。Duverger 其實也認知到芬蘭的情形，但他認為芬蘭總統由選舉人團選出，具有不同於國會的民主正當性，而一般內閣制的總統係由國會（或國會議員為主要成員的機構）選出，兩者仍不能相提並論。

❿　拒絕承認「半總統制」此一概念，而認為憲政體制用「總統制」和「內閣制」兩個概念予以劃分便已足夠的學者，除了前文討論行政權雙軌制時提及的 Arend Lijphart 之外，還有 Alan Siaroff。Siaroff (2003) 將憲政體制分為總統制與內閣制，而內閣制又可分為有支配力之總統的內閣制 (parliamentary system with presidential dominance)、有矯正力之總統的內閣制 (parliamentary system with a presidential corrective)，以及虛位總統的內閣制 (parliamentary system with figurehead presidents) 三種。

⓫　芬蘭已於 1991 年修憲將總統改為人民直選，以絕對多數制（兩輪對決制）選舉產生，自 1994 年開始實施。

對此，Sartori 在其「半總統制」定義中關於總統選舉方式的界定，可以補充 Duverger 的不足。Sartori 認為，不論總統是由人民直選或是經由選舉人團以類似直選 (direct-like) 的方式選出，只要總統的民主正當性與國會的民主正當性有所區隔，皆符合「半總統制」中總統產生方式的要件。

至於 Duverger 所指出的第三項要件（內閣對國會負責）要如何認定，也有若干分歧看法。固然多數學者是以國會是否擁有倒閣權，作為內閣是否對國會負責的判斷標準，但是也有學者認為若一個國家的國會沒有倒閣權，但對閣揆（或內閣）擁有人事同意權，亦可認定其符合「內閣對國會負責」這個要件。在這種認知下，有些學者亦將南韓的憲政體制歸類為「半總統制」，[12]例如 Elgie (1999)、[13]岳宗明 (2001)、Tsai, Jung-Hsiang (2005)、李佩珊 (2005)、蘇偉業 (2005)、陳宏銘、蔡榮祥 (2008) 等。

(三)「半總統制」概念不明確造成的問題

就此看來，Duverger 的「半總統制」三項要件都存在著若干爭議，且第二項要件的爭議尤其嚴重。因此令人疑惑的是，假若在憲政體制的光譜上，內閣制與總統制位於光譜的兩端，「半總統制」位於中間地帶，那麼此中間地帶的範圍和極限在哪裡？也就是說，位於中間地帶的「半總統制」與光譜兩端的總統制和內閣制的界線為何？

儘管當前學界主要是以 Duverger 的界定方式作為判斷一國是否為「半總統制」的依據，但由於學者對於 Duverger 所提出的三項要件有不同的理解，因此在判斷哪些國家的憲政體制是屬於「半總統制」時，不免摻雜個人主觀判斷，使得學界對於「半總統制」國家的範圍始終沒有共識。例如，Duverger 將奧地利、冰島、愛爾蘭等三個總統權力較小的國家歸類為「半總

---

[12] 南韓國會對於總理並無倒閣權，僅有向總統提出解任總理職務的「建議權」，內閣是否下臺仍完全由總統決定，亦即總統可以拒絕國會提出的倒閣建議。

[13] 研究「半總統制」的重要學者 Robert Elgie 原本將南韓歸類為「半總統制」(Elgie, 1999)，不少「半總統制」的研究者也因此承襲其觀點而視南韓為「半總統制」國家。但晚近 Elgie 已改變見解，將南韓歸類為總統制 (Elgie, 2008)。

統制」國家；然而，Sartori 卻持反對意見，認為它們是內閣制國家 (Sartori, 1994: 126)。又如前文所言，儘管大多數學者將南韓歸類為總統制國家 (Wu, 2008)，但亦有不少學者將南韓歸類為「半總統制」國家。就此看來，「半總統制」與內閣制和總統制的界線顯然是很模糊的。

　　由於不同學者對於「半總統制」國家的範圍各有不同的認定，也連帶地使得不同學者對於「半總統制」的制度結果有迥然不同的評價。例如，若以前述 Sartori 所理解的「半總統制」國家的範圍為觀察依據，由於奧地利、冰島、愛爾蘭等實際運作上接近內閣制的國家，而被排除在「半總統制」國家的範圍之外，因此可能會得到「半總統制會造成行政權內部的衝突」這樣的結論。但是若以 Duverger 所理解的作為觀察依據，由於奧地利、冰島、愛爾蘭等國皆被歸類為半總統制，則可能得到的結論是「半總統制不必然會造成行政權內部的衝突」(Elgie, 2003: 6)。

　　事實上，在我國歷次修憲過程中有關憲政體制選擇的辯論上，「半總統制」所獲得的兩極評價，有一大部分的原因也正是因為「半總統制」是一個內涵不夠明確的概念，使得不同論者基於不同的參考國家來立論，因而導致截然不同的評價。

二、「半總統制」概念未能指明此種憲政體制的基本原則

　　「半總統制」概念除了因為內涵模糊引人質疑之外，其憲政運作依循何種基本原則，也是關鍵的爭議所在。以名稱來看，內閣制與總統制的名稱，已經很清楚地指出了憲政體制的核心特徵。內閣制的英文名稱是 parliamentarianism 或 parliamentary system，又稱為議會制或議會內閣制，從名稱上已清楚指出這種憲政體制的核心特徵是國會至上；總統制的英文名稱是 presidentialism 或 presidential system，則暗示在這種憲政體制中總統是國家權力的核心。但從「半總統制」這個名稱，吾人卻無法掌握這種憲政體制的核心特徵為何。

　　除了名稱本身的問題之外，Duverger 對「半總統制」概念內涵的界定，也無法讓人們清楚指認這種憲政體制的基本原則為何。相形之下，內閣制與

總統制這兩種憲政體制的基本原則都相當清楚。就內閣制而言,採取的是行政權與立法權合一的「權力融合」(fusion of powers) 原則。所謂融合,係指行政權產生於立法權,亦即政府(內閣)產生於國會。在此原則下,由於行政權源自立法權,內閣的產生與存續於是必須獲得國會的支持和信任,因此在內閣制之下,就行政與立法的互動機制而言,內閣須向國會負責;就最高行政首長的產生方式而言,身為最高行政首長的閣揆須由國會意志決定;❶就最高行政首長的任期而言,由於閣揆與內閣是否持續在位端視國會是否支持而定,因此無固定任期的保障。

相對地,就總統制而言,採取的是行政權與立法權分離的「權力分立」(separation of powers) 原則。所謂分立,係指掌握行政權的總統與掌握立法權的國會皆分別由人民選舉產生,總統與國會皆有各自的民主正當性。在此原則上,由於行政權並非源自立法權,政府的產生與存續便不須基於國會的支持和信任,因此在總統制下,就行政與立法的互動機制而言,政府與國會彼此相互制衡;就最高行政首長的產生方式而言,身為最高行政首長的總統並非由國會意志決定,而是由人民透過選舉決定;就最高行政首長的任期而言,由於總統的權力來源係來自人民在定期選舉時的付託,因此除非有違法失職而受彈劾的特殊情況,原則上總統的任期固定。

換言之,基於內閣制與總統制分別採取「權力融合」與「權力分立」兩種不同的基本原則,於是在行政與立法的互動機制、最高行政首長的產生方式及最高行政首長的任期等面向,則循著基本原則的不同而有不同的情況(如表 2–1 所示)。如果內閣制與總統制的基本原則和從基本原則所推導出的制度運作邏輯是如此清晰,那麼同時混合權力分立與融合精神的「半總統制」,究竟存在著什麼樣的基本原則與制度運作邏輯?這似乎是 Duverger 並沒有清楚闡明的。

---

❶ 不同內閣制國家在內閣首長之產生方式的制度設計上各有不同,例如英國首相由國王直接任命,但國王依憲政慣例必然會任命國會多數黨黨魁為首相;德國總理由總統提名、國會同意;日本首相則由國會選舉產生後再由天皇任命。不過,儘管各國的內閣首長產生方式有形式上的差異,但在實質上,皆是以國會的意志為依歸。

表 2-1　內閣制與總統制的比較

	內閣制	總統制
行政權與立法權關係	融　合	分　離
行政權與立法權之互動機制	行政向立法負責	行政與立法相互制衡
最高行政首長產生方式	國會決定	人民普選
最高行政首長任期	無固定任期保障	固定任期

　　綜言之，「半總統制」存在著概念內涵不夠明確，以及未能清楚指明憲政基本原則的缺失。若要解決「半總統制」概念內涵不夠明確的缺失，吾人必須確認「半總統制」三要件的具體判斷標準為何。一旦「半總統制」的三個要件都各有清楚的判斷標準，「半總統制」才能稱得上是一個具體明確的概念。在下節中，將討論「半總統制」的判斷標準以回應「半總統制」概念的缺失。

第三節　「半總統制」的判斷標準

　　究竟要如何判斷一個國家的憲政體制是不是「半總統制」？筆者認為，若要從 Duverger 所指出的要件來判斷一個國家的憲政體制是否為「半總統制」，因第二項要件「總統有相當權力」的意涵相當模糊，為了避免流於過度主觀的判斷，對此或許可採「最寬鬆」的標準，亦即一個國家的總統若是由人民普選產生（人民直選或是由有別於國會的選舉人團選舉產生），且在《憲法》中有總統職權的規定（不論職權大小），即可認定其符合 Duverger 所指出的第一項與第二項要件。

一、判斷標準之一：民選且非虛位的總統

　　或許有論者會質疑，此種判斷標準會將若干總統民選，但其實是虛位元首的國家也歸類為「半總統制」。對此，筆者想指出的是，一個國家的總統只要是由人民普選產生，即使在平時實際運作上的地位接近虛位元首，但只要此一總統在《憲法》中仍有若干職權，在民選總統具有直接民主正當性的基

礎上，這些職權在特定時機下就有轉變為實質權力的可能性，儘管此特定時機發生的機會不見得很高，總統的憲法權力也不見得很大。基本上，吾人很難想像，一個由人民普選產生的總統會是毫無權力的虛位元首。換言之，Duverger 關於「半總統制」的第一、二要件幾乎是連在一起的，亦即一國的憲政體制中若總統是由人民普選產生，幾乎便可斷定總統是有一定權力的實權元首而非虛位元首。

事實上，所謂「實權元首」與「虛位元首」本來就不是截然二分的概念。我們經常將內閣制國家的國家元首界定為「虛位元首」，但其實內閣制國家的「虛位元首」也並非必然毫無實權，不同內閣制國家之虛位元首的「虛位」程度仍是有差異的。以最老牌的內閣制國家——英國為例，英國國王在平時日常運作的權力固然皆屬形式的權力（例如召集與解散國會、任命首相與文武百官、公布法律），但在特定情況下，國王仍有若干實權，例如當國會中無單一政黨過半數，且各政黨又不願協商合作組閣時，國王在任命首相上，就有一定的裁量空間。

換言之，國王的任命首相權在特定情況下並不完全是虛權。再以另一內閣制國家——德國為例，總統在特定情況下，對於任命總理與解散國會仍有一定的裁量權。❺當然，內閣制的國家元首也有「純然」虛位的例子，例如日本，該國《憲法》明文規定「天皇無任何過問政事之權能」（第4條）。

綜言之，內閣制的國家元首乃是間接民選的總統或是世襲的君主，此類不具直接民主正當性的國家元首在特定情況下通常都有若干實權，更何況是

❺ 《德國基本法》規定，總理由總統提名，經聯邦議會（國會下院）以過半數同意後任命。若總統提出之總理人選無法獲得聯邦議會過半數同意，則由聯邦議會自行以過半數選出新任總理人選，呈請總統任命。若聯邦議會無法以過半數選出總理，則由聯邦議會改以相對多數選出新任總理人選（亦即得票最高者當選），呈請總統任命。若聯邦議會以相對多數選出的總理，其得票確實未獲聯邦議會過半數支持，總統此時可以選擇任命此一人選為總理，或是選擇解散聯邦議會重新選舉。換言之，當總統提名的總理人選無法獲得聯邦議會過半數支持，而聯邦議會最後選出的總理人選也未獲得過半數支持，總統此時便有裁量權——可決定是要任命總理或解散聯邦議會。

由人民普選產生而具有直接民主正當性，且《憲法》中仍賦予特定職權的總統。因此筆者認為，在《憲法》有規定民選總統職權的情況下，這些權力在總統具有民意基礎的背景下，便不應視為完全的虛權，除非是《憲法》很明確地將總統界定為純然僅具象徵意義的虛位元首，《憲法》條文的文義確實不存在總統擁有任何實權的詮釋空間（例如《日本憲法》對天皇的規定），否則應可視為符合 Duverger 的第二項要件「總統有相當權力」。

二、判斷標準之二：內閣對國會負責

至於 Duverger 對於「半總統制」所指出的第三個要件「總統之外有一內閣存在，且對國會負責」，筆者認為內閣是否對國會負責的判斷標準是國會對內閣（或閣揆）的倒閣權，而非國會對內閣（或閣揆）的人事同意權。因為在此處，所謂「甲對乙負責」時，應是指「乙對甲有能力加以課責」，亦即「乙授予甲權力，而乙也有權力剝奪乙授予甲的權力」（蘇偉業，2005；Heywood, 2000: 145–146）。⑯ 例如，在總統制中總統對人民負責，乃是指人民透過選舉賦予總統權力，而人民也有權力透過定期改選或罷免程序剝奪人民授予總統的權力。同樣地，在內閣制或半總統制中內閣對國會負責，乃是指國會透過不發動倒閣（默示的同意）或人事同意權的行使（明示的同意）授予內閣權力，而國會亦有權力透過倒閣將權力收回。假若國會對於內閣僅有人事同意權而無倒閣權，則只代表內閣的權力來自國會的賦予，但國會卻

---

⑯　衡諸政治學、行政學與法律學的相關文獻，學者對於課責性 (accountability) 此一概念的定義儘管不盡相同，但仍有大致共同認定的核心要素。廣義地說，課責性意味著個人或組織從屬於一個更高的權威 (high authority)，並受其控制 (Mulgan, 2000)。具體地說，課責性是指一種委託人 (principals) 與代理人 (agents) 的互動關係，在這種關係中，委託人有能力向代理人要求告知代理人過去與將來可能的行為，以辨明其行為；並在委託人對代理人之行為有所不滿時，施以懲罰 (Schedler, 1999; Grant and Keohane, 2002)。就此看來，課責性具有資訊 (information) 與懲罰 (punishment) 兩項核心要素。例如，Przeworski, Stoke and Manin (1999) 便指出，「如果公民能夠擁有資訊分辨出表現良好與表現不佳的政府，並且能給予適當的懲罰，令表現不佳的政府去職，便可說公民是可對政府課責的。」

無法將內閣的權力收回，此種情形稱不上內閣對國會負責。

進一步言，所謂「內閣對國會負責」，應是指內閣的「產生與存續」須獲得國會多數的支持和信任，亦即一旦失去國會多數的支持和信任，內閣便須下臺。若國會對總統任命的閣揆（或內閣）僅有人事同意權而無倒閣權，雖然意味著閣揆（或內閣）的「產生」須獲得國會多數的支持，但由於國會沒有倒閣權，內閣是否「存續」就與國會多數的支持和信任完全脫鉤。若硬要說國會的人事同意權意味著內閣對國會負責，充其量也只能說是內閣上任時對國會「剎那性」(one-shot game) 的負責 (Elgie, 2008)，而絕非內閣在施政上持續對國會負責。因此，國會對閣揆（或內閣）的人事同意權應被視為國會對總統任命閣揆（或內閣）時的制衡權力，而非內閣對國會負責的關鍵制度設計。

例如，在美國總統制下，聯邦參議院對於總統所任命的內閣閣員亦有人事同意權，但我們不能說美國總統制因此具有內閣對國會負責的精神。❼又例如在我國憲政體制中，司法院大法官、考試委員、監察委員等獨立機關的成員皆由總統提名，經立法院同意後任命，我們也不會說立法院的同意權意味著司法院大法官、考試委員與監察委員須對立法院負責。

事實上，若回到 Duverger 的原文去詳閱他所指出的「半總統制」第三項要件，他其實講得非常清楚，Duverger 所謂的「內閣對國會負責」，是指「只要國會不表示反對，內閣就可以繼續在位」(a prime minister and ministers can stay in office only if the parliament does not show its opposition to them)，言下之意是：「只要國會表示反對，內閣就無法繼續在位」，而國會表示反對的手段當然就是倒閣。就此看來，國會的倒閣權乃是判斷內閣是否對國會負責的判斷依據，應無疑義。

---

❼　事實上，不只美國，南韓、菲律賓、奈及利亞等總統制國家的國會對於總統任命的行政部門人事皆有人事同意權。相反地，丹麥、挪威、荷蘭以及大多數過去是英國殖民地的內閣制國家，國會對於內閣上任反而無人事同意權，但必然擁有倒閣權。

三、半總統制與內閣制、總統制的界線

　　基於上述，筆者基本上認同 Elgie (1999: 13) 對於「半總統制」的界定方式。Elgie 認為，「半總統制」是指有一個經由全民普選並有固定任期的總統，以及內閣對議會負責的憲政體制。Elgie 此一界定，顯然是將 Duverger 對於「半總統制」定義中的第二項要件刪除，認為一個國家的憲政體制只要符合 Duverger 的第一項與第三項要件即可歸類為「半總統制」。❸筆者與 Elgie 看法相當接近，唯一的細微差異，是筆者認為 Duverger 的第二項要件仍是「半總統制」的要件之一，不應完全視而不見，但可以採取最寬鬆的標準。

　　因此，根據以上的判斷標準，便可以回答本章在前一節所問的問題——假若在憲政體制的光譜上，內閣制與總統制位於光譜的兩端，「半總統制」則位於中間地帶，那麼其範圍和極限到哪裡？筆者認為，「半總統制」與位於光譜一端之內閣制的界線，主要是「半總統制」之下的總統乃是由人民普選產生，而內閣制的總統則非由人民普選產生。假如一個國家的憲政體制中，不僅有一內閣對國會負責，又有一個由人民普選產生的總統，則無論總統權力大小，除非《憲法》明文規定總統毫無任何實質權力，否則皆應被歸類為「半總統制」。換言之，位於光譜一端的內閣制一旦設置了一個民選的總統，基本上即轉變為中間地帶的「半總統制」。

　　而「半總統制」與光譜另一端之總統制的界線，主要是「半總統制」之下有一內閣對國會負責，亦即國會雖然對總統無不信任投票的權力，但國會對內閣有倒閣權，而總統制的內閣不須對國會負責，亦即國會無倒閣權。換言之，位於光譜另一端的總統制一旦賦予國會倒閣權，基本上即轉變為中間地帶的「半總統制」。❾

---

❸　Elgie 此一對「半總統制」的界定，與不承認「半總統制」概念的 Alan Siaroff (2003) 對憲政體制的劃分仍有相互呼應之處。Siaroff 依據「國家元首與行政首長是否為同一人」、「國家元首是否民選」，以及「行政首長是否對國會負責」等三個指標，區分了八種不同的憲政體制類型。其中，若國家元首與行政首長由不同人士出任、國家元首為民選產生，且行政首長對國會負責，這種憲政體制其實就是 Elgie 所界定的「半總統制」。

　　一旦「半總統制」有了清楚的判斷標準，就能相當程度化解「半總統制」概念內涵不明確的缺失，我們也能因此判斷一個國家的憲政體制究竟「是不是半總統制」。根據本章所提出的判斷標準，世界上採行半總統制的民主國家依不同區域可臚列如表 2-2。

表 2-2　世界上採行半總統制的民主國家（2020 年）

西歐地區	奧地利、芬蘭、法國、冰島、愛爾蘭、葡萄牙
東歐地區	波士尼亞赫塞哥維納、保加利亞、克羅埃西亞、捷克、北馬其頓、蒙特尼哥羅、波蘭、羅馬尼亞、塞爾維亞、斯洛伐克、斯洛維尼亞
前蘇聯地區	亞美尼亞、喬治亞、立陶宛、俄羅斯、烏克蘭、摩爾多瓦
亞洲與中東地區	東帝汶、蒙古、新加坡、斯里蘭卡、臺灣
非洲地區	布吉納法索、維德角、中非共和國、幾內亞比索、肯亞、吉爾吉斯、馬達加斯加、馬利、莫三比克、尼日、納米比亞、聖多美普林西比、塞內加爾、多哥、坦尚尼亞、突尼西亞
美洲地區	海地、祕魯

　　在本章中，我們釐清了「半總統制」與其他類似概念，例如「雙首長制」、「行政權雙軌制」等概念的異同處。嚴格而言，「半總統制」是「雙首長制」的一種次類型，而「行政權雙軌制」則是「半總統制」的重要國家——法國第五共和的實際運作型態。在釐清了「半總統制」與其他類似概念的差異後，本章並進一步指出 Duverger 之「半總統制」界定的兩項缺失，一是他所提出之「半總統制」的概念內涵仍不夠明確，另一則是他所提出的「半總

---

❶⑨　此處一個值得思索的問題是：在內閣制與總統制之間，是否必然就是半總統制，而無其他體制的可能性？若從 Duverger 所提出的半總統制要件（有實權的民選總統與對國會負責的內閣）來加以思考，幾乎可說半總統制是綜合內閣制與總統制特徵，介於內閣制與總統制之間的憲政體制。然而，世界上是否有民主國家，既無直選的實權總統，亦無對國會負責的行政部門？瑞士其實就是一個例子。瑞士的行政部門（即行政委員會）係由國會選任，但不須對國會負責（國會對行政委員會無不信任投票的權力），且瑞士總統並非由人民直選產生，而是由行政委員會的七名委員輪流擔任（任期一年，不得連任）。不過，據筆者的理解，這樣的例子在世界上可謂絕無僅有。若扣除這樣的例外，當前世界上，在內閣制與總統制之間的憲政體制可說都是半總統制。

統制」三項要件仍無法清楚交代此種憲政體制的基本運作原則。

　　針對第一項缺失，本章指出，如果一國憲政體制中的總統是由人民普選產生，且《憲法》中關於總統職權的規定在文義上有任何一點詮釋空間可被視為實權，且國會對內閣又有倒閣權，則可將該國的憲政體制歸類為「半總統制」。至於第二項缺失如何處理，涉及半總統制次類型的問題，本書將在下一章進一步討論。

半總統制的次類型

若一個國家的憲政體制是「半總統制」，究竟該國的「半總統制」是「哪一種半總統制」？此即涉及「半總統制」的次類型問題，亦為本章所要討論的課題。❶本章的第一節將檢視目前學界對「半總統制」的各種次類型劃分；在第二節中，則從憲政規範的角度，提出筆者認為較合宜的「半總統制」次類型劃分方式。

第一節　半總統制的各種次類型劃分方式

由於「半總統制」定義過於籠統的缺失，導致運作情況差別甚大的憲政體制皆可被涵蓋在此一概念下，有不少學者試圖將「半總統制」中總統的權力進行量化，以觀察「半總統制」憲政體制的不同運作型態。❷另外，也有不少學者根據不同的分類標準，試圖對「半總統制」進行次類型的劃分。本節將先說明學界對「半總統制」次類型的不同劃分方式，而後指出劃分「半總統制」次類型須注意的問題。

---

❶　本章架構來自蘇子喬 (2011)，並在內容上加以增刪。

❷　例如 McGregor (1994: 23–31)、Frye (1997: 523–552)、Bahro (1999: 1–37)、Metcalf (2000: 660–685)、Roper (2002: 253–272)、Tanasescu (2002: 13–16)、Johannsen and Nørgaard (2003)、Beliaev (2006: 375–398)。

一、學界對半總統制次類型的各種劃分方式

不同學者對半總統制次類型的分類，大抵是以總統本身權力的大小、總統與總理的關係、總統與國會的關係，以及總統、總理、國會三者之間的關係作為分類的標準，茲對不同學者的分類方式簡述如下：

㈠依總統權力大小或總統與總理的權力關係而劃分

有學者是以總統本身的權力大小或是總統與總理的權力關係作為區分標準。例如，Matthew Shugart 和 John M. Carey (1992: 18–27) 根據總統和總理的權力對比，提出「總理總統制」(premier-presidentialism) 及「總統議會制」(president-parliamentarism) 兩種次類型，前一種體制下的總理比總統擁有較大的實權與對政府的主導性，後一種體制的情況則正好相反。吳玉山 (1997) 對於「半總統制」次類型的分類，一開始是根據總統權力的大小，將「半總統制」分為「強勢總統的半總統制」與「弱勢總統的半總統制」；之後以總統權力大小、府會一致性與政黨體系三個變項，區分出八種在政治穩定程度上高低有別的「半總統制」運作型態 (Wu, 1999)。李鳳玉 (2001) 則是結合總統權力與政黨體系兩個變項來界定總統的干政能力與干政動機，並以總統干政能力（強、中、弱）與干政動機（強、中、弱）的相互組合提出政府穩定程度有別的八種「半總統制」次類型。Elgie (2005: 101–109) 依據總統與總理的權力大小，將「半總統制」分為三種類型，分別是：

1. 高度總統化的半總統制
   憲政運作接近總統制，總統相對於總理擁有相當大的權力。

2. 儀式性總統的半總統制
   憲政運作接近內閣制，總統實際上僅是虛位元首的角色，國家的行政權主要由總理負責。

3. 總統與總理權力平衡的半總統制
   總統和總理同時領導行政權，這種類型的若干國家會出現左右共治的現象。

　　呂炳寬 (2009) 則以總統任命總理的任命程序（須國會同意與否）以及總

統與總理的權限分配（總統的憲法權力優於總理或相反）作為區分標準，將
「半總統制」區分為四種次類型，分別是：

1. 總統絕對優勢制

　　總統任命總理不須國會同意，且總統的憲法權力優於總理。

2. 總統相對優勢制

　　總統任命總理須國會同意，而總統的憲法權力優於總理。

3. 總理絕對優勢制

　　總統任命總理須國會同意，且總理的憲法權力優於總統。

4. 總理相對優勢制

　　總統任命總理不須國會同意，而總理的憲法權力優於總統。

　　　沈有忠 (2011) 則以總統與總理的權力分配原則為觀察焦點，將「半總統制」分為「分權式二元行政的半總統制」與「分時式二元行政的半總統制」。前者是指總統與總理之間在日常憲政運作存在著權力分享與競爭關係的半總統制；後者則是指日常憲政運作依循內閣制原則的半總統制，在此種半總統制中，由總理主導行政權，總統扮演的是一個預備性的角色，唯有當國家進入非常狀態時，總統才得以運用《憲法》賦予的權力介入政治運作。

㈡依總統與國會的關係而劃分

　　　有學者則是著眼於總統與國會的關係，對半總統制進行次類型的劃分。例如，吳玉山 (2000a) 曾經分析在府會分立的情況下，基於總統與國會對政府主導權之爭奪態度的不同，將「半總統制」區分為四種運作模式，這四種運作模式分別是：

1. 總統堅持、國會退讓的「總統優勢型」。

2. 總統堅持、國會堅持的「相互衝突型」。

3. 總統退讓、國會堅持的「國會優勢型」。

4. 總統退讓、國會退讓的「相互妥協型」（吳玉山，2000a）。

　　　此外，吳玉山又基於府會一致與不一致時，總統與國會在選任總理與政府時的互動關係，將「半總統制」分為五種次類型，分別是「準內閣制」、

「換軌共治」、「分權妥協」、「府會衝突」與「總統優越」(Wu, 2008)。林繼文 (2000) 則從國會與總理的政策立場距離、總統所面臨之議題的急迫性、總統主動權的大小與總統相對於國會的民意支持度等四個變項，將「半總統制」區分為以下四種次類型：

1.總統干政型

國會對內閣的支持度低，總理不能成為決策中心，於是總統在此情勢下冒著與國會對抗的風險，主動介入決策而成為政策的發動者。

2.無政府型

內閣不能獲得國會支持，但總統也不願介入，整個憲政體制缺乏明確的政策發動者。

3.總統主導型

內閣獲得國會支持，總統也積極參與決策。當總統與國會多數派同黨時，總理只是總統的代理人，但當總統與國會多數派不同黨時，有可能發生總統與總理爭奪政策主導權的情形。

4.總理主導型

國會支持內閣的政策提案，總統不主動介入政策，僅扮演消極而儀式性的角色，總理因而成為政策制定的主導者，這種類型也可稱為準內閣制。

　　黃德福 (2000) 則以總統與國會的策略立場為分類標準，將「半總統制」區分為總統與國會彼此皆採取妥協立場的「權力分工型」、國會採取主導立場而總統採取妥協立場的「總理主導型」、總統採取主導立場而國會採取妥協立場的「總統主導型」，以及總統與國會彼此皆採取主導立場的「權力衝撞型」。徐正戎、呂炳寬 (2002) 則以總統與國會多數是否同黨 (同黨稱「多數政權」，不同黨則稱「少數政權」)，與總統主導政策的程度兩個變項，建構「半總統制」的六種次類型，這六種次類型分別是：

1.多數政權下，總統主導性程度低的「總統謙讓制」。

2.多數政權下，總統主導性程度中等的「黨內共治」。

3.多數政權下，總統主導性程度高的「超級總統制」。

4.少數政權下，總統主導性程度低的「左右共治」。

5.少數政權下，總統主導性程度中等的「聯合內閣」。

6.少數政權下，總統主導性程度高的「少數政府」。

㈢依總統、總理與國會的關係而劃分

也有學者將總統、總理、國會三者的角色同時觀察，以三者的關係作為半總統制的分類標準。例如，沈有忠 (2004: 106–109) 以總統、總理與國會三者之間的意識型態距離，觀察其權力集散的程度，將「半總統制」分為以下五種：

1.權力集中的半總統制

　總統、總理、國會多數皆屬同一政黨。

2.行政權二元的半總統制

　總理與國會多數屬同一政黨，與總統不同政黨。

3.行政與立法二元的半總統制

　總統與總理屬同一政黨，而與國會多數不同政黨。

4.國會分散的半總統制

　總統與總理屬同一政黨，國會沒有穩定多數。

5.權力分散的半總統制

　總統與總理分屬不同政黨，國會也沒有穩定多數。

Cindy Skach (2005) 根據總統、總理與國會的黨派關係，將「半總統制」分成三種類型，分別是：

1.鞏固多數政府 (consolidated majority government) 的半總統制

　總統與總理來自相同的政黨或政治聯盟，並且掌握國會多數。

2.分立多數政府 (divided government) 的半總統制

　總統與掌握國會多數的總理分屬對立的政黨或政治聯盟。

3.分立少數政府 (divided minority government) 的半總統制

　總統、總理及其他政黨或政治聯盟皆無法掌握國會的實質多數。

　　Tsai (2008) 則以立法決定的最後權威是屬於總統、總理或是國會為依據，將「半總統制」分為五種類型，分別是：

1. 總統主導的半總統制

　　總統所屬的政黨同時控制內閣與國會多數，總統是掌握立法決定的最後權威者。

2. 總理主導的半總統制

　　總統雖有一些憲法權力，但在實際運作上接近象徵性的國家元首，而總理因為掌握國會多數，成為立法決定的最後權威者。

3. 國會主導的半總統制

　　總統任命的內閣並未獲得國會多數的支持，而國會中有明顯的反對多數，且由國會中的反對多數實際掌握了立法決定的最後權威。

4. 總理與總統共治的半總統制

　　總統與掌握國會多數的總理分享行政權力，大部分立法決定的最後權威是由總理主導，少數領域則是保留給總統。

5. 總統與國會權力平衡的半總統制

　　總統任命的內閣並未獲得國會多數支持，而國會中亦無任何政黨或政治聯盟控制國會多數，總統與國會彼此爭奪立法決定的最後權威，但兩者皆無絕對的優勢。

　　張峻豪 (2011) 則綜合總統與國會關係（一致政府或分立政府）、行政權歸屬（總理或總統）、總理負責對象（單向或雙向）等三個面向，將「半總統制」分為總統謙讓制、實質黨內共治、超級總統制、形似黨內共治、實質左右共治、聯合內閣、少數政府、形似左右共治等八種類型。關於以上所述各種不同半總統制次類型的劃分方式，可參見表 3–1。

表 3-1　學界對於「半總統制」次類型的劃分

分類的主要面向	學　者	具體的分類標準	次類型
總統本身的權力或總統與總理的權力關係	Shugart & Carey (1992)	總統和總理的權力對比	1.總理總統制 2.總統議會制
	吳玉山 (1997)	總統權力的大小	1.強勢總統的半總統制 2.弱勢總統的半總統制
	李鳳玉 (2001)	總統的干政能力與干政動機	八種政府穩定程度的半總統制
	Elgie (2005)	總統與總理的權力大小	1.高度總統化的半總統制 2.儀式性總統的半總統制 3.總統與總理權力平衡的半總統制
	呂炳寬 (2009)	總統任命總理的程序、總統與總理的權限分配	1.總統絕對優勢制 2.總統相對優勢制 3.總理絕對優勢制 4.總理相對優勢制
	沈有忠 (2011)	總統與總理的權力分配原則	1.分權式二元行政的半總統制 2.分時式二元行政的半總統制
總統與國會的關係	吳玉山 (2000a)	總統權力大小、府會一致性、政黨體系	1.總統優勢型 2.相互衝突型 3.國會優勢型 4.相互妥協型
	Wu (2008)	總統與國會在選任總理與政府時的互動關係	1.準內閣制 2.換軌共治 3.分權妥協 4.府會衝突 5.總統優越
	林繼文 (2000)	總理與國會的政策立場距離、總統面臨議題的急迫性、總統主動權的大小、總統相對於國會的民意支持度	1.總統干政型 2.無政府型 3.總統主導型 4.總理主導型
	黃德福 (2000)	總統與國會的策略立場	1.權力分工型 2.總理主導型 3.總統主導型 4.權力衝撞型

	徐正戎&呂炳寬(2002)	總統與國會多數是否同黨、總統主導政策的程度	1.總統謙讓制 2.黨內共治 3.超級總統制 4.左右共治 5.聯合內閣 6.少數政府
總統、總理與國會的關係	沈有忠(2004)	總統、總理與國會的意識型態距離	1.權力集中的半總統制 2.行政權二元的半總統制 3.行政與立法二元的半總統制 4.國會分散的半總統制 5.權力分散的半總統制
	Skach(2005)	總統、總理與國會的黨派關係	1.鞏固多數政府的半總統制 2.分立多數政府的半總統制 3.分立少數政府的半總統制
	Tsai(2008)	立法決定的最後權威	1.總統主導的半總統制 2.總理主導的半總統制 3.國會主導的半總統制 4.總理與總統共治的半總統制 5.總統與國會權力平衡的半總統制
	張峻豪(2011)	府會關係、行政權歸屬、總理負責對象	1.總統謙讓制 2.實質黨內共治 3.超級總統制 4.形似黨內共治 5.實質左右共治 6.聯合內閣 7.少數政府 8.形似左右共治

二、「憲政規範」與「憲政實踐」層面的次類型劃分方式

　　上述眾說紛紜的各種分類方式，都各自採取其認為重要的變項，試圖勾勒「半總統制」憲政體制的不同態樣。但是，值得注意的是，在分析「半總統制」的次類型時，我們有必要釐清究竟我們所要採取的分類方式是屬於「憲政規範」層面的分類，還是屬於「憲政實踐」層面的分類。前者是指不同憲政機關之間權力運作的整體規則，是憲政運作的應然面，而後者則是指在憲

政規範下憲政機關權力運作的實際樣貌，是憲政運作的實然面，這兩個層面不應混淆。可以再進一步說明的是，「憲政規範」是單指憲政體制運作規則的變項，而「憲政實踐」則是「憲政規範」此一變項與其他變項（例如府會一致性、政黨體系、總統與國會的策略立場等）交互作用的結果。換言之，「憲政實踐」乃是以特定「憲政規範」作為前提的實際運作結果。❸

　　若能釐清「憲政規範」與「憲政實踐」的不同，我們應可發現，在上述各種「半總統制」次類型的分類方式中，除了 Shugart and Carey (1992) 與呂炳寬 (2009) 的觀點是屬於「憲政規範」層面的分類方式之外，其他皆是屬於「憲政實踐」層面。在「半總統制」此一「憲政規範」下，以各種不同樣貌的「憲政實踐」作為「半總統制」的次類型，固然也有描繪「半總統制」憲政運作內涵的功能，但卻不免有混淆「憲政規範」與「憲政實踐」兩種層面的疑慮。若將半總統制與總統制、內閣制作為對比，可以更清楚發現此一混淆之虞所指為何。

　　在總統制的「憲政規範」下，會有「一致政府」與「分裂政府」這兩種不同的「憲政實踐」；在內閣制下，則會有「一黨過半內閣」、「少數內閣」、「聯合內閣」等各種不同的「憲政實踐」，這都是憲政體制此一變項與政黨體系、政府與國會一致性這兩個變項相互作用的結果。但我們通常不會指稱「一致政府與分裂政府是總統制的兩種次類型」，或稱「一黨過半內閣、少數內閣與聯合內閣是內閣制的三種次類型」，這是因為不論在「憲政實踐」上呈現何種政府型態，總統制與內閣制這兩種「憲政規範」的基本運作原則都是沒有改變的。但是在「半總統制」的次類型分類方式中，我們卻看到大多數的分類方式都是從「憲政實踐」層面來加以劃分。

　　「憲政規範」與「憲政實踐」兩種層面之所以有必要區分的另一項理由，還涉及到一個非常基本的概念問題，那就是究竟什麼是「制度」？儘管不同論

---

❸　在此有必要指明的是，在探討憲政體制時雖有必要釐清「憲政規範」與「憲政運作」兩種層面，但實際上這兩種層面乃是相互影響、彼此形塑。一方面憲政規範拘束了實際的憲政運作，另一方面長久反覆發生的憲政運作，亦有可能成為具拘束力且有憲政規範意義的憲政慣例。

者對於「制度」的定義不盡相同，但大抵會接受以下的定義──「制度是塑造人類規律行為的規範」。換言之，制度就精確意義而言是一種規範，而規範乃具有直接的人為可操作性，也就是指該事物是被人們「規定」出來的，是人們可以決定是否「採行」的事物。

例如，總統制、內閣制或半總統制無庸置疑都是一種政治「制度」或「規範」，因為它們都具有直接的人為可操作性，都是在《憲法》或其他法規上被規定出來的事物。又例如，一黨獨大制、兩黨制、多黨制嚴格而言不能說是一種政治「制度」或「規範」，而是一個國家的政黨所構成的政黨體系，因為它們本身並不具直接的人為可操作性，也不是被直接規定出來的事物。亦即我們不可能因為希望一個國家形成兩黨制或多黨制，就直接在《憲法》或法律中「規定」要「採行」一黨獨大制、兩黨制或多黨制，而必須透過相關規範（例如選舉制度）去「促成」特定的政黨體系。

再例如，一黨過半內閣、聯合內閣、少數內閣也不是制度，它們是內閣制與不同政黨體系組合之下的政府型態，而不是可以直接被規定出來的事物。就此看來，前述許多學者對「半總統制」次類型的分類，嚴格而言並不是「半總統制」這種憲政體制的「制度」次類型，而是「實際運作型態」次類型。

為了避免混淆「憲政規範」與「憲政實踐」這兩種層面，筆者認為有必要單純從「憲政規範」的角度對「半總統制」進行次類型的劃分。況且，Duverger 在界定「半總統制」時所提出的三項要件，本來就是屬於「憲政規範」而非「憲政實踐」層面的要件。因此，在同屬「憲政規範」的層面思考如何進行「半總統制」次類型的劃分，應該是有必要的。對此，Shugart 與 Carey 所提出，同時在學界亦被引用最廣的「總理總統制」與「總統議會制」的次類型劃分方式，由於是少數從「憲政規範」層面加以切入的分類法，便有進一步討論的必要。

第二節　半總統制的次類型——總理總統制 vs. 總統議會制

「總理總統制」與「總統議會制」是 Shugart 和 Carey (1992: 18–27) 以總統和總理的權力對比為著眼所提出的兩個次類型。這兩位學者對「總理總統制」所下的定義如下：一、總統由民選產生；二、總統擁有相當的權力；三、同時存在一掌理行政事務的內閣，其受國會的信任支配，對國會負責。❹法國第五共和即為這種體制的典型代表。至於「總統議會制」的定義如下：一、總統由民選產生；二、總統有權任免總理與內閣成員；三、內閣必須獲得國會信任，亦即對國會負責；四、總統有解散國會權或立法權，或兼有這兩種權力。此制以德國威瑪共和為最著名的例子。

一、對 Shugart 和 Carey 所做定義的分析

Shugart 和 Carey 認為，「總理總統制」和「總統議會制」的主要區分，在於前一種體制下總理對政府具有較大的主導權，而後一種體制下總統具有較大的主導權。不過，從兩位學者定義這兩種體制時所提出的各項要件來看，其實並不容易直接看到這樣的區別。在此，我們可以將這兩種體制的各項要件予以比對分析：首先，「總理總統制」與「總統議會制」的第一個要件（總統由民選產生）與第三個要件（內閣對國會負責）是完全一致的。

其次，「總理總統制」的第二個要件是「總統擁有相當的權力」，至於「總

---

❹　從字面上來看，Shugart 和 Carey 對於「總理總統制」所下的定義與 Duverger 對「半總統制」所下的定義幾乎一模一樣。然而究其實，當 Duverger 指出「半總統制」的特徵界定之一為「同時存在一掌理行政事務的內閣，其對國會負責」時，並不排除內閣亦有向其他機關（如總統）負責的可能性；而 Shugart 和 Carey 在指出此一看似完全相同的特徵界定時，乃是指內閣「僅」向國會負責。因此，Duverger 對於「半總統制」的範圍界定實較為寬鬆，而 Shugart 和 Carey 所謂的「總理總統制」與「總統議會制」則一般被視為「半總統制」的兩種次類型。不過在學界，經常有論者根據字面的相同定義，誤以為「半總統制」等同於「總理總統制」。

統議會制」對於總統權力的界定，則是分成兩個要件，即第二個要件（總統
有權任免總理與內閣成員）與第四個要件（總統有解散國會權或立法權，或
兼有這兩種權力）。總統權力在「總理總統制」與「總統議會制」之中的界定
方式雖然不同，但兩位學者在討論「總理總統制」的第二個要件——「總統
擁有相當的權力」時，亦指出「總理總統制」下總統權力的態樣是極為多樣
的，可能包括任命總理的權力、解散國會的權力、對國會立法的否決權（廣
義的立法權）、提交公民複決權、交付司法審查權等。就此看來，「總統議會
制」的第四個要件（總統有解散國會權或立法權，或兼有這兩種權力），其實
可以完全被「總理總統制」之第二個要件（總統擁有相當的權力）的意涵所
涵蓋。

　　第三，「總理總統制」的第三個要件——內閣對國會負責，從兩位學者在
其著作中對此一要件的討論來看，是指內閣「僅」對國會負責；相對而言，
「總統議會制」的第二個要件——總統有權任免總理與內閣成員，即意指內
閣須對總統負責，若再配合第三個要件——內閣對國會負責，其實意味著「總
統議會制」下的內閣須同時對總統與國會負責。經過以上對兩種體制之定義
的分析，我們會發現，「總理總統制」和「總統議會制」這兩種體制最主要的
差異，其實是內閣的負責對象是單一對象（即國會）或雙重對象（國會與總
統）的差別。

二、總理總統制與總統議會制的差異

　　在內閣負責對象是單一或雙重的制度差異下，這兩種「半總統制」的政
治結果迥然不同，前者運作較為順暢，後者則較容易發生憲政衝突。以法國
第五共和所體現的總理總統制為例，當總統與國會多數屬同一政黨或政治聯
盟，總統固然可以透過黨內領導使得總理聽命於總統，總理猶如總統的幕僚
長，然而一旦總統與國會多數不一致時，在內閣僅對國會負責、不對總統負
責的原則下，總統既無權將總理免職，對於由國會多數所支持的內閣，總統
亦無太大空間介入其日常運作，這時總理便名符其實地擔任政府首長的角色。

　　相對地，以德國威瑪共和所體現的總統議會制為例，由於總統有權單獨

任免內閣，表示總理須對總統負責，但另一方面內閣又必須獲得國會信任，亦即國會擁有倒閣權，此表示總理亦須對國會負責，因此總理夾在總統和國會之間，必須同時向總統和國會負責。由於總統和國會都會爭奪對內閣的主導權，當總統與國會兩者不一致而意見不合時，一旦內閣總理決定聽命於總統，國會可以對內閣採取杯葛甚至是倒閣行動；若內閣總理決定屈從國會，總統亦可直接將總理免職，甚至以自己擁有的解散國會權來要脅國會。而國會面對總統的要脅，亦可能拿彈劾權為對抗總統的武器。

換言之，當內閣面對意見不和的總統與國會，就像一個僕人必須服從兩個意見隨時可能發生衝突的主人而左右為難（林佳龍，1998: 5），而兩個主人（總統和國會）為了爭奪對僕人（內閣）的使喚權也容易引發衝突。於是，內閣變動頻繁或大小不斷的政治衝突便成為這種憲政體制不可避免的結果。

綜言之，「總理總統制」國家在制度上較有能力去調適總統與國會多數不一致的憲政衝擊；相反地，「總統議會制」國家一旦面臨總統與國會多數不一致的情勢，時常引發嚴重的憲政衝突和政治僵局，嚴重者甚至導致民主崩潰。有學者便提出具體數據和實證研究，指出當前世界上「總統議會制」國家憲政運作發生衝突的情況，整體而言較「總理總統制」國家來得明顯且嚴重，且「總統議會制」國家的民主表現整體而言不如「總理總統制」國家 (Elgie, 2007；Moestrup, 2007)。總之，內閣總理究竟是單向負責或雙向負責，相當程度地決定一個具有「半總統制」外型的憲政體制，會走向運作較為順暢的「總理總統制」，或是憲政衝突可能較為頻繁的「總統議會制」。

三、量化總統權力的難題

就此看來，儘管 Shugart 和 Carey 認為「總理總統制」和「總統議會制」的主要差異是總理與總統的權力對比，但事實上這兩種體制的差異乃是在於內閣的單向負責（即僅對國會負責）或雙向負責（即須同時對國會與總統負責）。當然，我們從 Shugart 和 Carey 的著作中，可以看到他們為了要表明「總理總統制」下的總統權力小、「總統議會制」下的總統權力大，與其他許多學者一樣，花了很大的工夫對各國總統的權力進行量化、排序的工作，兩位學

者係將總統權力分成「立法權力」與「非立法權力」兩大面向，在這兩大面向中又各自分為數個項目來測量總統的權力，每個項目依各國總統的權力狀況給一至四分不等，而後並加總各個項目計算總分得出各國總統的整體權力。❺

　　然而，此種對總統權力進行量化的工作有其根本的困難所在。因為，學者根據自創的量表對各國總統權力進行測量，不僅量表的制定流於主觀，而且量表中「等距測量」的基本假設，很可能會忽略在實際情況下，當總統具備某些憲法權力時，比擁有其他若干憲法權力更能深刻地影響政治運作。

　　例如，Shugart 和 Carey 在「解散國會」這一項目中，若總統的解散國會權是無限制的，給予四分；若總統解散國會有次數或時間點的限制，則給三分；若總統解散國會後，總統亦須改選，則給兩分；若總統只有在國會通過倒閣案後，才能將之解散，則給一分；若總統根本不能解散國會，則給零分。對此，我們會質疑的是：總統的解散國會權沒有限制的情形（四分），為何是總統解散國會後自己亦須改選之情形（兩分）的兩倍？又為何是總統只有在國會通過倒閣案後，才能將之解散之情形（一分）的四倍？

　　又例如 Shugart 和 Carey 在「提請公民複決」這一項目中，若總統在此項權力時沒有任何限制，給予四分。我們亦可以質疑：總統的解散國會權沒有限制的情形（四分），與總統在提請公民複決沒有限制的情形（四分），為何必然是「等值」的？當總統擁有不受限制的解散國會權，與總統擁有不受限制的提請公民複決權，對整體憲政運作的影響程度真的相同嗎？

四、一元型半總統制 vs. 二元型半總統制

　　由於量化總統權力可能是一件容易流於主觀且徒勞無功的工作，筆者認

---

❺　Shugart 和 Carey 在測量民選總統的權力時，分為「立法權力」與「非立法權力」兩大面向，在「立法權力」此一面向中，又細分為「包裹否決權與推翻否決」、「部分否決權」、「法規命令制定權」、「國會法案提案權」、「預算提案權」與「提請公民複決」等六項；在「非立法權力」此一面向中，則細分為「組成內閣」、「解除內閣職務」、「國會譴責權」與「解散國會」等四項。參見 Shugart and Carey (1992: 150)。

為可以稍微修正 Shugart 和 Carey 的觀點，不需再去強調「總統議會制」中總統權力大、「總理總統制」中總統權力小的特質，而可以單純從內閣單向負責或雙向負責的角度，對「半總統制」進行次類型的劃分，而將「總理總統制」與「總統議會制」分別理解為「一元型半總統制」與「二元型半總統制」。

筆者認為這樣的次類型劃分，其實正切中「半總統制」憲政運作之基本原則的爭點。在「半總統制」下，同時存在一個民選的有權總統與向國會負責的內閣。由於總統由民選產生，擁有直接民主正當性，因此即使《憲法》中關於總統任命閣揆的規定，與一般內閣制國家虛位元首任命閣揆的規定方式無異，總統的任命權也很難淪為完全的虛權，更何況有些國家是賦予總統直接任命閣揆的權力，甚至是賦予總統直接將閣揆免職的權力；另一方面，內閣對於民選的國會負責亦是「半總統制」必然存在的制度特徵，是以國會也有權力決定內閣的去留。

因此在「半總統制」下，各具民主正當性的總統與國會都有制度上的基礎去爭奪組閣權。當總統與國會多數屬於同一政黨（或政治聯盟）時，兩者對於內閣的爭奪固然可能隱而不顯，然而當總統與國會多數不屬同一政黨（或政治聯盟）時，究竟內閣的產生與去留是以總統還是國會的意見為依歸，便經常會引發總統與國會兩造的爭端，甚至造成政治僵局或政局不安（黃德福，2000: 4–5；Wu, 2003: 10–11）。簡言之，組閣權歸屬的爭執，乃是「半總統制」憲政運作最核心的結構性缺失與制度困境。

與「半總統制」相較，總統制與內閣制這兩種憲政體制下的組閣權歸屬都不致出現爭執。在總統制（如圖 3–1）之下，身為最高行政首長的總統由人民直接選出，不論總統是否掌握國會多數，行政權／組閣權都毫無疑義地歸於總統，總統任命的各部會首長（內閣）完全聽命於總統，並對總統負責；而在內閣制（如圖 3–2）之下，行政權源自立法權，掌握行政權的內閣之所以能夠持續存在，乃是基於國會的支持和信任，因此行政權／組閣權屬於國會多數陣營，內閣的產生與去留毫無疑義地以國會的意見為依歸，亦即內閣對國會負責。

換言之，在這兩種憲政體制下，組閣權的歸屬都相當明確，內閣的負責

對象也相當清楚。然而,「半總統制」 這種混合內閣制與總統制的憲政體制
(如圖 3–3),究竟應該依內閣制的基本原則來運作,還是依總統制的基本原
則來運作,便成為「半總統制」憲政運作上最根本的問題。

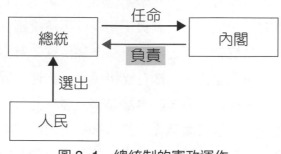

圖 3–1　總統制的憲政運作

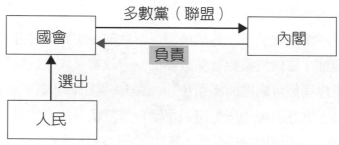

圖 3–2　內閣制的憲政運作

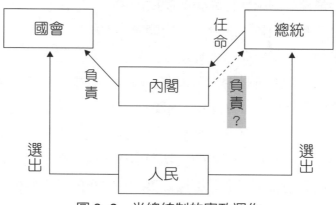

圖 3–3　半總統制的憲政運作

　　「一元型半總統制」（總理總統制）所強調的內閣單向負責與「二元型半總統制」（總統議會制）所強調的內閣雙向負責，正是當「半總統制」憲政運作在行政權歸屬發生爭議時，兩種可能的運作原則。以下以圖 3-4 至圖 3-5 加以說明。

　　如圖 3-4 左邊與圖 3-5 左邊所示，不論是「一元型半總統制」（總理總統制）或「二元型半總統制」（總統議會制），當總統與國會多數一致時，組閣權歸屬的爭執都不致發生。此時在「一元型半總統制」（總理總統制）下，如果擁有全國民意基礎的總統亦是國會多數黨的實質領袖，儘管內閣在「憲政規範」上並沒有對總統負責的憲法義務，但總統透過以黨領政，內閣亦有可能唯總統之命是從，因而在「憲政實踐」上形成內閣同時對國會與總統負責的情形。❻此時，圖 3-4 左邊「一元型半總統制」（總理總統制）呈現出來的憲政運作，有可能與圖 3-5 左邊「二元型半總統制」（總統議會制）下內閣在「憲政規範」上原本就有《憲法》義務，須同時對國會與總統負責的情形無甚差異。

---

❻　法國第五共和當總統與國會多數一致時由總統主政的情形便是如此。須注意的是，當法國總統與國會多數一致時，雖然總統能夠透過以黨領政的方式掌控內閣，在憲政實踐上使內閣對其負責，但內閣對總統負責畢竟不是憲政規範上的要求。因此，當總統與國會多數不一致而總統與總理分屬不同政黨聯盟時，總統既然不能透過以黨領政的方式掌控內閣，此時自然要回歸到憲政規範以釐清總統與總理的角色分際。而就《法國第五共和憲法》的各項條文（即憲政規範）觀察，總理並沒有對總統負責的憲法義務，甚至是刻意排除總理對總統負責的憲法義務。《法國第五共和憲法》第 8 條規定：「總統任命總理，並依總理提出政府總辭而免除其職務。」換言之，總統在《憲法》上對總理雖有任命權，但無對總理的任意免職權，因此總統一旦與總理分屬不同政黨聯盟，《憲法》第 8 條的規定確保了總理只須對國會負責，不須對總統負責。

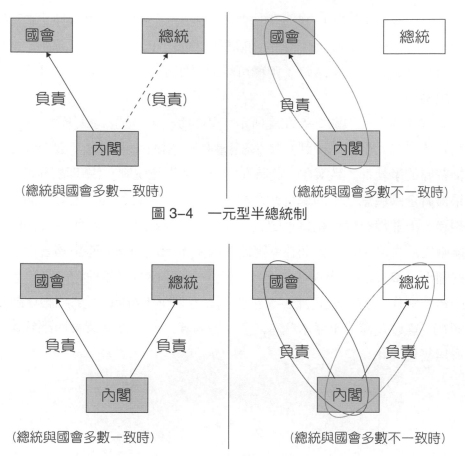

（總統與國會多數一致時）　（總統與國會多數不一致時）

圖 3–4　一元型半總統制

（總統與國會多數一致時）　（總統與國會多數不一致時）

圖 3–5　二元型半總統制

　　然而，當總統與國會多數不一致，「一元型半總統制」（總理總統制）與「二元型半總統制」（總統議會制）的差異便會很明顯地凸顯出來。如圖 3–4 右邊所示，假若此時組閣權的歸屬遵循的是內閣制的基本原則，內閣的產生與去留單純是由國會決定，總統無從置喙，亦即內閣僅對國會負責，而不致發生總統和國會爭奪行政權的情形，即為「一元型半總統制」（總理總統制）；又如圖 3–5 右邊所示，假若組閣權的歸屬一方面如總統制般可由總統單方決定內閣人事，另一方面又如內閣制般國會亦可決定內閣的去留，亦即內閣須同時對總統和國會負責，而發生總統與國會爭奪行政權的情形，則為「二元型半總統制」（總統議會制）。❼

就此看來，「一元型半總統制」（總理總統制）與「二元型半總統制」（總統議會制）這樣的次類型劃分方式，在矯正「半總統制」定義過於廣泛之缺失的同時，也清楚回應了「半總統制」基本原則與制度運作邏輯為何的問題。

五、內閣對總統負責的判準：總統對閣揆的任命權還是免職權？

在此值得一提的是，在「二元型半總統制」（總統議會制）中，內閣是否對總統負責的判斷標準為何？事實上，從前述的討論中，應不難看出總統對閣揆（或內閣）的免職權，乃是內閣是否對總統負責的判斷標準。若總統對閣揆有任意免職的憲法權力，內閣施政必然須體察總統意志，勢必使內閣除了對國會負責之外，尚須對總統負責；假若總統對閣揆沒有任意免職的憲法權力，則內閣施政不須仰總統之鼻息，則內閣便不對總統負責，而僅對國會負責。換言之，「總統對閣揆（或內閣）是否有免職權」決定了一個半總統制國家是屬於內閣單向負責的「一元型半總統制」（總理總統制）或內閣雙向負責的「二元型半總統制」（總統議會制）。

可能有論者會質疑，內閣是否對總統負責的判斷標準，為何是總統對閣揆的免職權而不是任命權？任命權難道不比免職權來得更為重要？有論者或許認為，若總統對閣揆有直接的任命權，不須國會同意，即可認定內閣須對總統負責；若總統任命閣揆須經國會同意，則可認定內閣不須對總統負責。對此，筆者認為，總統對閣揆的直接任命權，並不足以認定內閣須對總統負責；相對地，總統對閣揆的直接免職權才是判斷內閣是否對總統負責的判斷依據。為了論證此一看法，我們可以將總統對閣揆的任命權與免職權合在一起思考，以判斷這兩種權力何種更為關鍵。

---

❼　在「半總統制」之下，由於內閣向國會負責是此種憲政體制的特徵之一，因此國會在憲政規範上必然有權決定內閣的去留，故而當總統與國會多數不一致時，不可能出現總統可以單方面決定行政權去留，但國會對行政權的去留在制度上卻毫無置喙能力的情形。至於國會遇到總統片面決定閣揆人選時，其是否真的會動用其制度上的決定權（即倒閣權）來反制總統，則涉及政治的計算。

在半總統制中，關於「總統對閣揆是否有直接免職權」與「總統對閣揆是否有直接任命權」的制度組合，在邏輯上有以下四種可能的制度組合。

情況一：若《憲法》規定總統可以直接任命閣揆而不須經國會同意，但總統對閣揆無直接免職權，則總統對閣揆的任命權在憲政規範的法理詮釋上，通常並非完全的裁量權，而是有一定限制的，亦即總統仍應任命國會多數陣營支持的人士為閣揆。在這種情況下，內閣在憲政規範上是對國會負責，不對總統負責。例如法國第五共和便屬此種情形。❽

情況二：若《憲法》規定總統任命閣揆須經國會同意而無直接任命權，且總統對閣揆無直接免職權，則總統對閣揆的任命權在憲政規範的法理詮釋上，通常會被理解為是受嚴格限制的，亦即總統對閣揆人選的任命權偏向形式而非實質權力，總統仍須任命國會支持的人士為閣揆。在這種情況下，內

---

❽ 即使半總統制下的總統在憲政規範上可以直接任命閣揆，不須經國會同意，並不代表總統在憲政規範上就完全掌握了閣揆的人事決定權，可以不理會國會多數的意志，這是因為半總統制下的國會擁有倒閣權。也就是說，在「總統直接任命閣揆的權力」與「國會倒閣權」（國會倒閣權是半總統制必有的制度設計）兩種制度並存的半總統制中，在憲政規範的法理詮釋上，似乎仍不能直接認定總統有權完全依己意單方任命閣揆。以法國第五共和為例，總統依《憲法》規定有權直接任命總理，但由於總統對總理在《憲法》上無直接的免職權，且總理須對國會負責，因此儘管總統有權直接任命總理，但當總統與國會多數不一致時，總統仍須任命國會多數陣營支持的人士擔任總理。也就是說，在憲政規範的體系性解釋中，若《憲法》中總統對閣揆無直接免職權且閣揆須對國會負責，即使總統任命總理不須經國會同意，總統對總理之直接任命權的《憲法》規定仍可能會被詮釋為「總統任命總理仍須尊重國會意見」，並不一定就能被解釋為總統在決定總理人選一事上有絕對的裁量權。再以我國為例，我國現行《憲法》規定總統直接任命行政院院長，不須經立法院同意；又規定行政院須對立法院負責，且立法院有倒閣權。試問：在上述規定下，我們真的可以僅根據「總統直接任命行政院院長」的規定，就斷定《憲法》整體規範容許總統可以不理會立法院，單方面任命行政院院長？當然有論者確實是如此斷定，但此種斷定顯然是有爭論空間的。否則，2000 年至 2008 年間陳總統單方面任命行政院院長而不理會立法院多數的舉措，豈會在國內政壇和學界引發如此大的爭議和辯論？

閣在憲政規範上是對國會負責，不對總統負責。例如芬蘭（2000 年修憲後至今）、波蘭（1997 年修憲後至今）、蒙古便屬此種情形。

　　情況三：若《憲法》規定總統可以直接任命閣揆而不須經國會同意，且總統對閣揆亦有直接免職權，則總統對閣揆的任命權在憲政規範的法理詮釋上，通常會被理解為總統的專屬權力。在這種情況下，內閣在憲政規範上既要對總統負責，又基於國會擁有倒閣權而須對國會負責。例如德國威瑪共和便屬此種情形。

表 3-2　「總統直接任免閣揆權的有無」與「內閣對總統負責與否」的關聯性

	總統對閣揆是否 有直接任命權	總統對閣揆是否 有直接免職權	內閣是否須 對總統負責	案　例
情況一	○ （總統任命閣揆毋須國會同意，但實質上總統任命權仍受到限制）	×	×	法國第五共和
情況二	× （總統任命閣揆須經國會同意，且總統對閣揆人選的提名權偏向形式而非實質權力）	×	×	芬蘭、波蘭、蒙古
情況三	○ （總統任命閣揆無須國會同意，總統對總理有完全的任命權）	○	○	德國威瑪共和
情況四	× （總統任命閣揆須經國會同意，但總統對閣揆人選的提名權仍為實質而非形式的權力）	○	○	俄羅斯、2006 年修憲前的烏克蘭

　　情況四：若《憲法》規定總統任命閣揆須經國會同意而無直接任命權，且總統對閣揆有直接免職權，則儘管總統任命的閣揆必須是國會能夠接受的人士，但由於總統可以隨時撤換閣揆，內閣施政不可能完全悖離總統的意志。

在這種情況下，內閣在憲政規範上既要對總統負責，又要對國會負責。例如俄羅斯、2006 年修憲前的烏克蘭屬此種情形。

　　根據上述四種情形看來，在憲政規範上總統對閣揆是否有免職權，會牽動到《憲法》中總統之閣揆任命權的實質意涵。若總統對閣揆無免職權，即使總統對閣揆有直接任命權，此一任命權在法理詮釋上並非意味總統任命總理有完全的裁量權，因為內閣須對國會負責，總統任命閣揆通常仍須尊重國會多數（如情況一）。相反地，若總統對閣揆有免職權，即使總統對閣揆無直接任命權而須經國會同意，總統對閣揆人選的任命權（提名權）在法理詮釋上仍會被認為是實質的權力（如情況四）。

　　從上述分析可知，總統對閣揆若有直接免職權，便足以斷定總統對總理的任命權（或提名權）是實質而非形式的權力（如情況三與情況四）；總統對閣揆若無直接免職權，便足以斷定總統對閣揆的任命權偏向形式的權力（如情況一與情況二）。簡言之，總統對閣揆的免職權必然包含了實質的任命權，但總統對閣揆的任命權並不一定包含實質的免職權。進一步言，不論總統對閣揆是否有直接任命權，只要總統對閣揆有直接免職權，內閣就必然對總統負責。基於以上的推論，筆者認為總統對閣揆的免職權乃是內閣是否對國會負責的關鍵制度設計。

　　另外，還有一點可以論證總統對閣揆的免職權才是判斷內閣是否對總統負責的關鍵：前文討論半總統制之界定方式時曾提及，在憲政體制中，內閣是否對國會負責（亦即國會是否能對內閣課責）的判斷標準，乃是國會是否有倒閣權，而不是國會對內閣是否有人事同意權。若然，則「內閣對總統負責」的關鍵判斷標準，自然應該是總統是否有權力使內閣去職，亦即總統是否對內閣總理有免職權。如此才是較為一致且對稱的判斷標準。

　　至於當前世界上「一元型半總統制」（總理總統制）與「二元型半總統制」（總統議會制）的民主國家，根據筆者歸納，可羅列如表 3–3。

表 3-3　「一元型半總統制」與「二元型半總統制」的民主國家 (2020)

一元型半總統制（總理總統制）	奧地利、波士尼亞赫塞哥維納、保加利亞、維德角、克羅埃西亞、捷克、東帝汶、芬蘭、法國、冰島、愛爾蘭、立陶宛、北馬其頓、馬利、蒙古、蒙特尼哥羅、波蘭、葡萄牙、羅馬尼亞、塞爾維亞、新加坡、斯洛伐克、斯洛維尼亞、烏克蘭、摩爾多瓦
二元型半總統制（總統議會制）	亞美尼亞、布吉納法索、中非共和國、喬治亞、幾內亞比索、海地、肯亞、吉爾吉斯、馬達加斯加、莫三比克、納米比亞、尼日、祕魯、俄羅斯、聖多美普林西比、塞內加爾、斯里蘭卡、臺灣、坦尚尼亞、多哥、突尼西亞

第三節　總理總統制與總統議會制面臨府會不一致的運作差異

　　針對「半總統制」概念的缺失，本章指出在對「半總統制」進行次類型劃分時，應該以「半總統制」的基本運作原則作為劃分次類型的標準。且強調在劃分「半總統制」次類型時，應注意到憲政規範與憲政實踐是兩個不應混淆的層面，而「半總統制」既然是一種制度，也是一種規範，因此有必要從憲政規範而非憲政實踐的角度來思考「半總統制」的次類型劃分問題。

　　在此要澄清的是，筆者並非否定從憲政實踐的角度進行「半總統制」次類型劃分的價值與必要性，而是認為應該從憲政規範的角度確認了之後，再以此為基礎去討論此種憲政體制與其他變項（例如府會關係、政黨體系）的關係，進一步去探討「半總統制」的憲政實踐，或許是比較合理的思考邏輯與研究步驟。而不是從一開始在劃分「半總統制」次類型時就混淆了憲政規範與憲政實踐這兩個層面的差異，然後又以這個混淆了憲政規範與憲政實踐的次類型劃分方式去探討此一憲政體制的憲政實踐，導致吾人無法清楚掌握該國憲政體制在憲政規範上的原貌。

　　因此，本章從憲政規範（而非憲政實踐）的角度，將 Shugart 和 Carey 所提出「總理總統制」與「總統議會制」，進一步詮釋為「一元型半總統制」與「二元型半總統制」──前者是指內閣僅對國會負責、不對總統負責的「半

總統制」；後者則是內閣須同時對總統和國會負責的「半總統制」。而內閣是否對國會負責的判斷標準，是國會對內閣是否有倒閣權；內閣是否對總統負責的判斷標準，是總統對閣揆（或內閣）是否有免職權。筆者認為這種劃分方式既能切入「半總統制」憲政基本原則的爭點，亦能以最簡單扼要的劃分標準來探討當前世界上的半總統制國家。

探討了半總統制的次類型劃分方式後，可以進一步追問的問題是：究竟哪一種半總統制較可能順暢運作，而能夠展現半總統制的可能優點（即第一章所指出的「避免行政權與立法權的僵局」與「強化政治穩定」），並能盡可能迴避半總統制可能出現的主要缺失（即組閣權歸屬容易引發爭議）？

本文認為，一個國家的半總統制是否能夠運作順暢，關鍵在於當總統與國會多數不一致時（即府會不一致時），此一半總統制在制度上是否有足夠的調適能力去應付可能出現的憲政僵局與衝突。一個好的半總統制應該要能夠在制度上迫使總統任命國會多數陣營組閣，並能盡量避免總統與國會爭奪內閣的主導權，如此一來，半總統制這種混合式的憲政體制被期待兼具總統制與內閣制之長、兼棄總統制與內閣制之短的正面價值才能夠凸顯出來。

筆者如此主張的分析如下：在總統議會制下，當總統與國會多數不一致時，若總統不理會國會多數，而任命自己陣營人士組閣（如圖3-6左邊），總統與內閣這兩個行政機關皆不具有國會多數的支持，將形成行政權（總統與內閣）與立法權（國會）的全面對立。此時內閣在國會未發動倒閣的情況下，雖然能夠勉強存在，但由於內閣施政並無國會多數支持，內閣施政勢必缺乏效率；若國會發動倒閣，將總統的人馬所組成的內閣罷黜，又會引發總統與國會的衝突與對立（如圖3-6右邊）。即使總統一時之間屈服於國會的壓力而任命國會多數組閣，總統接下來仍能伺機而動撤換國會多數陣營的人馬所組成的內閣，改任命自己陣營人士組閣，內閣將會在總統與國會的相互爭奪下更迭頻繁。

總之，在總統任命自己陣營人士組閣的情況下，要不就是內閣施政缺乏效率，要不就是國會與總統相爭內閣，導致內閣更迭頻繁。這種半總統制的憲政運作既存在政治僵局，政治又不穩定，故同時兼具總統制與內閣制的缺

點，亦即無法凸顯半總統制的可能優點，並將半總統制的可能缺點明顯暴露出來。

在總理總統制下，當總統與國會多數不一致時，由於總統無權力任命自己陣營人士組閣，而必須任命國會多數組閣（如圖 3-7），則內閣既有國會多數支持，施政將有一定的效率，且由於制度上總統無權與國會爭奪內閣的主導權，即使總統與國會分屬不同陣營而仍可能有衝突對立存在，但此種衝突對立不致延伸到組閣權之爭，國會多數組閣的憲政運作將能持續下去，政治會較為穩定。總統與內閣固然分屬不同陣營而呈現行政權雙頭馬車的現象，但無論如何，行政權內部的衝突要比圖 3-6 所呈現的行政權與立法權的全面衝突來得輕微許多，故這種半總統制乃同時兼顧總統制與內閣制的優點，亦即可以凸顯半總統制的可能優點，並可迴避半總統制的可能缺點。

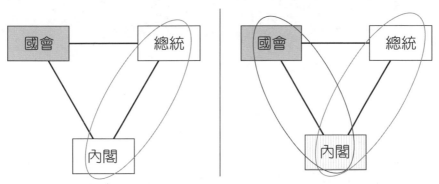

圖 3-6　總統議會制面臨府會不一致的憲政運作

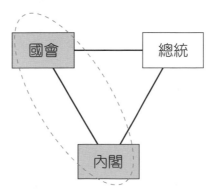

圖 3-7　總理總統制面臨府會不一致的憲政運作

　　就此看來，在半總統制的兩種次類型中，「總理總統制」（一元型半總統制）才有可能成為一種兼具內閣制與總統制優點而「兼容並蓄」的憲政體制，「總統議會制」（二元型半總統制）則往往是一種同時具有內閣制與總統制缺點而「拼裝上路」的憲政體制。

第 2 部分

我國憲政體制的探討

我國歷次憲改中政府機關的權力變化

　　我國中央政府體制在整體架構上採取五權分立的體制，有別於西方民主國家的三權分立，這種特殊的五權體制乃是本於孫中山的「權能區分」理論而來。孫中山認為西方國家對於萬能政府是又愛又怕，一方面希望政府有能力為人民謀福利，一方面又怕有能力的政府濫權而侵害人民權利，於是孫中山提出權能區分的理論來解決這種矛盾。

　　所謂「權能區分」，是指「人民有權、政府有能」，人民的權是指管理政府的力量，也是孫中山所指的「政權」；政府的能是指政府自身的力量，也就是孫中山所指的「治權」。政權由人民所掌有，包括選舉、罷免、創制、複決等四權；治權則由政府所擁有，包括行政、立法、司法、考試、監察等五權。孫中山認為，以人民的政權控制政府的治權，便可以使政府萬能又不致濫權。事實上，若與西方的觀點對照，政權相當於人民的參政權，治權則是指政府的統治權。

　　根據權能區分理論，我國《憲法》本文中的國民大會，便是由人民直接選出，代表全國國民行使政權的機關。依《憲法》本文規定，國民大會有選舉正副總統、罷免正副總統、修改憲法等權力，而行政院、立法院、司法院、考試院、監察院等五院，則是分別掌理五權的治權機關。與西方國家行政、立法、司法三權分立不同的是，我國中央政府將考試權與監察權分別從行政權與立法權獨立出來，因為孫中山認為行政機關兼掌考試權，容易出現濫用私人的弊病；而立法機關兼掌監察權，則容易出現國會專制的弊端。整體而言，我國的治權機關強調「五權分立、平等相維」的精神，五院形成一種分

工合作的互動關係，並由總統作為五院之間的協調者。

　　不過，我國自 1991 年以來歷經七次修憲後，目前的憲政體制與原來的架構已經出現相當大的變化。例如，國民大會已經遭到廢除，總統的角色和職權更大為擴充，五院之間的權力互動與過去相較也有很大的不同。我國歷次修憲的主要內容可參見表 4–1。

　　整體而言，我國中央政府體制中獨特的權能區分精神在修憲後日益淡化，而轉變為可與西方民主國家相比擬、兼具總統制與內閣制精神的半總統制。在我國，總統、行政院、立法院、司法院、考試院、監察院等六個中央機關中，前三者（總統、行政院、立法院）是平時互動頻繁，政治色彩濃厚的政治部門，亦是我國憲政體制之所以被界定為半總統制的核心部分；而後三者（司法院、考試院、監察院）則是依法獨立行使職權，不受外部干涉的獨立機關。本章將介紹我國中央政府機關的權力關係在歷次修憲中的變動情況。

表 4–1　我國歷次修憲的主要內容

次序	修憲機關	公布時間	主要修憲內容
動員戡亂時期臨時條款	第一屆國大	1948 年 5 月制定 1960 年 3 月、 1966 年 2 月、 1966 年 3 月、 1972 年 3 月共四次增訂	1. 放寬總統緊急命令權的限制 2. 解除總統連任的限制 3. 賦予總統自行調整中央政府機構的權力 4. 賦予總統自行制定辦法進行中央民意代表的增補選
第一次修憲		1991 年 5 月 （增修條文第 1–10 條）	1. 明定第二屆中央民意代表產生方式、選出時間 2. 將兩岸分治狀態定位為 「一國兩區」
第二次修憲	第二屆國大	1992 年 5 月 （增修條文第 11–18 條）	1. 規定國大對司法院、考試院、監察院的人事同意權 2. 監察院轉變為準司法機關 3. 省長、直轄市市長民選 4. 設置憲法法庭，審理政黨違憲解散事項 5. 增訂基本國策

第三次修憲		1994 年 8 月 （增修條文第 1–10 條）	1.確定正副總統由人民直選 2.限縮閣揆副署權 3.國大常設化，設正副議長
第四次修憲		1997 年 7 月 （增修條文第 1–11 條）	1.取消立法院之閣揆同意權，閣揆由總統直接任命 2.賦予立法院倒閣權 3.賦予總統被動解散立法院之權 4.調整覆議制度 5.省虛級化
第五次修憲	第三屆國大	1999 年 9 月 （增修條文第 1–11 條）	國大延任 （本次修憲被大法官釋字第 499 號宣告無效）
第六次修憲		2000 年 4 月 （增修條文第 1–11 條）	1.國大虛級化，轉變為任務型國大 2.立法院職權因為國大虛級化而擴充
第七次修憲	第五屆立法院、任務型國大	2005 年 6 月 （增修條文第 1–12 條）	1.廢除國大 2.立法院制度改革（任期改為四年、席次減半、選制改為並立式單一選區兩票制）

第一節　憲法本文與臨時條款下的憲政體制

　　1946 年 11 月，制憲國民大會於南京正式召集，於 12 月 25 日制定通過《中華民國憲法》，共分為十四章，一百七十五條，於 1947 年元旦公布，同年 12 月 25 日正式施行。但憲法實施不久，即訂定施行具有憲法位階的《動員戡亂時期臨時條款》，凍結了憲法本文中的某些規定，而後隨著臨時條款的不斷增訂，憲法本文中被凍結的規定越來越多。本節將介紹憲法本文與臨時條款下的憲政體制。

一、憲法本文下的憲政體制

依《憲法》規定，國民大會代表由人民選舉產生，任期六年，擁有選舉正副總統、罷免正副總統、修改《憲法》等職權。總統為國家元首，由國民大會選舉產生，任期亦為六年，連選得連任一次，擁有統率全國陸海空軍、公布法令、締結條約、宣戰、媾和、宣布戒嚴、赦免、任免官員、發布緊急命令、調解五院間爭議等職權。在行政、立法、司法、考試、監察五院中，立法院之立法委員由人民選舉產生，任期三年，擁有議決法律案、預算案、戒嚴案、大赦案、宣戰案、媾和案、條約案與國家重要事項之權；監察院之監察委員由全國各省市議會議員選舉產生（亦即由人民間接選舉產生），任期六年，擁有彈劾、糾舉、糾正等職權，審計長則由總統提名，經立法院同意任命之。

因此，在我國憲政體制中，國民大會代表與立法委員由人民直接選舉產生，監察委員由人民間接選舉產生，國民大會、立法院與監察院皆為中央民意機關。

至於行政、司法、考試三院，行政院院長由總統提名，經立法院同意任命之；行政院各部會首長與政務委員，則由行政院院長提請總統任命之。行政院為國家最高行政機關，掌理廣泛概括的行政權。司法院正副院長與大法官由總統提名，經監察院同意任命之。司法院掌理民事、刑事、行政訴訟之審判與公務員之懲戒，司法院大法官並擁有解釋《憲法》與統一解釋法律及命令之權。考試院正副院長與考試委員，亦由總統提名，經監察院同意任命之。考試院掌理公務人員之考試、任用、銓敘、考績、級俸、陞遷、保障、褒獎、撫恤、退休、養老等職權。關於我國《憲法》本文所規定的中央各機關的選任方式，可參見圖 4-1，圖中灰底之機關為中央民意機關。

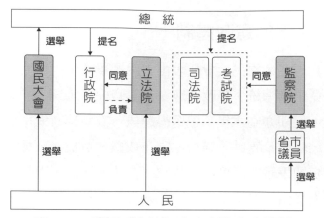

圖 4-1　我國《憲法》本文中的憲政體制

二、臨時條款下的憲政體制

　　1947 年底《憲法》施行後，至 1948 年春天，中央各機關依《憲法》規定陸續組成，蔣中正被第一屆國民大會選舉為中華民國第一任總統。但在此同時，國共戰爭日益激烈，舉國烽火，國民大會於 1948 年 5 月依《憲法》修正程序制定《動員戡亂時期臨時條款》（以下簡稱《臨時條款》），賦予總統緊急處分權，使總統行使此權力不受《憲法》原本規定之總統緊急命令權（第 43 條）的限制。❶由於《臨時條款》係由修憲機關依修憲程序制定，其性質實為國家非常時期的《憲法增修條文》。1949 年，中華民國政府播遷來臺，至 1972 年為止，《臨時條款》歷經四次增修，直到 1991 年始正式廢止，《臨時條款》實施時間長達四十三年。

❶　《憲法》第 43 條規定：「國家遇有天然災害、癘疫，或國家財政經濟上有重大變故，須為急速處分時，總統於立法院休會期間，得經行政院會議之決議，依緊急命令法，發布緊急命令，為必要之處置，但須於發布命令後一個月內提交立法院追認。如立法院不同意時，該緊急命令立即失效。」《臨時條款》則規定，「總統在動員戡亂時期，為避免國家或人民遭遇緊急危難，或應付財政經濟上重大變故，得經行政院會議之決議，為緊急處分，不受《憲法》第 39 條或第 43 條所規定程序之限制。」就此看來，總統在《臨時條款》中的緊急處分權相較於憲法本文中的緊急命令權，行使時機較為寬鬆，且不須由立法院制定緊急命令法即可發布，發布後亦不須立法院追認。

㈠總統連任無限制

　　《臨時條款》的制定與後來的增修，大抵是為了賦予總統更多權力，使總統行使權力不受《憲法》本文的諸多限制。若要說《臨時條款》的內容主要是為當時的威權領袖蔣中正「量身訂造」，其實亦不為過。1948 年制定的《臨時條款》僅是擴張總統的緊急命令權，到了 1960 年，由於蔣中正總統的兩任總統任期依《憲法》規定即將屆滿，國民大會遂在總統任期屆滿前夕，於同年 3 月增訂《臨時條款》，明定「動員戡亂時期，總統副總統得連選連任，不受《憲法》第 47 條連任一次之限制。」此為《臨時條款》的第一次增訂。蔣中正總統遂得以連續擔任五任總統，直到 1975 年於第五任總統任內身故。

㈡萬年國會的形成

　　當時不僅總統依《臨時條款》不再有連任的限制，國民大會、立法院、監察院等中央民意機關甚至長年未改選，形成舉世罕見的「萬年國會」現象。不過，「萬年國會」的現象並非基於《臨時條款》的規定，而主要是基於當時大法官的憲法解釋。

　　回顧當時，1948 年於全國（包含中國大陸）選出的立法委員任期三年將在 1951 年屆滿，但當時政府已播遷來臺，無法依據《憲法》由全國各省選出第二屆立法委員，政府只好於 1950 年年底在完全沒有法理依據的情況下，勉強宣布立委任期屆滿後繼續實行職權，期間暫定一年。接下來兩年，政府又逐年宣告立委任期延長一年。到了 1954 年，第一屆立法委員已經延長了三年任期，而任期六年的第一屆國民大會代表與監察委員任期也即將屆滿，也遇到與立法院同樣的窘境。

　　對此，當時政府當局從《憲法》條文中找到國民大會代表可以延任的解釋空間。因為依《憲法》規定，國大任期六年，但在第 28 條第 2 項又規定：「每屆國民大會代表之任期，至次屆國民大會代表開會之日為止。」故政府宣布，既然第二屆國民大會尚未選出並集會，因此第一屆國民大會的任期仍未結束。不過，當時已經勉強延任三年的立法委員與任期即將屆滿的監察委員，則無法直接從《憲法》條文中找到可能的解決途徑。

由於在中華民國憲政體制下，司法院大法官會議是有權力解釋《憲法》的法定組織，經由大法官解釋，在某種意義上也是取得《憲法》位階的效力，因此政府於 1954 年 1 月 21 日將立法委員與監察委員任期問題聲請釋憲，大法官相當迅速地於 1 月 29 日作出釋字第 31 號解釋，宣告當前「值國家發生重大變故」，「在第二屆委員（指立委與監委）未能依法選出集會與召集以前，自應仍由第一屆立法委員、監察委員繼續行使其職權。」萬年國會也因此形成。

㈢總統權力的擴張

1966 年 2 月，《臨時條款》第二次增訂，此次增訂與總統擴權較無關聯，而是國民大會欲擴張自己的權力，規定「動員戡亂時期，國民大會得制定辦法，行使創制複決權」，不受《憲法》第 27 條「俟全國有半數之縣、市曾經行使創制、複決兩項政權時」，國民大會方得行使創制、複決權的規定。

1966 年 3 月，《臨時條款》第二次增訂後不到一個月，又做第三次增訂，規定總統於動員戡亂時期得「設置動員戡亂機構，決定動員戡亂有關大政方針，並處理戰地政務」，並得「調整中央政府之行政機關及人事機構」，且得「訂頒辦法，增選或補選中央民意代表」。據此，蔣中正總統於 1947 年在總統之下設置國家安全會議，國家安全會議之下設國家安全局；於行政院之下設置人事行政局，將考試院的部分職權移轉至該局；並於 1969 年舉辦中央民意代表增補選。

1972 年 3 月《臨時條款》第四次增訂，主要是為了對前一次增訂關於中央民意代表增補選的內容作更清楚詳細的規定，規定總統得自行訂頒辦法，增加中央民意代表名額，「定期」增選與補選。自此之後，國民大會代表、立法委員、監察委員在臺灣定期辦理增額選舉，但名額相當有限，「萬年國會」仍持續存在。

總之，在《臨時條款》的規定下，總統的緊急命令權的行使程序得以放寬，不再有連任的限制，且賦予總統「決定大政方針權」、「設置並調整中央政府組織權」、「中央民代增補選辦法制定權」。在這三項權力中，第一項權力原本是行政院的典型權力，後兩項權力本應是立法院的權力。《臨時條款》不

僅使總統有權力架空行政院的行政權，甚至使總統在某方面超越立法機關，形成「太上總統」，明顯違反民主國家責任政治與憲政主義的基本精神。

第二節　第一次至第三次修憲下的憲政體制

到了 1980 年代，社會各界要求廢止《臨時條款》、終結萬年國會等民主改革的呼聲日益湧現，已成主流民意。大法官亦在當時民意的趨勢下，作出釋字第 261 號解釋，要求第一屆中央民意代表應於民國 80 年底以前終止行使職權，中央民意代表必須進行全面改選。此號解釋一方面剝奪了「萬年國會」的合法性；另一方面，也是造成隨後修憲的觸媒。因為，在第一屆中央民意代表全面退職後，依據《憲法》規定的選舉名額與選舉方式，第二屆中央民意代表的選舉仍須以全中國為適用範圍，在臺灣僅能選出名額極為有限的代表。因此，若要以臺灣為範圍選出「全國」的中央民意代表，勢必要透過修憲始能因應。

面對此一情勢，朝野隨後於 1990 年 7 月召開體制外的國是會議，達成「一機關、兩階段」的修憲共識。所謂「一機關」，是指僅由國民大會進行修憲，而不循由立法院提修憲案，再交由國大複決的修憲程序；❷ 所謂「兩階段」，則是由第一屆國民大會在 1991 年底退職前進行「程序修憲」，以便賦予第二屆中央民意代表（國民大會代表、立法委員、監察委員）以臺灣為範圍全面選出的法源基礎；隨後再由在臺灣全面改選的第二屆國民大會進行「實質修憲」。

一、第一次修憲（1991 年）

於是，在國民黨一黨主導下，根據此一規劃，第一屆國民大會於 1991 年

---

❷　依《憲法》第 174 條，《憲法》之修改，應依下列程序之一為之：一、由國民大會代表總額五分之一之提議，三分之二之出席，及出席代表四分之三之決議，得修改之。二、由立法院立法委員四分之一之提議，四分之三之出席，及出席委員四分之三之決議，擬定《憲法》修正案，提請國民大會複決。

4 月通過《憲法增修條文》第 1 條至第 10 條，為第二屆中央民意代表在臺灣全面改選建立法源，並於 5 月生效。在此同時，實施長達四十三年的《臨時條款》亦正式廢止。在本次修憲中，也正式將兩岸分治狀態定位為「一國兩區」，中華民國政府實際管轄的區域（臺澎金馬）為中華民國「自由地區」，海峽對岸則為中華民國「大陸地區」，《憲法增修條文》並授權立法院制定法律，以規範自由地區與大陸地區間人民權利義務關係及其他事務之處理，立法院也隨後在 1992 年 7 月制定《臺灣地區與大陸地區人民關係條例》（簡稱《兩岸人民關係條例》）。

另外值得注意的是，此次修憲儘管宣稱為「程序修憲」，但卻「暗渡陳倉」，繼續維持原本《臨時條款》賦予總統的緊急命令權與國安機構設置權，其實這部分的修憲內容已是實質修憲。

二、第二次修憲（1992 年）

1991 年 12 月，臺灣根據第一次修憲的規定選出第二屆國民大會。國民黨在本次選舉中獲得超過五分之四的席次，超過國民大會修憲通過所需的四分之三門檻，擁有一黨修憲的實力。翌年 3 月，第二屆國民大會集會進行第二次修憲，在國民黨一黨主導下，5 月通過《憲法增修條文》第 11 條至第 18 條。本次修憲的重點可分述如下：

㈠國民大會擴張職權

監察院原有對司法院（正副院長與大法官）與考試院（正副院長與考試委員）的人事同意權，改由國民大會行使；監察委員亦改由總統提名，經國民大會同意任命之，不再由省市議員選舉產生。換言之，司法院、考試院、監察院等三院重要人事皆改由總統提名，經國民大會同意任命之。且國民大會每年至少集會一次，以聽取總統國情報告，並檢討國是，提供建言。

㈡監察院轉變為「準司法機關」

隨著國民大會取得司法院、考試院、監察院三院的人事同意權，在監察

院其他職權未變的情況下，監察院的性質遂由人民間接選出的中央民意機關
轉變為一般俗稱的準司法機關。

㈢貫徹地方制度法制化

原本《憲法》本文規定，地方制度係由立法院先行制定《省縣自治通
則》，再由省民代表大會依據《省縣自治通則》制定《省自治法》；縣民代表
大會亦比照相似程序制定《縣自治法》，此一規定一方面來自孫中山權能區分
的思想，另一方面亦具有聯邦制的色彩。《增修條文》規定改為省縣地方制度
直接以法律定之，不受《憲法》原本條文的限制，沖淡了權能區分與聯邦制
的色彩。立法院隨後於 1994 年 7 月制定《省縣自治法》與《直轄市自治法》，
確立省長與直轄市市長民選，並於同年 12 月選出第一任臺灣省省長與北高兩
直轄市市長。

㈣總統選舉方式的調整

正副總統由國民大會選出改為「由中華民國自由地區全體人民選舉之」，
任期改為四年，連選得連任一次。但究竟人民選舉總統的方式應改為「人民
直選」或「委任直選」，本次修憲並未定案，而留待日後決定，但最遲須於本
屆總統任滿（1996 年 5 月 20 日）前一年決定，亦即須於 1995 年 5 月 20 日
前修憲決定。

㈤其　他

司法院設立憲法法庭，由大法官組成，審理政黨違憲之解散事項；考試
院的部分職權改由行政院人事行政局掌理；增訂基本國策。

三、第三次修憲（1994 年）

由於第二次修憲關於總統的選舉方式懸而未決，並訂出限期決定的規範，
第二屆國民大會在兩年多後，在國民黨主導下，於 1994 年 7 月集會進行第三
次修憲，並將先前的《增修條文》整合成十條，於 8 月正式公布。❸本次修

憲的主要修正內容如下：

㈠確定總統選舉方式

　　正副總統改為人民直選，由正副總統候選人搭檔競選，得票最高的一組候選人當選，亦即採相對多數制選出。

㈡限縮行政院院長副署權的範圍

　　《增修條文》規定「總統發布依《憲法》經國民大會或立法院同意任命人員之任免命令，無須行政院院長之副署」。根據此規定，由於司法院正副院長、大法官、考試院正副院長、考試委員、監察院正副院長、監察委員，係由總統提名，經「國民大會同意」任命之；行政院院長與監察院審計長係由總統提名，經「立法院同意」任命之，故以上這些人事的任免命令不再由行政院院長副署。

㈢國民大會常設化

　　國民大會設置正副議長，並取得自行通告集會、自訂議事程序的權力。加上前次修憲中國大增加的職權（人事同意權、聽取總統國情報告、每年定期集會等），國民大會自此已非《憲法》本文所設定的「非常設機關」，而成為常設、自主的憲法機關。

　　關於我國經歷第一次至第三次修憲後，中央各機關的選任方式關係圖，可參見圖 4–2。

---

❸　我國第一次與第二次修憲分別制定通過《憲法增修條文》第 1 至 10 條、第 11 至 18 條，但第三次修憲將《憲法增修條文》整合為第 1 至 10 條，自此之後，每次修憲皆是將《憲法增修條文》全文重新制定公布，而非在既有的《增修條文》之後接續新增訂的條文，這種修憲的體例從全世界看來其實相當罕見。

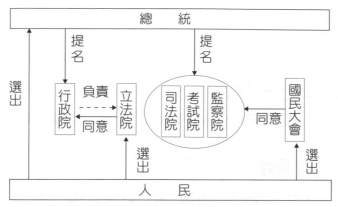

圖 4-2　我國第三次修憲後的憲政體制

第四次至第七次修憲下的憲政體制

　　1996 年 3 月，我國舉行首次總統人民直選，第三屆國民大會亦同時選出。❹在本次國民大會代表選舉中，國民黨獲得 54.8% 的席次，民進黨獲得 29.6% 的席次，新黨獲得 13.8% 的席次，由於修憲通過須超過四分之三 (75%) 的議決門檻，故修憲須由國民黨與民進黨達成共識始能進行。在第三屆國民大會任內，先後完成了第四次至第六次修憲，皆是在國民黨與民進黨共同合作下完成。至於第七次修憲，與過去六次修憲皆由國民大會提案並通過的情況不同，而是經由立法院提出修憲案後，再交付人民選出的任務型國民大會複決通過完成（詳見後述）。以下介紹第四次至第七次修憲的內容。

一、第四次修憲（1997 年）

　　1997 年 7 月，第三屆國民大會集會進行第四次修憲，在國民黨與民進黨的合作下，通過《增修條文》第 1 條至第 11 條。本次修憲有兩大主軸：「中

❹　《憲法增修條文》對第二屆國民大會的任期做了特別規定，其任期自 1992 年 1 月 1 日起，至 1996 年 5 月 19 日止。此一特別規定的目的是為了將國民大會代表與民選總統的選舉及就職時間調整為一致。第三屆國民大會的任期自 1996 年 5 月 20 日開始（即民選總統就職日），任期為四年。

央政府體制的調整」與「省虛級化」，變動幅度相當大。在本次修憲後，我國憲政體制正式轉變為半總統制。關於本次修憲的主要內容分述如下：

㈠總統直接任命行政院院長

立法院對行政院院長的人事同意權被取消，行政院院長改由總統直接任命。

㈡賦予立法院倒閣權

立法院得經全體立法委員三分之一以上連署，對行政院院長提出不信任案（即俗稱的倒閣案）。不信任案提出七十二小時後，應於四十八小時內以記名投票表決之。如經全體立法委員二分之一以上贊成，行政院院長應於十日內提出辭職，並得同時呈請總統解散立法院；不信任案如未獲通過，一年內不得對同一行政院院長再提不信任案。

㈢賦予總統被動解散立法院的權力

總統於立法院通過對行政院院長之不信任案後十日內，經諮詢立法院院長，得宣告解散立法院。但總統於戒嚴或緊急命令生效期間，不得解散立法院。立法院解散後，應於六十日內舉行立法委員選舉，並於選舉結果確認後十日內自行集會，其任期重新起算。

㈣覆議制度的調整

《憲法》原本規定，行政院對於「立法院決議之法案」，以及「立法院移請行政院變更重要政策之決議」，得經總統之核可，對立法院要求覆議。本次修憲取消立法院移請行政院變更重要政策的權力，故不再有行政院對於「立法院移請行政院變更重要政策之決議」要求覆議的制度，覆議制度僅限於行政院對於「立法院議決之法案」要求覆議的制度，且制度內涵亦有若干變更。規定如下：行政院對於立法院決議之法律案、預算案、條約案，如認為有窒礙難行時，經總統之核可，於該決議送達行政院十日內，移請立法院覆議。立法院對於行政院移請覆議案，應於送達十五日內作成決議。覆議時，如經

全體立法委員二分之一以上維持原案,行政院院長應即接受該決議。

㈤省虛級化

取消省之地方自治權,並停止辦理省長與省議員選舉。省長改為省主席,省議會改為省諮議會,皆由行政院院長提請總統任命之。省的層級儘管仍存在,但實質上已「形骸化」,本次修憲固然為「精省」、「凍省」,而非「廢省」,但省的存在亦僅具有象徵意義。

㈥其　他

賦予立法院對正副總統觸犯內亂、外患罪的彈劾提案權,正副總統的彈劾提案權不再由監察院行使;立法委員第四屆起改為 225 名;大法官任期改為八年且實施任期交叉制,至民國 92 年實施;司法院所提之年度司法概算,行政院不得刪減;行政機關組織權的行政保留:國家機關之職權、設立程序及總員額,得由立法院以法律為準則性規定,至於各機關之組織、編制及員額,則可根據準則性法律,基於政策或業務需要自行決定之。

關於我國第四次修憲後中央各機關的選任方式關係圖,可參見圖 4-3。

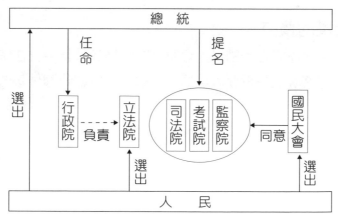

圖 4-3　我國第四次修憲後的憲政體制

二、第五次修憲與第六次修憲（1999-2000 年）

　　1999 年 9 月，第三屆國民大會集會進行第五次修憲，通過國大延任案，後來大法官於 2000 年 3 月 24 日作成釋字第 499 號解釋，以該次修憲的程序明顯重大瑕疵，且修憲內容違反國民主權原則與自由民主憲政秩序等理由，宣告第五次修憲無效，國大仍須於 2000 年 5 月任期屆滿，不得延任。第三屆國民大會隨即在任期即將結束前，於 2000 年 4 月進行第六次修憲，共有《增修條文》第 1 條至第 11 條。本次修憲將國民大會虛級化，國民大會轉變為「任務型國民大會」，本次修憲的主要內容分述如下：

㈠國民大會虛級化

　　國民大會平時並不存在，僅在立法院提出憲法修正案、領土變更案，或正副總統彈劾案等三項「任務」時，始須由人民以比例代表制選出「任務型國民大會」，由國民大會開會一個月內複決之。且國民大會任期與集會期間相同，集會結束即任期屆滿，故已無常設的國民大會。國民大會職權調整後之組織與職權行使方式，由立法院以法律定之。

㈡立法院職權的擴充

　　由於國民大會虛級化，國民大會原有的職權皆移轉至立法院，包括司法院、考試院、監察院三院重要人事的同意權、聽取總統國情報告、罷免正副總統的提案權等。

　　關於我國第六次修憲後中央各機關的選任方式關係圖，可參見圖 4-4。

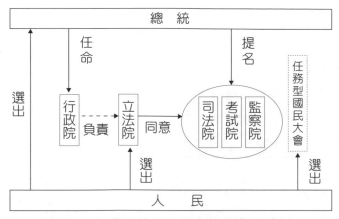

圖 4-4　我國第六次修憲後的憲政體制

三、第七次修憲（2004–2005 年）

第六次修憲將國民大會虛級化之後，國民大會已無權力單獨修憲。若要進行修憲，須由立法院提出修憲案，公告半年後，於三個月內由人民以比例代表制選出任務型國民大會進行複決。且根據《國民大會職權行使法》的規定，國民大會代表集會複決憲法修正案時，須依其所屬政黨在國大選舉的選票上所刊印之贊成或反對修憲立場，以記名投票方式為之，且對立法院所提之修憲案僅能為全案表決，不能再為修正之動議。

簡言之，任務型國民大會複決憲法修正案時並無自主意志，僅能根據任務型國大選舉結果進行投票表決。就此看來，任務型國大選舉可視為人民對立法院所提修憲案的「準公民複決程序」。2004 年 8 月，立法院提出修憲案，2005 年 5 月舉行任務型國大選舉，在全國的總有效票中，贊成修憲之所有政黨的總得票率為 80.1%。同年 6 月，任務型國大正式集會，根據先前的國大選舉結果，乃以超過八成的同意票複決通過立法院所提出的憲法修正案。❺

---

❺　不過，2005 年 5 月 14 日舉行的任務型國大選舉，投票率相當低，僅有 21.7%。儘管總有效票中有超過八成的選票投給贊成修憲的政黨，但從總公民數來看，其實僅有不到兩成的公民對本次修憲表達贊成意見，本次修憲也因此引發正當性不足的質疑。

本次修憲共有《憲法增修條文》第 1 條至第 12 條，主要內容如下：

㈠廢除國民大會

　　將任務型國民大會全面廢除，任務型國民大會原有的職權移轉如下：立法院提出之修憲案與領土變更案，改由公民複決；立法院提出之正副總統彈劾案，改由大法官組成憲法法庭審理之。

㈡修憲程序改變

　　廢除國民大會後，修憲程序改為全體立法委員四分之一之提議，四分之三之出席，及出席委員四分之三之決議，提出憲法修正案，並於公告半年後，於三個月內經中華民國地區選舉人投票複決，有效同意票過選舉人總額之半數，始能通過。領土變更的程序與修憲程序相同。

㈢立法院制度改革

　　自第七屆立法委員開始，立法委員席次減半，改為 113 席，任期改為四年，選舉制度改為並立式單一選區兩票制。總席次 113 席中，其中 73 席為區域立委，6 席為原住民立委（平地原住民立委與山地原住民立委各 3 名），34 席為全國不分區立委。選民在選舉時可投兩票，就一般選民而言，其中一票（候選人票）選舉區域立委，另一票（政黨票）則選舉全國不分區立委。就原住民選民（又分平地與山地原住民選民）而言，其投票方式與一般選民略有差異，其中一票（候選人票）選舉原住民立委，另一票（政黨票）則選舉全國不分區立委。以下就不同種類立委的選舉方式進一步說明：

1.區域立委

　　區域立委以單一選區相對多數制選出，亦即全國分為七十三個選區，每個選區應選席次 1 席，各縣市至少選出 1 席。依《公職人員選舉罷免法》規定，各選區由得票最高的區域立委候選人當選。

2.全國不分區立委

　　全國不分區立委由政黨名單比例代表制選出，由各政黨於選舉時提出一

個排有順序的候選人名單，選民的投票對象是政黨而非候選人。各政黨根據政黨名單比例代表制部分所獲得的得票率，來計算其可獲得的席次，並依政黨名單中的先後順序決定當選者，此部分並設有 5% 的政黨門檻，亦即政黨在政黨名單比例代表制部分的全國得票率須獲 5% 以上，始有資格分配政黨名單比例代表制部分的席次。全國不分區立委亦有規定婦女保障名額，即各政黨當選名單中，婦女不得低於二分之一。

3.原住民立委

第七次修憲的《增修條文》僅規定原住民立委的應選名額，並未規定其選舉方式。而根據《公職人員選舉罷免法》規定，原住民立委以單記非讓渡投票制（single non-transferable vote，簡稱 SNTV）選出，以全國為選區，平地原住民與山地原住民立委應選名額各 3 席，由得票最高的前 3 名平地原住民立委候選人與山地原住民立委候選人當選。

關於我國第七次修憲後，當前中央各機關的選任方式關係圖，可參見圖4–5，該圖為我國當前的憲政體制架構。

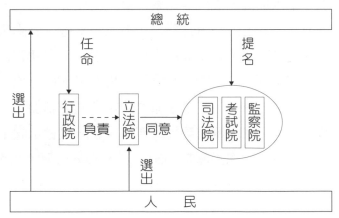

圖 4–5　我國第七次修憲後的憲政體制

我國憲政體制的變遷軌跡
——半總統制的形成過程

當前全球的半總統制民主國家，就歷史緣由與地理位置來看大致可以歸為三類，第一類是歐洲先進民主國家，例如芬蘭、奧地利、愛爾蘭、冰島、法國、葡萄牙；第二類是東歐與前蘇聯等後共產國家 (post-communist countries)，例如保加利亞、克羅埃西亞、波蘭、羅馬尼亞、俄羅斯、烏克蘭等；第三類是非洲後殖民主義國家 (post-colonial countries)，例如布吉納法索、馬達加斯加、塞內加爾、幾內亞比索、莫三比克等。

就歷史緣由而言，吳玉山 (2011) 指出，這三類半總統制國家的憲政體制形成過程各有其共同的環境背景：歐洲先進民主國家原本就有很濃厚的議會內閣制政治傳統，若干國家會走向半總統制，是為了應付急迫危機變故或彰顯國家主權獨立而採總統直選，於是在原本的議會內閣制加上一個直選的總統而形成半總統制；東歐與前蘇聯等後共產國家之所以會走向半總統制，是因為在原本共黨統治時期的黨國體制 (party-state system) 下，原就存在共黨領袖與政府領袖二元領導的雙首長結構，走向半總統制可說是將既存的黨國二元行政結構進一步民主化的結果；至於非洲後殖民主義國家走向半總統制，主要是因為這些國家過去是法國和葡萄牙的殖民地，❶這些國家在獨立建國

---

❶ 非洲前法屬殖民地國家有布吉納法索、中非共和國、馬達加斯加、馬利、尼日、塞內加爾，前葡屬殖民地國家則有維德角、幾內亞比索、莫三比克、聖多美普林西比。另外，亦有少數不在非洲的前法屬與葡屬殖民地國家採行半總統制，前者如海地，後者如東帝汶。

後遂仿照殖民母國而採半總統制。

　　就地理位置而言,半總統制大抵是從西歐往東與往南擴散。若觀看世界地圖,半總統制的「種子」乃是源自西歐,這些種子一方面往東擴散而在東歐與前蘇聯地區枝繁葉茂,一方面則往南擴散而在非洲地區落地生根。❷

　　若全世界半總統制國家大致可以分為以上三個群集,且在歷史與地緣上有密切的相關性,則我國身為一個位於東亞地區的半總統制國家,在所有半總統制國家中便顯得頗為特別。儘管有學者認為我國也可被歸類為後列寧主義國家 (post-Leninist countries),❸因而與東歐和前蘇聯等後共產國家採行半

---

❷　新興民主國家之所以會採行半總統制,除了是因為東歐與前蘇聯國家的「制度沿襲」與法、葡兩國對非洲國家的「示範效應」之外,尚有以下共同原因:一、就政治行為者的利益考量而言,由於半總統制兼具總統制與內閣制的特徵,這種混合制的色彩成為各種政治勢力制度偏好的妥協點:新興民主國家在選擇憲政體制的時候,通常並沒有一個具有絕對優勢的政治勢力,而是由不同的政治力量相互角逐,也因而各有其制度偏好。如果己方的某一政治人物在全國有崇高的民間聲望,通常會偏好採行總統制,而主張總統直選,並強化總統的角色與職權;如果認為己方不可能在直接的總統選舉中獲勝,則通常會偏好採行內閣制,因為透過國會選舉中獲得的席次,尚有機會與其他政治勢力聯合執政。不同的政治勢力之所以會接受半總統制,往往是基於他們所想像的某一種半總統制運作模式(例如總統主導或國會主導)(吳玉山,2011)。特別的是,儘管各政治勢力都將半總統制視為可以妥協接受的憲政體制,但由於雙方對於此一體制有不同的期待,對於此一體制未來究竟會如何運作(例如總統主導或國會主導),在制憲或修憲決定採行此制時通常是刻意保持模糊空間而曖昧不明的,導致日後憲政運作很容易發生嚴重爭議。二、就憲政體制優劣的辯論而言,採行半總統制是總統制與內閣制優劣辯論的折衷結果:1990年代初期,隨著第三波民主化潮流的高峰湧現,許多新興民主國家在選擇憲政體制時,都面臨總統制與內閣制孰優孰劣的難題。由於內閣制與總統制各自追求不同的政治價值,兩種憲政體制的優劣本來就難有定論,很難在兩種憲政體制中「二擇一」。於是許多國家在激烈的憲政辯論後,採取的是折衷、綜合性的方案,希望自己國家的憲政體制同時亦能兼具內閣制與總統制的優點,而採取具有混合制色彩的半總統制。

❸　列寧主義國家是指由列寧式政黨 (Leninist party) 統治的國家,這種政黨型態由列寧所創,他所領導的蘇聯共產黨即為著例。其特徵包括一黨專政、革命屬性、層級組

總統制的成因有相通之處（吳玉山，2011），但若考察歷史發展脈絡，我國半總統制的形成背景與後共產國家顯然還是有頗大的差異。本章的目的便是要從具體歷史變遷的角度，仔細檢視我國半總統制的形成過程。

　　自 1991 年第一次修憲至今，我國已歷經七次修憲，憲政體制不斷發生變遷。事實上，憲政體制乃是政治力的產物，一方面由政治行動者基於本身的利益考量與彼此的策略互動所塑造；另一方面，憲政體制本身亦是制約政治力的結構，政治行動者乃是在既存憲政體制所籠罩的政治結構下，形成自身的偏好、確認自己的利益，並決定與其他政治行動者互動時的策略，而憲政體制則在政治行動者的策略互動中獲得鞏固或發生變遷。

　　換言之，憲政體制的形成與變遷，是一連串結構與行動者之間不斷交織互動的過程。研究者在面對憲政體制之形成與變遷的議題時，若僅是從結構或行動者的任一個面向出發，將無法充分掌握憲政體制形成與變遷過程的全貌。因此，研究者若要探討憲政體制變遷的過程，必須同時兼顧結構與行動者兩個面向。

　　然而，「兼顧」兩字正在難題所在。強調結構面向的「結構論」與強調行動者面向的「意志論」，固然是社會科學中探討許多議題的兩大途徑，但即使研究者認知到兼顧兩種研究角度的重要性，也經常會遇到「如何兼顧」的困境。本章的研究目的，便是要尋找一個可以兼顧結構與行動者兩種層面的研究途徑作為基礎，將我國 1990 年代初以來的憲政體制變遷軌跡予以圖像化。

織、社會控制、黨國一體、黨軍一體等。在列寧主義國家中，黨與國家在形式上雖然是分立的系統，但兩者環環相扣，二元而一體。這種黨國體制的淵源，大多是源於黨透過革命奪取政權，然後建立國家。由於國家由革命性政黨所領導締造，黨為了維持政權，必須維持一個紀律嚴密的組織。在國家建立後，黨對國家的關係是一種監督、指導的關係，國家政治菁英的甄補主要是透過黨來進行。黨擁有壟斷性的權力，禁止多元的政治競爭，並透過嚴密的政黨組織對民間社會進行高度的控制與滲透（倪炎元，1995: 105–106）。這種體制在共產國家是常態，特別的是，儘管我國中國國民黨具有反共的意識型態，但過去國民黨的威權統治，卻有不少列寧式黨國體制的色彩。不過也有學者認為，國民黨過去的黨國體制與共產國家的列寧式黨國體制仍有許多差異。參見 Cheng (1989)、倪炎元 (1995: 105–130)。

假若圖像化的目的能夠達成，我們便可以更一目瞭然地掌握過去憲政體制變遷的發展軌跡、瞭解目前憲政體制的變遷方向受到哪些限制，並可以經由過去憲政體制的變遷軌跡，對未來憲政體制的變遷方向作出初步預測。❹

　　本章認為，晚近在社會科學界興起的新制度論中，其中的歷史制度論，對於掌握憲政體制變遷過程中結構與行動者相互構成的特質，能夠提供有效的理論資源。本章擬以歷史制度論作為探討臺灣憲政體制變遷軌跡的研究途徑，希望藉此深化臺灣憲政體制變遷此一研究議題的理論意涵。本章在接下來第一節中，將先說明歷史制度論的論旨。在第二節至第六節中，則以歷史制度論為基礎，探討我國憲政體制從 1990 年代初至今的變遷過程，並描繪我國憲政體制變遷軌跡的具體圖像。

第一節　研究途徑——歷史制度論

　　由於歷史制度論是新制度論的其中一派，在此有必要先對新制度論做一簡單介紹。本節將先介紹新制度論，而後介紹新制度論的三個分支學派，並將焦點放在三個分支學派中具有混和色彩的分支——歷史制度論。

一、新制度論的要旨

　　新制度論之所以稱為「新」，乃是相對於過去傳統政治學所著重的制度研究，作出了修正的緣故。傳統政治學研究具有明顯的「法制形式主義」(legal-formalism) 色彩，研究的焦點是正式的國家組織、典章與制度。這種研究取向，係將各種正規典章與法規文件上所呈現的明文規範視為當然發生的事實，認定個體行為者必然會完全依照既定的典章制度行事、服膺於正式制度的運作，並沒有為個體行為者的影響力或自主性留下空間，抱持的乃是「方法論之整體主義」(methodological holism) 的立場。

　　1960 年代開始盛行的行為主義政治學則試圖修正上述傳統政治學研究的缺失與弊病，刻意排除法規、制度的重要性，轉而強調個體層次的實證研

---

❹　本章架構來自蘇子喬 (2010b)，並在內容上加以增刪。

究，其認為透過個體行為的加總，可以推斷出政治的總體特性，這種研究取向無疑是採取「方法論之個體主義」(methodological individualism) 立場。傳統政治學與行為主義政治學這兩種不同立場的對立，也可以說是以總體層次為理論推論起點的巨觀理論 (macro theory)，與以個體層次為理論推論起點的微觀理論 (micro theory) 兩種理論的對立。

㈠新制度論是中層理論

新制度論的核心命題有以下三點：首先，相對於上述各種研究流派在方法論上的各持己見，興起於 1980 年代初期的新制度論，則是介於總體與個體之間的「中間路線」，也就是所謂的「中層理論」(meso theory)（參見圖 5–1）。新制度論認為在個體行為與總體經濟、社會、文化結構之間，應該以中層的制度作為連結，因為經濟、社會、文化結構需要有一套「制度載具」(institutional carrier) (Scott, 2001: 48)，才可能具體地影響到個體的行為，而個體行為若要對經濟、社會、文化結構造成影響，也勢必要以制度作為介入的工具。

換言之，制度在結構與個體之間所扮演的角色，正如 Kenneth Shepsle 所指出的，是「讓人（亦即個體）與社會情境（亦即結構）相互密接的接著劑」(1989: 134)。在以制度作為個體行為與總體政治、經濟、文化結構之中介者的情況下，不論是以制度為中介變項而從個體行為推論至總體經濟、社會、文化結構，或是以制度為中介變項而從總體經濟、社會、文化結構推論至個體行為，甚至是探討制度與個體行為的關係，乃至制度與總體經濟、社會、文化結構的關係，推論的過程便能更為具體而得以避免過於跳躍。

換言之，新制度論並非制度決定論，也無意高舉方法論之整體主義的優越性，其試圖處理社會科學方法論當中所謂「微觀－巨觀連結」(micro-macro link) 的問題 (Alexander, Giesen, Munch and Smelser, 1987)，乃是介於巨觀與微觀之間的「中層理論」。這可以說是新制度論的第一個核心命題。

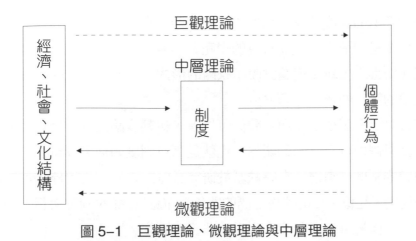

圖 5-1　巨觀理論、微觀理論與中層理論

㈡新制度論重視制度與行為的關係

　　新制度論的第二個核心命題，是新制度論重視制度對個體行為的影響，以及個體行為對制度的影響。換言之，新制度論重視制度與個體行為之間的關聯性。就傳統政治學的制度研究而言，其僅著重制度本身內涵的探討，至於制度如何影響個體行為要不是幾無著墨，不然就是認定個體行為者必然會完全依照既定的制度行事，而忽略個體行為者的自主性。

　　相對地，1960 年代極為盛行的行為主義政治學，則幾乎完全抹煞制度的重要性，僅著重個體行為的探討。而對於在行為主義政治學盛行後興起的新制度論而言，其一方面如傳統政治學一樣重視制度的探討，另一方面，基於政治學整個學科已經歷經先前行為主義的洗禮，自然也就不可能完全對行為層面視而不見，而會試圖將制度層面的探討與行為層面的探討彼此連結。

㈢新制度論同時重視正式與非正式制度

　　不過，新制度論所理解的制度，與傳統政治學的制度研究所理解的制度不可同日而語。傳統政治學的舊制度論所界定的制度，指的是成文的規章與法律條文；新制度論所理解之「制度」的範圍顯然要比舊制度論廣泛許多，其範圍包含了正式制度與非正式制度，正式制度指的是成文的規章，亦即舊

制度論所理解的制度範疇，而非正式制度則是指不成文的規範與規則。整體而言，只要是塑造人們規律行為的規範，不論是成文或不成文，皆屬於制度的範疇。換言之，新制度論跳脫了狹隘的形式主義 (formalism)，這可以說是新制度論的第三個核心命題。

綜合以上三個核心命題，我們可以說，新制度論是以中層理論的視角，探討制度與個體行為之間的關係，也就是探討制度如何影響行為，而行為又是如何影響制度（當然，有時候基於研究議題的差異，也可能探討制度與更廣泛的經濟、社會、文化結構之間的關係）。而且在探討制度與行為如何互動的同時，不僅著重正式制度，也重視非正式制度。

二、新制度論的派別

新制度論大致有三個分支學派，分別是理性抉擇制度論、社會學制度論與歷史制度論。其中的歷史制度論，乃是融合了理性抉擇制度論與社會學制度論的理論預設，再加上本身獨有的一些核心概念，所形成的一個新制度論分支學派，具有明顯的「折衷主義」(eclecticism) 色彩。歷史制度論係融合了理性抉擇制度論的「計算途徑」(calculus approach) 與社會學制度論的「文化途徑」(culture approach) (Hall and Taylor, 1996: 939–940)，在此有必要先對理性抉擇制度論與社會學制度論加以說明。

㈠理性抉擇制度論

就強調「計算途徑」的理性抉擇制度論而言，其假定個體行為者具有理性與既定 (given) 偏好，而制度即是個體行為者在進行互動時的決策規則 (decision rules)，制度本身構成一種策略性的環境脈絡 (strategic context)，對於具有既定偏好，追求利益極大化的個體行為者形成制約。

而理性抉擇制度論所謂的「理性」，乃是指追求諸如物質、權力等具體政經資源的工具理性 (instrumental rationality)，亦即理性抉擇制度論是以「工具性的邏輯」(logic of instrumentality)、結果至上的經濟性策略計算的角度來看待個體的行為，認為個體會在其既定的偏好下，根據不同的制度環境脈絡，

一貫不變地以「個體利益極大化」為目標而進行策略性的互動，而在策略性的互動過程中，若主要的互動者發現新的制度規範能讓他們的目的獲得更大程度的實現，就有可能共同採擇此一新的制度規範 (March and Olsen, 1989: 160)。

㈡社會學制度論

就強調「文化途徑」的社會學制度論而言，制度是指人類生活中受到文化、思想、價值所影響，而自然形成的一套規範，用以支配人的行為以及人與人之間的互動。以此觀之，社會學制度論所指涉的「制度」概念範圍甚廣，不僅包括正式而有形的規則、規範，還包括無形的認知系統 (cognitive system)、認知圖像 (cognitive script) 等引導人們行動的「意義框架」(framework of meaning)。

事實上，此種對制度的廣泛界定已經將「制度」與「文化」的界線模糊化 (Immergut, 1998: 14–16)。由於「文化」也被納入「制度」的範疇，因此制度不只如理性抉擇制度論者所認為的是個體行為者在進行互動時的決策規則，制度更進一步影響了個人的認知面向。就此看來，制度不僅是決策規則，更是塑造個人內在心靈世界的規範。

故而，就社會學制度論的觀點而言，個人的行為並非完全基於工具理性的價值計算，因此不能僅以「工具性的邏輯」來看待個體的行為，而必須以「社會適當性的邏輯」(logic of social appropriateness)、文化價值的角度來看待個體的行為 (March and Olsen, 1989: 160)。社會學制度論者認為，個體行為者往往不會直接基於追求利益極大化而莽撞地行動，而是會設想：根據當下自身所處的制度情境，基於自己在此制度情境中的角色和地位，應該如何做出「適當的」(appropriate) 回應。

換言之，行為者所考量的是自身的行為能符合社會的期待，與他人的互動也能「合乎時宜」。與其說行為者追求的是利益極大化，不如說行為者追求的是最適當的行動。在社會學制度論的觀點下，行為者毋寧是希望自己的行動選擇能契合當下的制度情境並具有「正當性」(legitimacy)，而非如理性抉擇制度論者僅僅強調的（工具）「理性」(Meyer and Rowan, 1991: 53)。社會

學制度論認為鑲嵌於制度環境中的個體無法自由地在制度規範中隨意選擇，制度與個體的關係猶如如來佛與孫悟空，無論個體（＝孫悟空）的行動策略如何，也永遠跳脫不出制度（＝如來佛）所籠罩的五指山（史美強，2005: 31）。

綜上所述，理性抉擇制度論與社會學制度論兩者之間的重大差異，從表面上看來，除了工具性邏輯與社會適當性邏輯的迥異觀點外，在偏好形成的議題上，理性抉擇制度論認為行為者的偏好是既定的，而社會學制度論則認為行為者個人的偏好仍然是受制度所塑造，因此並非既定。此外，兩種學派對於個人的主體性有不同的立場，理性抉擇制度論肯認個人的理性能力，樂觀地看待行動者的主體性，強調行動者開創制度的可能性；而社會學制度論對於個人主體性的展現則抱持較悲觀的看法，強調制度環境對個人行動的制約力量，兩個學派之間因此呈現某種「（個人）意志論」(voluntarism) 與「（結構）決定論」(determinism) 的對立態勢。

(三)歷史制度論

歷史制度論揉合了理性抉擇制度論的「算計途徑」與社會學制度論的「文化途徑」，有相當明顯的「折衷主義」色彩。一方面認為個體行為者在既存制度下會進行策略性的互動；另一方面亦認為每個行為者所具有的理性有限，對資訊的掌握狀況不一，制度且會影響行為者的偏好形成。基於此，歷史制度論強調「路徑依循」(path dependence) 的社會現象因果關係，其認為整個制度變遷的過程可以視為一次次路徑選擇的過程，行為者在上一個時間點所做的路徑選擇，將會限制他在下一個時間點的路徑選擇範圍。

換言之，遙遠過往的事件所形成的因果鏈結會對現今發生的事件（即制度）造成影響，而一個事件現今的狀態也會影響它未來的演變方向。基於這樣的觀點，歷史制度論的研究方法主要是以歸納法從歷史系絡中掌握特定時點下有影響力的行為者，以及實存制度環境的內外限制，其認為唯有如此，才能深刻地解釋特定制度形成、維持與變遷的長期發展。以下詳加介紹歷史制度論。

三、折衷色彩的歷史制度論

如果歷史制度論的特色是兼採理性抉擇制度論與社會學制度論的理論觀點，它如何將這兩種不同學派且看似對立的理論假設，同時放在它自己的理論之中而不致自相矛盾？事實上，理性抉擇制度論與社會學制度論對於個人偏好的觀點差異，主要是因為兩種制度論對於制度的定義廣狹不同，以及所採取的時間面向長短不同所致。社會學制度論所採取的制度概念範疇較廣，文化亦被視為制度的一環，因此，當社會學制度論宣稱「制度亦會形塑個人偏好，個人偏好並非既定」時，其實是指「文化亦會形塑個人偏好，個人偏好並非既定」。

再者，社會學制度論是以非常長遠的時間架構來看待「制度」，而非如理性抉擇制度論主要談的是特定時點下的制度。就此看來，就算個人偏好在一般情況下由於短時間內不可能驟然改變而可視為既定，但若文化也被視為制度的一部分，而且是以長遠的時間架構來看待這種包含文化範疇的制度概念，稱「制度亦會形塑個人偏好，個人偏好並非既定」也就不足為奇了。因此，理性抉擇制度論與社會學制度論表面上看起來所呈現的 「偏好既定 vs. 偏好非既定」的對立，其實是因為這兩種制度論對「制度」的定義不同所致，並非是兩者在此一觀點有本質上的對立。❺

---

❺　基於不同制度論流派對「制度」各有不同定義，也導致不同制度論者對於「結構」與「制度」的差異，有不同的理解。社會學制度論所指的「制度」概念範圍甚廣，經濟、社會、文化結構與社會價值觀等皆被納入「制度」的一環。就此看來，社會學制度論者對於「制度」與「結構」並沒有嚴格的區分，當社會學制度論者提到「制度制約行動者」時，其實與「結構制約行動者」一語無異。而就理性抉擇制度論而言，「制度」與「結構」有明顯區隔，「制度」顯然是比「結構」更為具體的事物。至於具有折衷特色的歷史制度論，由於兼採社會學制度論與理性抉擇制度論的觀點，歷史制度論的不同論者對於「制度」與「結構」的理解並不完全一致，有些論者偏向社會學制度論的立場，有些論者偏向理性抉擇制度論的立場。在本文的歷史制度論研究途徑中，「結構」與「制度」仍是有區隔的。「結構」是指較為廣泛的環境脈絡、文化價值觀、政經背景，而「制度」指的是較為具體的、且具有人為可

㈠強調路徑依循

　　至於理性抉擇制度論所採的計算途徑／工具性的邏輯，以及社會學制度論所採的文化途徑／社會適當性的邏輯，歷史制度論主要是透過「路徑依循」等相關概念加以連結，並因此得以消解其中的矛盾。所謂「路徑依循」，乃是將整個制度建構過程視為一次次的路徑選擇過程，而上一個時間點所做的路徑選擇，將會限制制度發展在下一個時間點的路徑選擇範圍。這是因為制度變遷過程中存在著制度報酬遞增 (increasing returns) 的機制，亦即制度存在愈久，政治行為者在現有的制度中運作的時間愈長，制度對行為者所帶來的邊際報酬將會愈大，改變既有制度的成本也就愈高。

　　相形之下，制度的沉澱成本 (sunk cost)❻則日益龐大，從而使得現有制度產生巨大的存續力量，未來制度變遷的選擇範圍也因此遭到限縮而被「封鎖」 (lock in) 在特定的路徑上，使得制度難以走回頭路或重新打造 (Pierson, 2000: 263)。即使有若干行為者欲進行制度改革，也無力全盤廢除既有制度，必須做出某種妥協與適應，只能在既有的制度上衍生新的規範，從而出現「制度堆積」 (institutional layering) 的現象，重大的制度變遷因此難以產生 (Thelen, 2002: 225–228)。

　　總之，「路徑依循」此一概念強調，在制度形成之初所做的選擇，會與制度的後續發展形成因果鏈結，而對未來的制度發展產生持續且巨大的決定性影響，相當程度界定了未來制度變遷的方向 (Levi, 1997: 19–41)。

㈡強調斷續式均衡

　　在歷史制度論的核心概念裡，與路徑依循相輔相成的另外一個概念是「斷

操作性的規章與規範。

❻　在經濟學中，沉澱成本是指已經付出且不可收回的成本。廣泛而言，沉澱成本則是指基於過去的決策已經發生，而不能由現在或將來的任何決策予以改變的成本。在決策制定過程中，人們在考量是否做某一件事情時，不僅是考量這件事情對自己是否有利，亦會考量是否已經在這件事情上有所投入，這些已經投入不可收回的支出，如時間、金錢、心力等，即為沉澱成本。

續式均衡」(punctuated equilibrium) (Krasner, 1984: 240–242)。在制度長期的發展過程中，會在某一關鍵時點 (critical juncture) 發生制度出現重大變動的情形，並重新形成一個新的均衡狀態，接下來制度會在此一特定的均衡狀態下維持一段穩定的時間，之後在某一關鍵時點又發生變動，變動後的制度則又重新形成另一個均衡狀態，以此不斷運作下去。每一個關鍵時點乃是行動者發生衝突與合作等複雜政治角力的策略性情境 (strategic situation)，決定了制度的轉折方向。

　　而在前後兩個關鍵時點之間的制度穩定均衡時期，制度會透過「一連串自我強化」(self-reinforcing sequences) 的「再生機制」(reproduction mechanism)，將制度的運作規則「反饋」(feedback) 到行動者的認知模式當中，而使制度得以長期屹立不搖 (Mahoney, 2000: 508–509)。易言之，在每一關鍵時點，制度為依變項，制度受行動者的策略互動所形塑；而在制度穩定均衡時期，制度則是自變項，行動者乃是依據制度的規範力而採取行動。

　　故而，歷史制度論之所以能夠兼採理性抉擇制度論與社會學制度論，將這兩者不同的觀點同放在一個理論分支下而不會發生自打嘴巴的矛盾情形，主要是因為歷史制度論具有「歷史」的觀照，採用路徑依循和斷續式均衡等核心概念，將觀察的時間面向拉長，從時間序列 (temporal sequence) 與制度動態論 (institutional dynamism) 的角度去分析制度在具體時空脈絡下的變遷發展 (Steinmo and Thelen, 1992: 16–17)。正是因為將時間的面向拉長，使得理性抉擇制度論所強調的計算途徑（工具性邏輯）和社會學制度論所強調的文化途徑（社會適當性邏輯），在一連串路徑依循的制度變遷過程中都有其適用的可能性。

㈢以邏輯之樹描繪制度變遷

　　上述歷史制度論對於制度變遷過程的論點，亦可由「邏輯之樹」來作比喻（參見圖 5-2），樹中的「節」(knot) 即是關鍵時點，它意味制度發展發生重大變遷的轉折點 (branching point)，樹中的「枝」(branch) 即是穩定均衡時期，不同的「枝」意味每一個轉折點之後可能步上的路徑 (Przeworski, 1991:

106)。以圖 5-2 的「邏輯之樹」加以說明，在樹上的每一個「節」，也就是路徑發展上的轉折點，歷史制度論仍然是傾向在這樣一個特定的時點下先確定當時的制度脈絡，然後建構行動者在此情境中的策略互動模式，並以此探討此種互動結果對於未來路徑變遷的影響。

　　換言之，在進行關鍵時點「節」部分的分析時，歷史制度論的分析方式仍然是採取理性抉擇制度論的計算途徑／工具性邏輯。至於樹上的每一個「枝」，也就是路徑發展上的制度穩定均衡階段，歷史制度論主要是用社會學制度論所採取的文化途徑來解釋制度的穩定狀況。換言之，在進行制度穩定均衡時期「枝」部分的分析時，歷史制度論的分析方式則主要是採取社會學制度論的文化途徑／社會適當性邏輯。

　　簡言之，在「節」的部分，既定偏好的行動者決定了下一輪的制度，可以用計算途徑進行分析；在「枝」的部分，制度形塑了行動者的偏好，則可以用文化途徑進行分析。歷史制度論顯然是認為，若將時間的面向拉長，從歷史的角度來看，計算途徑和文化途徑在制度變遷的不同階段各自有其適用的可能性。

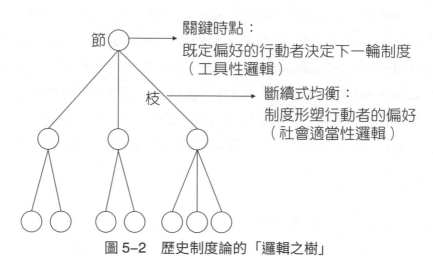

圖 5-2　歷史制度論的「邏輯之樹」

進一步言，由於歷史制度論著重從時間序列的角度進行制度變遷的分析，也因此相當程度消解了理性抉擇制度論偏向「意志論」與社會學制度論偏向「結構論」之間的對立。就理性抉擇制度論而言，理性行動者的固定個人偏好與利益極大化的計算乃是行動的基礎，制度只是外生變項，個人的抉擇與行動會受其影響，但不能完全被其決定，這種立場偏向「意志論」，是一種「個體引導」(agency-centered) 的研究途徑。就社會學制度論而言，不僅個人的外在行為受制度所制約，即使是個人內在的偏好亦受到制度所形塑，個人行動完全是制度的依變項，這種立場偏向「決定論」，是「結構引導」(structure-based) 的研究途徑。意志論者強調制度結構是行動者互動的結果，結構論者則強調制度結構對個人的支配力。

「意志論」與「決定論」這兩種立場固然都分別提供了觀察社會現象的簡約 (parsimony) 角度，但都不免過於偏頗，亦過度簡化了真實世界中結構與行動之間的關係。

在真實世界中，結構和行動毋寧是一種相互構成的關係，而非一方被另一方完全決定，正如 Anthony Giddens (1984) 在其「結構化行動理論」(theory of structuration) 所指出，一方面結構對人的行動具有「制約」(constraint) 和「施展」(enablement) 的雙重效果，亦即結構不僅限制個人的行動，也使行動得以施展，個人的主體能動性唯有置於結構之中才有可能；另一方面行動者的行動亦使結構的持續存在成為可能，而在「再生」(reproduce) 結構的同時，也為結構帶來了變革和創新的契機。就此看來，個體行動既是結構的開創者，也是結構的創造物。結構與行動儘管在理論上可以分離，但在實踐上，兩者之間應該是彼此交織、互補互賴、雙生相棲的關係。

歷史制度論的立場與上述 Giddens 的觀點若合符節，其認為制度在變遷的過程中有時是形塑個人行動的自變項，有時則是被行動所決定的依變項，制度與行動者之間從長期來看不可能尋得一個直接的因果關係 (Cammack, 1992: 402)。就此看來，歷史制度論既不完全採「方法論之個體主義」，也非高舉「方法論之整體主義」，其介於個體與總體、巨觀與微觀之間，強調的是結構和行動彼此的辯證動態關係。

㈣歷史制度論適合作為觀察臺灣憲政體制變遷的視角

　　基於歷史制度論的理論特色，歷史制度論相當適合作為探討臺灣憲政體制變遷的研究途徑。理由如下：首先，歷史制度論所採的介於「結構」和「行動」間的分析取向，能夠為憲政體制變遷的研究提供不少理論資源。憲政體制的變遷一方面是相互競爭的政治行動者以利益極大化為目標的策略互動結果；但是另一方面，政治行動者擬著手調整憲政體制時的策略互動情境，亦是鑲嵌於歷史的具體結構中，因此既定的歷史結構對於政治行動者之制度偏好的形塑也扮演了關鍵角色 (Bunce, 2003: 170–171, 178)。簡單地說，在憲政體制變遷的過程中，憲政體制有時是自變項，有時是依變項，而這正呼應了歷史制度論強調「結構」和「行動」相互構成的分析取向。

　　第二，臺灣自 1990 年代初期以來的憲政改革，並非一步到位的憲政體制調整，而是呈現「分期付款」與「雜亂漸增」(disjointed incrementalism) 的現象（葉俊榮，2000: 49），整個憲政體制變遷的過程，與歷史制度論所強調的「路徑依循」概念非常吻合。

　　第三，將臺灣憲政體制的變遷軌跡放在歷史制度論的架構中進行觀察，一方面可以從臺灣的具體經驗，反證歷史制度論之核心概念的有效性與分析架構的可行性，另一方面也可藉此檢視臺灣的憲政體制變遷經驗是否有歷史制度論無法關照到的特殊性。基於上述理由，本章認為探討臺灣憲政體制變遷的議題時，歷史制度論應是一個適當的研究途徑。

　　事實上，目前學界已有論者意識到歷史制度論對於臺灣憲政體制的研究是可資運用的研究途徑。例如徐正戎、張峻豪 (2004) 以歷史制度論的分析方式，從憲法規範、憲政運作與憲政精神三個面向，探討我國憲政體制中總統、行政院與立法院之三角關係的主要問題，不過其探討焦點並非放在我國憲政體制的「變遷」上。而目前以歷史制度論為研究途徑探討臺灣憲政體制變遷的著作，則是陳宏銘 (1997)。他指出臺灣憲政體制的變遷，「主要是二條性質上矛盾的『路徑依循』並存之結果，其一是維持修憲、五權體制不變的路徑依循主軸；另一是強化總統角色的路徑依循支線。……導致最終憲政體制的

變遷與選擇，在二條路徑依循交錯發展下，逐步朝混合體制邁進。」（陳宏銘，1997: 178）

關於上述論點，令人想追問的問題是，其所指出的「路徑依循主軸」與「路徑依循支線」，究竟是一個什麼樣的圖像？臺灣憲政體制的變遷軌跡是否可以從歷史制度論的觀點加以具體地圖像化？由於陳宏銘 (1997) 對我國憲政體制變遷的探討僅到 1997 年，至於 1997 年第四次修憲，此次對於我國憲政體制具有最重大影響的修憲，以及其後的憲政發展過程，該文則未論及。因此，本章希望在先前研究者的基礎上，將時間的縱深拉長，探討我國 1990 年代初至今憲政體制的變遷過程，而本文最重要的問題意識，則是試圖將我國憲政體制的變遷軌跡具體地圖像化。

四、憲政體制變遷的動力與憲政體制類型的區分

在本章正式展開對臺灣憲政體制變遷過程的討論之前，在此必須先指明造成憲政體制變遷的動力為何，以及本章對於憲政體制類型的區分方式，因為這是進行後續討論的基礎。

帶動臺灣憲政體制變遷的動力有三，分別是修憲、大法官釋憲與實際的憲政運作（黃德福、蘇子喬，2007:41）。以下分別說明這三種動力在臺灣憲政體制變遷過程中的特性：

㈠修　憲

修憲是導致憲政體制變遷最直接、最顯而易見的動力。每一次修憲都可說是政治行動者策略互動的場合。不過，在臺灣 1990 年代初至今七次的修憲當中，並非每一次修憲都涉及憲政體制類型的變遷，例如第五次修憲通過國大延任案（後來大法官釋字第 499 號解釋宣告第五次修憲無效），第六次修憲將國大虛級化，第七次修憲廢除國大、立委席次減半與立委選舉制度改革，由於這幾次修憲並沒有對決定國家憲政體制類型的關鍵——總統、內閣（行政院）、國會（立法院）的三角關係造成重大更動，因此這三次修憲並不是本文探討的焦點。第一次修憲至第四次修憲，才是真正導致臺灣憲政體制「類

型」的變遷。

㈡大法官釋憲

理論上，民主國家的憲政體制類型，乃是一國憲政機關的框架秩序與價值體系，基於「國民主權」原則，應是透過國民總意志之表達加以決定的事項；而違憲審查機關作為國家憲政架構下的一環，其職責多是在補充國民總意志所決定之國家憲政架構中所發生的若干闕漏之處，使憲法能夠適應環境變遷而成為「活的憲法」(living constitution)。然而在我國，由於憲政體制定位原本就模糊不清，憲法解釋對於憲政運作的功能，已不僅是補充制度細節的闕漏，而是更大程度地闡明憲政體制運作的制度精神，直指憲政體制類型的定位。簡言之，我國大法官釋憲的功能已從一般民主國家的「制度細節補遺」擴大成「制度類型抉擇」。

㈢憲政運作

由於臺灣在歷次修憲中，《憲法》文字對於國家機關各部門的權力互動始終存有相當程度的模糊性，導致不同論者對於我國憲政體制類型的定位各有不同的詮釋和看法。而《憲法》文字模糊地帶的實際憲政運作，彰顯了主要政治行動者對於憲政體制的認知方式，充分填補了我國憲政體制類型定位的模糊地帶，成為導致憲政體制變遷的第三種動力。且反覆發生之憲政運作，若經歷長久時間仍受遵行，亦有可能進一步成為具有拘束效力的憲政慣例，對於憲政體制造成形塑作用。

至於民主國家的憲政體制類型，則可分為內閣制、總統制與半總統制。本章所指的 「半總統制」，係採 Maurice Duverger 的界定方式 。 Duverger (1980) 所謂的「半總統制」包含下列三個要素：第一，總統是由普選產生；第二，《憲法》賦予總統相當的權力 (considerable powers)；第三，在總統之外，尚有閣揆為首的內閣掌控政府的行政權力，並且需向國會負責。而根據 Matthew Shugart 和 John M. Carey 的區分標準，「半總統制」可以劃分為「總理總統制」（一元型半總統制）及「總統議會制」（二元型半總統制）。這兩種

半總統制次類型的特徵與差異，在本書第三章已有詳細論述。

在確認了促成憲政體制變遷的三項動力以及憲政體制類型的劃分之外，本章從下一節起便將進行臺灣憲政體制變遷軌跡的圖像化工作。以下將分別探討我國不同階段的憲政體制變遷過程，並透過後文圖 5–3 到圖 5–8 的連續描繪，臺灣整個憲政體制變遷軌跡的完整圖像，最後將如後文的圖 5–10 所示。

第二節　臺灣「半總統制」路徑的確立——第一次至第三次修憲

臺灣 1990 年代以來的憲政改革與政治民主化是一個同時並進的過程。與其他國家相較，臺灣較為特殊的民主化經驗是，國民黨的菁英結構並不像許多新興民主國家的威權統治者一般，在民主化過程中迅速式微或分崩離析，仍然能夠維持相對穩定的結構。在 1990 年代初期的第一次至第三次修憲中，整個憲政改革過程仍是由國民黨主導，其推動憲政改革的目的是希望在國家法制的調整過程中，繼續保有執政黨的競爭優勢。

值得注意的是，儘管國民黨在前三次修憲中具有一黨修憲的實力，但國民黨對於憲政體制的選擇也不是完全隨心所欲，得以遂行其意志。正如歷史制度論所強調的，制度的選擇並不是在真空中做成，而會受到既存制度的結構與環境所影響，呈現路徑依循的特色。本節將要探討國民黨是如何在既有環境制度的制約下，基於利益極大化（工具性的邏輯）與維持正當性（社會適當性的邏輯）的雙重考量，塑造了我國半總統制的憲政體制。

一、行政向立法負責之精神的確立——第一、二次修憲

㈠憲法本文與臨時條款的特色

若觀察《憲法》本文，我國憲政體制的內閣制色彩是非常明顯的。一方面從行政與立法之關係的面向觀之，《憲法》規定國家最高行政機關為行政院（第 53 條），最高行政首長因此是行政院院長，而非總統；行政院院長由總

統提名，經立法院同意任命（第 55 條），行政院院長人選的最終決定權因此屬於立法院；行政院副院長、各部會首長及不管部會之政務委員，由行政院院長提請總統任命之（第 56 條），意謂行政院院長握有各部會首長的人事權。

此外，《憲法》第 37 條規定總統依法公布法律、發布命令，須經行政院院長及有關部會首長之副署，意謂行政院是實際決策和負責的機關，而《憲法》第 57 條則規定行政院對立法院負責。就此看來，內閣對國會負責的內閣制核心精神，在上述的《憲法》規定中確實表露無遺。另一方面從總統的角色觀之，儘管《憲法》本文中的總統角色並非全然垂拱無為的虛位元首，但無疑較接近象徵性而非掌握實權的國家元首角色。

綜言之，我國《憲法》本文中一方面彰顯了行政向立法負責的精神，另一方面暗示了總統的象徵性角色，因此非常貼近內閣制的憲政架構。不過《憲法》本文中確實也有一些不符典型內閣制的規定，例如《憲法》規定立法委員不得兼任官吏（第 75 條），又例如行政院對立法院負責的方式，並非透過一般內閣制國家國會掌有倒閣權的設計，而是透過覆議制度的安排（第 57條）。基於我國《憲法》本文中憲政體制的濃厚內閣制精神，以及其中的若干變異，國內學者大多是以「修正式內閣制」來界定我國《憲法》本文中的憲政體制。

然而，我國《憲法》本文中的「修正式內閣制」並沒有獲得實踐的機會。我國《憲法》於 1947 年 12 月 25 日正式施行後，尚不到半年時間，由於國共內戰日益激烈，為了賦予總統足夠應付此一危急情勢的權力，第一屆國大於 1948 年 5 月遂以修憲程序制定《動員戡亂時期臨時條款》，以附加條文的方式凍結了《憲法》的部分條文。自此之後，一直到 1991 年 5 月廢止《臨時條款》為止，《臨時條款》歷經四次修正，總統的權力得以大幅擴張。由於《臨時條款》中的總統權力幾乎不受節制，實已將有限政府的憲政主義核心精神破壞殆盡，因此《臨時條款》常被稱為《憲法》上的「違章建築」。

㈡第一次修憲

儘管《臨時條款》為國民黨的威權統治提供了表面上的合法性 (legality)，

但國民黨統治的正當性 (legitimacy)，隨著 1980 年代中期以來湧現的政治自由化與民主化潮流，逐漸面臨危機。第一屆中央民意代表長期未改選所造成的「萬年國會」現象，尤其受人詬病，而 1990 年代憲政改革的啟動，其實是國民黨試圖重建其統治正當性的一種因應之道。1990 年 6 月由國民黨主導而召開的國是會議，即是國民黨執政菁英與以民進黨為主的反對勢力，進行體制外協商的首度嘗試 (Chu, 1998: 148–149)，其目的正是試圖為稍後即將啟動的修憲工程尋求朝野共識。

國是會議後，李登輝為了落實國是會議結論，在黨內設置「憲政改革策劃小組」研擬修憲草案。此一小組兼具國民黨改革派（後來被稱為主流派）與保守派（後來被稱為非主流派）的成員，但由於國民黨保守派抗拒改革的立場，與民進黨主張臺獨制憲的激進立場之間存有巨大差距，使得介於兩者之間的國民黨改革派所持的中間路線，得以說服黨外激進勢力與黨內保守勢力勉為接受。此一小組最後提出「一機關兩階段修憲原則」，以作為將來修憲的基本方針。

所謂「一機關兩階段修憲原則」中的「一機關」是指由國民大會此一機關進行修憲，而排除立法院參與修憲的可能性；至於「兩階段」則是指由第一屆的資深國大進行第一階段的「程序修憲」，由其廢止《臨時條款》，並賦予第二屆中央民意代表在臺灣選出的法源基礎，再由具有新民意基礎的第二屆國大進行第二階段的「實質修憲」。上述憲改計畫，國民黨擬在翌年國大修憲中具體落實。

1991 年 4 月，國大召開臨時會進行第一次修憲。這次臨時會係以長期未改選的第一屆國大代表為主，此外還包括 1986 年選出的增額國大代表，總計 583 名。國民黨籍的國大代表共有 510 名，席次率為 87.48%，遠超過修憲所需的四分之三門檻，因此第一次修憲完全是由國民黨一黨主導，整個修憲過程皆在國民黨的操控中。4 月底國大通過第一次《憲法增修條文》，並廢止《動員戡亂時期臨時條款》。修憲內容正如國民黨事前所規劃的「程序修憲」，目的在使全體第二屆中央民意代表能在臺灣正式選出。❼

─────────────────────

❼　第一次修憲的內容包括：一、立法委員、國大代表、監察委員等中央民意代表改由

㈢第二次修憲

　　第一次修憲完成後，緊接著登場的是 1991 年底的第二屆國大選舉。第二屆國大選舉是我國中央民意代表的首次全面改選，可說是決定接下來憲政改革過程中政黨勢力分配格局的關鍵性選舉。在這次選舉中，國民黨獲得 71.17% 的高得票率，這顯示原為威權統治者的國民黨，在我國民主化初期，仍然維持相當的優勢。1992 年 3 月召開的第二屆國大修憲會議，國民黨的席次率為 79.4%，超過修憲所需的四分之三門檻，因此國民黨在第二次修憲中仍然掌握主控權，修憲的內容基本上乃是依照國民黨黨版修憲案決議而行。

　　國大於 5 月通過第二次《憲法增修條文》，主要的內容為賦予國大關於總統提名司法院人事（正副院長與大法官）、❽考試院人事（考試院正副院長與考試委員）、監察院人事（監察院正副院長與監察委員）的人事同意權，改變了原本《憲法》本文中監察委員由省市議員選舉產生，以及司法院與考試院人事由總統提名、監察院同意的規定，監察院也因此由中央民意機關轉變為準司法機關。

　　至於最受矚目的總統選舉方式，則由於國民黨內意見分歧而無法確定。當時國民黨內的主流派主張公民直選，非主流派主張委任直選，兩派意見始終相持不下，最後僅以較模糊的措辭「總統、副總統由中華民國自由地區全體人民選舉之」暫停爭議，並規定「選舉方式在民國 84 年 5 月 20 日前由國民大會集會訂定」，也因此為第三次修憲留下伏筆。

中華民國自由地區選出，除規定名額外，並增設由政黨比例產生的全國不分區代表；二、對總統緊急命令權的行使程序進行調整；三、將國家安全會議、國家安全局與行政院人事行政局等三機關入憲，但規定其組織須以法律定之。

❽　第二次修憲的內容包括：一、總統、副總統由中華民國自由地區全體人民選舉之，選舉方式在民國 84 年 5 月 20 日前由國民大會集會訂定；二、司法、考試、監察三院重要人事由總統提名、國大同意；三、國大每年集會一次，得聽取總統國情報告，並檢討國是，提供建言；四、司法院大法官組成憲法法庭，審理政黨違憲之解散事項；五、考試院職權的調整；六、監察院改為準司法機關；七、省（市）長民選，省縣地方制度以法律定之。

㈣兩次修憲在我國憲政發展上的意涵

作為 1990 年代憲政改革起點的第一次與第二次修憲，在我國憲政體制的發展軌跡上究竟代表什麼樣的意涵？可以發現的是，在這兩次修憲中，國民黨雖然具有一黨修憲的實力，但卻無法擺脫《憲法》本文中具有濃厚內閣制色彩的憲政體制。而內閣制色彩的憲政體制之所以會在整個憲政改革過程的開端就無法擺脫，則主要是因為國民黨所設定的「最小修憲原則」的憲改模式所致。

從國民黨在 1991 年底國大全面改選中大勝，以及在此後各項選舉中仍然獲勝的經驗可以看出，儘管國民黨的社會支持基礎在臺灣民主化的過程中逐漸受到侵蝕，反對黨的競爭壓力則逐漸上升，但國民黨在民主轉型啟動後仍持續保有執政地位（直到 2000 年才發生政權輪替），顯示國民黨的統治正當性並非瞬間瓦解。由於原本的威權統治者在民主化過程中進行各項政治競爭遊戲規則的修訂與調整時，仍具有很高的操控能力，於是會盡可能縮小政治改革的幅度，以便有利於原本的在位者 (Karl and Schmitter, 1990: 55–56)。

而原本的威權統治者在面對憲改議題時，較可能採取修憲而非制憲的憲改模式，因為若採取制憲模式，必然會牽動整體政治結構的調整，進而導致政治資源全面的重新分配，並且因制憲的不確定性而增加社會的紛擾與對立，這顯然不是執政者所樂見的情況。綜言之，在我的民主化模式中，由於國民黨從威權政體轉型至民主政體的過程中，仍然保有相當程度的正當性，國民黨會採取修憲而非制憲模式，應是可以想見的事情。

在憲改模式確定是修憲而非制憲的情況下，我國《憲法》本文中行政向立法負責的濃厚內閣制精神，便不得不維持下去。這是因為一旦要將憲政體制改為行政、立法全然分立並彼此制衡的架構，《憲法》本文中的第四章「總統」、第五章「行政」，以及第六章「立法」將近四十條的條文內容，勢必要做全面性的調整，修憲的幅度將會極為巨大，而「巨幅修憲」將形同「制憲」(Lin, 1996: 70)。

國民黨站在自詡為「開國政黨」，以及強調國家「法統」延續的立場與思

考角度，並不希望在臺灣施行的《憲法》與 1946 年在南京制定的《憲法》完全切斷臍帶關係。為了要彰顯《中華民國憲法》仍是代表「全中國人民」的憲法，形同「臺灣人民」制憲的巨幅修憲模式自然不是國民黨會採行的方案。因此，在這兩次修憲的條文中，多數的內容乃是為了馴服國大配合修憲，而以國大擴權作為交換條件的條款，以及基於國大擴權而牽動關於司法、考試、監察三院若干規定的調整，至於在憲政體制中最具關鍵地位的總統、行政院與立法院三個機關的職權與關係，則幾乎沒有變動。

　　綜言之，由於國民黨秉持「最小修憲原則」，我國憲法本文所強調的行政向立法負責的內閣制精神，在 1990 年代憲政體制變遷路徑發展的一開始便保留了下來，成了國民黨修憲時不得不採的底線。這是迴避制憲模式而採取最小修憲原則所無法避免的結果。

　　因此，在臺灣憲政體制變遷軌跡的圖像上，如圖 5–3 所示，「行政是否向立法負責」猶如一條柵欄，在此柵欄右邊的空間意味著行政不須向立法負責，在此柵欄左邊的空間則意味著行政向立法負責。在《動員戡亂時期臨時條款》廢止後，臺灣憲政體制的變遷一開始就畫下了這條底線，而臺灣憲政體制的路徑發展顯然是從這條柵欄左邊的空間部分出發。

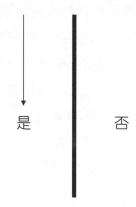

行政是否向立法負責

圖 5–3　第一、二次修憲對路徑「柵欄」的構築

二、民選實權總統的確立──第三次修憲

1994 年 8 月的第三次修憲，主要是為了解決 1992 年第二次修憲時遺留下來的總統選舉方式的問題。這一次修憲仍是由 1991 年底所選出的第二屆國大進行，當時國大各政黨席次因為新黨的成立而有些微變動，但國民黨在國大中仍占有四分之三以上的席次，因此這一次修憲仍與前兩次修憲一樣，仍然是國民黨一黨修憲的格局。

在第三次修憲中，確立了總統由公民直選，並且縮減了行政院院長副署權的範圍，進一步強化總統在憲政體制中的角色。[9]若要探討此種制度變革的原因，我們可以從國民黨黨內主流派與非主流派的對立與勢力消長，以及國民黨整體的制度偏好這兩個層面來加以分析。

㈠國民黨內主流派壓倒非主流派

首先，就國民黨黨內主流派與非主流派的勢力消長而言，國民黨內主流派與非主流派對於總統選舉方式各持「公民直選」與「委任直選」的主張，而這兩方政治行動者之所以會各持立場，乃是基於兩方評估自身實力後的利益考量。政治行動者一方面會追求利益極大化，以進一步延長自己的政治生命；另一方面，當政治行動者評估自己的政治實力較為弱小時，他們同時也會試圖極小化遊戲規則對他們的可能損害，以至少維持生存空間 (Geddes, 1996: 18–21)。

因此，就制度選擇的議題而言，認為自身可以獲得多數選民支持的多數菁英，在試圖極大化本身權力的考量下，會偏向支持具有「贏者全拿」精神的制度；認為自身只能獲得少數選民支持的少數菁英，則同樣在權力極大化（與損害極小化）的考量下，會偏向支持具有「比例分配」精神的制度。

---

[9]　第三次修憲的要點包括：一、總統、副總統由公民直選；二、縮減行政院院長副署權範圍，亦即總統發布依《憲法》經國民大會或立法院同意任命人員（即司法、考試、監察三院重要人事與行政院院長）之任免命令，無須行政院院長之副署；三、國大設議長、副議長，成為常設機關。

　　就憲政體制而言，總統制在行政權的爭奪上具有贏者全拿的精神，內閣制則具有比例分配的精神，故而多數菁英會支持總統獨攬行政權的總統制，而少數菁英則會支持具有行政權分享精神的內閣制。因此，有論者指出，在憲政體制制度選擇的關鍵時刻，如果多數菁英掌握優勢，憲政體制會往強調單一總統角色、乃至典型的總統制傾斜；如果少數菁英掌握優勢，憲政體制則會往強調國會角色、乃至典型的內閣制傾斜（吳玉山，2002: 237–238）。

　　如果上述的論點基本上是成立的，也就無怪乎國民黨內的主流派（多數派）與非主流派（少數派）會對總統選舉方式有不同的主張。由於總統此一單一職位的競爭是以贏者全拿為原則，黨內的少數派沒有分享的機會，因此對幾乎不可能獲得總統職位的非主流派而言，自然會傾向支持削弱總統民意基礎、限縮總統權力等弱化總統角色的改革方案，這是非主流派反對公民直選的主要原因。❿

　　在第二次修憲時，由於非主流派在國民黨內仍有一定的勢力，主流派尚無法完全壓倒非主流派而採公民直選，總統選舉方式因此懸而未決。不過，國民黨內主張總統選舉採委任直選的非主流派勢力，在郝柏村於 1992 年底第二屆立委改選被迫辭去行政院院長之後已確定邊緣化，此外，1993 年 8 月國民黨十四中全會召開前夕，新黨的出走，更是使非主流派勢力在國民黨內急速消退，而主張總統選舉採公民直選的主流派勢力則因此越形穩固。到 1994 年第三次修憲前夕，李登輝為首的主流派已經在黨內權力競逐中獲得全面勝利，公民直選方案必將通過的態勢在國大召開前就已經非常明顯。

㈡國民黨整體的制度偏好

　　其次，從國民黨整體的制度偏好而言，前已論及，國民黨作為過去威權

---

❿　當時國民黨非主流派之所以反對總統公民直選，除了是利益考量之外，也與國家認同、國家定位等意識型態考量有關，亦即非主流派認為公民直選總統隱含臺獨的意識，這是反臺獨的非主流派不能接受的。就歷史制度論的觀點而言，當時國民黨非主流派不論是基於理性考量的工具性邏輯（亦即利益考量），或是基於正當性考量的社會適當性邏輯（亦即意識型態考量），皆反對總統公民直選。

時代的統治者，雖然在民主轉型過程經歷過局部的重組，也必須開始與反對運動菁英分享政治資源，但舊的政治菁英結構大體上仍保存下來，而且仍享有相當程度的統治正當性。重要的是，舊政權的菁英結構對民主轉型過程中的制度選擇具有關鍵影響。以蘇聯解體後獨立國協各國在民主轉型過程中的制度選擇為例，威權政體中的菁英結構在民主轉型過程以何種方式呈現，將會決定其後的制度選擇。

如果菁英結構仍然維持鞏固的 (consolidated) 型態，制度選擇會走向總統制，因為總統制的某些制度特徵，例如總統握有獨立的行政權、行政與立法的分立，以及總統擁有固定任期等，將更有效地保持原來舊政體中菁英的既得利益；如果菁英結構呈現分散的 (dispersed) 型態，制度選擇則會走向內閣制，因為對新的政治行動者而言，在威權政體崩解後的最初階段最重要的事情，便是要建立自己獲取政治權力的管道，而議會內閣制的某些特徵，例如不信任投票、立法權對行政權的控制等，將最有效地符合他們的要求 (Easter, 1997: 184–211)。

換言之，對舊政權的菁英結構尚稱穩固的新興民主國家來說，在憲政體制上之所以會採取總統制或強調總統權力的憲政體制，是因為原威權政體中的執政菁英將可藉此繼續掌握國家機關的控制權；而這些國家之所以不採用內閣制或強調國會權力的憲政體制，則是因為原威權政體中的執政菁英會盡量避免與其他新興反對勢力分享對國家機構的控制權（朱雲漢，2005）。

我國憲政體制的發展脈絡與上述前蘇聯國家的憲政選擇經驗若合符節。在 1990 年代政治民主化的過程中，國民黨雖然不斷面臨分裂的危機，但至少在宋楚瑜於 1999 年從國民黨出走之前，一直能夠維持相對穩固的統治菁英結構，因此國民黨對於憲政體制的制度偏好，隨著主流派在黨內的優勢地位日趨穩固，也就日益強調總統角色的強化與權力的擴大，第三次修憲時總統直選的確定則可視為此種發展趨勢的里程碑。

回顧第一次至第三次修憲，1991 年的第一次修憲儘管是以「程序修憲」為主軸，但當時對於總統的權力便已微幅擴大，一方面放寬總統緊急命令權的行使要件，另一方面仍保留原《動員戡亂時期臨時條款》中在總統轄下的

動員戡亂機構——國家安全會議及所屬國家安全局。接下來 1992 年的第二次修憲，總統被賦予召集國大檢討國是之權，並且增加對監察院正副院長與監察委員的提名權。然後到了 1994 年的第三次修憲，除了確定總統改由公民直選外，並且縮減行政院院長對總統發布命令副署的範圍。就此看來，具有一黨修憲實力的國民黨基於本身的利益考量，確實一步步地強化了《憲法》中總統的角色與權力。

(三)民眾對民選實權總統的角色期待

總統改為公民直選，其角色進一步強化的發展方向，不僅如上所述符合國民黨執政菁英的利益考量，同時也符合社會大眾對於憲政運作的一般認知。一方面，在昔日威權統治下的臺灣，蔣介石、蔣經國兩位政治強人都是擔任總統職位，雖然就《憲法》本文觀之，總統並不見得是平常憲政運作中最關鍵的核心角色，但《臨時條款》將總統權力大幅擴張，經過四十多年的實際運作，總統的實權領袖角色，在長期的政治社會化經驗中，被大眾視為理所當然，已然形成以總統為權力中心的政治文化（郭正亮，1996: 59）。

另一方面，在 1990 年代政治民主化過程中臺灣主體意識的勃興，應該也是促使修憲過程中總統改為民選、角色強化的因素之一。民進黨儘管在第二屆國大中的政黨勢力太小，以致無法在國大修憲的場合中扮演否決者的角色，卻是促成臺灣主體意識在民間社會逐漸滋長茁壯的重要推手。

在臺灣主體意識日益昂揚的氛圍中，使得許多民眾以及政治菁英的思維裡，會認為總統直選既是彰顯人民主權、形塑臺灣人民集體國家認同的重要手段，亦是臺灣國族建立 (nation building) 過程中重要的一環 （汪平雲，2006: 45）。在臺灣面臨海峽對岸中共威脅的情境下，透過總統直選這種全國性的政治動員，可以有效凝聚臺灣人民的集體意識，並且藉此向國際社會宣示臺灣主權獨立的事實。

當然，總統直選與總統權力擴張兩者並不能直接畫上等號，例如在奧地利、冰島、愛爾蘭等總統直選的國家，憲政運作仍近乎內閣制，總統權力極為有限，並不會因為總統有直接的民意基礎就使其權力變大。但可以想見的

是，總統若是經由全民直選產生，便是全國最具民意基礎的政治人物，往後遇到《憲法》文字語意模糊，在權力歸屬有疑義的地方，總統經常能憑藉自身所擁有的全國最高的民主正當性，理所當然地將這些模糊地帶歸為自己的權力領域 (Lijphart, 1984: 88)，這是世界上民主國家的普遍現象。世界上總統由民選產生的國家中，總統幾乎都握有相當的權力，奧地利、冰島與愛爾蘭乃是例外。

　　而就臺灣的情形而論，我國總統既非完全虛位，這就使得總統有經由民主正當性的強化而擴張憲法權力的空間存在，若再考慮前述政治文化與國族建立這兩項臺灣特有的環境脈絡因素，則我們幾乎可以確定，第三次修憲總統直選的確立，同時也是憲政體制中一個「有權力的直選總統」的確立。

三、半總統制路徑的浮現

　　第三次修憲將總統改為人民直選的決定，具有相當程度的不可逆轉性，因為我們很難想像，一旦確立總統由人民直選，在可見的未來還有將總統改為非人民直選產生的可能。觀察世界各國憲政發展的經驗可知，只要總統是由人民直接選舉產生，在往後的制度調整中，就很難將人民直選總統的權利再從人民手中收回來，使總統改由非直選產生；亦即一個國家的憲政體制中一旦設置了一個直接民選的實權總統，就很難改成非直接民選的虛位總統(王業立，2005: 3)。

　　Matthew Shugart 和 John Carey 便指出，綜觀二十世紀以來世界各國的憲政發展經驗，幾乎沒有任何一個總統制國家轉變為內閣制國家，卻有不少內閣制國家轉變為總統制國家 (Shugart and Carey, 1992: 3)，其中重要關鍵正是因為總統直接民選的「不可逆性」。❶

---

❶　總統民選「不可逆性」的唯一例外，是前蘇聯國家摩多瓦。摩多瓦於 1991 年蘇聯解體後成為主權國家，憲政體制採取半總統制，總統由人民直選，並有內閣對國會負責。但在 2000 年，摩多瓦進行修憲將總統選舉方式由人民直選改為國會選舉，並大幅削減總統權力，憲政體制遂由半總統制走向內閣制，這種現象極為罕見。吳玉山教授指出，這種現象唯有在修憲可由國會直接通過，而不須透過公民投票的修

㈠三條憲政變遷路徑的浮現

因此，在臺灣憲政體制變遷軌跡的圖像上，如圖 5–4 所示，第三次修憲將總統改為人民直選的決定，猶如在「行政是否向立法負責」這個柵欄的左邊又建構了一座「總統是否由人民直選」的高牆。將其比喻為高牆的原因，是為了表示此一界線一旦建立，就顯得異常堅固而難以逾越，這也是為何在圖 5–4 中將此一界線畫得更形粗黑的原因。透過這條「柵欄」與這座「高牆」的構築，至此三條憲政變遷的路徑已經浮現出來（參見圖 5–4）。

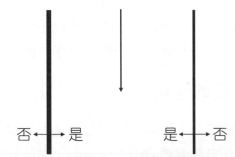

否←→是   是←→否

總統是否由人民直選   行政是否向立法負責

圖 5–4   第三次修憲對路徑「高牆」的構築

1.第一條路徑

在圖 5–5 中，柵欄左邊的空間，意味著行政向立法負責；高牆右邊的空間，意味著總統由人民直選，因此在這條柵欄與這座高牆之間，正是「行政向立法負責」且「總統由人民直選」的交疊地帶，也是 Duverger 所謂「半總統制」的地帶。

2.第二條路徑

在圖 5–5 中，柵欄右邊的空間，意味著行政不向立法負責；高牆右邊的空間，意味著總統由人民直選，因此在這條柵欄右邊的空間，同時也是「行政不須向立法負責」且「總統由人民直選」的交疊地帶，也是「總統制」的地帶。❷

憲程序下才有可能出現。若修憲須經公民投票通過，要將總統由人民直選改為非人民直選是幾乎不可能的事情。參見吳玉山 (2008: 11)；Wu (2008: 12)。

3. 第三條路徑

在圖 5–5 中，柵欄左邊的空間，意味著行政向立法負責；高牆左邊的空間，意味著總統非由人民直選，因此在這座高牆左邊的空間，同時也是「行政須向立法負責」且「總統不由人民直選」的交疊地帶，也是「內閣制」的地帶。

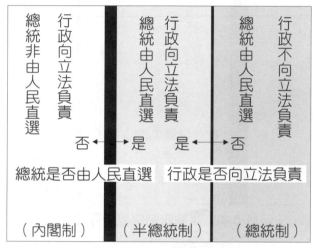

圖 5–5　半總統制路徑的浮現㈠

在第一條路徑中，如圖 5–6 所示，尚可分為左邊「分道」與右邊「分道」；右邊分道是「總統議會制」，左邊分道則是「總理總統制」。若以總統控制內閣的權力為指標，這四種憲政體制中該權力之大小排序應是總統制＞總統議會制＞總理總統制＞內閣制。理由如下：在總統制中，總統無疑地對內閣有完全的控制權，故其排序第一；在總統議會制中，由於內閣向總統負責，因此總統對於內閣亦有相當的控制權，但此一控制權不免會被內閣亦須同時

---

❷　特別的是，美國作為總統制的代表國家，總統選舉方式在全世界總統制國家中卻是個特例。不過，即使美國總統在制度上是由選舉人團選舉產生，美國公民仍有直接投票的選舉程序，故美國總統選舉儘管在形式上是間接選舉，但實質上仍具有直接選舉的精神。總之，無論總統制下的總統如何選舉產生，總統制下的總統必然擁有與國會有所區隔的民主正當性。總統制下的總統即使非由公民「直選」產生，至少也是經由「普選」程序產生。

對之負責的國會所牽制，故其排序第二；在總理總統制中，由於內閣僅對國會負責，總統要對內閣擁有控制權必須是在總統與國會多數同黨的時候才有可能，故其排序第三；而在內閣制中，虛位總統對於內閣並無控制權，故其排序最後。

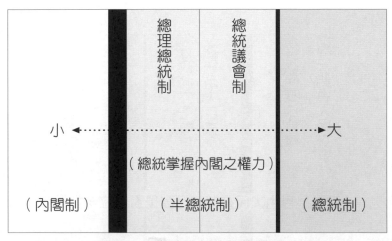

圖 5–6　半總統制路徑的浮現㈡

我們也可以說，如圖 5–6 所示半總統制此一路徑中，愈往左邊，總統控制內閣的權力愈小，若是更往左而甚至跨過了「總統是否民選」這座高牆，總統控制內閣的權力就小到如內閣制之下的總統；愈往右邊，總統控制內閣的權力愈大，若是更往右而跨過了「行政是否向立法負責」這條柵欄，總統控制內閣的權力就大到如總統制之下的總統。值得注意的是，圖 5–6 指出總統制的總統權力大於總統議會制的總統，乃是專就「總統控制內閣的權力」此一層面而言。事實上，總統議會制的總統除了此一層面的權力之外，尚可能有解散國會權、提交公民複決權等權力，故就「整體權力」而言，總統議會制的總統權力仍有可能大於總統制的總統。

㈡我國憲政體制位於半總統制路徑

綜觀我國第一次至第三次修憲，由於第一、二次修憲維持行政向立法負責的精神，而設立了如圖 5–4 中右側的柵欄；在第三次修憲又確定總統民選

而設立了左側的高牆。由於這兩個關鍵制度的框限，我國憲政體制的發展路徑至此已經浮現出來，即圖 5–5 或圖 5–6 中的中間路徑——半總統制。自此以後，我國憲政體制即在此一路徑的不同分道上迂迴前進。

　　值得注意的是，在第三次修憲將總統改為公民直選後，我國憲政體制雖然已大致符合 Duverger 所定義之半總統制的三項制度要件　（總統由人民普選、總統有相當權力、內閣對國會負責），不過若仔細檢視 Duverger 所提出的第三項要件——內閣對國會負責，主要是以「國會是否有倒閣權」作為內閣對國會負責的判斷標準。而我國在第三次修憲後，儘管持續維持行政院向立法院負責的精神，但立法院對行政院尚無提出不信任投票的權力，因此嚴格而言，我國第三次修憲後的憲政體制與「標準的」半總統制仍有一些落差。

　　因此，在我國憲政體制類型的認定上，許多論者認為在 1997 年第四次修憲賦予立法院倒閣權後，我國憲政體制才走向「半總統制」或「雙首長制」，例如劉義周 (1998: 154)、 葛永光 (2000: 13)、 蘇永欽 (2002: 422)、 Pei-shan Lee and Yun-han Chu (2003: 17–18)、黃昭元 (2004: 227–228) 等皆是如此認定。

　　總之，回顧國民黨所主導的這三次修憲，可以發現半總統制憲政體制發展路徑的形成，是在既有的制度制約下，國民黨在工具性邏輯與社會適當性邏輯這兩種邏輯交互作用下的結果。在理性考量的工具性邏輯下，國民黨在憲改模式方面會希望盡量縮小改革的幅度，採取最小修憲原則，以維持在過去威權統治下的既得利益，但是如此一來便必然受到《憲法》本文中修正內閣制的憲政體制所制約，而必須保留行政向立法負責的體制精神；在憲改內容方面，由於國民黨內主流派之主宰地位的確立，以及國民黨在民主轉型過程仍然在整個政黨體系中占有優勢地位，因此會強調總統的角色與權力以確保執政優勢。

　　於是我們會發現國民黨在利益考量下所主張的憲改模式與憲改內容，正好各自強調不同的制度精神：一方面國民黨所採取的憲改模式所導致的是行政向立法負責之精神的保留，強調的是國會的權力，另一方面在憲改內容上則是強調總統的權力。於是在這兩種相互矛盾的制度精神拉扯下，形成了既強調行政向立法負責，又強調總統角色的半總統制發展路徑。

國民黨所採取的憲改模式與憲改內容,除了基於理性考量的工具性邏輯,也同時是基於正當性考量的社會適當性邏輯。在憲改模式方面,由於國家「法統」的維繫是國民黨過去威權統治的正當性基礎,而在臺灣主體意識方興未艾的 1990 年代初期,中華民國「法統」的維繫仍然是國民黨爭取民間社會支持的重要憑藉,因此對「法統」有破壞之虞的制憲模式自然不是國民黨所可能採行的,行政向立法負責的制度精神也因此在修憲模式下得以留存下來;在憲改內容方面,由於過去長期威權時期的實際運作,以及臺灣主體意識的日益勃興,實權總統的角色符合一般民眾的期待,國民黨強調總統角色與權力的憲改方案儘管受到若干學者和政治菁英的批評,但對於一般民眾而言仍有相當程度的說服力和正當性。

就此看來,國民黨在正當性考量下所主張的憲改模式與憲改內容,也正好各自強調不同的制度精神:一方面在憲改模式上基於「法統」考量而採修憲模式,因而保留了行政向立法負責的內閣制精神;另一方面在憲改內容為了呼應長期以來以總統為政治中心的政治文化以及臺灣主體意識的勃興,而強化了總統的角色與權力。綜言之,當時國民黨不論是在利益考量或是在正當性考量之下所採的憲改模式與憲改內容,皆使我國憲政體制的變遷軌跡從一開始就被框限在既強調行政向立法負責精神,又強調總統角色的半總統制路徑中。

第三節　「總理總統制」的浮現與消逝──第四次修憲

我國憲政體制於 1994 年第三次修憲後,已經被框限在半總統制的路徑中發展,但究竟是屬於半總統制中的哪一種次類型,在當時修憲時並沒有清楚釐清。隨後大法官釋憲曾一度暗示我國憲政體制是屬於內閣僅對國會負責,不對總統負責的「總理總統制」。不過在 1997 年第四次修憲後,我國憲政體制看似更為貼近法國第五共和的半總統制,事實上其運作原則反而趨於模糊,從大法官所確立的「總理總統制」轉回內涵不明的半總統制,「總理總統制」在我國憲政體制變遷的過程中因此稍縱即逝。本節將說明我國「總理總統制」

從浮現到消逝的短暫過程。

一、「總理總統制」的短暫浮現

「半總統制」憲政運作爭議的癥結在於閣揆人選實質決定權歸屬的問題。相較而言，在總統制與內閣制這兩種憲政體制下，最高行政首長人事決定權的歸屬都不致出現爭執。在總統制之下，身為最高行政首長的總統由人民普選選出，不論總統是否掌握國會多數，行政權／組閣權都毫無疑義地歸於總統，總統任命的各部會首長（內閣）完全聽命於總統，對總統負責；而在內閣制之下，行政權源自立法權，掌握行政權的內閣之所以能夠持續存在，乃是基於國會的支持和信任，因此內閣的產生與去留乃是以國會的意見為依歸，亦即內閣對國會負責。

然而，關於「半總統制」這種混合內閣制與總統制的憲政體制，究竟應該依內閣制的基本原則來運作——由國會多數組閣，內閣對國會負責；還是依總統制的基本原則來運作——由總統依己意組閣，內閣對總統負責，便成為「半總統制」憲政運作上最根本的問題。

在第三次修憲之後，「半總統制」的憲政體制雖然已經成形，但《憲法》對於上述半總統制憲政運作的癥結點並沒有明確規範。換言之，在第三次修憲之後，雖然確定我國憲政體制是位於圖 5-6 的半總統制路徑，但一時之間仍無法確定是屬於這條路徑中的哪一個分道。當時總統與立法院多數皆屬國民黨，總統又身兼國民黨主席而以黨領政，因此半總統制中閣揆人選實質決定權歸屬的爭議，並沒有全然檯面化。

即便如此，在第三次修憲後仍然有若干實際憲政運作的爭議，是基於憲政體制中閣揆人選實質決定權歸屬不明的結構性問題而引發的，其中最受矚目者乃是閣揆辭職時機的問題，即閣揆究竟應隨立法院改選而辭職，還是隨總統改選而辭職。

假若我國憲政體制是屬於內閣僅對立法院負責而不對總統負責的「總理總統制」，此一決定權乃專屬於國會，則閣揆勢必僅須隨立法院改選而辭職，而不須隨總統改選而辭職；假若我國憲政體制是屬於內閣須同時對立法院與

總統負責的「總統議會制」，此一決定權同時屬於總統與國會，則可以想見閣揆除了須隨立法院改選而辭職，也勢必要隨總統改選而辭職。總之，閣揆究竟應在何時辭職，端視我國憲政體制是屬於「總理總統制」或「總統議會制」。

　　若觀察實際憲政運作，在 1992 年第二屆立委選出之前，由於立法院長期未全面改選，閣揆隨立法院改選而提出辭職的事例自然不可能存在。過去數十年來閣揆辭職的時機，除了極少數因特殊因素（如遭監察院彈劾、健康因素等）請辭者外，其餘皆是因為總統更迭而提出辭職。❸ 然而，在立法院於 1992 年全面改選，且歷經三次修憲後，過去動員戡亂時期強人政治下閣揆隨總統更迭而辭職的經驗，能否視為「憲政慣例」？又是否符合我國修憲後的憲政體制精神？實不無疑問。

　　大法官釋字第 387 號與第 419 號解釋為上述爭議提供了解答。針對立法院改選後閣揆是否應率閣員提出總辭的爭議，1995 年 10 月公布的釋字第 387 號解釋明言：「行政院院長既須經立法院同意而任命之，且對立法院負政治責任，基於民意政治與責任政治之原理，立法委員任期屆滿後第一次集會前，行政院院長自應向總統提出辭職。」❹ 至於閣揆是否應隨總統改選而辭職，

---

❸　從國民政府遷臺到 1992 年立法院全面改選共四十多年的時間，只有三次閣揆的更替不是發生在總統改選之後：第一次是 1958 年，俞鴻鈞於行政院院長任內遭監察院彈劾，經公懲會申誡處分後向蔣中正總統辭職，總統隨後提名陳誠為行政院院長，經立法院同意任命。第二次是 1963 年，陳誠因健康原因向蔣中正總統辭職，蔣總統隨後提名嚴家淦為行政院院長，經立法院同意任命。第三次是 1989 年，俞國華以「促進黨內團結」為由向李登輝總統請辭，李總統隨後提名李煥為行政院院長，經立法院同意任命。

❹　釋字第 387 號的聲請事由乃是發生在 1992 年與 1993 年之交，當時立法院首次全面改選，始引發閣揆是否須隨立法委員改選辭職的爭議。回顧當時，閣揆郝柏村與總統李登輝之間的關係已經嚴重不睦，李總統希望藉此一時機借力使力迫使郝柏村辭職，然而郝柏村一開始並無辭意，於是國民黨主流派與非主流派針對閣揆辭職與否展開了激烈的攻防。後來郝柏村是在國民黨主流派與民進黨分進合擊，分別在立法院與國民大會發動倒郝攻勢的情況下，才於 1993 年 1 月底被迫辭職，而大法官則到 1995 年 10 月才對將近三年前的爭議作出釋字第 387 號解釋。

1996 年 12 月公布的釋字第 419 號解釋則指出：「行政院院長於新任總統就職時提出總辭，係基於尊重國家元首所為之禮貌性辭職，並非其《憲法》上之義務。」❶❺

　　將此兩號解釋合在一起觀察，可知閣揆在立法院改選和總統改選後所提出的辭職性質不同。隨立法院改選而辭職屬「義務性辭職」，隨總統改選而辭職則屬「禮貌性辭職」，很清楚地彰顯閣揆並非總統的屬官，其民意基礎與權力來源是來自立法院，而非總統（李建良，1998: 191）。

　　在當時行政院院長仍是由總統提名、立法院同意任命的情況下，大法官這兩號解釋清楚地確立了我國憲政體制中，行政人事與立法人事同進退的原則，也清楚地表明閣揆的負責對象不因第三次修憲將總統選舉方式改為公民直選而有所變動，閣揆仍是對立法院負責，而非對總統負責（周育仁，1999: 23）。就此看來，大法官的解釋結果對於我國憲政體制的定位，與半總統制中的「總理總統制」精神相符（黃德福、蘇子喬，2007: 17）。❶❻

---

❶❺　釋字第 419 號的聲請事由乃是發生在 1996 年初，當時閣揆連戰於 1996 年 1 月，配合大法官釋字第 387 號解釋所確立的意旨──「閣揆應隨立法院改選而提出總辭」，在第三屆立委 2 月上任前，向李總統提出總辭。李總統一方面准予辭職，另一方面仍決定提名連戰為閣揆，送交第三屆立法院行使同意權。由於當時時間離 3 月總統大選已近，而連戰正是與李總統搭檔競選的副總統候選人，若第三屆立法院同意連戰續任閣揆，李連兩人隨後又順利當選正副總統，將可能出現副總統兼任閣揆的情形。面對外界的疑慮，李總統在當時曾公開表示，若其當選總統，連戰當選副總統，連戰將不會再擔任閣揆。連戰於是在立法院這樣的認知下，在 2 月下旬驚險通過立法院的同意而獲任命。隨後李登輝、連戰如一般預料當選正副總統，而連戰也在就任副總統前向總統提出內閣總辭，然而李總統懍於連戰先前差一點無法通過立法院同意的經驗，復加上國民黨內部中生代卡位的權力接班與繼承問題一時之間仍無法解決，因此沒有把握一旦提出新的閣揆人選，能夠獲得立法院的同意。於是李總統違反之前的承諾，在連戰所提的閣揆辭呈上批示「著毋庸議」，以慰留方式使連戰副總統兼任閣揆，藉此規避立法院對閣揆的同意權。此舉引發立法院朝野立委的反彈，遂聲請大法官釋憲，主要爭論的焦點有二，一是副總統得否兼任閣揆，二是閣揆是否應隨總統改選而辭職。大法官則於 1996 年 12 月對上述爭議作出釋字第 419 號解釋。

　　因此，在臺灣憲政體制變遷軌跡的圖像上，如圖 5–7 所示，大法官釋字第 387 號與第 419 號解釋將我國第三次修憲後的憲政體制，從原本分道不明確的半總統制拉到有明確分道的「總理總統制」。

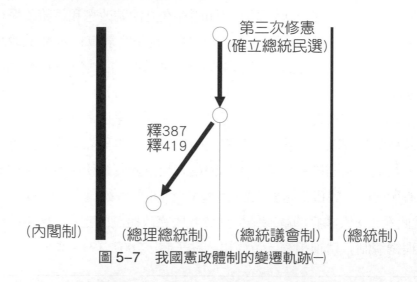

圖 5–7　我國憲政體制的變遷軌跡㈠

二、第四次修憲導致「總理總統制」模糊化

　　然而，我國憲政體制隨後並沒有持續地在「總理總統制」的分道上行進。1995 年底的第三屆立法委員選舉，以及 1996 年的總統大選與第三屆國大選舉，造成各政黨勢力出現明顯消長。在國民黨與民進黨各自的利益算計下，又觸動了歷年來修憲幅度最大的第四次修憲。關於 1997 年第四次修憲的背景，必須先從當時國內政治生態的重大轉變談起。

---

⑯　總理總統制與總統議會制是政治學界對於「半總統制」之次類型的劃分方式，儘管這種劃分方式在政治學界引用甚廣，但在法學界並不常見，大法官並不見得熟知此一區分方式。筆者必須澄清的是，大法官在做出此兩號解釋時，應無「我國憲政體制乃是總理總統制」的明白意識，而是要強調我國憲政體制具有濃厚的內閣制精神。不過，在政治學對於憲政體制的定義中，由於「總理總統制＝實權民選總統＋內閣對國會負責而不對總統負責」，因此本文乃將當時我國的憲政體制定位為「總理總統制」。亦即，本文根據大法官解釋而對我國憲政體制類型的歸類，其實是本文的詮釋，而非大法官的明白見解。

㈠起因：政治生態的轉變

自 1986 年民進黨成立，正式以民進黨的名稱參與立委選舉以來，民進黨在歷次立委選舉中的得票率便不斷微幅攀升，席次率更是由立法院全面改選前的一成以下，急劇擴張到三成左右。相對地，國民黨一方面面臨民進黨的挑戰，另一方面又面臨新黨的出走，導致立委選舉的得票率與席次率都不斷下降。至 1995 年第三屆立委選舉，國民黨的得票率首次降至五成以下，僅有 46.06%；席次率則勉強超過半數 (51.83%)。由於國民黨政黨凝聚力不足、黨紀不佳，在第三屆立法院勉強過半的席次率，實已面臨「形式過半，實質未必過半」的窘境。

在過去威權時期，立法院常被比喻為「行政院的立法局」，行政院所提的大部分法案都能在變動極小的情況下迅速地通過，立法院扮演的是民主象徵和政策背書的角色，而沒有實質監督和自主立法的功能，猶如執政當局的「橡皮圖章」。然而自 1980 年代中末期民主化啟動以來，立法院全面改選導致立法院政治生態遽然改變，立法院的自主性與權力意識隨之逐漸提升。此一趨勢，不論是從立委提案數目大增、口頭質詢次數劇增、預算刪減幅度增加、閣揆同意權的同意率下降等各項指標都可以看得出來。

立法院自主性的增強是從 1980 年代中期以來所呈現的趨勢，但在 1995 年底第三屆立委選出之前，由於國民黨仍然穩固控制立法院多數，尚且能夠以穩定過半席次完全主導國家政策與政府人事；然而，當第三屆立法院首次出現三黨實質不過半的政治結構時，國民黨長期以來對於政策與人事的主導權，隨即遭受強烈的挑戰與衝擊。

國民黨在人事、政策主導權逐漸式微的同時，立法院中關鍵少數的政治勒索能力也因此大增。在國民黨喪失在立法院的穩固多數地位後，少數立委杯葛就能影響執政當局的重大人事案（如立法院院長選舉、對總統提名之行政院院長的同意權行使）與政策（如核四案）。而且，在三黨實質皆不過半的結構下，不論是國民黨或國民黨之外的在野黨，為了獲取立法院多數，都勢必要尋求關鍵少數的支持，使得關鍵少數可以遊走於朝野兩大勢力之間，並

且更有籌碼提出自己的要求，許多法案猶如被少數綁架。

　　然而，與上述情勢形成明顯對比的是，1996 年 3 月首度舉行總統直選，國民黨主席李登輝以 54% 的得票率大獲全勝，使得原本黨權就已穩固的李登輝，透過總統大選又獲得過半之直接民主正當性的加持，自然以擺脫立法部門對行政部門的干預、維持行政權的優越地位，作為下一階段修憲的主軸，其中最迫切的議題無非是取消立法院的閣揆同意權，以便使總統能擺脫立法院的牽制，可以直接任命閣揆。至於其他中央政府體制部分的變動，則幾乎可說是環繞此一核心議題所作的延伸調整。

　　不同於前三次修憲的是，此時國民黨已經不再擁有一黨修憲的實力。這是因為在 1996 年 3 月與總統大選同時舉行的第三屆國大選舉中，國民黨只獲得 49.68% 的選票，席次率則為 54.79%，喪失了原本在第二屆國大中所擁有超過四分之三席次的一黨修憲優勢。相對地，民進黨雖然在總統大選中以 21.13% 的得票率慘敗，但是在國大選舉中獲得近三成 (29.85%) 的得票率，占有 29.64% 的席次。至於新黨則在國大選舉中獲得 13.7% 的得票率，占有 13.77% 的席次。從第三屆國大的政黨勢力分布看來，國民黨唯有尋求民進黨的合作，才有可能超過四分之三的修憲門檻而正式修憲，而民進黨只要抵制修憲，修憲便無法成功。

㈡進程：國、民兩黨合作修憲

　　在此情況下，民進黨的立場與態度變得非常重要。巧合的是，當時甫接任民進黨主席的許信良，正擬帶領民進黨轉型而準備展開一種民進黨前所未有的政黨合作路線，因此在基本態度上願意與國民黨合作修憲。許信良的想法是，民進黨不應停留在異議者的角色，而應該尋求與國民黨合組執政聯盟。許信良的立論基礎是所謂的「危機社會」觀點。他認為臺灣是一個危機社會，在內有族群分歧；在外有海峽對岸威脅的內憂外患局勢下，人民念茲在茲的乃是國家安全，基於國家安全的理由，大多數人民寧願選擇長期執政且以安定為訴求的國民黨，未曾有過執政經驗的反對黨則不容易贏得人民的信賴，民進黨在此種危機社會中，難以取代國民黨而單獨執政。

民進黨與國民黨若能組成聯合政府形成穩定多數，除了在國政上利於化解內外危機，就民進黨本身而言，聯合執政將有利於彰顯民進黨的施政理念，有助於取得人民對民進黨執政能力的信賴，也有助於化解人民對民進黨臺獨訴求的疑慮（曾建元，1998: 174–175）。綜言之，許信良之政黨合作路線的思考主軸是如何讓民進黨早日執政。

基於這種政黨合作路線的思維，以許信良為首的民進黨在憲改議題上，遂與李登輝為首的國民黨有了重要的交集。前已論及，李登輝念茲在茲的是取消立法院的閣揆同意權，以擺脫立法部門對行政權的羈絆；許信良也認為，民進黨與國民黨合組執政聯盟的主要障礙正是立法院的掣肘，若總統可直接任命閣揆，不受立法院牽制，民進黨才有機會擺脫立委的雜音而與國民黨聯合執政。此一交集於是成了國、民兩黨接下來合作修憲的基礎。

國民黨與民進黨在兩黨合作修憲的過程中，雖然對於取消立法院的閣揆同意權、讓憲政體制更近於法國第五共和的雙首長制（半總統制）具有共識，但兩黨基於自身利益的考量，對於雙首長制制度細節的主張仍頗有差異。至於兩黨在考量何種制度內容對本身較有利時，則顯然是以過去的選舉結果作為評估自身實力與利益的依據。

就國民黨而言，基於過去歷次立委選舉中得票率與席次率逐漸下滑（至1995 年第三屆立委選舉後幾乎失去立法院多數），以及 1996 年總統選舉仍然大勝的經驗，預期未來的總統選舉仍可望由國民黨籍的候選人當選，而在立法院的席次優勢則將逐漸喪失。

為了確保國民黨籍總統對於行政部門的掌控，因此國民黨在第四次修憲的黨版提案中，是以擴張行政權、弱化立法權作為制度設計的主軸；相反地，民進黨基於過去歷次立委選舉中得票率與席次率逐漸增加，以及 1996 年總統選舉慘敗的經驗，民進黨認為立法院將是未來自己最主要的根據地，因此在第四次修憲的雙首長制黨版提案中，儘管同意適度擴張總統權力，但仍強調同時強化立法院的權力與功能。

在當時國民黨版修憲提案的各項制度設計中，強化總統權力、確保行政權穩定、擺脫立法部門對行政部門的干預等思維是非常一貫的；而民進黨版

修憲案則仍然強調立法部門對行政部門的控制。因此，最後正式通過的第四次修憲條文，乃是國民黨版與民進黨版修憲案的折衷產物，也是「擴充行政權」與「強化立法權」這兩種不同思維相互鋸折衝而來的產物。

　　在兩黨折衝下，第四次修憲的主要內容包括：一、取消立法院之閣揆同意權，總統得直接任命行政院院長；二、賦予立法院倒閣權，而總統於立法院倒閣後，得宣告解散立法院；三、當行政院對立法院通過的法案要求覆議時，立法院維持原法案的門檻由出席三分之二改為全體二分之一；四、彈劾總統的提案權由監察院改為立法院行使；五、省虛級化，精簡省級政府組織。從正式修憲條文觀察，可發現有些制度設計採取國民黨的立場，有些採取民進黨的立場，有些則是兩黨立場的混合版本。第四次修憲所確立的憲政體制，也因此留下許多模糊地帶，造成後來憲政運作的許多爭議。

㈢結果：轉回內涵不明確的「半總統制」

　　第四次修憲取消了立法院的閣揆同意權，改由總統直接任命閣揆，而為了安撫立法院因為閣揆同意權遭到削減所引來的不滿與反彈，則又賦予立法院倒閣權（不信任投票）作為補償，並且賦予總統於立法院倒閣後解散立法院的權力。第四次修憲對於我國憲政體制作了如此重大的變動，我國憲政體制是否仍是由大法官釋字第 387 號與第 419 號所確立的「總理總統制」？此問題的癥結仍在於：在修憲後的憲政體制中，內閣除了對國會負責外，是否亦須對總統負責。

　　若要推敲「內閣是否亦須對總統負責」此一較抽象的原則性問題，則可從兩個較具體的制度性問題切入加以探討：一是《憲法》是否規定總統對閣揆擁有主動免職權？二是閣揆是否有憲法義務隨總統改選而辭職？

　　就第一個問題而言，修憲後《憲法增修條文》第 3 條第 1 項規定：「行政院院長由總統任命之。」此條文已經明文規定總統有權單獨任命閣揆，但是總統是否也有權隨時、主動免去行政院院長之職，卻沒有明確規範。「總統對閣揆是否有免職權」看似憲政體制上的細節性問題，但事實上此一問題卻是決定憲政體制類型的關鍵所在。

　　若總統對閣揆有任意免職的憲法權力，內閣施政必然須體察總統意志，勢必使內閣除了對國會負責之外，尚須對總統負責；假若總統對閣揆沒有任意免職的憲法權力，內閣施政不須仰總統之鼻息，則內閣便不對總統負責，而僅對國會負責。換言之，「總統對內閣是否有免職權」決定了一個半總統制國家是屬於內閣單向負責的「總理總統制」，或內閣雙向負責的「總統議會制」。

　　由於第四次修憲對於上述問題並沒有明確規範，導致不同論者對此問題有迥然不同的看法，一時之間竟成了當時學界與政壇爭論不休的議題，從肯定說與否定說兩方論者皆為數眾多的情形看來，此一關鍵性問題在學界與政壇尚未形成多數說或通說。不過，在實際憲政運作上，由於第四次修憲後總統與閣揆仍皆屬國民黨，總統又身兼國民黨主席，總統以政黨領袖的權力便可迫使閣揆辭職，而無關乎《憲法》中是否賦予總統此一權力。因此，此一攸關憲政體制類型的關鍵性問題在當時始終是學理上的爭議，並未正式凸顯為實際發生的憲政爭議。

　　但是前述第二個問題卻已經具體呈現為現實運作上的爭議，那就是在第四次修憲後，閣揆是否應隨立法院改選辭職？還是隨總統改選辭職？雖然在第四次修憲前，透過大法官釋憲已經確認閣揆應隨立法院改選而辭職，但不須隨總統改選而辭職。然而第四次修憲後《憲法》規定已有調整，而大法官解釋的看法既是基於舊有的憲法規範所作成，其原本解釋文的看法於修憲後是否仍然完全適用，便有值得商榷之處。

　　1998 年底立委改選是第四次修憲後首次立委選舉，在立委選舉後，閣揆是否應隨立委改選而辭職的爭議便正式浮上檯面。當時正反兩說的論者各有立場，其莫衷一是的程度，從兩派論點在當時報端此起彼落相互辯論的現象，可見一斑。最後是由閣揆蕭萬長在 1999 年 1 月下旬率內閣向李登輝總統提出總辭，而李總統准辭後隨即再次任命蕭揆的方式而暫時塵埃落定。

　　然而，當時蕭揆提出總辭時並未清楚說明內閣總辭的憲政理由。而且與過去不同的是，在 1992 年立法院全面改選，以及 1996 年總統大選後，當閣揆是否應提出總辭出現爭議時，皆因為有相關當事者聲請大法官釋憲，而使當時的爭議可以透過違憲審查的機制解決，也連帶地確立我國當時憲政體制

的基本原則（內閣對國會負責而不對總統負責）。然而，1998 年底立委選舉後，究竟閣揆是否仍應遵從第四次修憲前的大法官解釋（釋字第 387 號）而提出總辭，儘管當時爭論不休，卻沒有任何相關當事者聲請釋憲，在當時也無從確認在 2000 年總統大選後，閣揆是否也須提出總辭。

　　綜言之，從「總統之閣揆免職權」與「閣揆辭職時機」這兩個關鍵議題皆未能清楚釐清的情況看來，第四次修憲對我國憲政體制不僅未發揮釐清之效，反而將大法官過去所確立的憲政原則徹底模糊化，使我國憲政體制轉為內涵未明的「半總統制」（黃德福、蘇子喬，2007: 31）。因此，在臺灣憲政體制變遷軌跡的圖像上，如圖 5–8 所示，第四次修憲乃是將我國憲政體制由大法官確立的「總理總統制」分道，再度拉回分道未明的半總統制。一直到 2000 年第一次政黨輪替後，我國憲政體制的類型定位才又有新的轉折。

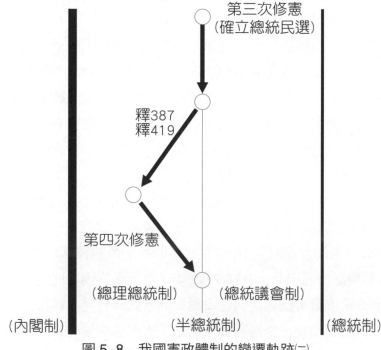

圖 5–8　我國憲政體制的變遷軌跡㈡

第四節　「總統議會制」的浮現與鞏固——2000 年之後的憲政運作與大法官釋憲

2000 年 3 月，民進黨籍的陳水扁當選總統，但當時民進黨在立法院只擁有三成左右的席次，國民黨則占有立法院過半席次，我國首次出現了總統與立法院多數分由不同政黨掌控的局面。這個局面使得我國從 1997 年第四次修憲以來內涵未明的「半總統制」憲政體制，已不可能繼續維持其曖昧性，而逐漸浮現出「總統議會制」的面貌。本節將敘述我國 2000 年第一次政黨輪替後，「總統議會制」由浮現到鞏固的過程。特別的是，此次憲政體制發生轉折的動力並非來自修憲，而是來自實際的憲政運作。

一、「總統議會制」的浮現——2000 年之後的憲政運作

2000 年政黨輪替後，我國「半總統制」過去隱而未發的最主要結構性爭議於此時終於引爆，此爭議即是：在憲政體制上，閣揆人選的實質決定權究竟是屬於總統還是立法院多數？對於此問題，取得總統職位的民進黨（或後來形成的泛綠陣營）主張總統擁有完整的閣揆任命權，而當時掌握立法院多數的國民黨（或後來形成的泛藍陣營）則主張總統雖然在形式上有閣揆的任命權，但仍應任命立法院多數所支持的人選。這個問題可以說是陳總統 2000 年上任之初最重大的憲政爭議。

於是至 2000 年為止，判斷我國憲政體制究竟是「總理總統制」還是「總統議會制」的三個關鍵議題已經全部浮現。這三個關鍵議題分別是：「總統任命閣揆是獨立任命還是須以立法院多數意見為依歸？」（即閣揆人選實質決定權歸屬的爭議）、「總統對閣揆是否有主動免職權？」（即總統有無閣揆免職權的爭議）、「閣揆須在立法院改選後還是總統改選後提出總辭？」（即閣揆辭職時機的爭議）。從這三個關鍵議題，可以據此判斷我國憲政體制是內閣僅對立法院負責的「總理總統制」，還是內閣須同時對立法院與總統負責的「總統議會制」。

在 2000 年之前，由於總統、內閣與立法院多數皆屬國民黨，而總統又身兼國民黨主席，在黨政運作可能掩蓋憲政體制本身運作規範的情況下，有關上述三項議題的具體實踐實況，究竟是憲政體制抑或是黨政運作造成的結果，並無法有效釐清。2000 年首度出現總統與立法院多數不一致的情形，此時始有機會看到我國憲政體制本身的具體內涵。

回顧當時，民進黨籍的陳水扁於 2000 年 3 月當選總統後，當時國民黨籍的閣揆蕭萬長即在陳總統上任前提出總辭，以便讓陳總統任命新閣揆。儘管有學者基於我國憲政體制的精神，以及釋字第 419 號所提及的「行政院院長無憲法義務隨總統改選而總辭」等解釋意旨，認為原來在任的閣揆即使不隨總統改選而辭職，在法理上亦站得住腳（周育仁，2001: 163–165）。然而在當時的政治氣氛下，幾乎沒有人認為當時的閣揆蕭萬長在陳水扁總統上任後，還能透過拒不辭職的方式繼續擔任閣揆。此社會各界幾無異見而認為理所當然的憲政運作經驗，顯示在政治人物的認知中，閣揆除了對立法院負責之外，亦須對總統負責。

以下，本章將進一步檢視當時的實際憲政運作是如何回應前述的三個關鍵議題。首先，就閣揆人選實質決定權的爭議而言，在陳水扁總統的兩任八年任期中，其間歷經兩次立法委員選舉，總統與立法院多數未曾一致過。如表 5–1 所示，面對泛藍陣營占有多數的立法院，不論是「新總統 vs. 舊國會」且兩者不一致，或是「新國會 vs. 舊總統」且兩者不一致，陳總統始終是依己意任命閣揆。陳總統先後任命的唐飛、張俊雄、游錫堃、謝長廷、蘇貞昌、張俊雄等六任閣揆，都不是基於立法院的多數意見所產生的人選，所組成的內閣也因此皆是少數政府。就此看來，在實際憲政運作上，總統任命閣揆有任意裁量權，亦即閣揆人選的決定權實質上歸屬於總統，而非立法院。

其次，就總統有無閣揆免職權的爭議而言，很明顯地，當時陳總統在任期間的六任閣揆之所以能夠在任，並不是來自立法院的支持，而是來自總統的支持和信任。在此情形下，行政院院長自然會認為自己應聽命於總統，自居為「總統的幕僚長」，從而認為總統對自己有免職權。總統在歷年實際憲政運作上是有能力自行決定閣揆去留的，社會各界幾乎已經形成總統有權任意

表 5-1 我國近年來的憲政運作

總　統	立法院	行政院長	憲政運作情況
李登輝（國民黨） (1988.01-2000.05)	第四屆 (1999.02-2002.01) 國民黨一黨過半	蕭萬長（國民黨） (1997.09-2000.05)	1997年9月閣揆連戰辭職，李總統任命蕭萬長為閣揆
陳水扁（民進黨） (2000.05-2004.05)		唐飛（國民黨） (2000.05-2000.10)	2000年5月陳總統上任，任命唐飛為閣揆
		張俊雄（民進黨） (2000.10-2002.02)	2000年10月唐飛辭職，陳總統任命張俊雄為閣揆
	第五屆 (2002.02-2005.01) 各黨不過半/泛藍陣營(國民黨與親民黨)過半	游錫堃（民進黨） (2002.02-2005.02)	張俊雄於第五屆立法院就職前提出內閣總辭，陳總統任命游錫堃為閣揆
陳水扁（民進黨） (2004.05-2008.05)			游錫堃於陳總統第一任任期屆滿前提出內閣總辭，陳總統連任就職後續任游錫堃為閣揆
	第六屆 (2005.02-2008.01) 各黨不過半/泛藍陣營(國民黨與親民黨)過半	謝長廷（民進黨） (2005.02-2006.01)	游錫堃於第六屆立法院就職前提出內閣總辭，陳總統任命謝長廷為閣揆
		蘇貞昌（民進黨） (2006.01-2007.05)	2006年1月謝長廷辭職，陳總統任命蘇貞昌為閣揆
		張俊雄（民進黨） (2007.05-2008.05)	2007年5月蘇貞昌辭職，陳總統任命張俊雄為閣揆
馬英九（國民黨） (2008.05-2012.05)	第七屆 (2008.02-2012.01) 國民黨一黨過半	劉兆玄（國民黨） (2008.05-2009.09)	2008年5月馬總統上任，任命劉兆玄為閣揆
		吳敦義（國民黨） (2009.09-2012.02)	2009年9月劉兆玄辭職，馬總統任命吳敦義為閣揆

總　統	立法院	行政院長	憲政運作情況
馬英九（國民黨） (2012.05-2016.05)	第八屆 (2012.02-2016.01) 國民黨一黨過半	陳冲（國民黨） (2012.02-2013.02)	吳敦義於第八屆立法院就職前提出內閣總辭，馬總統任命陳冲為閣揆 陳冲於馬總統第一任任期屆滿前提出內閣總辭，馬總統連任就職後續任陳冲為閣揆
		江宜樺（國民黨） (2013.02-2014.11)	2013年2月陳冲辭職，馬總統任命江宜樺為閣揆
		毛治國（國民黨） (20104.11-2016.01)	2014年11月江宜樺辭職，馬總統任命毛治國為閣揆
		張善政（偏國民黨） (2016.01-2016.05)	毛治國於第九屆立法院就任前提出內閣總辭，馬總統任命張善政為閣揆
蔡英文（民進黨） (2016.05-2020.05)	第九屆 (2016.02-2020.01) 民進黨一黨過半	林全（偏民進黨） (2016.05-2017.09)	2016年5月蔡總統上任，任命林全為閣揆
		賴清德（民進黨） (2017.09-2019.01)	2017年9月林全辭職，蔡總統任命賴清德為閣揆
		蘇貞昌（民進黨） (2019.01至今)	2019年1月賴清德辭職，蔡總統任命蘇貞昌為閣揆 蘇貞昌於第十屆立法院就職前提出內閣總辭，蔡總統續任蘇貞昌為閣揆
蔡英文（民進黨） (2020.05至今)	第十屆 (2020.01至今) 民進黨一黨過半		蘇貞昌於蔡總統第一任任期屆滿前提出內閣總辭，蔡總統連任就職後續任蘇貞昌為閣揆

撤換閣揆的一般認知。從許多政治人物的發言與大眾輿論的看法，亦可察知目前一般人都認為總統對於行政院院長有任免全權。

　　第三，就閣揆辭職時機的爭議而言，前已論及，2000 年 3 月陳水扁當選總統後，閣揆蕭萬長即在陳總統上任前提出總辭。至此之後，到 2008 年為止，閣揆不論是在總統改選後，或是在立法院改選後，皆會提出辭職。例如在 2004 年與 2008 年總統大選後，時任閣揆的游錫堃與張俊雄皆提出辭職；而在 2001 年、2004 年以及 2008 年立委選舉後，時任閣揆的張俊雄、游錫堃

以及張俊雄（再任）也都提出辭職。

　　整體看起來，從 1992 年立法院全面改選以來，似乎已形成了不論總統或立法院改選，閣揆皆須提出總辭的憲政慣例。但須注意的是，由於陳總統於立法院改選後任命的閣揆並不是立法院多數支持的人士，因此閣揆隨立法院改選辭職的憲政慣例，至此已不再具有彰顯行政院對立法院負責的意涵，反而是變相地賦予總統一個更換閣揆的正式時機。甚至在總統改選與立法院改選的時機之外，陳總統也曾經撤換閣揆，例如蘇貞昌於 2006 年 1 月接替謝長廷擔任閣揆的情形即是。

　　值得一提的是，2008 年 1 月底，閣揆張俊雄在第七屆立委選出之後，依循過去慣例向總統提出總辭，陳總統卻史無前例地批示退回總辭案。陳總統在批文中所持的理由是，1997 年修憲明定行政院院長由總統任命，毋須經立法院同意，行政院院長任期與立法委員之選舉無關。行政院院長於立法委員改選後，第一次集會前提出總辭，已非憲法上之義務，大法官釋字第 387 號與第 419 號解釋意旨應不再適用。

　　此外，陳總統在批文中又指出，2005 年修憲延長立法委員任期，與總統同為一任四年，就職之日只差三個月又十九天，其間如行政院院長必須總辭兩次，勢必影響政務推動及政局安定，因此行政院院長於立法院改選後，第一次集會前總辭之往例，固值肯定，但依循最新《憲法》規定，有必要重建憲政慣例。當時陳總統退回內閣總辭案的舉措，立法院泛藍陣營與若干學界人士雖有批評，但在當時眾人皆將焦點放在隨後即將舉行之總統大選的情況下，抨擊之聲隨後也就不了了之。

　　綜言之，判斷我國憲政體制中閣揆是否對總統負責的三個關鍵議題，在 2000 年透過實際憲政運作給予的答案分別是：「總統任命閣揆有任意裁量權」、「總統對閣揆有免職權」、「閣揆於立法院與總統改選後皆會總辭，且根據最近一次經驗，甚至有轉變為僅需於總統改選後總辭的趨勢」。以上三個關鍵問題的答案，都顯現內閣除了依《憲法》規定對立法院負責外，在實際運作上亦對總統負責。就此看來，我國憲政體制在 2000 年第一次政黨輪替後逐漸定型為「總統議會制」。

二、「總統議會制」的鞏固──大法官相關解釋與 2008 年後的憲政運作

我國憲政體制自 2000 年以後轉向「總統議會制」，在憲政法理上引發不少爭議。在政黨輪替之初，亦有論者認為陳總統任命民進黨人士組閣形成少數政府的作為有違憲之虞。但是，2000 年以來與憲政體制有關的大法官解釋，卻持續不斷地肯認這樣的憲政運作，相當程度地承認了「總統議會制」中少數政府存在的合憲性，對我國「總統議會制」的憲政運作給予法理上的「加持」。而 2008 年馬總統上任後至今的憲政運作，亦持續呈現「總統議會制」的樣貌。以下將分別從大法官相關解釋與 2008 年後的憲政運作兩方面加以說明。

㈠大法官相關解釋[17]

1.釋字第 520 號解釋

2001 年 1 月大法官作出釋字第 520 號解釋，儘管此解釋主要是針對行政院逕行宣布核四停建的合憲性而發，但從此號解釋的論理脈絡來觀察，仍可看出大法官對我國憲政體制定位的預存見解。大法官在釋字第 520 號解釋理由書中指出：「民主政治為民意政治，總統或立法委員任期屆滿即應改選，乃實現民意政治之途徑。總統候選人於競選時提出政見，獲選民支持而當選，自得推行其競選時之承諾，從而總統經由其任命之行政院院長，變更先前存在，與其政見未洽之施政方針或政策，毋逾政黨政治之常態。」這段文字顯見大法官認為行政院院長推動總統的政見乃當然之理，總統可透過行政院院長指揮行政，而行政院院長是需要對總統負責的。

而且，大法官對總統任命與立法院多數不一致的行政院院長並未加以責難，對於少數政府的正當性也未加以質疑，反而認為行政院院長遵循總統的政策為「政黨政治的常態」，間接肯定了總統並無任命國會多數黨人士為行政

---

[17] 關於本章對於大法官釋憲的探討，細節可參見黃德福、蘇子喬 (2007)。該文對於此一議題有更為細緻的討論。

院院長的義務，而有任命行政院院長的裁量權（陳英鈐，2004: 262）。

　　不過，值得注意的是，儘管大法官在此號解釋文中，有如上文這段表達了總統與閣揆之密切關係，並且暗示閣揆須對總統負責的文字表述，解釋文中仍然提到：「行政院院長以重要政策或施政方針未獲立法院支持，其施政欠缺民主正當性又無從實現總統之付託，自行辭職以示負責；……」此段文字似又認為立法院的支持是閣揆施政之民主正當性的基礎，顯示釋字第 520 號解釋在肯認閣揆與總統之密切關聯的同時，並無意完全切斷內閣對立法院原本就有的負責關係。因此整體而言，大法官在釋字第 520 號解釋對我國憲政體制的定位，與內閣既向總統負責，亦向立法院負責的「總統議會制」精神相符。

2. 釋字第 585 號解釋

　　2004 年 12 月，大法官則針對《三一九槍擊事件真相調查特別委員會條例》（以下簡稱《真調會條例》）違憲爭議，作出釋字第 585 號解釋。在本號解釋中，大法官以立法院擁有調查權為前提，而將依《真調會條例》成立的真調會，定位為隸屬立法院下行使立法院調查權的特別委員會，並以立法院調查權的權限範圍為依據，判斷《真調會條例》相關條文的合憲性，因此有不少條文被宣告無效。釋字第 585 號形同推翻過去釋字第 325 號認為「立法院只有文件調閱權，沒有完整的調查權；完整的調查權屬於監察院」的見解，首度宣示立法院本於職權擁有充分完整的國會調查權。

　　大法官之所以會變更過去 1994 年所作出釋字第 325 號解釋的見解，認為立法院擁有調查權，主要是因為在 1997 年第四次修憲將總統的彈劾提案權由監察院移到立法院，而調查權在本質上乃是當然附隨於彈劾權的工具性權力，因此才會在本號解釋中承認立法院有調查權。

　　但值得注意的是，釋字第 585 號解釋並不只是承認立法院對總統擁有調查權，而是承認立法院調查權的行使對象可以包括所有的行政部門，包括行政院在內，顯然大法官是將內閣與總統視為一體，將內閣視為必然聽命於總統、對總統負責的行政機關。就此看來，大法官在本解釋中對於我國憲政體制的定位，與內閣亦須對總統負責的「總統議會制」若合符節。

3.釋字第 613 號解釋與第 645 號解釋

2006 年 7 月，大法官針對國家通訊傳播委員會（以下簡稱 NCC）的組織定位，與委員產生方式的合憲性所作出釋字第 613 號解釋。大法官指出，行政院為國家最高行政機關，基於行政一體原則，由行政體制獨立出來的機關，仍應保留閣揆對其重要人事的決定權，才能使行政院就包含獨立機關在內之所有行政院所屬機關的整體施政表現，對立法院負責。

在我國五權分立的憲政體制中，各權力皆有其核心領域，具體人事決定權則屬「行政權的核心領域」，立法院對於行政院的人事決定權儘管可加以制衡限制，但不能將人事決定權予以實質剝奪或逕行取而代之。而《NCC 組織法》中關於 NCC 委員產生方式的規定，實質上幾近完全剝奪行政院的人事決定權，逾越立法機關對行政院人事決定權制衡的界限，違反責任政治與權力分立原則，因此宣告違憲。

2008 年 7 月，大法官針對《公民投票法》（以下簡稱《公投法》）中有關公投審議委員會委員任命方式的合憲性，作出釋字第 645 號解釋。在本號解釋中，大法官與前述第 613 號解釋的見解類似。大法官指出，公投審議委員會既設於行政院內，屬於行政院的內部組織，行政院對於該委員會委員自應享有人事任命決定權，立法院固然可以制衡，但《公投法》中規定公投審議委員會委員的選任，係由各政黨依立法院各黨團席次之比例推薦，送交行政院提請總統任命之，此種選任方式使立法院各政黨完全獨占人事任命決定權，行政院長對於委員的人選完全無從置喙，實質上完全剝奪行政院應享有之人事任命決定權，已逾越立法院對行政院人事決定權制衡的界限，牴觸權力分立原則，因此宣告《公投法》的相關規定違憲。

在這兩號解釋中，大法官顯然是以「行政權核心領域」為立論基礎，而宣告《NCC 組織法》與《公投法》的相關規定違憲。事實上，唯有在行政權的正當性不完全依附於立法權的憲政體制，才可能有不容立法權侵入的「行政權核心領域」與「行政保留空間」；而在憲政體制的制度設計中，行政權的正當性愈依附於立法權，就愈難以建立「行政權核心領域」與「行政保留」空間的正當性。

就此推論，若一國的憲政體制是強調行政向立法負責精神的內閣制或總理總統制，就不存在「行政權核心領域」與「行政保留空間」。若我國憲政體制為內閣制，基於國會至上原則，內閣的正當性係完全依附於國會的支持，則《NCC 組織法》與《公投法》的規定即使完全剝奪行政院對 NCC 委員的人事決定權，應不構成違憲。同樣地，若我國憲政體制為總理總統制，由於在總理總統制下內閣僅對國會負責，不對總統負責，內閣的正當性乃是依附於國會的支持，則《NCC 組織法》與《公投法》即使完全剝奪行政院對 NCC 委員的人事決定權，亦應不構成違憲。

但是，大法官在解釋文中強調行政權核心領域的概念，應可推敲出多數大法官對於我國憲政體制的基本理解是：內閣的正當性並不是完全建立在國會的支持上，民選總統的任命亦是內閣的正當性基礎。在內閣並非完全依附於國會，而是相當程度依附於總統的憲政體制中，國會透過立法將內閣所屬機關的人事決定權剝奪殆盡，或據為己有，便有違憲之虞。就此看來，釋字第 613 號與第 645 號解釋也隱約傳達了我國憲政體制是「總統議會制」的訊息。❽

㈡ 2008 年之後的憲政運作

2008 年 1 月立委選舉與 3 月總統大選後，我國轉變為總統、國會、內閣皆屬國民黨的局面。在府會一致的格局下，總統主導日常政務，行政院長的實際角色則猶如總統幕僚長。行政院各部會首長經常至總統府向總統報告各部會政務，行政院長經常率領相關部會首長進府與總統開會，總統也經常越過行政院長與行政院各部會首長直接聯繫。

這種現象在陳水扁總統期間尚不明顯，但在馬總統上任後逐漸成為常態

---

❽　2011 年 10 月 14 日，臺灣高等法院針對「二次金改弊案」做出判決，其中判決理由指出，大法官釋字第 520 號解釋與第 613 號解釋，闡示總統得藉任免行政院院長之權而得以推行政見，總統與行政院院長之間具有行政一體上下監督關係。此判決理由顯示高等法院以大法官解釋為依據，將總統與行政院院長的關係理解為長官與部屬的關係。

現象。因此儘管總統在正式制度上無法主持行政院會議，但透過上述方式仍能主導行政院的政務運作。在實際憲政運作上，總統儼然成為行政院長的長官，也是行政院各部會首長的真正長官，行政院對總統負責的現象表露無遺。

　　2009 年 9 月，馬總統上任後的首位行政院長劉兆玄，因莫拉克風災政府救災遭受社會批評而辭職。馬總統當時透過總統府發言人，宣布任命吳敦義為行政院長，朱立倫為行政院副院長。根據《憲法》第 56 條規定：「行政院副院長、各部會首長及不管部會政務委員，由行政院長提請總統任命之。」根據此規定，組閣權在形式及正式程序上，應由行政院長發動，亦即由行政院長正式宣布副院長人選與各部會首長人選，隨後再由總統正式任命，而不是由總統直接宣布行政院正副院長人選，但當時總統府卻是直接對外發布行政院正副院長的人事消息，這是過去從未出現過的現象。

　　同樣地，2012 年 2 月，馬總統亦透過總統府新聞稿直接宣布任命陳冲與江宜樺為行政院正副院長。2013 年 2 月，馬總統透過同樣方式宣布任命江宜樺與毛治國為行政院正副院長。馬總統此類舉措，透露了總統將行政院正副院長視為其直接僚屬的憲政認知，也顯示了我國憲政體制持續呈現「總統議會制」的憲政運作。

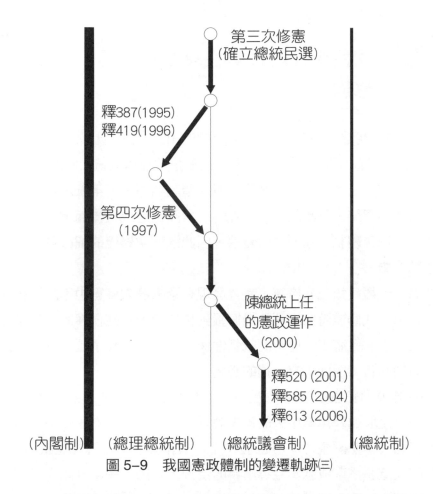

圖 5-9 我國憲政體制的變遷軌跡㈢

因此，在臺灣憲政體制的變遷軌跡上，自 2000 年第一次政黨輪替以來，我國憲政體制即由原本內涵不明的「半總統制」轉到「總統議會制」的分道。而透過大法官解釋不斷強化「總統議會制」的合法性，我國憲政體制自此至今，便是在「總統議會制」的分道上持續邁進。[19]我國從 1991 年第一次修憲以來憲政體制的變遷軌跡，圖 5-9 可完整呈現出來。

[19] 有一事例也顯示「總統議會制」已成為當前社會各界對於當前憲政體制的一般認知觀點：2010 年 2 月舉辦的大學入學考試學科能力測驗的社會科試題考了以下的題目──「莫拉克風災引發社會對於政府救災效能的議論，閣揆並因此提出辭職。在現行《憲法》相關條文之精神下，下列何者是此舉之正確解釋？」結果大考中心公布的正確答案是：「總統可在通盤考量後，決定是否更換行政院院長」。

第五節　國民大會的戲劇性衰亡──第五次至第七次修憲

　　本節中擬對我國 1999 年至 2005 年間的第五、六、七次修憲的過程與內容作一略述。須說明的是，由於本章的焦點是放在以總統、內閣（行政院）、國會（立法院）三者為核心所構築的憲政體制類型，而第五、六、七次修憲並沒有對我國總統、行政院與立法院的三角關係造成直接而重大的變動，沒有涉及我國憲政體制「類型」的變遷，因此這三次修憲的細節並不是本文探討的重點。❷⓿

　　然而，若觀察這三次修憲，將會發現在過去歷次修憲中不斷擴權的國民大會，在第五次修憲時將自利動機擴張到極致而通過延任案，直到第七次修憲「自我了斷」徹底走入歷史的戲劇性過程，充分彰顯了歷史制度論在制度變遷方面的論旨，因此仍有一提的必要。

　　1999 年 9 月第五次修憲與過去歷次修憲的最大不同之處，在於國大在這次修憲中完全脫逸各黨黨中央的預先規劃與控制，修憲過程幾乎由國大民進黨黨團與國民黨黨團主導，一反過去由國、民兩黨中央主導修憲議程的經驗。當時在國大議長蘇南成強勢主導議事的情況下，國、民兩黨國大不理會兩黨黨中央的制止，聯手完成第五次修憲。

　　此次修憲將下一屆的國大產生方式改為比例代表方式選出，由各政黨在立法委員選舉的全國得票率分配當選名額，並由政黨指派國大代表人選。依上述規劃，下一屆國大的產生將依附於下一屆的立委選舉，國大在第五次修憲時遂將本屆國大任期延長至本屆立委任期屆滿之日，以便使下一屆國大與立委的上任日期與任期齊一，本屆國大任期因此延長了兩年又四十二天。

---

❷⓿　值得注意的是，第七次修憲將我國立委選舉制度改為並立式單一選區兩票制，儘管並未直接更動我國憲政體制類型，但選制改革仍可能對我國憲政運作產生影響，從而影響我國憲政體制類型的未來變遷方向。本書在第八章第四節對此會進一步說明。

　　此一「以延任交換凍結國大選舉」的修憲方案是否合宜固然見仁見智，但「國大延任」這一件看似「自肥」的事件卻引發國大之外朝野各界以及輿論的憤慨。立法院朝野立委在第五次修憲後隨即聲請大法官解釋，希望大法官確認第五次修憲的效力。此一聲請對大法官而言顯然是個棘手問題，因為國大延任的問題涉及到「經過修憲程序的《憲法》條文是否可能違憲」、「修憲是否有限制」，以及「大法官是否有權力對《憲法》條文進行審查」等重大憲法學理爭議，不過大法官仍然決定受理此項聲請。

　　2000 年 3 月 24 日，離當年總統選舉（3 月 18 日）選後不過六天，大法官針對國民大會第五次修憲條文的效力問題，作出釋字第 499 號解釋。在此號解釋中，大法官採取「修憲有限制說」立場，指出一方面在程序面上，國大第五次修憲的議事程序違背公開透明原則，議事程序亦有明顯重大瑕疵，已違反修憲條文發生效力的基本規範；另一方面在實體面上，國大第五次修憲條文中所規定的下屆起國大產生方式（依立委選舉各黨選票比例分配國大席次）牴觸民主憲政基本原則，且國大自行延長任期的規定亦與國民主權原則（指定期改選的基本要求）和利益迴避原則有違。基於修憲的程序面與實體面皆有重大疏漏，大法官因此宣告第五次修憲條文無效。

　　第五次修憲既被大法官宣告無效，即意謂國大不得延任，而必須如期改選，以便使新任國大在本屆國大任期屆滿後於 2000 年 5 月 20 日上任。就當時的國民黨而言，正因總統大選敗選氣勢渙散，而以無黨籍身分參選總統的宋楚瑜則僅以些微的選票差距落敗，得到相當部分民意的支持，氣勢不弱，支持者正醞釀要組織政黨（親民黨）。

　　若國大真的在此刻進行改選，無異是即時給宋楚瑜一個展現政治實力的舞臺，加速以宋楚瑜為核心之政黨的形成，使當時正蓄勢待發的政黨重組態勢進行得更快，國民黨的政治版圖也將可能更形式微。這些可能的發展並不符合當時國民黨政治菁英的政治偏好，因此根本無意在短期內面對依釋字第 499 號意旨應如期改選的國大選舉。就向來捍衛五權憲法體制最力的新黨而言，則面臨與宋楚瑜支持者高度重疊的泡沫化危機，此時亦不再堅持國大需如期改選。

　　換言之，就國、新兩黨而言，若要迴避依法必須如期辦理的國大選舉，唯有透過修憲才有可能；至於對民進黨而言，國大向來被其視為大中國的遺緒，廢除國大或至少將其虛級化本來便是其一貫的理念與政策。

　　就在國、民、新三黨各有盤算的情況下，過去一向被視為「不可能任務」的國大虛級化，竟然因緣際會地成為當時國、民、新三黨一致的目標。於是，國、民、新三黨為了凍結國大選舉，於 2000 年 4 月初便緊急協商召開國大進行修憲，不到一個月時間就完成第六次修憲。此次修憲將國大調整為臨時性的機關，僅於立法院提出憲法修正案、領土變更案，與正副總統彈劾案時，始由公民依比例代表制選出「任務型國大」對立法院的提案進行複決；至於國大原有的職權（補選副總統之權、罷免正副總統的提案權，以及司法、考試、監察三院重要人事的同意權）則皆移轉至立法院。

　　國大既然虛級化，其距離被徹底廢除便只有一步之遙了。2005 年 8 月，立法院提出第七次修憲案，其內容除了廢除國大，將原本任務型國大的三項任務改由公民與大法官行使（立法院所提的憲法修正案與領土變更案改由公民複決，正副總統彈劾案則改由大法官組成憲法法庭審理）之外，並有立法院席次減半、選舉制度改為並立式單一選區兩票制、立委任期增為四年等立法院制度的變革。立法院所提出的修憲案依法公告半年後，2006 年 5 月首次選出的任務型國大隨即於 6 月初對立法院所提修憲案進行複決而 「自我了斷」，國民大會至此壽終正寢。

　　國民大會從原本被認為可能永遠無法馴服的 「憲政怪獸」，轉瞬間變成《憲法》本文中的「恐龍標本」，其過程相當戲劇性。促成此一戲劇性發展的關鍵因素，實為大法官釋字第 499 號解釋。而且特別的是，大法官釋字第 499 號解釋之所以促使國大虛級化乃至最終被廢除，並不是解釋文本身的內容，而是解釋文公布的時間。此一解釋文公布的時點，乃是在當年總統大選選舉日（3 月 18 日）之後，而非選舉日之前，而且離大選結果揭曉不到一個星期的時間。

　　從反事實 (counterfactuals) 的角度分析❷ （如圖 5–10），吾人可以試想若大法官不是在總統大選後，而是在總統大選前作出該號解釋，情勢發展會有多麼地不同。大法官若是在總統大選前就作出國大延任案違憲、國大代表仍應如期改選的宣告，國大代表與總統如往例便將於同一時間選舉。假若總統與國大是在同一時間選舉，則前述各黨的盤算考量自然就不存在，而因緣際會促成國大虛級化的情境亦不可求，第六次修憲將國大虛級化，乃至第七次修憲將其完全廢除的變革便不見得可能發生。

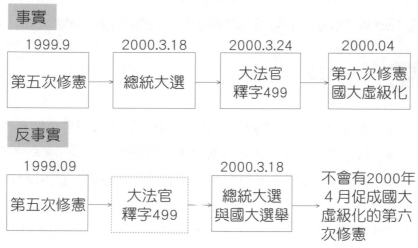

圖 5–10　大法官釋字第 499 號解釋公布日期的反事實分析

　　就此看來，大法官釋字第 499 號解釋的公布時間，影響了總統與國大選舉究竟是同時舉行或先後舉行，而此一差別則進一步影響了接下來的政治系絡與政治菁英在其中的利益考量，並進而促動了政治菁英進行修憲。釋字第 499 號解釋公布時機是否經過大法官作過政治的考量，固然難以深究，不過

---

❷　所謂反事實分析的基本推論型態是：如果我們認定某因素 A 是某歷史事件 Y 發生的原因，那麼假設原先的因素 A 沒有發生，歷史事件 Y 將會有何種不同的發展？儘管反事實分析的推論無法在現實上獲得真正的驗證，僅具有間接的經驗意涵（亦即韋伯所謂之「在心理上建構非真實的關聯以便深入探討真正因果關聯」的「心理實驗法」），不過此種方法仍有助於研究者進行較縝密的因果邏輯論證。關於反事實分析的研究方法，參見 Fearon (1991: 169–195); Ferguson (ed.) (1997: 1–90)。

這個例子顯示出：就算大法官不是透過憲法解釋的實質內容，在釋憲內容不變的情況下，僅是公布日期等形式問題的決定，亦有可能對接下來的憲政體制變遷造成影響。而即便大法官在主觀上對這形式問題的決定並無政治考量，其決定仍有可能發生原先並無預期的後果 (unintended consequence)，造成新一輪的修憲與憲政體制的變遷。

　　正如歷史制度論強調，特定關鍵時點原本看似微小的事件，亦有可能造成影響深遠、範圍廣泛的社會結果；而同樣的一組因素可能由於出現的時機或先後次序不同，造成行動者事前難以設想到的非預期結果。我國國大虛級化乃至廢除的憲政經驗，正好可以呼應上述歷史制度論的論點。

第六節　結　語

　　若觀察我國自 1991 年以來憲政體制變遷軌跡的完整圖像（圖 5–9），我們可以看到，我國憲政體制自從第一次至第三次修憲確定了半總統制的發展路徑後，憲政體制的三次轉折正好是被大法官釋憲、修憲、憲政運作三種不同的動力所牽引。

　　第一次轉折是透過大法官解釋——大法官釋字第 387 號與第 419 號，將我國從內涵不明的半總統制確立為「總理總統制」；第二次轉折是透過修憲——第四次修憲將大法官所確立的「總理總統制」轉回內涵不明的半總統制；第三次轉折則是透過憲政運作——2000 年陳總統上任後的憲政運作，將我國內涵不明的半總統制轉為「總統議會制」。從圖 5–9 中亦可看出，在第一次至第三次修憲所確立的「行政向立法負責」柵欄與「總統由人民直選」高牆的框限下，我國在第三次修憲之後的憲政體制變遷軌跡儘管歷經數次轉折，仍始終迂迴於半總統制的兩個分道之間。

　　本章所描繪的臺灣憲政體制變遷軌跡圖像（圖 5–9），雖然在呈現方式上與歷史制度論所強調的「邏輯之樹」圖像（圖 5–2）不同，但基於本章對臺灣憲政體制變遷軌跡的探討亦是以歷史制度論為研究途徑，因此仍可將本章所描繪的圖像與「邏輯之樹」圖像相互對照。事實上，圖 5–9 中三次不同的轉

折（亦即向左下與向右下的箭頭）在憲政體制變遷的意義上，即是圖 5-2「邏輯之樹」中的「節」；在三次轉折之間方向未變的發展方向（亦即向下的箭頭）在憲政體制變遷的意義上，則可視為圖 5-2「邏輯之樹」中的「枝」。

　　特別的是，由於每一次轉折之間的時間間隔非常短暫，第一次轉折與第二次轉折之間幾無間隔，第二次轉折到第三次轉折則只有 1997 年 7 月第四次修憲完成至 2000 年陳總統上任之間不到三年的時間，因此在我國憲政體制變遷軌跡的圖像中，幾乎看不到可以與「邏輯之樹」的「枝」相對應之處。換言之，我國 1990 年代以來，憲政體制變遷過程中的穩定均衡時期幾乎是付之闕如的，這種現象應是我國相較於其他國家憲政體制變遷的特殊之處。

　　不過，我國憲政體制自 2000 年走到「總統議會制」分道後，至今已持續二十年的時間，此一發展方向在過去憲政體制變遷軌跡中持續時間最長，是否有可能因為長時間的反覆運作而自我強化，進而出現歷史制度論所強調的「制度堆積」現象，而使我國憲政體制的發展被「封鎖」(lock in) 在「總統議會制」的路徑上，亦即在未來更長期的憲政體制變遷軌跡中，成為可以對應為「邏輯之樹」中象徵制度均衡時期的「枝」，應是值得持續觀察追蹤的焦點。

　　至於本章研究在理論意涵上，有以下兩點可與目前學界的憲政體制研究相互對話：首先，在研究途徑的層次上，本章係以歷史制度論的論旨，作為探討臺灣憲政體制變遷軌跡的理論架構。透過本章的研究，應可發現以歷史制度論探討我國憲政體制的變遷軌跡，確實可以有效地掌握憲政體制變遷過程中，結構與行動相互構成的特質。這樣的研究方式一方面能夠打破目前學界處理憲政體制變遷議題時，多為純粹描述修憲「故事」的研究窠臼；另一方面亦能避免某些研究者將憲政體制變遷現象一廂情願、穿鑿附會地從單一主軸切入，而將其描繪成邁向某種特定目標的過程。簡言之，本章具體示範了歷史制度論的研究架構在憲政體制變遷研究上的可適用性。

　　其次，在我國憲政體制實際變遷現象的層次上，本章將我國憲政體制變遷軌跡具體地圖像化。歷史制度論所謂「邏輯之樹」固然通論性地指出了一般制度變遷的現象，但此一抽象化的「邏輯之樹」並無法具體描繪臺灣憲政

體制變遷的真實面貌。因此本章根據臺灣憲政體制變遷的具體脈絡，以另外一種有別於「邏輯之樹」，但仍然扣緊歷史制度論之相關論旨的方式，將我國憲政體制的變遷軌跡以具體的圖像呈現出來。在本章具體圖像的呈現下，我們因此能更一目瞭然地掌握以往憲政體制變遷的發展路徑，並瞭解目前憲政體制的變遷方向受到哪些根本制度的框限。

我國憲法中的政治部門
——總統、行政院、立法院

本章將介紹我國憲政體制中總統、行政院（內閣）與立法院（國會）這三個政治部門的權力與互動關係。這三個部門是我國半總統制的核心部分，因為民主國家憲政體制類型的區分，主要是以行政與立法部門的互動關係作為主要的界定標準。探討半總統制的憲政運作，通常即是以總統、內閣與國會的權力關係作為觀察焦點。

本章第一節將簡要介紹我國總統、行政院與立法院的權力互動關係，指出我國憲法規範中三者間權力互動的梗概；第二節以下則進行較細緻的分析，先以半總統制中最核心的角色——總統為討論的起點，在第二節中探討總統的權力，之後第三、四、五節則進一步分析總統與行政院（長）之間、總統與立法院之間，以及行政院與立法院之間的權力關係。

第一節　總統、行政院與立法院權力的憲法規範

我國憲政體制係歷經 1990 年以來的歷次修憲而成為半總統制。事實上，我國憲政體制在修憲前，根據《憲法》本文規定，原本就兼具總統制與內閣制的特徵，與半總統制本就有若干形似之處。不過，由於我國總統在修憲前係由國民大會選出而非由人民直選，且行政院對立法院負責的方式乃是透過質詢與覆議制度，而非透過倒閣制度，故仍不符合嚴格的半總統制定義（Duverger 所指的總統民選、總統有相當權力、內閣對國會負責等三要件）。

但是在 1994 年第三次修憲將總統改由人民直選，1997 年第四次修憲賦予立
法院倒閣權後，我國憲政體制便已完全具備半總統制的特徵。

　　首先，我國總統由人民以相對多數制選出，任期四年，連選得連任一次。
其次，我國總統擁有相當的權力。依現行制度，總統的重要職權包括：任命
行政院院長；公布法律、發布命令；行使締結條約及宣戰、媾和之權；宣布
戒嚴；行使赦免權；五院之間發生爭執時的協調權；發布緊急命令；解散立
法院等。總統之下並設有國家安全會議與國家安全局，以協助總統決定國家
安全有關大政方針。第三，除了總統享有上述的行政權外，掌握國家行政權
的主要機關乃是行政院。透過質詢制度、覆議制度與倒閣制度，行政院須對
立法院負責。以下進一步就總統、行政院（內閣）、立法院（國會）三者之間
的權力互動關係（如圖 6-1），說明我國憲政體制的內涵。

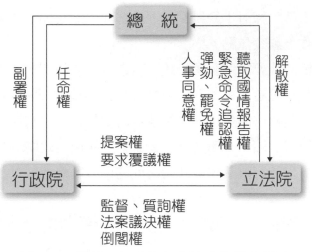

圖 6-1　總統、行政院與立法院的權力關係

㈠總統與行政院的關係

　　在我國目前半總統制（雙首長制）的架構中，總統既是國家元首，統率
全國陸海空軍，對外代表國家，同時也是「雙首長」中的其中一位行政首長，
掌有一定的行政權。我國總統享有《憲法》上明文列舉的權限，其他行政權

依《憲法》第 53 條規定概括授予行政院，亦即總統享有明文列舉的行政權，行政院享有概括的行政權，總統與行政院之間具有分權且制衡的關係，我國憲政體制中存在著總統和行政院院長兩位行政首長，明顯具有行政權二元化的特色。❶關於總統與行政院院長的權力關係可分述如下：

1. 總統的任命權

在 1997 年第四次修憲之前，行政院院長由總統提名，經立法院同意後任命；在修憲後則改由總統直接任命，不須經立法院同意。至於行政院副院長、部會首長與不管部會政務委員，均由行政院院長提請總統任命之。

2. 行政院院長的副署權

總統依法公布法律、發布命令，須經行政院院長的副署。總統發布的命令僅有以下三種例外不須經行政院院長副署：一是總統對行政院院長的任免命令，二是經立法院同意任命人員的任免命令，三是解散立法院的命令。除此之外，總統發布任何命令皆須經行政院院長副署始有效力。在我國半總統制的架構中，行政院院長的副署權，意味著行政院院長可藉此權力對總統構成牽制，副署制度可說是半總統制中行政權（總統與行政院院長）內部的制衡機制。

㈡行政院與立法院之間的關係

行政院掌握我國龐大的行政體系，其轄下的機關部門繁多，國家政策的

---

❶ 大法官釋字第 627 號解釋理由書指出：「總統為《憲法》上之行政機關，……總統於《憲法》及《憲法增修條文》所賦予之行政權範圍內，為最高行政首長，負有維護國家安全與國家利益之責任。」 這是大法官首度宣示總統在我國憲政體制中為「最高行政首長」之一。在過去一般對我國憲政體制的理解中，由於《憲法》第 53 條規定行政院為我國最高行政機關， 行政院院長身為採獨任制之行政院的最高長官，行政院院長乃是我國《憲法》中所認定的「全國最高行政首長」，殆無疑義。相對而言，身為國家元首的總統，儘管其職權在歷次修憲中漸形擴大，地位日益重要，但總統是否為我國憲政體制中的「最高行政首長」，則從未在《憲法》和法律上明文確認。大法官在此號解釋理由書的宣示，可說是非常明白地宣告我國目前憲政體制是存在著兩位「最高行政首長」的雙首長制（半總統制）。

推動主要都是透過行政院及其轄下的部門負責。❷立法院則是我國的國會，由人民所選出的立法委員所組成，立委總額為 113 席，以並立式單一選區相對多數制選出，其中 73 席為區域立委，以單一選區相對多數制選出；34 席為僑選與全國不分區立委，以全國為範圍的政黨名單比例代表制選出，並設有 5% 的政黨當選門檻；另有 6 席為原住民立委（平地原住民立委與山地原住民立委各 3 名），以單記非讓渡投票制選出。由於我國《憲法》規定行政院向立法院負責，因此我國行政院與立法院的互動關係呈現類似內閣制的互動關係。行政院與立法院兩院的權力關係可分述如下：

1. 行政院的提案權

行政院為推動政務，有向立法院提出法律案、預算案、戒嚴案、大赦案、宣戰案、媾和案、條約案及其他重要事項之權。

2. 行政院的要求覆議權

行政院對於立法院決議之法律案、預算案、條約案，如認為窒礙難行時，得經總統之核可，於該決議案送達行政院十日內，移請立法院覆議。覆議時，如經全體立法委員二分之一以上之決議維持原案，行政院院長應即接受該決議。

3. 立法院的質詢與監督權

立法院監督行政院的方式包括：首先，立法委員在開會時，有向行政院

---

❷ 依據 2010 年 1 月修正的《行政院組織法》，行政院以下設置「十四部、八會、三獨立機關、一行一院二總處」，共二十九個部會層級的機關。這些機關分別是㈠十四部：內政部、外交部、國防部、財政部、教育部、法務部、經濟及能源部、交通及建設部、勞動部、農業部、衛生福利部、環境資源部、文化部、科技部；㈡八會：國家發展委員會、大陸委員會、金融監督管理委員會、海洋委員會、僑務委員會、國家退除役官兵輔導委員會、原住民族委員會、客家委員會；㈢三獨立機關：中央選舉委員會、公平交易委員會、國家通訊傳播委員會；㈣一行一院二總處：中央銀行、故宮博物院、主計總處、人事行政總處。根據《行政院組織法》，新修正的規定自 2012 年元旦正式施行，亦即新法自通過至施行設有兩年的組織調整期間，但此一重大的組織改造工作不斷延宕，由於部分機關的組織法至今仍未獲立法院通過，經濟及能源部、交通及建設部、農業部、環境資源部仍未設立。

院長及行政院各部會首長質詢之權；行政院則有向立法院提出施政方針及施政報告之責任。其次，行政院各部會首長及其所屬公務員於立法院各種委員會邀請到會備詢時，有應邀說明的義務。再者，根據大法官釋字第 585 號解釋，立法院為監督行政部門，可以行使調查權，除了可以調閱相關文件、資料之外，亦可經院會決議，要求行政官員陳述證言或表示意見。

4.立法院的法案議決權

立法院有議決法律案、預算案、戒嚴案、大赦案、宣戰案、媾和案、條約案及國家其他重要事項之權，立法院議決通過後，除了法律案、預算案、條約案得由行政院要求覆議之外，行政院有依決議執行的義務。

5.立法院的倒閣權

立法院若對行政院的施政不滿意，得經全體立法委員三分之一以上連署，對行政院院長提出不信任案，亦即俗稱的倒閣案。如經全體立法委員二分之一以上贊成，行政院院長應於十日內提出辭職。

㈢總統與立法院之間的關係

在我國憲政體制中，總統雖不對立法院負責，但總統與立法院之間存在著相互制衡的制度設計，總統行使的許多職權須受立法院制衡，立法院在特定情況下也可能被總統解散。關於總統與立法院的權力關係可分述如下：

1.立法院的人事同意權

我國現行《憲法》規定，司法、考試、監察三院重要人事，由總統提名，須經立法院同意後始能正式任命，這些人事包括：司法院正副院長及大法官、考試院正副院長及考試委員、監察院正副院長、監察委員及審計長。此外，根據《法院組織法》規定，檢察總長亦由總統提名，經立法院同意後任命。

2.立法院的彈劾提案權與罷免提案權

總統、副總統之罷免案須經全體立法委員四分之一之提議，全體立法委員三分之二之同意後提出；並經公民總額過半數之投票，有效票過半數同意罷免時，即為通過。至於總統、副總統之彈劾案，須經全體立法委員二分之一以上之提議，全體立法委員三分之二以上之決議，聲請司法院大法官審理，

經憲法法庭判決成立時，被彈劾人應即解職。

3.立法院的緊急命令追認權

總統為避免國家或人民遭遇緊急危難或應付財政經濟上重大變故，得經行政院會議之決議發布緊急命令，為必要之處置，但須於發布命令後十日內提交立法院追認，如立法院不同意時，該緊急命令立即失效。

4.立法院的聽取國情報告權

立法院得經全體立法委員四分之一以上提議，院會決議後，由程序委員會排定議程，就國家安全大政方針，聽取總統國情報告。若立法院未提出要求，總統亦得就其職權相關之國家大政方針，於茲請立法院同意後，至立法院進行國情報告。

5.總統的解散立法院之權

總統於立法院通過對行政院院長之不信任案後十日內，經諮詢立法院院長後，得宣告解散立法院。而立法院通過不信任案後，行政院院長在辭職下臺的同時，也可以呈請總統解散立法院，由總統裁量決定是否要解散立法院。

第二節　總統的憲法權力

我國總統享有《憲法》上明文列舉的權限，其他行政權依《憲法》第 53 條規定概括授予行政院，且總統的行為除少數例外，依《憲法》規定皆須行政院院長副署始生效力。就此看來，總統享有明文列舉的行政權，行政院享有概括的行政權，總統與行政院之間具有分權且制衡的關係。

我國《憲法》中明文列舉的總統權力包括：對外代表國家（第 35 條）；統率全國陸海空軍（第 36 條）；公布法律、發布命令（第 37 條）；締結條約、宣戰、媾和（第 38 條）；宣布戒嚴（第 39 條）；赦免權（第 40 條）；任免文武官員（第 41 條）；授與榮典（第 42 條）；院際爭執之調解（第 44 條）；發布緊急命令（《增修條文》第 2 條第 3 項）；國家安全大政之決定與國家安全機構（國家安全會議與國家安全局）之設置（《增修條文》第 2 條第 4 項）；解散立法院（《增修條文》第 2 條第 4 項）；任命行政院院長（《增修條文》第

3 條第 1 項）；提名司法、考試、監察三院重要人事（《增修條文》第 5 條至第 7 條）等。以下對於總統這些《憲法》中明文列舉的權力進行分析討論。

一、總統憲法權力的規範意涵

總統的權力看似洋洋灑灑，但若仔細分析《憲法》相關規定，除了總統擁有的元首權，以及少數可由總統單獨決定的權力之外，大多數在憲政體制運作上影響層面較廣的權力，皆須行政院與立法院的參與及配合，而非總統所能獨斷。

若逐一檢視：首先，總統的代表國家權、公布法律權、任免文武百官權、授與榮典權、院際爭執調解權等五項權力，性質上皆屬總統的元首權，其中代表國家權等前四項權力屬純然形式而非實質的權力；至於院際爭執調解權則為實質性的權力，係指總統對於五院間之爭執，若依《憲法》規定之處理程序仍無法解決，得召集有關各院院長會商解決之。這項規定意味著我國總統的憲政角色大體上為調和鼎鼐、立場超然的國家元首，而非在日常運作中實際決定政策並隨時可能介入政治爭議的政策執行者，否則總統如何能夠具有一定的道德制高點，在五院間扮演協調的角色？

其次，總統有締結條約及宣戰、媾和權，以及宣布戒嚴權，但這些權力皆受行政院與立法院制約，因為這些事項的實施，皆須由行政院提出條約案、宣戰案、媾和案、戒嚴案，並經立法院議決後始能生效。

其中若戒嚴情勢緊急，雖容許在立法院通過戒嚴案前先行實施，但仍須經行政院會議議決後始能實施，且實施後依《戒嚴法》規定仍須於三十日內送立法院追認，若立法院不同意，戒嚴令隨即失效。與此類似的是總統緊急命令權的行使程序，依《憲法》規定，總統發布緊急命令須經行政院會議之決議始能發布，儘管在立法院通過前即可發布實施緊急命令，但總統仍須於發布後十日內提交立法院追認，如立法院不同意時，該緊急命令隨即失效。總之，總統締結條約、宣戰、媾和、宣布戒嚴、發布緊急命令等權力的行使，依《憲法》規定明顯受行政院與立法院的制衡，並非總統所能獨斷。

關於總統的人事權，種類有三：一、由總統逕行任命者：即行政院院長

一職。在 1997 年第四次修憲取消立法院之閣揆同意權後，行政院院長改由總統直接任命。不過，基於行政院向立法院負責的憲政體制精神，總統任命行政院院長的權限應非總統可完全獨斷的裁量權，而應尊重立法院多數的意見（關於此一問題的爭議，後文尚有討論）。

　　二、由行政院院長提請總統任命者：行政院副院長、各部會首長及不管部會之政務委員，由行政院院長決定人選後，提請總統以國家元首的角色正式任命之。換言之，這些人事的實質決定權為行政院院長，並非總統。

　　三、由總統提名，經立法院同意任命者：司法院正副院長及大法官、考試院正副院長及考試委員、監察院正副院長及監察委員、審計長。另外，根據《法院組織法》的規定，檢察總長的選任方式亦是如此。

　　關於總統對立法院的權力主要有二，一是解散立法院之權；另一是覆議核可權。就前者而言，總統於立法院通過對行政院院長之不信任案後十日內，經諮詢立法院院長後，得宣告解散立法院。故總統解散立法院之權有其前提限制，亦即須以立法院倒閣案通過為前提，並非隨時可發動的權力。就後者而言，行政院對於立法院決議之法律案、預算案、條約案，如認為有窒礙難行時，得經總統之核可，於該決議送達行政院十日內，移請立法院覆議。故在我國的覆議制度中，有權對立法院要求覆議者為行政院，並非總統。總之，總統解散立法院之權與覆議核可權固然皆屬總統可單獨判斷的裁量權，但皆為被動而非主動的權力。

　　關於總統的赦免權，根據《憲法》規定，總統「依法」行使大赦、特赦、減刑、復權之權。須注意的是，《憲法》中一旦規定總統「依法」行使相關權力，即代表總統行使該項權力尚須有法律的依據，否則這些權力便無法行使，❸由於法律的制定機關為立法院，故立法院於此便有制定法律制衡總統

---

❸ 我國《憲法》中有不少有關「總統『依法』……」的規定。例如，《憲法》第 37 條規定「總統依法公布法律」，所依之法係指《中央法規標準法》；《憲法》第 39 條規定「總統依法宣布戒嚴」，所依之法為《戒嚴法》；《憲法》第 40 條規定「總統依法行使大赦、特赦、減刑及復權之權」，所依之法係指《赦免法》；《憲法》第 41 條規定「總統依法任免文武官員」，所依之法主要是《公務人員任用法》與《陸海空軍

的權力。

　　我國總統行使赦免權的主要法律依據為《赦免法》,而總統行使赦免權的種類中,效力最強、影響層面最廣的大赦,依《憲法》予《赦免法》規定亦須由行政院會議提出大赦案,由立法院通過後執行,並非總統所能獨斷。《赦免法》規定,影響層面相當廣泛的全國性減刑,亦須比照大赦程序辦理。就此看來,總統僅有在針對特定人犯的特赦,針對特定人犯的減刑,以及復權(對受褫奪公權宣告之人回復其公權)等影響層面相對較輕微的赦免種類,總統才有可自行獨斷的裁量權。

　　值得注意的是,依《憲法》規定,總統公布法律,發布命令,須經行政院長之副署,或行政院院長及有關部會首長之副署。在半總統制下,副署制度乃是閣揆與總統這兩位行政首長之間的一種制衡機制,由於總統發布的命令未經閣揆副署不能生效,閣揆可藉由副署權牽制總統。修憲後對於副署制度則做了例外規定(《增修條文》第 2 條第 2 項),亦即總統發布以下三種命令不須行政院院長副署:一是總統對行政院院長之任免命令;二是總統對司法院、考試院、監察院三院重要人事(三院正副院長、司法院大法官、考試委員、監察委員、審計長)之任免命令;三是總統解散立法院之命令。

二、總統憲法權力的制衡死角

　　綜上所述,我國總統的權力,依《憲法》規定受到相當程度的制衡。然而在總統的統帥權、國家安全大政的決定權、國家安全機構之設置權等項目,似乎形成權力制衡的死角,以下分別說明。

㈠總統之統帥權的問題

　　就統帥權而言,軍隊為國家之武力,由國家元首統率陸海空軍,為各國通例。在總統制國家,統帥權由身兼最高行政首長的國家元首——總統實際掌有;在內閣制國家,《憲法》通常仍規定統帥權屬於虛位之君主或總統,但

　　軍官士官任官條例》;《憲法》第 42 條規定「總統依法授與榮典」,所依之法為《褒揚條例》、《勳章條例》與《陸海空軍勳賞條例》。

君主或總統的統帥權僅具有形式上之象徵意義，實際上軍事的指揮權則由內閣行使。

　　我國《憲法》第 36 條規定總統統率全國陸海空軍，原本僅是屬於元首權的規定，並非代表賦予總統實質指揮軍隊的權力。但由於我國行憲後首任總統蔣中正原本就是軍事強人出身，當時身為威權領袖的總統遂理所當然地將《憲法》中總統擁有統帥權的規定，理解為總統擁有指揮軍隊的實權。民國 39 年 3 月 15 日蔣中正總統明令：軍令權（即軍事指揮權，指陸海空軍部隊的調度與作戰的指揮）屬於總統，軍政權（即軍事行政權，指軍隊編制、兵源徵募、軍費籌劃、物資控管、軍人的給養、撫恤等事項之辦理）屬於國防部，而國防部隸屬於行政院，遂形成軍政軍令二元化之格局。

　　民國 67 年制定之《國防部參謀本部組織法》更進一步將其法制化，一方面規定「參謀總長在統帥系統為總統之幕僚長，總統行使統帥權，關於軍隊之指揮，直接經由參謀總長下達軍隊」，另一方面又同時規定「參謀總長在行政系統為部長之幕僚長」。2001 年通過的《國防法》與《國防部組織法修正案》，儘管宣稱朝向軍政軍令一元化的目標修正，但事實上軍政軍令二元化的現象仍然存在（參見圖 6–2）。

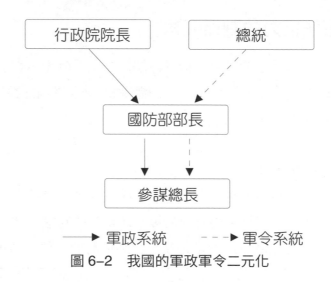

圖 6–2　我國的軍政軍令二元化

依《國防法》第 13 條規定：「國防部設參謀本部，為部長之軍令幕僚及三軍聯合作戰指揮機構，置參謀總長一人，承部長之命令負責軍令事項指揮軍隊。」《國防法》第 8 條規定：「總統統率全國陸海空軍，為三軍統帥，行使統帥權指揮軍隊，直接責成國防部部長，由部長命令參謀總長指揮執行之。」亦即總統對於軍令事項可以跳過行政院院長直接指揮國防部部長，間接命令參謀總長，總統仍有軍令權。

換言之，依現行制度，國防部部長就軍令事務向總統負責，就軍政事務向行政院院長負責，同時受總統與行政院院長節制（蘇子喬，2006: 66）。軍政軍令二元化原為過去威權體制之遺緒，但行之有年，沿用至今，我國目前法制上已完全承認此制度，在軍政軍令二元化的體制下，使得屬於行政權本質的軍事權，竟有相當部分非全國最高行政機關之行政院所能聞問，亦使總統領導的軍令系統有脫離國會監督之虞，形成憲政體制中權力制衡的死角，亦造成軍事權分屬總統與行政院二元指揮的雙頭馬車現象，實有可議之處。

㈡總統之國安大政決定權的問題

關於總統之國安大政決定權，《憲法增修條文》第 2 條第 4 項規定：「總統為決定國家安全有關大政方針，得設國家安全會議及所屬國家安全局，其組織以法律定之。」據此，總統有兩項職權：一為總統有國安大政的決定權，二是總統有國安會與國安局的機關設置權。

根據《國安會組織法》之規定，國家安全事務係指國防、外交、兩岸事務，而國安會的性質為總統之諮詢機關，並無執行性質，故國安會做成之決議，仍須經行政院有關部會（如國防部、外交部、陸委會）等具執行性質的機關具體執行始能落實，然而行政院有關部會與國安會並無上下隸屬關係，國安會的決議並非當然拘束行政院；且總統根據國安大政決定權發布之命令，仍須行政院院長之副署，始能生效。

在實務上，總統之國安大政決定權經常引發的爭議是，總統所擁有的國防、外交與兩岸事務等國安大政決定權，與行政院院長所擁有的概括性的行政權，究竟應如何劃分？國安大政的範圍始終曖昧不明，導致總統與行政院院

長的職權界線非常模糊，整個國家的行政指揮系統經常呈現雙頭馬車的現象。

　　與總統國安大政決定權有關的是，目前總統轄下國安局的組織定位，亦使我國情治機關呈現總統與行政院二元指揮的體系（參見圖 6-3）。我國負責國家安全情治事務的機關在行政院長轄下的計有國防部政治作戰局、國防部軍事情報局、國防部電訊發展室、國防部軍事安全總隊、國防部憲兵指揮部、海洋委員會海巡署、內政部警政署、內政部移民署、法務部調查局等機關（構）。但依《國家安全局組織法》第 2 條第 1 項規定：「國家安全局隸屬於國家安全會議，綜理國家安全情報工作及特種勤務之策劃與執行；並對國防部政治作戰局、國防部軍事情報局、國防部電訊發展室、國防部軍事安全總隊、國防部憲兵指揮部、海洋委員會海巡署、內政部警政署、內政部移民署、法務部調查局等機關（構）所主管之有關國家安全情報事項，負統合指導、協調、支援之責。」

　　在上述規定下，國安局是最高情治機構，對行政院長轄下的所有情治機關皆有統合指導之權。而國安局在體制上又直屬於國安會，國安會則直屬於總統。因此，我國的情治機關一方面在行政院院長的指揮系統之下，另一方面又在總統的指揮系統之下，遂呈現二元化的現象（蘇子喬，2006: 67）。國安局編制龐大，負責國安情治的實際工作，由於隸屬總統，故無須向立法院負責。攸關國家安全的情治單位，竟不受國會監督，亦形成憲政體制中制衡總統權力的死角。

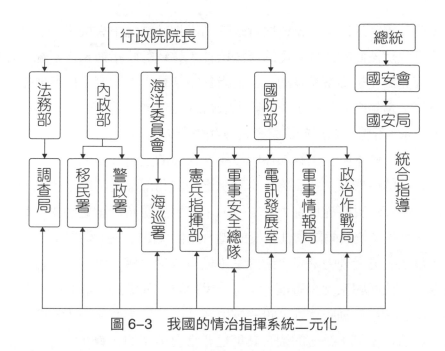

圖 6-3　我國的情治指揮系統二元化

三、總統任命檢察總長與發動防禦性公投之權力的法理爭議

目前我國在法律層次上所規範的總統權力，也有若干與整體憲政體制精神相互扞格之處，亦值得檢討。一是總統任命檢察總長的權力，另一是總統發動防禦性公投的權力。

首先，就總統任命檢察總長的權力而言，最高法院檢察署為隸屬於法務部的機關，故在整體憲政體制中，為行政院所屬機關，但是根據《法院組織法》第 66 條第 7 項規定，最高法院檢察署檢察總長係由總統提名，經立法院同意任命之，任期四年。檢察總長任期保障與由民意機關行使同意權的任命制度，旨在確保檢察總長一定的獨立性，但檢察總長在組織建制上畢竟為行政院所屬公務員，行政院院長與法務部部長為檢察總長之上級長官，總統可跳過行政院院長與法務部部長提名檢察總長人選，實質上完全剝奪行政院之人事任命決定權。

在現行制度下，容許總統完全掌有行政院之下的檢察總長人事提名權，

完全忽略我國憲政體制中總統與行政院為不相隸屬之中央機關,也完全忽略總統與行政院彼此間分權制衡的憲法精神,導致行政指揮系統紊亂。在此制度下,究竟誰才是檢察總長的真正上級長官?是人事制度上提名他擔任該職位的總統?還是組織架構上身為其上級行政監督機關首長的法務部部長?試想一種情形,若監察院對於檢察總長違法失職的行為行使糾舉權,則根據《監察法》規定,監察院提出糾舉係向被糾舉人員的主管長官或上級長官提出,此時監察院的糾舉案文究竟應呈送總統還是法務部部長?總之,現今檢察總長的任命制度,實有違反權力分立原則,有再加研議修正之必要。❹

其次,就總統發動防禦性公投的權力而言,根據《公民投票法》第 17 條規定,當國家遭受外力威脅,致國家主權有改變之虞,總統得經行政院院會之決議,就攸關國家安全事項,交付公民投票。故總統有發動防禦性公投的權力。由於總統發動防禦性公投的權力在《憲法》中並無明文規定,以法律增加《憲法》未賦予總統的權力其實是非常有爭議的。❺

一個基本的憲法常識是,民主國家機關中的任何權力,皆須有《憲法》明文或法理上的依據。若法律即可創設國家機關在《憲法》所未賦予的權力,則何須《憲法》存在?此處可追問的問題是,《公投法》中總統發動防禦性公投的權力,其憲法依據為何?是否可以從總統的憲法權力中,引申出總統有發動防禦性公投的權力?若總統發動防禦性公投的權力無法從《憲法》中找到依據,《公投法》的此一規定就明顯有違憲之虞。

本文認為,若要對總統發動防禦性公投的權力盡可能進行 「合憲性解

---

❹ 除了檢察總長之外,目前考選部部長與銓敘部部長的任命方式也值得檢討。隸屬於考試院的考選部部長與銓敘部部長,其任命方式法無明文,實務上則由總統直接任命之。令人質疑的是,考選部與銓敘部既為考試院之下的行政機關,為何此兩機關首長的人選,考試院院長與考試委員無任何決定權,反而是考試院之外的總統有人事決定權?總統與考試院為彼此平行的機關,總統竟然可以在法無明文的情況下直接決定考試院之下的人事,實有明顯違反權力分立原則之虞。

❺ 當時陳水扁總統依據《公投法》規定發動防禦性公投,決定於 2004 年 3 月總統大選當天同時舉辦「強化國防」與「對等談判」公投時,固然引發諸多爭議,但社會各界質疑總統此一權力的憲法基礎究竟為何的批評並不多。

釋」，應將總統此一權力視為《憲法》中總統緊急命令權的一環，因為當《公投法》規定總統發動防禦性公投的前提要件——「當國家遭受外力威脅，致國家主權有改變之虞」的情事發生時，當屬國家發生緊急危難之時刻，總統遂可依《憲法增修條文》第 2 條第 3 項的規定，為避免國家或人民遭遇緊急危難或應付財政經濟上重大變故，發布包括防禦性公投等措施在內的緊急命令。唯有將總統發動防禦性公投的權力視為緊急命令權的一環，此一權力才找得到憲法依據，也才能受到總統緊急命令權的憲法規範所節制，亦即須經行政院會議議決，且發布實施後十日內需經立法院追認。若不做如此解釋，總統發布防禦性公投的權力是難以找到憲法依據的。

　　總之，若從憲法規範的角度評析總統的權力，可以發現：在我國憲政體制中，軍政軍令二元化、總統國家安全大政決定權的範圍模糊不清、情治指揮系統二元化等制度缺失，構成若干制衡總統權力的死角，而在法律層次上賦予總統任命檢察總長與發動防禦性公投的權力，也存在違憲疑義。不過，就整體而言，我國憲法規範即便不是非常完善，大體上仍具備制衡總統的機制，總統的權力仍受到相當的制衡。然而，在實際憲政運作中，由於總統與行政院院長的分權制衡關係轉變為上下隸屬關係，導致我國總統的制衡機制遭到嚴重破壞。我國總統與行政院院長的權力關係，將是下一節所要探討的主題。

第三節　總統與行政院院長的權力關係

　　在我國憲法規範中，總統與行政院院長兩項職務互有制衡關係。行政院對立法院通過的法案移請覆議時，須經總統之核可（《增修條文》第 3 條第 2 項第 2 款）；總統公布法律、發布命令，須經行政院院長副署，其屬緊急命令者尚須經行政院會議之通過（第 37 條，《增修條文》第 2 條第 4 項）。總統的覆議核可權是其制衡行政院院長的權力，行政院院長的副署權則是制衡總統的權力。

　　在憲政體制的設計上，行政院院長絕非總統之僚屬，而是彼此分權相互

制衡的兩項職位。從當時制憲相關史料觀察,可知行政院院長非總統僚屬的制度設計實為制憲本旨,且過去大法官釋字第 419 號解釋對此亦有宣示,兩者的分權制衡關係在法理上是非常明確的。

總統與行政院院長的關係在法理上開始發生爭議,起因於行政院院長任命方式的改變。依《憲法》第 55 條規定,行政院院長由總統提名,經立法院同意任命之。1997 年第四次修憲後取消立法院對行政院院長的人事同意權,改由總統直接任命。《憲法增修條文》第 3 條第 1 項前段規定:「行政院院長由總統任命之。」文字簡單扼要,看似毫無疑義。

然而,2000 年陳水扁總統上任後的憲政爭議,主要就是環繞在此一條文上。爭議在於:總統任命行政院院長的權力,究竟該理解為總統可自行獨斷的權力,亦即總統對行政院院長的人選有完全的裁量權,還是該理解為:基於行政院對立法院負責的精神,總統任命行政院院長即使不須經立法院同意,仍應任命立法院多數陣營接受的人選為閣揆,亦即總統對行政院院長的人選並無完全的裁量權,仍須受立法院多數意志的拘束。

另外一個相關的爭議是,總統對行政院院長究竟有無實質的免職權。而總統對於行政院院長任免權內涵的爭議,也牽動行政院院長對總統之副署權內涵的理解。以下分別就總統對行政院院長之任命權與免職權的爭議、行政院院長對總統的副署權,以及實際運作上總統與行政院院長的主從關係加以討論。

一、總統對行政院院長之任命權的爭議

當總統與立法院多數不一致時,總統任命行政院院長是否須尊重立法院多數陣營的意見?學者對此問題形成正反立場的看法,且不同論者各有論據,可分述如下:

(一)總統任命閣揆應尊重立法院多數的論點
1.就第四次修憲時的修憲者原意而論
主張總統任命閣揆應尊重立法院多數的論者(以下簡稱「立法院派論者」)

認為，從憲政規範看來，當時修憲規定「行政院院長由總統任命之」的文字，並非指總統對行政院院長的人選有完全的裁量權，茲分析如下：首先，從1997年國民黨與民進黨共同合作的第四次修憲過程中看來，國、民兩黨確實有由立法院多數組閣的修憲共識。在當時國民黨版修憲提案（第1號修憲提案）擬將行政院院長改由總統直接任命的提案說明中提到：「本項調整旨在賦予總統根據民意逕行任命行政院院長的權力。惟該項權力之行使仍必須考量立法院之政治情勢，任命多數黨可接受之人選。」並提到：「行政院院長由總統任命之，無須立法院同意，總統於立法院無多數黨或聯盟時，可順利任命行政院院長，有助維持政局之安定。」並且指出「立法院無多數黨時，必須組成聯合政府。」

根據以上文字，顯然國民黨認為修憲後，儘管立法院不再擁有閣揆同意權，但當總統與立法院多數不一致時，只要立法院尚有過半數的多數黨或多數聯盟存在，總統仍應任命立法院多數黨或多數聯盟可以接受的人選。只有在立法院不存在多數黨或多數聯盟的情況下，總統對閣揆人選始有任意裁量權。

至於民進黨版修憲提案（第107號修憲提案）在主張將行政院院長改由總統直接任命的提案說明中，對於此點甚至比上述國民黨修憲提案說明闡述得更為清楚，該項修憲說明提到：「本版本憲政制度設計的精神，在於提供政治權力在總統與行政院院長之間轉換的可能。當總統與立法院的多數為同一政黨時，政治權力的核心為總統；當總統與立法院的多數分屬不同政黨時，政治權力核心就轉移至立法院以及由立法院所信任的行政院院長。」（黃錦堂，2000: 8–9）因此，無論是就國民黨或是民進黨當時的修憲提案看來，當時修憲者的原意確實是預設當總統與立法院多數不一致時，總統任命行政院院長時仍應尊重立法院多數的意見。

2.就目前覆議制度下憲政運作順暢的考量而論

立法院派論者指出，就憲政運作順暢的考量而言，若總統不任命立法院多數所支持的人士為閣揆，整個憲政體制將不可能順暢運作，這其中的關鍵是我國於1997年第四次修憲調整過的覆議制度。

　　在第四次修憲之前，當行政院對於立法院所提出的法案提出覆議，立法院須有三分之二多數始能維持原案，使得行政院得以立委「三分之一加一」少數的支持，否決立法院多數的決議。況且我國覆議制度在實務運作上允許行政院提出「部分覆議」（或稱「條項覆議」），在過去這樣的制度設計下，確實使得不受立法院多數支持的行政院仍有主導政策的空間。只要行政院有「三分之一加一」少數立委的支持，一方面對於立法院多數陣營主動提出並通過的法案，可以對立法院要求全案覆議而達到全案否決的目的；另一方面行政院對於自己提出的法案即使被立法院修正，也可針對被修正的條文對立法院要求部分覆議，如此便可僅推翻行政院反對的條文，而保留其他行政院願意通過的條文成為正式法律。經由上述的制度運作，不受立法院多數支持的行政院仍有施政空間。

　　然而，由於第四次修憲將覆議的可決門檻由三分之二改為二分之一，使立法院對於行政院所提出的覆議案，只要有二分之一立委支持原案，就可強制行政院接受其議決的法案。可以想像的是，立法院過半數的多數黨或多數聯盟若能團結一致，一方面可以對行政院進行杯葛，全面不通過行政院所提出的各項法案，另一方面則可自己主動提出法案並表決通過，就算行政院不願執行而要求覆議，立法院多數陣營也能以過半數維持原決議，強迫行政院執行。如此一來，將形成「反對黨決策，執政黨執行」的局面，行政院將陷入被迫實施其所反對之政策的困境。

　　在這種情形下，立法院中多數反對黨所主導的決策卻要由行政院的少數執政黨負責，民主政治中責任政治的精神將蕩然無存。為了避免上述情況發生，總統任命閣揆時以立法院多數意見為依歸，乃是維持憲政運作順暢不得不然的選擇。

3.以法國的憲政運作為參考對象而論

　　亦有立法院派論者以法國第五共和憲政體制的運作經驗，作為我國第四次修憲時最主要的參考對象，論證總統任命閣揆應尊重法院多數的意見。法國總統唯有在與國會多數黨（或聯盟）一致時，才可能任命同黨（或聯盟）人士為閣揆。一旦法國總統無法掌握國會多數，則必然任命國會多數人士組

閣。換言之，法國的內閣不論總統與國會多數一致或不一致，始終是能夠掌握國會多數的多數政府。

尤須注意的是，《法國第五共和憲法》在內閣與國會關係的制度設計上，非常強調內閣的穩定與內閣對國會的優勢，❻再者，基於兩輪對決制的總統選舉制度，總統必然是掌握過半民意的多數總統，就制度運作邏輯而言，其實並非完全不存在總統成立少數政府的空間，但是法國總統在與國會多數不一致時，即使其所屬政黨（或聯盟）在國會所占席次與多數黨（或聯盟）席次差距不大，也未曾成立少數政府（蘇永欽，2000）。

---

❻　當前法國《第五共和憲法》為了維持內閣的穩定，做了以下的規定：一、國會議員與內閣閣員身分不兼任，亦即閣員一般而言由非國會人士出任，若議員擬擔任閣員則須辭去議員職務。此一規定一方面強化了內閣的凝聚力（因為一旦被倒閣，閣員無法回任議員），一方面也降低了議員倒閣的動機（因為閣員人選不一定要從議員中尋找，議員倒閣不一定就能入閣取代原來的內閣）；二、對國會倒閣權的行使程序嚴格設限：倒閣案在國會議員十分之一連署提出後，須四十八小時之後始能表決，且須有國會議員總員額（而非出席人數）過半贊成始能通過倒閣案，且國會提出倒閣案在同一會期不得超過三次。至於內閣對國會的優勢則表現在「國會本身權力的限制」以及「政府對國會立法的主控權」這兩層面。「國會本身權力的限制」包括：一、憲法明文列舉國會得進行立法的事項，除此之外皆不屬國會立法範圍；二、即使是國會立法範圍，內閣也可要求國會授權，在一定期限內由內閣制定行政條例採行原屬國會立法範圍的措施；三、國會委員會數目受限，功能不彰。關於「政府對國會立法的主控權」則有以下規定：一、國會對財政法案不得為增加支出或減少收入之修正；二、國會對於財政法案若七十日內未議決，政府可直接以行政條例執行該法案；三、內閣可要求國會就其提案（以及其可接受的修正案）之全部或一部進行全案表決；四、內閣可在特定法案上質押信任（亦即提出信任案），此時國會須在二十四小時內提出不信任案，並依不信任案程序進行表決，否則法案視同通過；五、一旦國會兩院對於法案有不同意見，當法案在兩院協調穿梭的過程中，內閣具有主導權。

總之，《法國第五共和憲法》中國會的角色被嚴重壓抑。值得注意的是，法國於2008年7月進行《第五共和憲法》實施以來變動幅度最大的修憲，試圖矯正國會被高度馴服的現象，國會的地位在本次修憲後固然已有提升，但修憲後內閣與國會的權力關係仍是往內閣傾斜的。

相對地，我國《憲法》則完全沒有行政院對立法院享有優勢的制度設計，在我國《憲法》對少數政府的奧援遠不及法國，且基於相對多數制的總統選制而可能出現少數總統的情況下，總統有什麼正當性可以成立少數政府？

4.就我國憲政體制整體精神而論

亦有立法院派論者提醒，就整個憲政體制的精神而言，第四次修憲取消立法院的閣揆同意權，改由總統直接任命閣揆，並無意使閣揆成為完全聽命於總統的幕僚長。如果僅觀察到閣揆任命方式在第四次修憲有所調整，就以為總統任命閣揆有任意裁量權，乃是一種見樹不見林、忽略體系性觀察的《憲法》詮釋方式。因為第四次修憲除了將閣揆改由總統直接任命之外，更重要的是賦予立法院倒閣權，並且將立法院表決覆議案的門檻由三分之二改為二分之一，至於行政院院長為最高行政首長、行政院對立法院負責的《憲法》規定則維持不變。

整體而言，上述規定（立院倒閣權、以二分之一為門檻的覆議制度、行政院院長為最高行政首長、行政院對立法院負責）所共同構築的憲政架構，其實是更為強化內閣制的運作精神。

立法院派論者指出，修憲後立法院的閣揆同意權儘管被取消，但卻被賦予倒閣權，而若將國會的閣揆同意權與倒閣權相較，倒閣權毋寧才是典型內閣制的最核心設計，因為這種制度設計最清楚地彰顯了行政機關依附於立法機關、行政機關基於立法機關的信任而存在的內閣制精神 (Lijphart, 1984: 72, 1999: 130)。

須注意的是，國會倒閣權是內閣制國家必要的核心設計，而內閣制國家卻不乏國會無閣揆同意權的例子，例如英國、大多數英國以前的殖民地國家、北歐國家、荷蘭等皆是 (Bergman, 1995: 40–46)。在這些內閣制國家中，《憲法》之所以賦予國家元首（國王或總統）直接任命閣揆之權，是希望國家元首以超黨派的角色，發揮整合國家各種利益的作用，任命一位能為政局帶來穩定與領導有效政府的閣揆，並非賦予國家元首片面任命閣揆之權。在內閣制憲政運作下，為求政局的穩定並使政府的施政得以貫徹，國家元首在任命閣揆時，應尊重在國會中擁有過半席次之政黨（或聯盟）的意見，除非國會

中多數黨（或聯盟）屬意的閣揆人選明顯不適任，否則國家元首在任命閣揆時，應扮演消極與整合的角色（陳淑芳，2004: 55）。

　　簡言之，儘管我國第四次修憲後改由總統直接任命閣揆，但在整個憲政體制更為凸顯內閣制精神的情況下，仍須從內閣制的角度去詮釋總統的閣揆任命權，因此總統的閣揆人事決定權不應被僵硬地解釋為絕對的自由裁量權，而應視為「合義務之裁量」，❼必須受到建立「有效運作政府」此一不成文憲法原則的拘束，從而總統仍應尊重立法院多數的意見（陳新民，2006: 128）。若總統不顧立法院多數的意見，執意任命自己中意的人選，恐有違「憲法機關忠誠」(verfassungsorgantreue)❽的憲法義務。

　　綜上所述，從第四次修憲時的修憲者原意、目前覆議制度下憲政運作順暢的考量、法國第五共和的憲政運作經驗、我國憲政體制整體上的內閣制精神等角度來觀察，1997 年第四次修憲取消立法院對閣揆的事前同意權，而改採事後倒閣權的制度調整，修憲者固然是希望藉此擺脫立法院在總統任命閣

---

❼　「合義務之裁量」是與傳統的「自由裁量」相對的概念，意謂裁量權人行使裁量權並無完全的自由性，而有義務依循所有法治國家成文與不成文、實質與程序的規範，始能進行裁量。甚至有論者認為不應從總統「權力」的角度來看「行政院院長由總統任命之」的規定，而應將此規定視為總統的憲法責任（隋杜卿，2003: 148）。

❽　所謂「憲法機關忠誠」，是指憲法機關須盡最大可能性，將《憲法》詮釋為能夠使憲政合理而穩定運作的一套制度，因此憲法機關彼此間負相互扶持、尊重與體諒的義務。申言之，「憲法機關忠誠」是指憲法機關自覺對《憲法》整體的責任，為避免憲政秩序的功能受到妨礙，所產生的忠誠行為義務，以及因此而產生的樂於整合、協調的相互合作義務。此概念經由 Rudlf Smend 與 Wolf-Rüdiger Schenke 等德國重要憲法學者的闡述，並經由德國憲法法院在實務上的援用，在德國其作為「不成文憲法原則」的地位已獲各界承認。我國大法官蘇俊雄在釋字第 520 號解釋的協同意見書中，也引用此概念作為解決核四停建爭議的依據，其謂：「憲法機關在憲政運作上負有『憲法忠誠』之義務，必須遵循並努力維繫憲政制度的正常運作。此項『憲法忠誠』的規範要求，雖未見諸《憲法》明文規定，但不僅為憲政制度之正常運作所必需，亦蘊含於責任政治之政治倫理，其規範性應不容置疑。」關於「憲法機關忠誠」的探討，參見顏厥安 (2000)、許宗力 (2002: 19–27)、陳新民 (2005: 345–393)。

揆一事上所造成的直接牽制，讓總統可以根據具體的政治情勢任命其認為適當的閣揆人選，使總統任命行政院院長有較大的裁量空間，但並非要完全剝奪立法院參與建構內閣的權力，而將建構內閣的權力完全取決於總統的政治決定。

㈡總統任命閣揆有任意裁量權的論點

1.就修憲條文的文義解釋而論

主張總統可自行獨斷任命行政院長的論者（以下簡稱「總統派論者」）認為，就《憲法增修條文》第 3 條第 1 項「行政院院長由總統任命之」如此簡潔的文字觀之，看不出《憲法》有任何明確規範課予總統任命立法院多數支持之人士為閣揆的義務。

而從 1997 年第四次修憲取消立法院對閣揆的事前同意權，而改採事後倒閣權的調整來看，應可推論當時修憲者是有意剝奪立法院參與建構內閣的權力，而將建構內閣的權力完全交給總統的政治決定。在 1997 年第四次修憲之前，由於立法院有閣揆同意權，因此內閣的成立是以得到立法院多數的積極支持為前提；在第四次修憲之後，由於立法院的閣揆同意權遭到取消，而擁有倒閣權，因此內閣的持續存在是建立在立法院不行使倒閣權的基礎上。

換言之，在第四次修憲之後，立法院對閣揆的信任，僅維持在不提出倒閣案情形的信任推定上，亦即只要立法院沒有通過倒閣案，內閣的存在就具有正當性（詹鎮榮，2004: 49）。雖然立法院倒閣權的行使實質上足以影響內閣的建構，但從《憲法》明文規定閣揆係由總統單獨任命的情況下，立法院對於內閣建構充其量僅擁有消極的抵制可能性，而無法積極地參與內閣的組成（蔡宗珍，2004: 80；汪平雲，2006: 77）。立法院不能因為自己有事後倒閣權，就主張自己也有事前介入組閣的權力。總統派論者質疑，若總統任命行政院院長仍須受立法院多數意見拘束，1997 年第四次修憲大費周章取消立法院之閣揆同意權的意義為何？

2.就行政院對立法院負責方式的有限性而論

針對立法院派論者以行政院依《憲法》仍須向立法院負責為理由，從而

主張應該由立法院多數組閣的觀點，總統派論者提出以下的反駁。總統派論者指出，《憲法》明文規定行政院是「依左列規定」向立法院負責，而不是沒有條件、沒有限制地負責。《憲法》中關於行政院對立法院負責的規定，除了立法院的倒閣權之外，在性質上比較是規範行政與立法兩權對立、互動的制衡機制，而不是立法權高高在上、行政權（包括決策與人事）完全從屬於立法權的負責機制，因此根本無法從「行政院向立法院負責」的《憲法》規定導出立法院的組閣權（黃昭元，2000: 8–9）。

3.以考察修憲歷史背景的角度而論

針對立法院派論者以國民黨與民進黨兩黨在第四次修憲時的提案說明為依據，從而認為應該由立法院多數組閣的觀點，總統派論者也提出以下的反駁：

總統派論者認為，當時修憲者如果真要實現原本修憲提案說明的意旨，就應將《憲法》條文修正為「行政院院長由總統依立法院多數黨或多數聯盟之意見任命之。立法院無多數黨或無法形成多數聯盟，由總統逕行任命之」等類似的文字，而非僅是修正為「行政院院長由總統任命之」的無例外規定（湯德宗，2002: 364–365）。因為閣揆的產生方式乃是憲政體制中極為重要的環節，豈能根據毫無形諸《憲法》正式規定的修憲提案說明文字，就脫離「行政院院長由總統任命之」的明確文義，反而要求總統必須完全屈從立法院多數的意見。

總統派論者指出，若考察 1997 年第四次修憲的歷史背景，當時之所以修憲剝奪立法院的閣揆同意權，正是基於對立法院的不全然信賴，希望擺脫立法院在總統任命閣揆一事上所造成的牽制，而強化總統對內閣組成的影響權限。從總統派論者眼中看來，國、民兩黨在當時修憲提案說明提到總統因依立法院多數意見任命閣揆的相關文字，並未成為《憲法》條文的正式文字，此一現象正顯示修憲者最後仍然決定預留若干空間，讓總統可以根據具體的政治情勢任命其認為適當的閣揆人選。在我國現行《憲法》規定的框架下，總統對於內閣的組成方式應有充分的決定空間（陳愛娥，2002: 308）。不論是擁有立法院多數支持的「多數政府」，或是無立法院多數支持的「少數政

府」，應該都是《憲法》容許的政治選擇。

綜上所述，總統派論者係從修憲條文的文義解釋、行政院對立法院之負責方式的有限性、修憲歷史背景的考察，主張總統任命閣揆不須以立法院多數的意見為依歸。

二、總統對行政院院長之免職權的爭議

關於總統對行政院院長是否有實質的免職權，學者對此問題亦形成正反立場的看法，且不同論者各有論據，可分述如下：

㈠總統對行政院院長無免職權的觀點

首先，從維持整體憲政運作的順暢而言，閣揆的去職問題，必須從整體憲政運作能否順暢的角度來考量，而不能僅將其視為一項純粹的人事歸屬權問題。雖然在第四次修憲後，閣揆改由總統直接任命，但行政院對立法院負責此一核心規定並沒有改變，立法院在平常時期可以透過施政質詢、法案議決、預算審查等機制要求行政院對其負責，在非常時期則是透過覆議制度與不信任投票要求行政院對其負責，這中間若是再加入總統對閣揆的主動免職權，勢必將全面破壞上述體現行政院對立法院負責之憲政核心精神的各項配套機制。

如果總統可以任意將閣揆免職，則不想被總統免職的閣揆將被迫聽命於總統，但是內閣的施政若無立法院在法案與預算上的支持亦窒礙難行。若總統與立法院多數分屬不同黨派，當總統與立法院意見不一致時，同時對總統和立法院負責的內閣將陷入左右為難的困境（陳滄海，1999: 275-276；李念祖，2000: 13；陳新民，2001: 512）。質言之，此種觀點認為，《憲法》既然沒有明文賦予總統對閣揆的免職權，為了保持憲政運作順暢起見，不應承認總統的此項權力。

其次，從閣揆的憲政地位來看，若總統對閣揆擁有實質的免職權，將完全破壞閣揆在《憲法》中所明定的角色與地位。一方面，《憲法》第 53 條規定「行政院為國家最高行政機關」，閣揆在修憲後仍是《憲法》明定的國家最

高行政首長，假若總統可以任意罷黜閣揆，使內閣施政必須聽命於總統，無異使總統取得實際上的國家行政首長地位；另一方面，由於閣揆對於總統公布法律發布命令具有副署的權力，在憲政體制上閣揆與總統形成行政權內部的制衡關係，❾如果總統可以任意將閣揆免職，等於完全架空了閣揆的副署權，破壞了總統與閣揆之間的制衡關係。

　　第三，從考察修憲過程的角度指出，在第四次修憲時，國民黨原本規劃的修憲版本有二：一是「行政院院長由總統任免之」，另一是「行政院院長由總統任命之」，最後提出的修憲提案版本則是「任命之」而非「任免之」，此一前後的差異，似乎意味著國民黨在修憲提案時認為總統無權主動將閣揆免職，而修憲後的正式條文與國民黨提案的文字完全一致，可見修憲者當時刻意排除總統對閣揆的免職權（周育仁，2000: 8）。

　　綜言之，從維持整體憲政運作的順暢、閣揆的憲政地位，以及修憲者原意的角度來看，都可以論證在憲政規範上總統並無主動將閣揆免職的權力。

㈡總統對行政院院長有免職權的觀點

1.就憲法明文規定而論

　　然而，主張總統有閣揆免職權的論者，亦有他們的論據。首先，有論者認為從《憲法》的明文規範中，其實也可以找到總統對閣揆有主動免職權的依據，此依據即為《憲法增修條文》第2條第2項：「總統發布行政院院長……之任免命令……，無須行政院院長之副署，不適用《憲法》第37條之規定。」原本根據《憲法》第37條的規定，總統所有公布法律、發布命令的行為皆須閣揆與相關閣員的副署，就連閣揆的免職命令也包含在內。若總統欲將閣揆免職，但閣揆拒絕副署，免職命令就無法生效。

　　換言之，在原先《憲法》第37條的規定下，總統在《憲法》上無主動將閣揆免職的可能。❿但是在上述《增修條文》的規定中，排除了閣揆對於總

---

❾　在大法官釋字第419號的解釋理由書中，明確地指出總統與閣揆不得由一人兼任。大法官所持的理由，正是認為總統與閣揆兩種職位互有制衡的作用（參見大法官釋字第419號解釋理由書一、第三段後段）。

統對其免職命令的副署權，等於是讓總統取得對閣揆的免職權（湯德宗，1998: 163；朱諶，1997: 430；廖元豪，1998: 13）。

2.從憲法體系性解釋的角度而論

亦有論者從憲法體系性解釋的角度，得出總統對閣揆擁有免職權的結論。這種觀點指出，第四次修憲後立法院的閣揆同意權被取消，而以賦予立法院倒閣權作為補償，倒閣權即意味著「事後不同意權」，而在這化「事前同意權」為「事後不同意權」之間，總統已巧妙取得了對閣揆的免職權。其理由如下：

第一，第四次修憲之前，在立法院既沒有倒閣權，行政院也沒有解散國會權的情況下，行政院之所以猶能向立法院負責，端賴立法院對行政院院長有同意權。第四次修憲將此一關鍵的負責機制斬斷，雖然改以倒閣權作為補償，但由於倒閣後總統可以解散立法院，使得立法院根本不可能以倒閣來表示對閣揆的不同意，因此，儘管《憲法增修條文》第 3 條第 2 項在形式上仍有「行政院……對立法院負責」等字樣，但事實上已質變為「行政院（依左列規定）受立法院『監督』」。

第二，第四次修憲將原先《憲法》第 57 條中所規定的覆議制度作了調整，其中將行政院要求立法院覆議但失敗的法律效果，改為「行政院院長應接受該決議」（《增修條文》第 3 條第 2 項），刪除了原本在《憲法》第 57 條中「或辭職」的字眼，如此一來，未獲立法院多數支持而要求覆議失敗、不能有效推動施政的行政院院長仍能繼續留任，毋寧是暗示閣揆係就政策對總統負責，而不是對立法院負責。綜上所述，內閣的負責對象既然由立法院轉移至總統，可推知總統具有對閣揆的任免全權（湯德宗，2005: 38–43）。

---

❿ 在實際運作上，由於閣揆與總統皆屬同一政黨（唐飛為唯一例外），而歷任總統蔣中正、蔣經國、李登輝與陳水扁都是執政黨的實質領袖，因此總統透過政黨的機制在「憲政實踐」上當然有權力將閣揆免職（只是在檯面上仍會呈現為閣揆主動辭職）。不過，若就憲法論憲法，在 1994 年第三次修憲之前，總統在「憲法規範」上對閣揆的免職令仍須閣揆副署。我們可以設想，若總統與閣揆分屬不同黨派，在《憲法》第 37 條的規定下，總統自無可能將閣揆主動免職。

3.從閣員任命程序的憲政實務而論

也有論者認為，儘管《憲法》並未明文規定總統可以直接將行政院院長免職，但是因為總統有權單獨任命新的行政院院長，因此總統只要宣布任命新的行政院院長，便可自然地免除原來的行政院院長（林佳龍，1998: 12-13）。這種說法看似沒有法理依據，但有論者認為此種觀點可以從過去總統任命內閣閣員的憲政實務得到佐證。

《憲法》第56條規定：「行政院副院長、各部會首長及不管部會之政務委員，由行政院院長提請總統任命之。」此條文的意涵，是指閣揆對閣員有人事決定權，但仍由總統基於國家元首的身分任命閣揆所決定的閣員人選。而在憲政實務上，只要閣揆任命新任部會首長，則原任者便必須辭職，閣揆從來不須先發布命令將原任者免職，或須先提請總統發布對閣員的免職令，才任命新任閣員。

就以上閣員的任命程序可以推論，總統任命閣揆的權力，也同樣不受現任者願否辭職的拘束，只要新閣揆被總統任命而上任，舊任者自然必須辭職（黃錦堂，2000: 18）。換言之，總統既然能任意任命新任閣揆，也就當然取得對舊任閣揆的免職權。❶

4.以人事權任免一致的原則而論

有論者根據人事權任免一致或合一的基本原則，認為完整的任命權當然包含免職權在內，若要限制或剝奪總統對閣揆的免職權，就必須在總統的任命權部分加上限制與但書。因此要確認總統對閣揆究竟是否有免職權，關鍵

---

❶　筆者認為此論點有待斟酌，因為閣揆和閣員之間的關係，與總統和行政院院長之間的關係，並不能完全相互比擬。就閣揆和閣員之間的關係而言，因為閣員在制度上是閣揆的下屬，因此閣揆對於閣員當然就有完全的任免全權。是在這樣的前提下，過去的憲政實務才會承認閣揆一旦任命新閣員，舊閣員就必須辭職；因為就算舊閣員不辭職，閣揆也有權力單獨將舊閣員免職。換言之，人事權任免一致或合一的基本前提，乃是任命者與被任命者為明確的長官與部屬關係。然而就總統和行政院院長之間的關係而言，爭議的焦點正是在於總統是否擁有閣揆的免職權而成為閣揆之上司。我們豈能將人事權任免一致或合一作為前提，先認定總統為閣揆的上司，再推論總統對閣揆有免職權？這樣的論點乃是明顯的循環論證 (tautology)。

其實是《憲法》中對於總統之閣揆任命權的相關規範是否有限制，而觀察《憲法增修條文》第 3 條第 1 項「行政院院長由總統任命之」的規定，《憲法》對總統的閣揆任命權並沒有另外的明文限制，由此可知總統對閣揆的任命權應該是完整的，也因此當然包含對閣揆的免職權（黃昭元，1999: 7）。

5. 從修憲過程的角度而論

亦有論者採取考察修憲過程的角度來論證此問題，不過這些論者觀察的是當時民進黨在第四次修憲時的提案版本，而非國民黨的提案版本。在民進黨所提的雙首長制修憲提案版本中，原本的文字仿照《法國第五共和憲法》的制度設計，規定為「總統任命行政院院長，並依行政院院長提出辭職而免除其職務。」所謂「依行政院院長提出辭職而免除其職務」，正是為了排除總統對閣揆的主動免職權。

然而在最後正式通過的修憲條文中，則刪除了這段文字，僅規定「總統任命行政院院長」。從這一前一後的差異，似乎意味著原本不承認總統對閣揆有主動免職權，後又改為承認總統對閣揆有主動免職權。因此我們可以發現，儘管都是從修憲史的角度出發，但從國民黨或民進黨的提案版本來推論，竟會得到完全不同的結論，也因此根本無從還原所謂的修憲者原意。

綜言之，從《憲法》的明文規範、《憲法》的體系性解釋、閣員任命程序的憲政實務、任免合一的基本原則，以及修憲過程的角度來看，都可以推得總統有主動將閣揆免職的權力。

儘管在憲法規範上，總統任命行政院院長是否為總統完全專斷的權力，以及總統對行政院院長是否有實質的免職權，在法理上皆有爭議，不過就實際憲政運作而言，總統顯然完全掌握對行政院長的任免全權。

在陳水扁總統任內 (2000–2008)，總統與立法院多數分屬泛綠與泛藍陣營，呈現兩者不一致的格局。面對泛藍陣營占有多數的立法院，陳總統始終是依己意先後任命唐飛、張俊雄、游錫堃、謝長廷、蘇貞昌、張俊雄（再任）等閣揆（參見表 6–1），都不是基於立法院的多數意見產生的人選，所組成的民進黨內閣也因此皆是不受立法院多數支持的少數政府。❷ 這幾位閣揆之所

---

❷　陳水扁總統任內的首任行政院院長唐飛雖為國民黨籍出身，但唐飛擔任行政院院長

以能夠在任，並不是來自立法院的支持，而是來自總統的支持和信任。此時閣揆的權力來源和支持基礎是來自總統，而非立法院。

在此情形下，行政院院長幾乎自居為「總統的幕僚長」，從而認為總統對自己有免職權；當總統有意任命新閣揆時，原任閣揆皆會配合總統的意志提出辭職，未曾抗拒。此一實際憲政運作的情況是否與憲法規範相符，其實尚有爭議，但長期運作至今，從許多政治人物的發言與大眾輿論的看法，幾乎已經形成總統有權任意撤換閣揆的一般認知。**⑬**

並不是陳總統與當時立法院多數黨國民黨協商的結果，且唐飛是在國民黨暫時停止黨權後擔任行政院院長。當時的內閣儘管號稱「全民政府」，但實質上仍是民進黨主導的少數政府。

⑬ 前行政院院長唐飛在其任內，曾經明確表示，民選總統要向全民負責，而總統任命的行政院院長，當然向總統負責，也間接向全民負責（中國時報，2000 年 9 月 9 日，第 4 版）。與陳水扁總統不同黨的行政院院長猶有如此的自我角色認知，更遑論接下來幾位民進黨籍的行政院院長會如何看待自己的角色。前行政院院長謝長廷便曾直言：「我做不好，總統會換掉我。」（中國時報，2005 年 8 月 12 日，第 2 版）。行政院院長陳冲於 2012 年 10 月接受媒體專訪時直接言明，「我是受雇的，總統是他的雇主」（商業周刊，2012 年 10 月 8 日，第 1298 期）。而前民進黨主席林義雄於 2006 年 1 月發表公開信，強調總統不應召見部長並給予指示，值得注意的是他所持的理由：「根據《憲法》規定，總統僅有任免行政院院長之權。而行政院院長乃為國家最高行政首長，所有行政措施應由行政院院長負全責。總統除認為行政院院長不適任，得予免職外，不應該事事干預指揮。」（中國時報，2006 年 1 月 22 日，A1 版）除此之外，輿論界常有閣揆是否可能易人、內閣是否改組等議題的討論，卻幾乎無人質疑過總統是否有更換閣揆的憲法權力。總統擁有任免閣揆全權的一般認知，由此可見。

表 6-1　我國 1990 年代之後的總統與行政院院長

總　統	行政院長	黨　籍	任期期間
李登輝（國民黨） (1988.01-2000.05)	李　煥	國民黨	1989.06-1990.06
	郝柏村	國民黨	1990.06-1993.02
	連　戰	國民黨	1993.02-1997.09
	蕭萬長（註 1）	國民黨	1997.09-2000.05
陳水扁（民進黨） (2000.05-2008.05)	唐　飛	國民黨	2000.05-2000.10
	張俊雄	民進黨	2000.10-2002.02
	游錫堃	民進黨	2002.02-2005.02
	謝長廷	民進黨	2005.02-2006.01
	蘇貞昌	民進黨	2006.01-2007.05
	張俊雄	民進黨	2007.05-2008.05
馬英九（國民黨） (2008.05-2016.05)	劉兆玄	國民黨	2008.05-2009.09
	吳敦義	國民黨	2009.09-2012.02
	陳　冲	國民黨	2012.02-2013.02
	江宜樺	國民黨	2013.02-2014.11
	毛治國	國民黨	2014.11-2016.01
	張善政	無黨籍（偏國民黨）	2016.01-2016.05
蔡英文（民進黨） （2016.05 至今）	林全	無黨籍（偏民進黨）	2016.05-2017.09
	賴清德	民進黨	2017.09-2019.01
	蘇貞昌	民進黨	2019.1 至今

註 1：1997 年 7 月第四次修憲之後，總統任命行政院院長不須經立法院同意，故蕭萬長之後的歷任閣揆，皆由總統直接任命。

三、行政院院長對總統的副署權

《憲法》第 37 條規定，總統公布法律，發布命令，須經行政院院長之副署，或行政院院長及有關部會首長之副署。在半總統制下，副署制度乃是閣揆與總統這兩位行政首長之間的一種制衡機制，由於總統發布的命令未經閣揆副署不能生效，閣揆可藉由副署權牽制總統。修憲後對於副署制度做了例外規定（《增修條文》第 2 條第 2 項），亦即總統發布以下三種命令不須行政院院長副署：一是總統對行政院院長之任免命令；二是總統對司法院、考試

院、監察院三院重要人事之任免命令；三是總統解散立法院之命令。

　　有論者認為，總統發布此三種命令既無須行政院院長副署權的牽制，意味著修憲後總統權力增加，行政院院長的權力遭到限縮，這三種不須行政院長副署的命令可視為總統的專屬權。事實上，這種看法誤解了此規定的意涵，因為當時修憲增訂此一規定的用意，乃是為了使整個副署制度的運作更為合理順暢，並非專為擴張總統權力而設。茲說明如下：

　　首先，關於總統對於行政院院長之任免命令不須行政院院長副署的意涵應如何理解，應將「任免」分為「任命」與「免職」兩種命令分別觀之。

　　就任命而言，總統任命新行政院院長時，若此任命狀仍須行政院院長副署，在邏輯上應是由即將卸任的行政院院長副署。因為新行政院院長是在總統任命後就任，在總統任命新行政院院長的當下尚未就任，故在任命狀副署的行政院院長當然不可能是新行政院院長。試想，若總統任命行政院院長尚須即將卸任的行政院院長副署，且不經副署則該任命行為不生效力，將形成即將卸任的行政院院長對於總統決定的新行政院院長人選竟有置喙餘地的現象，豈不怪哉？故修憲後規定總統任命新行政院院長不須舊行政院院長副署，始為允當。

　　就免職而言，若行政院院長在遭到立法院倒閣或其他政策爭議而向總統提出辭職，而由總統被動下達免職令時，仍須行政院院長副署始生效力，如同離職前尚須簽名示眾才能正式離職，似有羞辱行政院院長之嫌，為避免造成尷尬難堪之場面，故規定總統對行政院院長的免職命令不須行政院長副署。

　　其次，總統任免司法、考試、監察三院重要人事的任免命令不須行政院院長副署，乃是因為司法、考試、監察三院重要人事的決定，係由總統提名，經立法院同意後任命，且任命後皆有任期保障。這些人事的選任乃屬於總統與立法院的權責，本來就與行政院院長無涉。試想，若這些人事命令尚須行政院院長副署始生效力，豈不代表行政院院長可藉由副署權介入這些人事的決定？故修憲後排除行政院院長對這些人事的副署權，相當合理。

　　第三，總統解散立法院的命令不須行政院院長副署，乃是因為解散立法院的決定屬於總統的裁量權，非屬行政院院長的權限，若總統解散立法院的

命令尚須行政院長副署始能生效，行政院長將可藉由副署權干預總統解散立法院的決定，故修憲後排除行政院院長對總統解散立法院之命令的副署權，乃是為了清楚確立在我國憲政體制中，解散立法院的裁量權屬於總統，而非行政院院長。

總之，總統發布的命令排除閣揆副署權的例外規定，主要是為了使副署制度的運作更為合理順暢，並非以擴張總統權力為唯一思考。除了三項例外，總統發布的任何命令仍須閣揆副署，故閣揆的副署權在法理上具有牽制總統的功能。然而，就實際憲政運作而言，由於總統掌握對閣揆的任免全權，因此可以想像的是，假若閣揆真的以副署權對抗總統，對總統擬發布的命令拒絕副署，閣揆大概很難逃避被總統免職的命運。因此目前在實際運作上，行政院院長的副署權僅是行政院院長確認獲悉總統舉措的意義，成了總統通知行政院院長悉聽遵辦的照會程序，失去牽制總統權力的作用。

四、實際運作上總統與行政院院長的主從關係

由於總統對行政院院長在實際運作上擁有任免權，行政院院長的副署權早已失去制衡總統的功能，總統與行政院院長之間在法理上的分權制衡關係已轉變為上下隸屬關係。回顧陳總統在任期間，當時在總統與立法院多數不一致的格局下，總統任命自己屬意的人士為閣揆，閣揆大抵上承總統之命行事，總統與閣揆其實已呈現主從關係，但兩者在職權行使上尚維持形式上的分際。而在2008年馬英九就任總統後，總統與閣揆的主從關係則更為鮮明，總統與閣揆的權力分際相形之下更顯模糊。2016年之後蔡英文擔任總統時期亦是如此，以下將就馬英九總統時期具體指明此一現象。

2008年1月立委選舉與3月總統大選後，我國又回到總統與立法院多數一致的政治格局。在總統、內閣、國會三者「一家親」的情況下，國民黨籍的閣揆一方面既對國民黨占多數的立法院負責，另一方面也聽命於國民黨籍的總統，自居是總統的下屬，而對總統負責。

馬英九總統在上任之初，曾經一度試圖確立總統與行政院長的分工，擬由行政院長負責日常政務，總統則退居「第二線」，主導國防、外交與兩岸事

務，但此一分工模式立即引發輿論的批評和質疑。在民意的壓力下，「行政院長站第一線，總統站第二線」的分工模式稍縱即逝，而轉變為總統主導日常政務，行政院長的實際角色則猶如總統幕僚長。馬英九總統上任後即組成非正式的「府院黨五人小組」，成員包括總統、副總統、行政院長、立法院院長、國民黨主席，作為黨政溝通平臺，每週定期聚會以商議國家重大決策。❹

馬英九上任一年多後（2009 年 9 月），開始兼任國民黨主席，直接領導黨務。在政務方面，行政院各部會首長每週依序進總統府向總統報告，行政院長也經常率領相關部會首長進府與總統開會。行政院重要政策拍板後，也經常是由總統在行政院長及相關部會首長的陪同下，於總統府召開記者會對外宣布（儘管這些政策並非屬於總統的法定職權範圍）。❺此外，總統越過行政院院長而與行政院各部會首長的私下聯繫也屢有所聞，內閣閣員越過行政院院長向總統報告幾乎成了常態現象。因此儘管總統在正式制度上無法主持行政院會議，但透過上述方式仍能主導行政院的政務運作。在實際憲政運作上，總統顯然已是行政院長的長官，也是行政院各部會首長的真正長官（蘇子喬，2010: 204）。

2009 年 9 月，行政院院長劉兆玄因為莫拉克風災政府救災不力而提出辭

❹　在馬總統兼任國民黨主席後，府院黨五人小組並未轉變為四人小組，而由國民黨副主席參與府院黨五人小組會議。

❺　總統針對應屬行政院職權、明顯非屬總統《憲法》職權的政策領域，在總統府召開記者會對外宣示的舉措，是 2010 年之後才有的現象，過去陳水扁與李登輝總統期間未曾見過。其中包括：「推動法務部下設立廉政署」記者會（2010 年 7 月 20 日），此應屬行政院轄下法務部的政策領域；「推動課徵特種貨物及勞務稅 （俗稱奢侈稅）」記者會（2011 年 4 月 5 日），此應屬行政院轄下財政部的政策領域；「停止國光石化開發案」記者會（2011 年 4 月 22 日），此應屬行政院轄下經濟部的政策領域；「青年安心就學、放寬就學貸款」記者會（2011 年 9 月 19 日），此應屬行政院轄下教育部的政策領域；「老農津貼政策」記者會（2011 年 10 月 18 日），此應屬行政院轄下財政部、內政部、農委會的政策領域；「電價調漲議題」記者會（2012 年 5 月 1 日），此應屬行政院轄下經濟部的政策領域。不過，馬總統此種越俎代庖的行為，社會各界似乎已見怪不怪，並未引發明顯的批評和爭論，由此可見當前一般國人幾乎已默許總統成為行政院院長的長官。

職，隨後內閣改組的過程，也明顯透露出總統自居為行政院之上級長官的跡象。馬英九總統當時透過總統府發言人，宣布任命吳敦義為行政院院長，朱立倫為行政院副院長。

　　值得注意的是，馬總統當時同時宣布行政院正副院長人選，與過去憲政實踐明顯不同。根據《憲法》第 56 條規定：「行政院副院長、各部會首長及不管部會政務委員，由行政院院長提請總統任命之。」此規定的意涵是指：行政院院長既是行政院的最高長官，對行政院副院長、各部會首長及不管部會政務委員（以下簡稱內閣閣員）具有人事決定權，故這些職位係由行政院院長決定人選後，提請總統以國家元首的角色正式任命。在制度上，總統對於行政院院長提請的人選並無實質決定權。

　　儘管過去在實際運作上，行政院院長對於內閣閣員人選的決定，在正式提請總統任命前皆會與總統先行協商討論，尤其是關於國防部部長、外交部部長與大陸委員會主任委員的人選，基於對總統之國安大政決定權的尊重，行政院院長幾乎完全尊重總統的意見，但組閣權在形式及正式程序上，仍由行政院院長發動，而不是由總統直接宣布行政院正副院長人選。同樣地，2012 年 2 月，馬總統亦透過新聞稿直接宣布任命陳冲與江宜樺為行政院正副院長。2013 年 2 月，馬總統同樣是直接宣布任命江宜樺與毛治國為行政院正副院長。馬總統此種的舉措，已明顯透露了總統將行政院正副院長視為其直接僚屬的憲政認知。

　　不僅行政院正副院長幾乎成了總統的僚屬，行政院有些部會首長在上任後甚至公開表示，自己是在總統致電邀請下被延攬擔任部會首長。❶❻過去總統介入行政院的人事儘管是眾人皆知的「公開祕密」，但畢竟仍是「不足為外

---

❶❻　2009 年 9 月，當時甫由行政院研考會主委轉任內政部長的江宜樺接受中國時報專訪，明白表示自己是應馬總統邀請擔任內政部長，並且不諱言自己擔任部長後，與總統的互動更為直接密切，「現在想到什麼，有時就會直接跟總統講。」當記者問到這是否有越級報告的問題時，江部長回答：「我盡量在同一天，讓總統及院長都知道……我想吳（敦義）院長應該不會太介意。」（中國時報，2009 年 9 月 17 日，第 4 版）

人道的祕密」，總統、行政院院長與部會首長從未正式對外承認總統介入行政院的人事。但是當部會首長在對外發言時毫不避諱地直接講明自己是受總統邀請，而不是受行政院院長邀請延攬入閣時，似乎是在暗示總統是行政院的長官。

上述情況尚可稱屬於部會首長的個人發言，不代表政府的公開宣示，以下事證則幾乎可稱是政府的公開宣示：2012 年 6 月行政院祕書長林益世貪瀆案爆發，社會各界質疑當時林益世擔任該職究竟是誰的主意時，總統府發布新聞稿表示，根據《憲法》規定，行政院祕書長以及其他內閣閣員的人事係由總統與行政院院長「共同決定」。至此，過去檯面下行政院閣員人事選任過程的非正式運作已經完全公開化，並且公然曲解了《憲法》第 56 條規定的原始意涵。

2012 年 9 月，在立法院在野黨發動倒閣之際，總統府向媒體宣布重要人事異動，其中包括外交部部長與陸委會主委的人事異動。當時人事異動的訊息，乃是在立法院倒閣案提出與表決之間的七十二小時「冷卻期」正式對外發布，行政院院長的職權在此時屬於「懸空」狀態，總統在未有行政院院長偕同的情況下，便逕自發布外交部部長與陸委會主委更動的消息。

在過去，固然行政院院長對於外交部部長與陸委會主委的人事，原則上尊重總統的意見，不過在正式程序上仍會由行政院對外發布。但在此次人事異動過程中，係由總統府正式對外發布訊息，行政院院長完全噤聲。很明顯地，總統已完全越過行政院院長，將外交部部長與陸委會主委當成自己可以全權指揮的下屬，行政院院長作為外交部部長與陸委會主委形式上之長官的角色，在此事例中也完全不受總統尊重了。

總之，總統與行政院院長的關係，已從憲法規範的分權制衡轉變為上下隸屬關係，總統在實際運作上已成為行政院院長的長官，完全主導行政事務。行政事務明明是由總統主導，卻又可以行政院對立法院負責為藉口，躲在行政院院長後面發號施令，行政院院長遂成了總統逃避立法院監督的「擋箭牌」；當出現政策爭議而被民意指責時，行政院院長則成了總統規避政治責任的「避雷針」。

第四節　總統與立法院的權力關係

在憲法規範上，總統與立法院之間存在著制衡關係。立法院藉由人事同意權、罷免與彈劾的提案權、緊急命令的追認權、聽取國情報告等權力制衡總統；總統則有解散立法院之權以制衡立法院。以下將分為總統解散立法院的權力，以及立法院對總統的制衡機制這兩個層面加以討論。

一、總統解散立法院的權力

我國 1997 年第四次修憲時，賦予總統解散立法院的權力。在《憲法增修條文》中提到總統解散立法院之權力的條文有三條，一是《增修條文》第 2 條第 2 項：「總統發布行政院院長與依《憲法》經立法院同意任命人員之任免命令及解散立法院之命令，無須行政院院長之副署，不適用《憲法》第 37 條之規定。」二是《增修條文》第 2 條第 5 項：「總統於立法院通過對行政院院長之不信任案後十日內，經諮詢立法院院長後，得宣告解散立法院。但總統於戒嚴或緊急命令生效期間，不得解散立法院。」三是《增修條文》第 3 條第 2 項第 3 款：「立法院得經全體立法委員三分之一以上連署，對行政院院長提出不信任案。不信任案提出七十二小時後，應於四十八小時內以記名投票表決之。如經全體立法委員二分之一以上贊成，行政院院長應於十日內提出辭職，並得同時呈請總統解散立法院；不信任案如未獲通過，一年內不得對同一行政院院長再提不信任案。」

就以上條文看來，在立法院通過對行政院院長的不信任案後，總統始有解散立法院的機會。由於總統解散立法院設有前提限制，故這種解散權常被稱為被動的解散權。

雖然我國總統解散立法院的權力是屬於被動的，但這其中仍有一個爭議存在，那就是根據《憲法》相關規定，總統解散立法院是否須以行政院院長的呈請為要件；換言之，前述《增修條文》第 2 條第 5 項與第 3 條第 2 項第 3 款這兩個條文究竟應合併觀之，還是可以單獨分別觀之。若合併觀之，意

謂立法院倒閣後，經由行政院院長呈請總統始能解散立法院。若可單獨分別觀之，則意謂一方面立法院倒閣後，總統在無行政院院長的呈請下，得自行於諮詢立法院院長後宣告解散立法院；另一方面，被倒閣的行政院院長也可呈請總統解散立法院。

總統解散立法院是否須以行政院院長的呈請為要件，對於憲政運作會造成不同的影響。一般而言，如果行政院院長是總統的人馬，一旦倒閣案通過，行政院院長應該會呈請總統解散立法院，總統通常也會解散立法院。

但是假若我國憲政運作出現「共治」，此時行政院院長與總統不同黨，如果立法院因多數黨或多數聯盟內部發生權力變化以致通過倒閣案，這時發動倒閣的立法院或甚至是行政院院長本身,可能會希望將倒閣的效果侷限於「茶壺內的風暴」，也就是說只是執政黨或執政聯盟內部的政爭，而不是總統與立法院之間的政爭。畢竟此時立法院所要推翻下臺的並不是總統的人馬，在這種情形下，總統能否趁此立法院多數黨或多數聯盟內部發生紛爭之際，又行介入直接解散立法院，增加政治上的不確定性，可能會引起爭議（黃昭元，1997: 4）。

關於此問題，認為總統解散立法院須以行政院院長的呈請為要件的看法認為，倒閣和解散兩權行使的機制,其意旨為在行政與立法兩權相持不下時，以人民為終極的裁判者，因此行政院和立法院分別為擁有解散權和倒閣權的主體，行政院院長呈請總統宣告解散立法院的程序，只可視為國家元首發布命令的形式動作，總統的意志不應在行政院與立法院之間的牽制互動中隨意介入。再者，我國總統僅由相對多數選出，是否具有代表人民裁決行政院重組抑或立法院解散的正當性，也頗令人質疑（楊世雄，1998: 177–178）。

另一方面，認為總統在立法院倒閣後，不須以行政院院長之呈請為前提要件，可以在諮詢立法院院長後自行宣告解散立法院的看法則認為，依照我國《憲法》第 44 條，總統有院際爭執調解權，因此當行政與立法之間出現重大爭執時，總統當然可以自行衡酌情勢，以決定是要單純由行政院院長辭職，另組新內閣，或是同時解散立法院，以求改變立法院政治生態，徹底解決僵局。總統平時固然不能主動解散立法院，不過在院際爭執之時，國家元首自

然可以第三者比較客觀的立場，來解決政爭（楊日青，1997: 301）。

　　事實上，若考察當時修憲增設解散立法院之制度的本意，上述問題的答案應該是清楚的。1997 年第四次修憲時，國民大會的修憲理由清楚指明，設置解散立法院的制度，係有意將解散立法院的裁量權賦予總統，而非行政院院長。當時修憲將總統解散立法院的命令規定為排除閣揆副署權的三項例外之一，也可看出此一用意。因此，我國《憲法》關於解散立法院之制度的規範意涵，應是指總統於立法院倒閣後，在未有行政院院長呈請的情況下，即可自行諮詢立法院院長後宣告解散立法院；另一方面，行政院長亦得呈請總統解散立法院，總統對此呈請亦可自行裁量是否宣告解散立法院。

二、立法院對總統的權力監督機制

　　立法院對總統的權力監督機制，包括彈劾提案權、罷免提案權、調查權與聽取國情報告權等，這些監督機制目前在法制規範上亦有許多值得商榷之處，茲分述如下：

㈠我國彈劾與罷免總統制度的商榷

　　關於總統的彈劾程序，2005 年第七次修憲前係由立法院提出彈劾案，交由國民大會複決，第七次修憲廢除國民大會後，現行制度係由立法院提出彈劾案（全體立法委員二分之一以上之提議，全體立法委員三分之二以上之決議），聲請司法院大法官組成憲法法庭審理，經憲法法庭判決成立，總統即應解職。至於總統的罷免程序，1994 年第三次修憲前係由國民大會提議並議決通過，第三次修憲將總統改由公民直選後，現行制度係由立法院提出罷免案（全體立法委員四分之一以上之提議，全體立法委員三分之二以上之決議），交由公民複決（公民總額過半數之投票，有效票過半數同意）。

　　儘管彈劾與罷免總統皆是使總統在任期中去職的手段，但兩者的性質並不相同，彈劾權乃是監察機關或民意機關代表人民對於違法或失職的政府官員，所行使的一種控訴權（陳耀祥，2006: 70–71）；罷免權則與選舉權相對，皆為公民權之一，是人民直接控制民選公職人員的重要武器。人民有選舉權

乃能選擇他們認為理想的人物參與政務，有罷免權則能除去不稱職的政府人員。因此，彈劾權屬於司法性，是為了追究公職人員的法律責任，公職人員違法失職時，始能彈劾。

罷免權屬於政治性，是為了追究民選公職人員的政治責任，故民選公職人員一旦政策失當，失去人民信任，即使未發生違法情事，仍得罷免。民主政治是法治政治，也是民意政治；彈劾權是為了達到法治政治，罷免權則是為了達到民意政治。官員違法須負法律責任，應受法院的制裁或民意機關的彈劾；民選公職人員言行違反民意須負政治責任，則由人民罷免之（林昱梅，2003: 60–63）。

關於我國目前的總統罷免制度，值得斟酌檢討之處是：在法理上選舉權與罷免權既是一體之兩面，由人民選出的公職人員，如果失去人民的信任，得由人民行使「召回」之罷免權。修憲後總統改由公民直選，但罷免總統卻須由立法院提案發動，而公民沒有直接連署發動之權利。且依《立法院職權行使法》第44條規定，立法院提出罷免案須以「記名投票表決之」，此一規定違背了一般議事通則「對人祕密、對事公開」的基本原則，徒增立委人情壓力，增加了立法院決議提出罷免案的難度。我們可以想像，在立法院政黨政治的運作下，除非總統所屬的政黨在立法院的席次低於三分之一，或總統所屬政黨的立委大規模地「公開叛變」，否則罷免案幾乎不可能在立法院通過。

就此看來，我國的罷免總統制度似乎有過度保護總統之嫌。未來在法制的修正上，應有必要賦予人民連署提案罷免總統的權力，且將立法院提出罷免案的表決方式改為無記名投票。

關於我國目前的總統彈劾制度，尚須檢討的是：大法官既由總統提名，經立法院同意任命之，由總統提名並任命的大法官審理總統彈劾案，乃是由被提名者去判斷提名任命者是否應該解職，此種程序是否恰當？彈劾總統是為了追究總統的法律責任，改由司法機關進行專業判斷固有其合理性，但究竟該由哪一個司法部門進行專業判斷，在制度設計上仍須仔細斟酌。由大法官組成的憲法法庭審理總統彈劾案，明顯有利益衝突的問題。❶❼

　　回顧過去，關於總統的彈劾程序，依《憲法》本文規定，原本係由監察院提出彈劾案，再經國民大會審理後複決通過。1997 年第四次修憲時，將總統的彈劾程序改為由立法院提出彈劾案，再經國民大會審理後複決通過。當時之所以會將彈劾總統的提案權由監察院改為立法院，其中一個重要考量便是因為 1992 年修憲後，已經將監察委員的產生方式由過去全國各省市議員選出改為總統提名，經國民大會同意後任命。

　　總統既然擁有監委的提名及任命權，總統彈劾程序若繼續維持由監委提出彈劾案，監察委員將面臨利益衝突的問題，故總統的彈劾提案權才由監察院移轉至立法院。如果當時總統彈劾制度的調整尚有避免利益衝突的考量，為何在 2005 年第七次修憲將總統彈劾案的審理權由國民大會移轉至大法官組成的憲法法庭時，就忽略了利益衝突的問題？因此，有論者認為在現行司法體制下，將總統之彈劾案交由公務員懲戒委員會審理，應是較合理的設計（法治斌、董保城，2006: 307）。

　　在現行的彈劾與罷免總統制度下，立法院曾經在 2006 年 6 月對陳水扁總統提出罷免案，但未通過。當時立法院泛藍陣營以陳總統親信涉及弊案，總統已不適任等理由，以 57 席立委達到當時立委總額四分之一的提議門檻，提出罷免案。立法院決議結果，在當時總額 221 席立委中，有 119 席贊成罷免案，未達同意罷免三分之二門檻之 148 席，罷免案在立法院未獲通過。

---

⑰　依《憲法增修條文》第 5 條規定，民國 92 年起採取新制，大法官名額共十五人，由總統提名，經立法院同意任命之。任期八年，不分屆次，任期個別計算，並不得連任。民國 92 年總統提名之大法官的任期並有特別規定，其中八位大法官，任期四年，其餘大法官任期八年。《憲法》如此規定的目的是希望使大法官成員結構新舊混合、任期交錯，因此，除了民國 92 年新制所任命之大法官與民國 96 年任命之大法官係由同一位總統（陳水扁總統）任命外，自此之後的全體大法官不致是由同一位總統提名任命，利益衝突的問題稍有緩解。但無論如何，在全體十五名大法官中，總是會有部分大法官是由當屆總統所提名任命，由大法官審理總統彈劾案的利益衝突問題是無法完全避免的。

(二)立法院的調查權至今仍未法制化

2004 年 12 月，大法官做出釋字第 585 號解釋，此號解釋變更過去釋字第 325 號認為「立法院只有文件調閱權，沒有完整的調查權；完整的調查權屬於監察院」的見解，首度宣示立法院本於職權擁有充分完整的國會調查權。大法官在本號解釋中並未說明其變更見解的理由，不過，可以推敲的是，大法官之所以會變更過去 1994 年所作出的釋字第 325 號解釋的見解，主要是因為在 1997 年第四次修憲將總統的彈劾提案權由監察院移到立法院，而調查權在本質上乃是當然附隨於彈劾權的工具性權力，因此才會在本號解釋中承認立法院有調查權。大法官在本號解釋中也提及，關於立法院行使調查權的具體程序，須由立法院以法律定之。

大法官既宣示立法院擁有調查權，應可強化立法院對總統與其他行政部門的監督機制。不過，釋字第 585 號解釋做出至今，立法院卻始終未將立法院行使調查權的程序法制化。目前《立法院職權行使法》中，仍僅規範立法院行使文件調閱權的程序，這些規定乃是過去根據釋字第 325 號解釋指出「立法院僅有文件調閱權」後所制定的條文，而立法院行使調查權的程序規定在釋字第 585 號解釋做出後從未增訂，立法院也因此從未行使過調查權。由於立法院本身的立法怠惰，立法院透過調查權監督總統的機制仍未充分落實。

(三)立法院聽取總統國情報告制度的商榷

2000 年第六次修憲後，《憲法增修條文》第 4 條第 3 項：「立法院於每年集會時，得聽取總統國情報告。」此條文乃是為了因應國民大會虛級化，將國大聽取總統國情報告的權力移轉至立法院而來的。可茲比較的是，美國總統依《憲法》規定有向國會報告國情的權力，法國總統依《憲法》亦有向國會提出咨文的權力，美、法兩國總統的此一權力一般被稱為總統的咨文權。然而，我國《憲法增修條文》的這項規定是放在第 4 條關於立法院職權的位置，而不是放在第 2 條規定總統職權的位置，其用意乃是顯示聽取總統國情報告為立法院的權力，也是一種節制總統行事的憲政機制，這與美法兩國憲

政體制中將此權力歸於總統的制度設計用意並不相同。

2012 年 4 月，立法院在野黨提案要求總統赴立法院進行國情報告，在國民黨立委表態支持下，立法院院會通過全案逕付二讀，並交付朝野黨團協商。對於立法院的動作，總統府方面隨即表示，只要合乎《憲法》明定的方式與精神，於立法院正式決議並提出邀請後，總統樂意對立法院提出國情報告。

總統府方面並表示，我國憲政體制中，行政院對立法院負責，而總統並不對立法院負責，故總統提出國情報告，不應接受任何方式的詢答，否則總統如同接受立法院質詢，乃是將總統閣揆化，將破壞我國憲政體制的基本精神；在野黨若對總統的國情報告有不同意見，應參考美、法國家做法，於總統離場後再行提出。對於總統府方面的看法，亦有不少專家學者贊同（陳長文，2012；嚴震生，2012；中國時報社論，2012）。不過，本文認為此一看法的論點似有再加斟酌之必要，析論如下：

首先，許多人將我國總統赴立法院做國情報告的制度，與美國、法國總統至國會發表國情咨文的制度相類比。事實上，前已論及，我國與美法兩國此一看似類似的制度有非常大的不同之處。依我國《憲法》規定，立法院有權力決定是否邀請總統至立法院做國情報告，總統則有受邀報告的憲法義務；相反地，依美、法兩國《憲法》規定，美、法總統到國會發表咨文，乃是總統的權力，國會則有聽取總統咨文的憲法義務。兩者既然有這麼大的差異，有論者援引美、法總統在國情報告後不接受國會詢答的憲政經驗，強調我國總統在立法院中做國情報告後也必然不能接受詢答，理由並不堅實。

況且根據《立法院職權行使法》第 15 條之 4 規定，「立法委員於總統國情報告完畢後，得就報告不明瞭處，提出問題」，且「就前項委員發言，經總統同意時，得綜合再做補充規定」。根據此規定，立委對於總統可以提問，總統答覆與否則是以總統的同意為前提；總統對於立委的提問可以選擇答覆也可以選擇不答覆，但無論如何總統不能否定立委提問的權力。總統府的此一立場，已明顯與《立法院職權行使法》的規定有違。

另外，總統府方面的看法認為，若總統接受立委詢答，形同向立法院負責，將破壞憲政體制的精神。但是，本文認為，總統即使接受立委詢答，其

實並不代表在憲政體制上總統向立法院負責。舉例來說，我國地方制度上，直轄市市長、縣市長等地方行政首長由地方人民選出，地方議會議員亦由地方人民選出。在法理上，行政首長與議員分別對人民負責，行政首長固然不對地方議會負責，但受地方議會監督制衡，故仍有行政首長到議會接受質詢的制度。

又例如，即使司法、考試、監察三院不對立法院負責，三院的行政人員（如三院祕書長）根據大法官釋字第 461 號解釋，在立法院邀請備詢時，仍有受邀備詢的義務。再例如，隸屬監察院的審計長赴立法院做決算審核報告時，亦接受立法院的詢答，這是基於立法院有聽取審計長決算審核報告的權力，我們又何嘗質疑審計長接受立法院詢答，就會導致審計長對立法院負責？綜言之，行政首長與官員到議會接受詢答，往往是國家機關監督制衡的一種機制，並不能直接推論官員接受議會詢答便意味著官員對議會負責。

總之，聽取總統國情報告既然是立法院制衡總統的權力之一，立法院應有一定的裁量空間決定聽取總統國情報告的方式，包括是否要求對總統提問。試問，若總統完全不接受立委詢答，立法院聽取國情報告的權力有何制度功能可言？總統若堅持不受立法院詢答，不僅直接違反目前《立法院職權行使法》的規定，且似乎將發表國情報告視為總統的權力，這才是真正曲解了《憲法》中總統赴立法院做國情報告的制度精神。

當然，總統赴立法院進行國情報告時，基於民主法治國家憲法機關忠誠的原則，立法院對總統提問時仍應對總統有充分的尊重。若有總統遭到羞辱的疑慮，可由朝野協商制度提問規則加以規範，但無論如何不宜直接否定立法院提問的權力。未來若能將總統赴立法院進行國情報告並接受詢答的制度運作常態化，應有助於建立總統與立法院之間的良性互動。

第五節　行政院與立法院的關係

我國《憲法》規定行政院向立法院負責，我國行政院與立法院的關係呈現類似內閣制下內閣與國會的互動關係，立法院對行政院有質詢權與倒閣權。

不過，由於我國憲政體制為半總統制而非內閣制，故我國行政院與立法院的互動關係中，亦設有典型內閣制不會存在的覆議制度。而在我國半總統制這種兼具內閣制與總統制精神的憲政體制下，由總統直接任命、卻又對立法院負責的行政院院長究竟應於何時提出總辭，也成為一個爭議問題。以下將分別就行政院與立法院之間的倒閣制度、覆議制度，以及閣揆總辭時機的爭議分別討論。

一、行政院與立法院之間的倒閣制度

我國在 1997 年第四次修憲時，賦予立法院對行政院的倒閣權。《增修條文》第 3 條第 2 項第 3 款規定：「立法院得經全體立法委員三分之一以上連署，對行政院院長提出不信任案。不信任案提出七十二小時後，應於四十八小時內以記名投票決之。如經全體立法委員二分之一以上贊成，行政院院長應於十日內提出辭職，並得同時呈請總統解散立法院；不信任案如未獲通過，一年內不得對同一行政院院長再提不信任案。」從以上的規定看來，立法院倒閣權的行使程序，與一般設有倒閣制度的國家相較，算是相當嚴格的規定，增加了倒閣案通過的難度，說明如下：

首先，立法院倒閣案連署提出後七十二小時「冷卻期」的規定，比一般有倒閣制度的國家所規定的冷卻期來得長，使得內閣在國會表決倒閣案前有更多疏通國會進行挽救的時間。其次，《憲法》規定須在七十二小時冷卻期後的「四十八小時內」表決倒閣案，亦即倒閣案若有所拖延以致未在這段期間進行表決，先前連署提出的倒閣案便失效，這種表決期間的規定在設有倒閣制度的國家中相當罕見。第三，倒閣案表決須以記名投票表決，減少了執政黨立委「窩裡反」的可能性，因為執政黨立委若支持倒閣案，猶如公開叛變，此亦增加倒閣案通過的難度。第四，倒閣案表決通過的門檻為「全體」立委過半，而非「出席」立委過半，通過倒閣案的門檻較高。總之，我國倒閣制度的相關規定很明顯是為了要盡量維持內閣的穩定性，避免立法院的倒閣案動輒通過。

不過，若體系性地審視我國《憲法》相關規範，將會發現在其他制度的

效應下，立法院幾乎不可能通過倒閣案，癥結點並不在於倒閣程序本身的嚴格。究竟是什麼制度導致立法院倒閣權形同虛設，析論如下：

㈠總統的解散國會權與立法院倒閣權相互掛勾

在我國的憲政設計中，立法院倒閣後總統可以解散立法院重新選舉，亦即總統有被動解散國會權。揆諸世界上的半總統制國家，總統擁有主動或被動解散國會權的制度設計相當常見，但卻鮮少有半總統制國家如我國是以國會倒閣案通過，作為總統行使解散國會權之前提要件。這樣的設計，大幅降低立法院倒閣的可能性，因為一旦總統以解散國會權加以反制，立委將承擔重新改選的成本與落選的風險，這將使得立法院不敢通過倒閣案。

這種制度設計與內閣制下倒閣與解散國會的制度並不能完全相提並論，在內閣制下，國會有倒閣權，內閣有解散國會權，雙方皆有置對方於死地的武器（倒閣 vs. 解散國會），制衡關係乃呈對等平衡；而內閣一旦決定解散國會，如同是與國會「同歸於盡」（處死對方，亦處死自己），內閣所屬政黨也同時面臨改選的考驗，並由大選中勝選的政黨組閣，內閣制下的內閣與國會乃具有利害共同關係。

反觀在我國憲政體制中，總統與立法院並無利害共同關係。總統在立法院倒閣後若解散立法院，仍能穩坐總統職位，立委卻得面對職務解除重新改選的挑戰，而且即使立法院通過倒閣的政黨在大選中勝選，也不能保證總統必然會讓勝選的政黨組閣。其實退一步言，就算立法院倒閣後總統不選擇解散立法院而選擇任命新閣揆，仍有可能任命自己所屬政黨的人士為閣揆。總之，立法院成功倒閣的一方並不保證就能取得組閣權。總統與立法院在此權力關係的不對等與不平衡，降低了立法院倒閣的意願。

㈡我國立委與內閣閣員互不兼任

在一般內閣制國家，通常是由國會議員兼任閣員，國會議員參與倒閣的動機之一，往往是著眼於未來新內閣組成時自己可以獲得入閣的機會，但在我國立委與閣員身分不得兼任的情況下，內閣閣員人選並非從立委中尋找。

換言之，立委倒閣後不見得自己就能入閣，立委倒閣所能獲得的利益遠比一般內閣制國家的國會議員來得小，立委行使倒閣權的誘因因此較低。

　　總之，在我國總統解散國會後自己仍可安居其位，且內閣閣員非由國會議員兼任的情況下，我國憲政體制中「國會倒閣權 vs. 總統解散國會權」與內閣制國家中「國會倒閣權 vs. 內閣解散國會權」的政治邏輯並不完全相同。立法院通過倒閣案猶如是要立委「殺身成仁」、「捨身取義」，立委既無法獲得任何實質利益，反而可能導致自己職位不保，立法院在利益得失的理性考量下自然不可能真的通過倒閣案。

㈢過去 SNTV 的立委選舉制度

　　我國在 2008 年第七屆立委選舉之前，立委選舉制度係採單記非讓渡投票制（single non-transferable vote，簡稱 SNTV），亦是造成立委懼怕被總統解散重選，而不敢行使倒閣權的制度因素。

　　首先，SNTV 使立委個人承擔巨大的改選成本。由於 SNTV 是在複數席次的選區下實施，同一個政黨在同一選區往往提名多名候選人參選，候選人的當選不能完全依賴政黨而必須依賴自己建立的個人選票 (personal vote)，各選區中的黨內競爭有時甚至比黨際競爭更為激烈，整個選舉過程主要是以候選人為中心的競選 (candidate-centered campaign)。候選人的當選既然多半依靠己力完成，這些辛苦選上的立法委員在利益權衡的考量上，自然不願意通過倒閣案，因為一旦倒閣後啟動總統解散立法院的權力，立法委員自己將要再承擔大量心力與金錢來競選。

　　其次，在 SNTV 這種選舉制度下，選舉結果具有高度的不確定性，使得候選人不願承擔可能落選的風險。這是因為在 SNTV 下，政黨的估票、政黨提名候選人人數的協調、配票策略、選民的配合等，都是候選人勝選缺一不可的環節，其中若有一個環節失誤，就有可能影響選舉結果的成敗，而且 SNTV 下選民策略性投票的整體趨向較難以預測，即使是選舉過程中擁有民意高支持度的候選人，也可能因為選民的策略性投票而落選（因為選民往往會認為其篤定當選而將選票轉投其他人），更是使立委不願發動倒閣讓自己陷

入前途未卜的困境。

　　總之，SNTV 一方面使候選人自身必須承擔巨大的選舉成本，另一方面使得選舉結果產生高度的不確定性 (Lin, 2003: 441)，使得立委懼怕被總統解散提前改選，也因此大幅降低了立法院通過倒閣的可能性。

　　綜上所述，我國立法院倒閣權之所以形同虛設，最關鍵的原因是總統於立法院倒閣後有權解散立法院，導致立法院在基本態度上不敢行使倒閣權。而我國內閣閣員非由立委兼任的制度設計，使得立委行使倒閣權無利可圖；過去 SNTV 的立委選制，則增加了立委倒閣須承擔的成本。雖然我國於 2005 年第七次修憲後，已將立委選舉制度從 SNTV 改為並立式單一選區兩票制（mixed-member majoritarian system，簡稱 MMM），並從 2008 年立委選舉開始實施，上述三項導致倒閣權形同虛設的原因已經去除了一項，但在總統被動解散國會權此一關鍵因素仍然存在的情況下，立法院行使倒閣權的可能性仍然很低。

　　在現行倒閣制度下，過去立法院曾提出兩次倒閣案，但皆未通過。第一次是 1999 年 2 月底，民進黨與新黨以國內治安惡化、本土金融風暴，以及證交稅是否調降引發政治爭議為理由，對當時的閣揆蕭萬長提出倒閣案。表決結果在總額 225 席立委中有 83 席贊成倒閣案，142 席反對，未達總額二分之一，倒閣案未通過。第二次是 2012 年 9 月，民進黨與台聯以內閣政策造成經濟低迷、決策過程反覆等十項理由，對閣揆陳冲提出倒閣案。表決結果在總額 113 席立委中有 46 席贊成倒閣案，66 席反對（一人缺席），未達總額二分之一，倒閣案未通過。

　　事實上，立法院的在野陣營提出倒閣案時，早已預料倒閣案最終不會通過。在野陣營正是已經篤定預期倒閣案不會通過，才敢提出倒閣案。相反地，假若在野陣營真的有實力通過倒閣案，可能對倒閣案的提出就會躊躇再三了。

二、行政院與立法院之間的覆議制度❶❽

㈠憲法規定的變動

　　我國行政院與立法院之間設有覆議制度，原本規定於《憲法》第 57 條第 2 款與第 3 款。1997 年第四次修憲時將第 57 條第 2 款的規定全部停止適用，並將第 57 條第 3 款的規定加以修正，規定在《憲法增修條文》第 3 條第 2 項第 3 款。為了後文說明方便，茲將相關規定條列如下：

1.《憲法》第 57 條第 2 款（修憲前之規定）

　　「立法院對行政院之重要政策不贊同時，得以決議移請行政院變更之。行政院對於立法院之決議，得經總統之核可，移請立法院覆議。覆議時，如經出席立法委員三分之二維持原決議，行政院院長應即接受該決議或辭職。」

2.《憲法》第 57 條第 3 款（修憲前之規定）

　　「行政院對於立法院決議之法律案、預算案、條約案，如認為有窒礙難行時，得經總統之核可，於該決議案送達行政院十日內，移請立法院覆議。覆議時，如經全體立法委員三分之二以上決議維持原案，行政院院長應即接受該決議或辭職。」

---

❶❽　「覆議」與「復議」有別。「覆議」是指行政機關對於立法機關所為之決議，認為有窒礙難行時，於法定期間內移請立法機關重新審議並表決的程序，這種程序是一種行政與立法機關之間權力互動的制度設計。「復議」則是立法機關內部議決議案的程序，即議員已經通過的決議，如因情勢變遷或發現新資料，認為有補救之必要，而依法定程序要求重新討論並決議的程序。就議事運作的常規而言，每一議案應在表決之前審慎討論，一經表決，實不宜再有推翻前決議的舉動，故復議為一種非不得已不宜使用的非常程序。因此在一般議事運作程序中，對於復議的程序設有諸多限制。以我國立法院為例，依《立法院議事規則》第 42 條規定，復議案必須有立委二十人以上的連署或附議始能提出動議，並須具明與原決議案不同之理由。且提出復議案必須證明動議人確為原案議決時之出席委員，並未曾發言反對原決議案者；如原案議決時，係依表決器或投票記名表決或點名表決，並應證明為贊成原決議案者。此外，復議程序亦有時間的限制，《立法院議事規則》第 43 條規定，復議的動議應於原案表決後下次院會散會前提出。

3.《憲法增修條文》第 3 條第 2 項第 3 款（現行規定）

「行政院對於立法院決議之法律案、預算案、條約案，如認為有窒礙難行時，得經總統之核可，於該決議案送達行政院十日內，移請立法院覆議。立法院對於行政院移請覆議案，應於送達十五日內作成決議。如為休會期間，立法院應於七日內自行集會，並於開議十五日內作成決議。覆議案逾期未議決者，原決議失效。覆議時，如經全體立法委員二分之一以上決議維持原案，行政院院長應即接受該決議。」

若比較前後條文的規定，可知《憲法》本文與《增修條文》規定之覆議制度的差異在於：第一，立法院對於行政院之重要政策不贊同時，不得再以決議移請行政院變更，因此不再有行政院對此種決議要求立法院覆議的制度。第二，立法院對覆議案的處理有時間限制，若逾期未議決覆議案，原決議便自動失效，藉此防止立法院對行政院之覆議案故意拖延不決。第三，立法院推翻覆議案的門檻由全體立法委員三分之二改成全體立法委員二分之一。第四，面對立法院推翻覆議案的結果，行政院院長由原本的「接受該決議或辭職」改為「接受該決議」即可。

第四次修憲時將《憲法》第 57 條第 2 款，關於立法院對於行政院之重要政策加以變更的覆議規定完全停止適用，應是合理的安排，這是因為《憲法》第 57 條第 2 款的規定在法理上原本就有若干爭議。就該條文加以推敲，要求變更重大政策的主動權掌握在立法院的手中，將使立法院得以決議方式要求行政院變更重大政策。

事實上，在民主政治下，行政機關的重要政策皆須先編制法律與預算，才有實行的可能。一方面，行政機關若提出法律案和預算案，立法院本就有修改權，何必直接移請行政院變更其重要政策；另一方面，若法律案或預算案尚未向立法院提出，立法院也不應預先對行政院尚未擬定完成的重要政策表示不贊同之意。況且，就外國一般的覆議制度而言，行政部門要求覆議的對象通常限於國會「通過」的議案，很少是由行政部門針對國會「反對」的議案或政策要求覆議。換言之，一般覆議案的行使多是行政機關對於立法機關所通過的法案，認為窒礙難行時所提起，其主動權應該在行政機關而非在

立法機關。

　　至於修憲後對於立法院處理覆議案增加時限規定（十五日內），則是著眼於覆議案之所以發生，乃是行政院與立法院對於法案的立場出現重大歧見所致，立法院若透過議事杯葛將覆議案拖延擱置，將使法案懸而未決。覆議時限的規定能夠抑制立法院杯葛議事，使國家重要法案是否通過得以早日確定，故這樣的修正應有其合理性。

㈡覆議門檻與效果的調整

　　立法院覆議門檻的調整是覆議制度中一項非常重要的變動。在修憲前，原本《憲法》是規定當行政院對立法院通過的法案要求覆議時，立法院須經出席立委「三分之二」以上的決議才能維持原案，否則該法案就被行政院否決。此一門檻使行政院較有能力否決立法院通過的法案。但修憲後將立法院維持原案的門檻調整為全體立委「二分之一」。事實上，在目前二分之一門檻的覆議制度下，若立法院存在著團結穩固的過半數政黨，維持原法案乃是輕易之事。立法院面對行政院要求覆議時，幾乎可以無所畏懼，對法案有全面主導的能力。覆議制度原本作為行政部門對立法部門之否決權的功能也因此喪失殆盡。

　　事實上，三分之二門檻的覆議制度，原本是總統制的典型設計。總統制的特徵在強調分權與制衡，理論上行政機關對於國會所通過的法律案，事前並無參加表決及參與意見的機會，若總統對國會的決議認為窒礙難行時，則透過覆議程序，敘明理由退請國會重新考量，如無三分之二絕對多數決維持原案，該項決議即被否決，因此這種覆議制度是行政機關制衡立法部門的有效機制。

　　而內閣制本質上行政對立法負責、行政與立法合一，理論上國會通過的法案多為內閣所認同者，應無窒礙難行之理。我國《憲法》第 57 條一開始既規定行政院向立法院「負責」，本來具有內閣制色彩，卻又採取強調總統制「制衡」意義的三分之二覆議門檻設計，確實有相互矛盾之處。三分之二門檻的設計，使得行政部門只要得到立法院中三分之一的少數支持，便可以片

面推翻立法院過半數通過的法案，使行政院僅憑少數立委的支持便可推翻立法院多數通過的法案。修憲後將覆議的門檻由三分之二改為二分之一，則加強了一切政策法案由國會多數作最後決定的內閣制精神。

然而，在第四次修憲後，立法院若以過半數以上維持原決議案所造成的效果，則由原先的「行政院院長應即接受該決議或辭職」改為「行政院院長應即接受該決議」，刪除「行政院院長辭職」的規定，這一方面是想避免行政院院長辭職所造成的政治動盪，一方面卻又似乎隱含行政院「制衡」立法院的意味。因為就總統制的覆議制度來看，立法機關「反否決」行政機關的「否決」只是權力的制衡關係，也因此總統提出的覆議案若遭國會推翻，只要接受該決議即可，並無辭職的問題存在。

綜言之，目前這個修正過的條文一方面把覆議門檻降低，從總統制的行政權與立法權相互「制衡」的精神，改成強調內閣制行政權向立法權「負責」的精神；可是另一方面又刪除行政院院長的辭職規定，從內閣制的「負責」精神轉成具有總統制的「制衡」意味，結果翻來覆去，很明顯地仍是內閣制和總統制思維相互混合的矛盾產物。

㈢總統之覆議核可權的爭議

關於我國的覆議制度，有一項爭議涉及總統的角色，即關於總統覆議核可權的角色問題。由於行政院向立法院提出覆議須先經總統之核可，究竟總統的核可權性質是屬於形式、被動的，還是實質、主動的，論者各有不同的看法。採取總統核可權屬於形式、被動性質的看法認為，行政院是政府政策的執行機構，立法院的決議是否影響到行政院的重要政策，其是否窒礙難行，唯有行政院能夠瞭解，而且從《憲法》第 57 條：「行政院向立法院負責」、第 58 條：「行政院院長、各部會首長須將應行提出於立法院之各項法案，或涉及各部會共同關係之事項提出於行政院會議議決之」、第 37 條：「總統公布法律發布命令須行政院院長或其與各部會首長之副署」等規定來看，行政決策中心乃是在行政院，行政院院長乃是實際負政治責任的行政首長。

另一方面，總統為國家元首，地位崇隆，應為國家政治穩定中心，對於

院際之爭執，總統依《憲法》第 44 條可召集有關各院院長會商解決，其旨在以其元首聲望化解院際爭執，打開政治僵局，但非要求總統擔任法定的裁判者。而總統的覆議核可權若是實質的，總統不論是核可或不核可，必然都會遭到行政院或立法院其中一院的不滿與反對，無異使總統捲入兩院的爭議中，況且《憲法》對總統之行使核可權，並無相對使其負起政治責任的設計。因此不論從行政院或總統的角度來看，總統對於行政院院長所提出的覆議案並無拒絕核可的權力，而且覆議案理當只有行政院能提出，也就是說總統的覆議核可權應是形式、被動的。

採取總統的核可權是屬於實質、主動性質的看法則認為，《憲法》第 55 條至第 57 條的規定既然是混合了總統制和內閣制的設計，就不應純粹從內閣制的角度來思考此一問題。

總統基於獨立的民意基礎及行政院院長提名任命者的地位所為核可或不核可，一方面可以用來強化無民意基礎的行政院院長向立法院力爭的分量與地位，一方面也可藉此防止行政院院長違逆民意一意孤行。如果行政院對立法院提出覆議的要求沒有得到總統的背書同意，不免引起非民選機關何以能否決民選代議機關意志的爭議。而且所有法條解釋都須從「文義」出發，中華民國任何法律中的「核可權」，大概沒有只許「可」而不許「核」的虛權（蘇永欽，1994: 158–159）。因此，在行政與立法兩院發生僵持時，總統應有權裁量是否核可行政院對立法院提請的覆議案。

從以下事例中，可看出我國實際憲政運作上傾向將總統的覆議核可權視為實質而非形式的權力。2006 年 1 月，閣揆謝長廷提出總辭，其辭職理由是：當時行政院提出的中央政府總預算案遭到立法院大幅刪減，行政院擬提請立法院覆議，但覆議案未能獲得總統核可，因此提出辭職。儘管此一理由可能只是檯面上的說辭（實質原因應是總統想撤換閣揆），但亦可看出政治人物係將總統的覆議核可權視為總統實質的權力。

㈣覆議制度的實際運作

在現行的覆議制度下，我國目前為止共有五次行政院對立法院要求覆議

的經驗。如表 6-2 所示，前四次經驗皆是在陳水扁總統任內，立法院與行政院分屬藍綠陣營的政治格局下發生的，第五次則是在馬英九總統任內一致政府的格局下發生。

第一次是 2002 年 2 月，行政院對於立法院通過的《財政收支劃分法》修正案要求覆議。立法院當時總額 225 席，覆議案進行表決時有 109 席贊成維持原案，未達總額二分之一，行政院成功否決《財政收支劃分法》修正案。此一案例較為特別，立法院多數通過的法案在覆議表決時竟無法以過半數維持原法案，這顯示當時占立法院多數的泛藍陣營略顯鬆散，覆議表決時動員不力，以致行政院得以突襲成功。

不過，接下來的三次經驗，皆顯示在覆議表決門檻改為二分之一的規定下，立法院多數陣營基本上皆能維持原法案，行政院難以否決。2003 年 12 月，行政院對於立法院通過的《公民投票法》部分條文要求覆議，立法院當時總額 223 席，覆議案進行表決時有 118 席贊成維持原案，達總額二分之一，行政院覆議失敗，無法否決《公民投票法》；2004 年 9 月，行政院對於立法院通過的《三一九槍擊事件真相調查特別委員會條例》（簡稱《真調會條例》）要求覆議，立法院當時總額 217 席，覆議案進行表決時有 114 人贊成維持原案，達總額二分之一，行政院覆議失敗，無法否決《真調會條例》；2007 年 6 月，行政院對於立法院通過的《農會法》與《漁會法》修正案要求覆議，立法院當時總額 217 席，覆議案進行表決時有 115 席贊成維持原案，達總額二分之一，行政院覆議失敗，無法否決《農會法》與《漁會法》修正案。

最後一次覆議的實際經驗發生在 2013 年 6 月馬總統執政的一致政府期間。特別的是，在行政院與立法院多數皆屬國民黨的格局下，此次覆議的運作並非來自行政院與立法院的對立，而是因為立法院通過的法案引發輿論強烈批判，遂由行政院充當「救火隊」提出覆議，使立法院有機會透過覆議案的表決推翻自己原本通過之法案，以平息民意撻伐。

回顧此一特殊案例，立法院於 2013 年 5 月 31 日該會期休會前的最後一刻，三讀通過經朝野協商達成共識的《會計法》第 99 條之 1 修正案，將大專院校教職員與學術研究機構研究人員有關研究計畫經費報支的行為解除其財

務責任，除罪範圍並擴及民意代表的特別費，且溯及既往。此一立法係在社會各界完全沒有預期、朝野黨團協商黑箱作業下迅速通過，引發輿論批評；隨後又發生修正條文因倉促立法，竟漏列「教職員」的「教」字，以致根據條文文義，民意代表喝花酒報公帳得以除罪，教授的研究費報支反而不能除罪，此一「烏龍修法」導致輿論更為不滿，法界亦強力批判。

2013 年 6 月 7 日，馬英九總統在總統府召開記者會，對於修法過程造成社會觀感不佳，傷害執政團隊的信任，向社會各界道歉，並宣布將令准行政院向立法院就此案提出覆議，以推翻此次修法。6 月 13 日，立法院於臨時會中對行政院提出的覆議案進行表決，在全體立委 113 席，出席立委 110 席記名投票表決的情況下，0 席贊成維持原法案，立法院推翻自己原先通過的《會計法》修正案。

值得一提的是，在本案中，亦可看到總統在實際覆議運作中的角色已非被動的「核可」覆議，而是主動「命令」原先不打算提出覆議的行政院院長對立法院提出覆議，此舉實已逾越憲法規定之嫌（王業立，2013）。

表 6-2　現行覆議制度的實際運作

行政院要求覆議之法案	立法院覆議表決時間	立法院政黨生態	覆議結果
財政收支劃分法修正案	2002.2.19	民進黨掌握行政院，藍營在立法院過半	總席次 225 席，109 席贊成維持原決議，未達全體立委總額二分之一 **行政院勝－立法院敗**
公投法部分條文	2003.12	民進黨掌握行政院，藍營在立法院過半	總席次 223 席，118 席贊成維持原決議，已達全體立委總額二分之一 **立法院勝－行政院敗**
真調會條例	2004.09	民進黨掌握行政院，藍營在立法院過半	總席次 217 席，114 席贊成維持原決議，已達全體立委總額二分之一 **立法院勝－行政院敗**
農漁會法修正案	2007.06	民進黨掌握行政院，藍營在立法院過半	總席次 217 席，115 席贊成維持原決議，已達全體立委總額二分之一 **立法院勝－行政院敗**
會計法修正案	2013.06	立法院多數陣營與行政院皆屬國民黨	總席次 113 席，0 席贊成維持原決議，未達全體立委總額二分之一 **行政院勝－立法院敗**

三、內閣何時須總辭的爭議

在我國憲政體制中，閣揆究竟應隨立法院改選而辭職，還是應該隨總統改選而辭職，早在 1990 年代修憲之前便曾引發討論。若從《憲法》條文觀之，我國《憲法》第 55 條規定，行政院院長由總統提名，經立法院同意任命之。在此規定下，有謂行政院院長應隨總統更迭而辭職，其主要理由是認為，行政院院長人選既由總統提名，可知總統在行政院院長的整個任命程序中係居於主動之地位，行使同意權的立法院則居於輔助之地位，因此總統對人選

決定的發動權理應受到尊重，若提名行政院院長的總統任期屆滿或於任期中出缺（例如總統辭職），行政院院長自應提出辭職，以留待新任總統重行提名新行政院院長（林紀東，1987: 218）。

亦有謂行政院院長應隨立法院改選而辭職，其主要理由則是認為，就我國行政院與立法院的關係來看，我國憲政體制偏重內閣制的性質相當明顯，而以典型內閣制的英國經驗來看，首相主要視平民院改選後的結果來決定他的去留，其去留與「新王登基」的王室繼承沒有任何關係。即便不以採行君主國體的英國為參考依據，而以採行共和國體的德國為例，其《基本法》第63 條規定總理由總統提名，經聯邦議會同意後任命，與我國《憲法》第 55條關於行政院長的產生方式雷同，而德國從來沒有總理隨總統改選而提出辭職的例子。

就此看來，總統提名行政院院長只具程序上的形式意義，真正決定行政院院長人選實權的是立法院而非總統，因此行政院院長應隨立法院改選而辭職，而非隨總統更迭而辭職（董翔飛，1997: 312–313）。

針對立法院改選後閣揆是否應率閣員提出總辭的爭議，1995 年 10 月公布的釋字第 387 號解釋明言：「行政院院長既須經立法院同意而任命之，且對立法院負政治責任，基於民意政治與責任政治之原理，立法委員任期屆滿後第一次集會前，行政院院長自應向總統提出辭職。」此解釋文清楚地表明閣揆應隨立法院改選而辭職。

1996 年 12 月公布的釋字第 419 號解釋則指出：「行政院院長於新任總統就職時提出總辭，係基於尊重國家元首所為之禮貌性辭職，並非其憲法上之義務。」在解釋理由書中則又對先前的釋字第 387 號解釋補充說明，其謂：「……釋字第 387 號解釋，明白釋示基於民意政治與責任政治之原理，立法委員任期屆滿改選後第一次集會前，行政院院長應向總統提出辭職，此項辭職乃行政院院長憲法上之義務。……對於行政院院長履行其憲法上義務之辭職，總統自無不予批准之理。」換言之，此號解釋認為閣揆在總統改選後並不須辭職。總之，根據釋字第 387 號與 419 號解釋，可知閣揆隨立法院改選而辭職屬「義務性辭職」，隨總統改選而辭職則屬「禮貌性辭職」。

　　然而，由於 1997 年第四次修憲賦予總統直接的閣揆任命權並取消立法院的同意權，大法官於釋字第 387 號與釋字第 419 號解釋所確立的原則，既是在第四次修憲之前作成，其原本確立的原則於修憲後是否仍然完全適用，便形成正反兩說，且各有論據。以下將分別說明正反兩說的論點與依據：

㈠否定說的觀點

　　主張這兩號解釋應不再適用（即否定說）的理由主要有三：

1.以憲法規定變更的角度而論

　　否定說論者指出，立法院對於總統所任命之行政院院長人選的介入方式，在修憲後已經從「事前同意權」改為「事後不同意權」（即倒閣權）。過去我國「內閣的成立」是以得到立法院「多數的積極支持」為停止條件；修憲之後，「內閣的繼續存在」是以立法院「多數的積極反對」為解除條件。[19] 這樣的差異自然是修憲者的有意變更，不能忽視。此兩者的不同在於：內閣能否繼續存在，不再繫於立法院定期改選後的「多數積極同意」，而是立法院是否形成偶然性的「多數積極反對」（黃昭元，2000: 8–9）。這樣的改變，正意味著修憲之後，行政院是向「既有的立法院多數負責」，而不再是向「新的立法院」負責。

　　因此，在第四次修憲後，行政院院長已不再如釋字第 387 號解釋所言，有必須隨立法院改選而辭職的憲法義務。另一方面，由於行政院院長人事令在總統任命後即生效力，排除立法院的「事前同意權」，此則可看出修憲者有意賦予總統單獨、完整的行政院院長任命權，因此行政院院長隨總統改選而辭職，便不再如釋字第 419 號所言屬「禮貌性辭職」，反而轉變為《憲法》上之義務。

---

[19]　所謂「停止條件」是指有關法律行為效力發生與否的條件，停止條件成就時，法律行為發生效力，不成就時，則不生效力；至於「解除條件」則是指有關法律行為效力消滅與否的條件，解除條件成就時，法律行為即失去效力，不成就時，其效力繼續發生。

2. 從行政院對立法院負責的有限度性而論

否定說論者認為,《憲法》中雖然規定行政院對立法院負責,但不論是《憲法》第 57 條或《增修條文》第 3 條第 2 項都是規定:「行政院『依左列規定』,對立法院負責」,可見《憲法》本身已經明定負責方式的有限性;換言之,《憲法》對於行政院向立法院負責之方式的規定,乃是「列舉規定」,而非「例示規定」❷⓿(徐正戎,2000: 113)。

就負責方式而言,1997 年第四次修憲前,行政院對立法院的負責方式,主要是質詢、覆議與事前同意權;而修憲後行政院對立法院負責方式的改變,乃是將立法院對行政院院長的「事前同意權」改為「事後不同意權」(即倒閣權)。在此負責方式的限制下,立法院如果對總統所決定的行政院院長人選不贊同,依據目前《憲法》所規定的負責機制,只能在總統任命的行政院院長上任後,再透過不信任投票的方式使其下臺,除此之外別無它法,更別說還有以立法院已改選為由要求對行政院院長人選加以置喙的道理 (黃昭元,1999: 6–7)。

簡言之,此種觀點認為我國憲政體制中行政院對立法院負責只是一種「有限度」的負責,而不是像內閣制國家的「從屬式」負責,因此不能因為《憲法》中存在著行政院對立法院負責的制度設計,就忽略了《憲法》中亦有「依左列規定」的細部文字規定,而粗疏地推導出行政權應完全從屬於立法權的觀點,然後再據此觀點推論出行政院院長應隨立法院改選總辭的結論。

3. 從大法官解釋的文義分析而論

亦有否定說論者透過對大法官解釋文的分析,導出釋字第 387 號無繼續適用之餘地的結論。在釋字第 387 號解釋中,其謂「行政院院長既須經立法院同意而任命之,且對立法院負政治責任,基於民意政治與責任政治之原理,立法委員任期屆滿後第一次集會前,行政院院長自應向總統提出辭職。」論者認為,大法官在上述解釋文所表達的意旨,乃是指行政院院長經立法院同

---

❷⓿　所謂「列舉規定」,是指法律條文將所有符合規範要件的具體事物,以窮盡的方式逐一舉出;至於「例示規定」,是指法律條文將符合規範要件的具體事物,以舉例的方式舉出若干典型項目,並無窮盡所有項目。

意而任命之，彰顯出民意政治的精神；行政院院長對立法院負政治責任，則彰顯出責任政治的精神。

而大法官既謂「基於『民意政治』與『責任政治』之原理」，行政院院長有隨立法院改選而總辭的義務，即表示只有在「行政院院長經立法院同意而任命之」（民意政治）與「行政院院長對立法院負政治責任」（責任政治）兩項制度要件皆具備的前提下，才能導出行政院院長有憲法義務隨立法院改選而總辭的結論。而第四次修憲後行政院院長的產生無須立法院同意，在喪失此一制度要件的情況下，實在很難單憑「行政院院長對立法院負政治責任」此一要件，就得出行政院院長須隨立法院改選而辭職的結論（廖國宏，2002：12-13）。

綜言之，否定說論者以《憲法》規定已經變動、行政院對立法院負責的有限度性，以及釋字第 387 號解釋本身的文義分析為立論基礎，認為在第四次修憲後，釋字第 387 號與第 419 號解釋應該無繼續適用之餘地。

㈡肯定說的觀點

至於主張這兩號解釋在第四次修憲後仍應繼續適用（即肯定說）的理由，主要有三：

1.從世界各國憲政經驗而論

肯定說論者認為，第四次修憲儘管使立法院喪失對行政院院長的人事同意權，但是在此次修憲中賦予立法院的不信任投票權，以及總統基於國家元首身分的被動解散立法院之權，反而使我國憲政體制更具內閣制的特色（陳世民，2002：519）。從比較憲法的觀點來說，「由國家元首直接任命內閣總理、國會僅能於事後發動倒閣的制度」設計，正是多數內閣制國家所採取的制度模式（例如英國）。

事實上，不論是採取「事前同意制度」或是「事後不同意制度」，都不過是用來確認政府獲得國會支持和信任的方式之一。而這兩種機制都是植基於「政府必須對國會負責」、「政府的成立與持續必須獲得國會的信任」等內閣制政府的運作原理（蘇彥圖，2002：433）。在第四次修憲中，增設立法院倒

閣權與總統解散立法院權力的規定，既然使我國憲政體制的內閣制特色更為明顯，那麼在修憲前大法官於釋字第 387 號與釋字第 419 號就已確立我國憲政體制中「行政院對立法院負責，不對總統負責」的內閣制精神，在修憲後自然應該繼續適用。

2.以屆期不連續的原則而論

持此立場的論者亦指出，根據現實案例的考察，大多數內閣制國家的國會雖然未於事前參與閣揆的任命，而只有事後倒閣的權力，可是國會的改選，原則上還是會啟動內閣的總辭或改組。此種現象或可以「屆期不連續」原則來加以解釋，亦即基於內閣制的制度精神──內閣的成立與存續必須獲得國會的信任，國會固然藉由不倒閣的方式展現其對政府的信任，但若基於「屆期不連續」原則，國會任期屆滿時，原內閣所獲得的國會信任也告屆滿，無法對「新」選出的國會主張其有繼續存在的正當性，因此內閣隨國會改選而辭職，乃是體現內閣制的制度精神（蘇彥圖，2002: 436）。

以採行內閣制的日本為例，《日本憲法》第 70 條便明定「眾議院議員選舉後首次召開國會時，內閣應總辭職」，換言之，即便原來掌握內閣的執政黨在眾議院選舉中繼續獲勝，內閣仍須提出總辭。

3.從大法官解釋的意旨而論

亦有論者以第四次修憲後發布的大法官釋字第 461 號解釋為依據，主張原有的釋字第 387 號與第 419 號解釋應繼續適用。釋字第 461 號解釋主要是為了解決參謀總長是否有義務到立法院委員會備詢的爭議，但也同時對第四次修憲後行政、立法兩權的關係重作詮釋。大法官在本號解釋的解釋理由書中指出，行政院為最高行政機關，立法院為國家最高立法機關，行政院對立法院負責，此一基於民意政治與責任政治原理之權責架構，雖歷經修憲仍未變更。分析大法官的此項見解，可知第四次修憲雖然取消立法院的閣揆同意權，但行政、立法兩院在憲政上的地位以及兩權之間的關係，基本上並無改變，兩院仍是憲政體制中相互對應的決策中樞。

易言之，基於民意政治與責任政治的民主政治原理，所建構出來的憲政權責架構，仍然存在於行政院院長與立法院之間，即使立法院不再有閣揆同

意權，但由於行政院仍須對立法院負責，甚至在第四次修憲時還賦予立法院一項更為彰顯行政院對立法院負責精神的權力——倒閣權，實看不出修憲者有使閣揆人選與立法院生態脫鉤之意（林三欽，1998）。因此，第四次修憲前釋字第 387 號與第 419 號所確立的憲政原則與憲政慣例，在修憲後，經釋字第 461 號解釋對行政、立法兩權關係的重新檢驗，應可推論為仍然適用。

　　綜言之，肯定說論者基於比較憲政經驗的考察，「屆期不連續」原則的合理解釋，以及釋字第 461 號的意旨等理由，認為釋字第 387 號與第 419 號解釋在第四次修憲後仍有繼續適用。

㈢內閣總辭的實際運作情況

　　若觀察實際的憲政運作，1998 年底立委改選是第四次修憲後首次立委選舉，在立委選舉後，閣揆是否應隨立委改選而辭職的爭議便正式浮上檯面。當時正反兩說的論者各有立場，其莫衷一是的程度，從兩派論點在當時報端此起彼落相互辯論的現象，可見一斑。❷❶此事喧擾將近一個多月，最後是由閣揆蕭萬長在 1999 年 1 月下旬率內閣向李登輝總統提出總辭，而李總統准辭後隨即再次任命蕭揆的方式而暫時塵埃落定。但由於蕭揆提出總辭僅含糊說

---

❷❶　當時在各大報可看到不少學者（包括社論）為文對此問題表示看法，但明顯形成正反兩種意見。舉例言之，主張閣揆須辭職者包括：聯合報社論，〈內閣總辭以維民意政治與責任政治之原理〉，聯合報，1998 年 12 月 9 日，第 2 版；中國時報社論，〈內閣應總辭以樹憲政典範，留任以維政局安定〉，中國時報，1998 年 12 月 9 日，第 3 版；臺灣時報社論，〈內閣總辭並不意味行政院長必須換人——再論內閣總辭與憲政慣例〉，臺灣時報，1998 年 12 月 14 日，第 2 版；林三欽，〈內閣應總辭——政院向立院負責，憲法精神未變〉，聯合報，1998 年 12 月 10 日，第 15 版；林嘉誠，〈人民、總統、立法院——由蕭內閣總辭談起〉，自由時報，1999 年 1 月 23 日，第 15 版。主張閣揆無須辭職者包括：徐正戎，〈內閣總辭爭議——憲政法理之辯成了卡位戰〉，聯合報，1998 年 12 月 15 日，第 15 版；楊泰順，〈內閣總辭——法理情皆有商榷餘地〉，中國時報，1999 年 1 月 22 日，第 15 版；陳茂雄，〈由總辭案看憲政體制〉，自由時報，1999 年 1 月 18 日；廖元豪，〈蕭內閣並無義務提出總辭〉，中國時報，1998 年 12 月 15 日，第 13 版。

明辭職原因，❷並未清楚說明內閣總辭的憲政理由，因此也無從確認當時內閣隨立法院改選而總辭，究竟是仍屬釋字第 387 號所指的義務性辭職，或是已轉變為非屬憲法義務的禮貌性辭職，閣揆隨立法院改選而總辭的憲政意涵因而留下了模糊空間。

　　一年多之後，民進黨籍的陳水扁於 2000 年 3 月當選總統，當時國民黨籍的閣揆蕭萬長亦在陳總統上任前提出總辭，以便讓陳總統任命新閣揆。儘管有學者基於我國憲政體制的精神，以及釋字第 419 號所提及的「行政院院長無憲法義務隨總統改選而總辭」等解釋意旨，認為原來在任的閣揆即使不隨總統改選而辭職，在法理上是站得住腳的。❷

　　然而，在當時的政治氣氛下，幾乎沒有人認為當時的閣揆蕭萬長在陳水扁總統上任後，還能透過拒不辭職的方式繼續擔任閣揆。而蕭揆也如一般所預期地，在陳水扁總統上任前提出辭職。❷究竟當時閣揆隨總統改選而辭職，是屬釋字第 419 號所指的禮貌性辭職，或是已轉變為非屬禮貌性的義務性辭職，也留下了模糊空間。

　　自此之後，在陳水扁總統八年任內，閣揆不論是在總統改選後，或是在

---

❷　針對行政院是否應隨立委改選提出總辭，行政院的態度前後並不一致，行政院在 1998 年 12 月立委選舉後原本透過發言人程建人表示「修憲後已無所謂憲政慣例，故無總辭問題」，不久之後蕭揆卻在立法院表示「總辭問題應尊重職權」，而後便不再對此表達意見。經過一個多月的紛擾，1999 年 1 月 21 日，蕭揆向李登輝總統提出總辭，總辭文為：「鑑於第四屆立法委員業經選舉產生，並將於 2 月 1 日就職，基於尊重總統職權及責任政治的考量，乃向總統提出辭職。」（參見《行政院公報》，第 5 卷第 5 期，1999 年 2 月 3 日）從總辭文中「尊重總統職權」與「責任政治」等用語，實難看出內閣總辭的具體憲政理由為何。

❷　例如周育仁教授便認為，行政院院長的負責對象是立法院，而非總統，理應只與立法委員同進退，再者，為了避免總統改選後，內閣隨之總辭將提供新總統機會，運用權謀利益爭取立法院中他黨立法委員轉投該黨，以改變原依民意所決定的立法院政黨席次，與民意政治有違。因此認為行政院院長的任期與總統的卸任與就職並無關係，在立法院未改選的情況下，閣揆自無總辭必要。參見周育仁 (2001: 163–165)。

❷　行政院院長蕭萬長在當時的總辭文中，並沒有具體說明總辭的憲政理由，僅以「政權更替」一語帶過（參見《行政院公報》，第 6 卷第 22 期，2000 年 5 月 31 日）。

立法院改選後，皆會提出辭職——例如張俊雄於 2001 年底立委改選後提出總辭；游錫堃於 2004 年總統大選後提出總辭（總統准辭後又獲總統重新任命），同年底立委改選後又提出總辭；張俊雄於 2008 年 1 月立委改選後提出總辭，同年 3 月總統改選後又提出總辭。因此，從 1992 年立法院全面改選以來，似乎已形成了不論總統或立法院改選，閣揆皆須提出總辭的憲政慣例，然而這樣的慣例意味著釋字第 387 號與第 419 號的意旨仍然繼續沿用，還是已有變更，仍然無從確認。

不過須注意的是，由於陳總統於立法院改選後任命的閣揆並不是立法院多數支持的人士，因此閣揆隨立法院改選辭職的慣例其實已不再具有彰顯行政院對立法院負責的意涵，反而是變相地賦予總統一個更換閣揆的正式時機。閣揆隨立法院改選而總辭的慣例，其實僅是留著行政院對立法院負責的「形骸」罷了。

不過，特別的是，2008 年 1 月底，閣揆張俊雄在第七屆立委選出之後，依循過去慣例向總統提出總辭，陳總統卻史無前例地批示退回總辭案，其在退回總辭案的批文中所持的理由，即是採取前述否定說的立場。陳總統在批文中並指出，2005 年修憲延長立法委員任期，與總統同為一任四年，就職之日只差三個月又十九天，其間如行政院院長必須總辭兩次，勢必影響政務推動及政局安定，因此行政院院長於立法院改選後，第一次集會前總辭之往例，依循最新《憲法》規定，有必要重新檢討。陳總統退回內閣總辭案的舉措，顯然是想重新建立「閣揆於總統改選後辭職，但不須於立法院改選後辭職」的憲政慣例，此一舉措當時曾引發爭議，甚至有前大法官投書報端批評陳總統的做法。㉕

陳總統當時擬重新建立憲政慣例的想法，從後來的憲政運作看來並沒有

㉕　前大法官董翔飛投書《聯合報》指出：「這次立法院改選，張俊雄循憲政慣例及釋字第 387 號、第 419 號之意提出總辭，此一辭職，依第 419 號解釋，乃行政院長憲法之義務，總統對於行政院長履行其《憲法》上義務之辭職，自無不予批准之理。……總統並不是大法官，何能對大法官作出的解釋再加解釋？」參見董翔飛，〈退閣揆總辭，總統自己釋憲〉，聯合報，2008 年 1 月 30 日，第 19 版。

實現。2012 年 1 月總統與立委同時改選，閣揆吳敦義於 1 月底新選出的立法院就任之前提出總辭，馬英九總統任命陳冲為閣揆。同年 5 月 20 日馬總統正式就任第二任總統之前，當時才上任三個多月的閣揆陳冲又提出辭職，馬總統准辭後，又再次任命陳冲為閣揆。當時吳敦義與陳冲的內閣總辭，都宣稱是依循「憲政慣例」，可以想像的是，假若此一「憲政慣例」仍繼續維持，在目前總統與立委任期皆為四年（若立法院未被提前解散）且就任日期前後相差僅三個多月的情況下，未來將反覆出現閣揆於三個多月內提出兩次總辭的奇特景象。2020 年蔡英文擔任總統期間，此一景象再度上演，閣揆蘇貞昌在三個多月內提出兩次內閣總辭，但皆獲蔡總統留任。

第六節　結　語

　　總結本章的討論，觀察我國總統、行政院與立法院的權力互動，會發現我國憲政體制固然符合半總統制的要件，在憲政體制的外觀上，亦具有「內閣對國會負責」與「行政權二元化」這兩項半總統制的主要特徵；但這兩項特徵幾乎徒具形式意義，致使我國憲政體制在實際運作上與總統制非常類似。

　　一方面，總統與行政院在實際運作上幾乎成為上下隸屬關係，形式上行政權二元化，實質上則行政一體；另一方面，行政院儘管依《憲法》規定須對立法院負責，但由於立法院的倒閣權形同虛設，行政院實際上乃對總統負責，組閣權實質上歸屬於總統，就如同總統制一般，內閣的組成完全不受國會影響。且由於立法院不敢行使倒閣權，總統解散立法院的權力因此形同凍結，立法院與總統便猶如總統制下總統與國會各有任期保障的特徵。若要說我國憲政運作上尚有與典型總統制較為不同之處，僅在於我國總統領導的內閣尚須到國會作施政報告並接受質詢。

我國憲法中的獨立機關
——司法院、考試院、監察院

在總統與中央五院中，總統、行政院與立法院具有濃厚的政治性，三者所構成的架構亦是我國半總統制憲政運作的核心部分；相較而言，司法院、考試院、監察院為依法獨立行使職權的憲法機關。《憲法》第 80 條規定：「法官須超出黨派以外，依據法律獨立行使職權，不受任何干涉。」《司法院組織法》第 5 條第 1 項規定：「大法官須超出黨派以外，依據法律獨立行使職權，不受任何干涉。」《憲法》第 88 條規定：「考試委員須超出黨派，依據法律獨立行使職權。」《憲法》第 7 條第 5 項規定：「監察委員須超出黨派，依據法律獨立行使職權。」故司法院、考試院、監察院可說是《憲法》上的獨立機關。 ❶

除了此一特性外，我國司法權、考試權、監察權尚有一共同特質，即此三權皆屬中央之權力。相較於行政權與立法權根據《憲法》第 107 條至第

---

❶ 「獨立機關」在此採廣義的意涵，指組織上具有獨立性、行使職權不受上級機關的指揮監督，組織成員係依據法律獨立行使職權的機關。廣義的獨立機關包括《憲法》上的獨立機關與法律上的獨立機關，前者指司法院、考試院、監察院；後者指審計部、國家通訊傳播委員會、中央選舉委員會、公平交易委員會等。而現行《中央行政機關組織基準法》所定義的「獨立機關」為行政機關的性質，故監察院下審計部不屬該法所定義的獨立機關，而該法所稱之獨立機關可稱為狹義之行政機關。目前行政院之下的獨立機關為國家通訊傳播委員會、中央選舉委員會、公平交易委員會。

111 條規定依事務性質的差異分別劃歸中央與地方，司法權、考試權與監察權皆具全國一體的性質。❷本章以下即分為司法院、考試院、監察院三節，分別探討這三個憲法獨立機關的定位、組織與職權。

第一節 司法院

一、司法院的職權

《憲法》第 77 條規定：「司法院為國家最高司法機關，掌理民事、刑事、行政訴訟之審判，及公務員之懲戒。」第 78 條規定：「司法院解釋《憲法》，並有統一解釋法律及命令之權。」《增修條文》第 5 條第 4 項規定：「司法院大法官，除依《憲法》第 78 條之規定外，並組成憲法法庭審理總統、副總統之彈劾案及政黨違憲之解散事項。」詳言之，我國司法權的範圍與現行體制（參見圖 7–1）可分述如下：

㈠審判權

1. 民事、刑事訴訟：司法院轄下設最高法院、各高等法院、各地方法院掌理，原則採三級三審，例外採三級二審制，以第一、二審為事實審，第三審為法律審。
2. 行政訴訟：司法院轄下設最高行政法院、各高等行政法院及各地方法院行政訴訟庭，採三級二審制。行政訴訟簡易訴訟案件、交通裁決事件之第一審由地方法院行政訴訟庭審理，其第二審由高等行政法院審

---

❷ 此處的考試權是指狹義的考試權（亦即決定應考人是否取得公務人員任用資格或專門職業及技術人員職業資格的權力），而非指廣義的考試權（即考試院所掌的職權，範圍除了狹義的考試權外，亦包括許多人事行政的職權）。因為根據《憲法》第 108 條第 1 項第 11 款規定，公務員之銓敘、任用、糾察、保障等事項，係由中央立法並執行，亦可由中央立法後由省縣執行。易言之，狹義的考試權為中央專屬的權力，廣義的考試權在制度上則容許地方分享之。

　　理，並為終審法院；通常訴訟案件之第一審係由高等行政法院審理，
　　其第二審則由最高行政法院審理，並為終審法院。

3.總統、副總統彈劾及政黨違憲解散案件：由司法院大法官組成憲法法
　　庭審理。

㈡解釋權

　　包括憲法解釋及統一解釋法律命令，由司法院大法官組成大法官會議審
理。關於此一職權，本章後續將詳細說明。

㈢懲戒權

　　關於公務員、法官、檢查官之懲戒，由司法院轄下設懲戒法院掌理，懲
戒法院設懲戒法庭審理公務員之懲戒案件，設職務法庭審理法官與檢察官之
懲戒案件。懲戒案件審理採一級二審制，當事人對於第一審判決得向懲戒法
院提起上訴救濟，第一審為事實審，第二審則為法律審。

㈣司法行政權

　　由司法院院長及副院長行政司法權，監督所屬機關，依法行使職權，以
謀求司法制度的健全、司法業務績效之提升，與訴訟品質之提高。

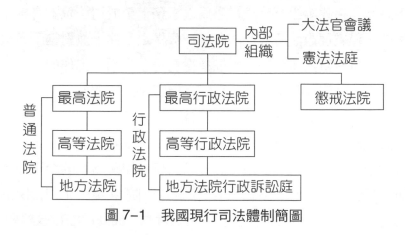

圖 7-1　我國現行司法體制簡圖

二、司法院的定位問題

不過，若嚴格檢視現行司法體制與《憲法》規定是否相符，便會發現：《憲法》第 77 條規定司法院「掌理民事、刑事、行政訴訟之審判與公務員之懲戒」。然而，在現行體制下，司法院本身並未直接審理民事、刑事、行政訴訟之審判與公務員之懲戒，司法院其實是掌理「司法行政」的機關，而審判事務則是由司法院轄下的各級法院行使。就此看來，現行體制與《憲法》規定似有未盡相符之處。

若回顧當時制憲，1947 年原本的《中華民國憲法》草案第 82 條原本明定：「司法院為國家最高審判機關，掌理民事、刑事、行政訴訟之審判及《憲法》之解釋。」從此一規定，可知當時制憲之初有意仿效美國聯邦最高法院的體制，儘管名稱不稱「最高法院」而為「司法院」，但司法院實質上即為最高法院，乃為最高的審判機關，並設若干大法官，綜合審理各類案件。儘管最後制憲通過的條文與上述《憲法》草案的文字有些微差異——最高「審判」機關改為最高「司法」機關，不過司法機關最核心的功能即是職司審判，故制憲國民大會欲以司法院為最高審判機關的意旨應無變動。

然而行憲後的司法體制，卻仍延續過去訓政時期的舊制，在司法院之下，仍另設有最高法院、行政法院及公務員懲戒委員會，分掌《憲法》所定之民事、刑事訴訟、行政訴訟及公務員懲戒之事務。至於司法院本身則不負責審理訴訟案件，僅處理憲法解釋及法令統一解釋之案件，並對轄下各級法院進行司法行政監督。目前司法院的職權稱得上是「審判」工作的，僅有修憲後規定司法院大法官審理政黨違憲解散案件與正副總統彈劾案。

關於此一體制，過去釋字第 86 號曾指出：「《憲法》第 77 條所定司法院為最高司法機關，掌理民事、刑事、行政訴訟之審判，係指『各級法院』民事、刑事訴訟之審判而言。」似乎間接承認現行司法體制的合憲性，且《法院組織法》明定「司法院院長監督各級法院及分院」，更強化司法院的司法行政機關的特質。因此，司法院在目前體制上實為「最高司法行政機關」，而非「最高司法審判機關」。

　　由於現行司法體制不完全符合制憲者原意，1999 年召開的全國司法改革會議，達成司法院定位改革的結論，試圖回歸制憲者原意，調整現行「多元多軌制」的現行體制，將司法院「審判機關化」，在改革進程上以「一元多軌制」為近程目標，最終則欲達成「一元單軌制」的遠程目標。❸

　　如圖 7–2 所示，所謂「一元多軌制」的近程目標，是指歸併最高法院、最高行政法院及公務員懲戒委員會，在司法院內分設民事訴訟庭、刑事訴訟庭、行政訴訟及懲戒庭，掌理各類案件之審理；並由司法院大法官組成憲法法庭，掌理釋憲權、政黨違憲解散權及政務官的懲戒權。如圖 7–3 所示，所謂「一元單軌制」的遠程目標，則是指司法院置大法官十三至十五人，由大法官擔任全部的審判工作，掌理民事、刑事、行政訴訟審判、公務員懲戒、憲法解釋與政黨違憲解散等事宜。

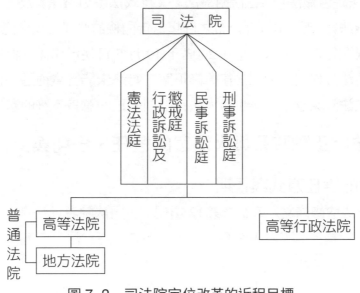

圖 7–2　司法院定位改革的近程目標

---

❸　所謂一元或多元，是指終審法院是一個或是多個；所謂單軌或多軌，是指審判權的最終歸屬為同一群審判者或不同審判者。

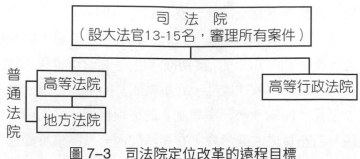

圖 7-3　司法院定位改革的遠程目標

　　司法院上述的改革規劃，大法官於 2001 年 10 月 5 日做出的釋字第 530 號解釋亦有提及，並要求限期修正目前體制。該號解釋指出：「司法院除審理上開事項之大法官外，其本身僅具最高司法行政機關之地位，致使最高司法行政機關與最高司法審判機關分離。為期符合司法院為最高審判機關之制憲本旨，《司法院組織法》、《法院組織法》、《行政法院組織法》及《公務員懲戒委員會組織法》，應自本解釋公布之日起二年內檢討修正，以副憲政體制。」此號解釋限期修正的要求，早在 2003 年 10 月 5 日便已屆滿，但直到今日，立法院對司法院提出之相關法律的修正案，始終未能審議通過，留下現行體制既與《憲法》原意不符，也與大法官限期修正的意旨不符的尷尬狀態。❹

三、司法院正副院長與大法官的選任、任期與身分定位

㈠大法官的選任方式與任期

　　依《憲法增修條文》第 5 條第 12 項規定，司法院設大法官十五人，並以其中一人為院長，一人為副院長，由總統提名，經立法院同意任命，❺自民

---

❹　釋字第 530 號解釋引發不少爭議：首先，此號解釋有「聲請外裁判」（訴外裁判）的問題，因為聲請人並未提及司法院組織改造的問題，大法官卻天外飛來一筆地處理此一問題，為當時全國司法改革會議的政策方向背書。其次，若依照大法官限期修正的要求調整司法體制，司法院將成為集審判權、釋憲權、司法行政監督、司法政策擬定權於一身的機關，無論自權力分立或是機關運作效率的角度觀之，皆值得商榷。此號解釋也成為目前為止大法官諭知限期修正，立法院卻未遵從的唯一一號解釋。

❺　依《司法院組織法》第 4 條第 1 項規定，大法官應具備下列資格之一：一、曾任實

國 92 年起實施，不適用《憲法》第 79 條之規定。大法官任期八年，不分屆次，個別計算，並不得連任。但並為院長、副院長之大法官，不受任期之保障。上述現行規定乃是歷經數次修憲後確立的制度，與修憲之前的制度頗有差異。在原先《憲法》第 79 條的規定中，司法院院長與副院長並非大法官，皆由總統提名，經監察院同意任命，且無規定名額與任期，而根據原本《司法院組織法》規定，大法官共十七人，任期九年，無連任的限制，並有「屆次」的規定。

1992 年第二次修憲後，監察院轉變為準司法機關，監察院對於司法院的人事同意權移轉至國民大會。2000 年第六次修憲將國民大會虛級化，國民大會對於司法院的人事同意權又移轉至立法院，乃為現行司法院正副院長與大法官的選任方式。至於司法院大法官於《憲法》中明定名額為十五人，任期八年並不得連任，任期個別計算，以及正副院長同時為大法官的相關規定，皆是在 1997 年第四次修憲時確立。

修憲後增訂大法官不得連任，任期個別計算而不分屆次的規定有其重要用意。《憲法》明定大法官不得連任的用意，是為了強化大法官的獨立性，避免大法官行使職權有太多政治考量，因為大法官如果能夠連任，大法官有可能為了尋求連任，在行使職權時對於涉及提名者（總統）與行使同意權者（過去為國民大會、目前為立法院）的相關案件有所忌憚，甚至刻意討好。至於修憲後規定大法官任期個別計算而不分屆次的意義，是指大法官不論何時被任命，其任期皆為八年，不像以往在有屆次的情況下，如遇大法官有出缺而總統補提名任命新的大法官，該名大法官的任期即係繼任至該屆大法官任期屆滿為止。

以上新制的用意，主要是為了使大法官整體成員的結構新舊混合，任期

任法官十年以上而成績卓著者；二、曾任實任檢察官十五年以上而成績卓著者；三、曾實際執行律師業務二十五年以上而聲譽卓著者；四、曾任大學專任教授十二年以上，講授主要法律科目八年以上，有專門著作者；五、曾任國際法庭法官或有公法學或比較法學之權威著作者；六、研究法學，富有政治經驗，聲譽卓著者。同條第 2 項並規定，以上各款資格之大法官，其人數不得超過總名額三分之一。

交錯，並使任期四年的每一任總統都有提名任命大法官的機會。此外，新制也有搭配大法官不得連任此一制度調整的考量。試想，大法官若規定不得連任，卻仍維持屆次的制度，將造成大法官全部任期屆滿而全面換血，司法院將無任何有經驗的大法官存在，新任大法官可能要完全自行摸索如何行使職權，故新制可達到老幹新枝經驗傳承，並使大法官成員結構保持漸進之新陳代謝的效果。

關於修憲之所定規定新制自民國 92 年起實施，乃是因為過去具有屆次之大法官（當時為第六屆）的任期至民國 92 年屆滿，故有此時間上的規定，而民國 92 年之後的大法官由於任期個別計算，即不再稱為 「第七屆」、「第八屆」……大法官。

特別的是，修憲時為了促成大法官整體成員新舊混合的狀態早日實現，《憲法增修條文》第 5 條第 4 項做了以下特別規定：「中華民國 92 年總統提名之大法官，其中八位大法官，含院長、副院長，任期四年，其餘大法官任期八年。」亦即民國 92 年新制上路時，有半數的大法官任期四年，另一半大法官任期四年，藉此達到 「原則上每四年替換半數」 的狀態。

但須注意的是，此一規定並無維持整齊的兩批人選每四年定期替換的用意，因為若有不可測的因素導致大法官出缺，例如大法官轉任他職、死亡，或總統提名人選無法在立法院全數通過等情事，日後總統新任命的大法官的八年任期仍是個別計算，因此可能每隔一至二年即有大法官任期屆滿而出缺。

㈡司法院正副院長的任期

司法院正副院長同時為大法官的修憲規定，亦有考量到以往大法官會議由司法院院長擔任會議主席，但司法院正副院長卻不具大法官身分，引發不具大法官身分之人何以能主持大法官會議的批評，因此有此修正。故現行制度下，司法院正副院長除擔任大法官的工作外，尚須擔任司法行政監督的工作，同時具有 「司法官」 與 「行政官」 的身分。

因此，司法院正副院長與其他大法官相較，在職務上尚須承擔司法行政監督責任與政治責任，故《憲法增修條文》第 5 條第 2 項但書特別規定「並

為院長、副院長之大法官，不受任期之保障」，即指司法院院長若司法行政監督不周，或例如司法院院長所主導推動的司法改革政策引發民意的強烈反彈與輿論批評，司法院院長仍有可能因為承擔行政監督不周的行政責任或民意壓力的政治責任而自行辭職，而不能憑藉大法官的八年任期而在院長職務上有所輕忽怠慢或胡作非為，故規定司法院院長「不受任期之保障」。

　　須注意的是，上述「不受任期之保障」的規定，並無使總統對司法院正副院長可任意免職的用意，其主要用意是要促使身兼正副院長的大法官自我提醒，自己須較其他大法官承擔較多的責任。試想，假若總統對於司法院正副院長擁有任意的免職權，將使總統有機會藉由免職權的行使介入司法行政事務，司法院正副院長在實質上將成為總統的下屬，從而妨害司法獨立的精神與司法院院長作為「最高」司法行政首長的地位。

　　承接上述，一個稍有疑義的問題是，司法院正副院長一旦因為承擔行政監督責任或政治責任而辭職，是否連同大法官的職位亦一併喪失？事實上，從《憲法》「並為院長、副院長之『大法官』，不受任期保障」的規定看來，《憲法》文義上並無太多模糊空間，其意涵應是指司法院正副院長與大法官係由同一人擔任而具有不可分性，故司法院正副院長若辭職，大法官身分亦同時去除。否則，若辭去院長職務後仍保有大法官身分，而維持大法官的法定人數（十五人），將導致總統僅能在既有大法官中選擇一人提名為院長，總統提名司法院院長的人選範圍將遭到嚴重限縮。當時修憲之所以會規定「並為院長、副院長之大法官，不受任期保障」，而非規定「院長、副院長不受任期之保障」，應有上述的顧慮。 ❻

㈢司法院院長兼大法官人事任命的憲法爭議

　　2016 年 7 月，司法院院長賴浩敏、副院長蘇永欽向總統請辭獲准，蔡總統提名許宗力、蔡烱燉為司法院正副院長兼大法官，此一提名引發兩項憲政

❻　過去已有相關事例發生：2010 年 7 月，臺灣高等法院三位法官涉嫌貪汙被收押，當時司法院院長賴英照、副院長謝在全引咎辭職，並辭去大法官職務。馬英九遂提名賴浩敏、蘇永欽為大法官兼正副院長，經立法院同意後任命。

爭議：

首先，司法院正副院長兼大法官的任期尚未屆滿，因新總統上任即行辭職。原副院長蘇永欽甚至在辭職聲明中表明，自己辭職是為了使蔡總統有更大的彈性用人空間，以貫徹總統對司法改革的理念。值得深思的是，司法院正副院長隨新總統上任而請辭的舉措，是否意味著每次政黨輪替的新總統上任，就當然取得任命正副院長兼大法官的機會與權力？憲法規定司法院正副院長兼大法官「不受任期保障」，是指新總統有權任意撤換正副院長兼大法官嗎？司法院正副院長兼大法官若需隨政黨輪替而進退，如何確保司法是獨立於政黨政治之外運作？

其次，許宗力於 2003 年至 2011 年已擔任過大法官，蔡總統再度提名許宗力為司法院院長兼大法官，是否違反大法官「不得連任」的憲法規定？針對此爭議，總統府表示許宗力若獲立法院同意，是「再任」而非「連任」大法官，而法律上「再任」與「連任」是兩個完全不同的概念。憲法限制大法官連任，故「任滿後再度提名」或「原任期未滿即離職但於原任期屆滿時再次提名」即構成違憲，但憲法並無明文限制「再任」。對於總統府的說法，有不少論者不以為然。這些論者主要是認為，憲法限制大法官連任的用意既然是為了避免產生誘因，使大法官討好執政者而影響行使職權的獨立性，則大法官若能再任，便有可能影響大法官行使職權的獨立性，因此憲法中規定大法官不得連任應包括不得再任（蘇子喬，2021: 306–307）。

以上爭論，雖然隨著 2016 年 10 月立法院行使同意權通過而無疾而終，但此爭論背後隱藏的憲政爭議仍值得我們深思。

㈣大法官的身分定位

《憲法增修條文》第 5 條第 1 項後段規定：「司法院大法官除法官轉任者外，不適用《憲法》第 81 條，及有關法官終身職待遇之規定。」依此規定，僅限於由法官轉任的大法官得享有終身職待遇的保障，亦即享有一般法官的終身俸；至於其餘大法官在卸任後則不得享有一般法官之終身俸待遇。由於大法官的出身約略來自學界與司法實務界（資深法官或檢察官）兩類，因此

在上述規定下，學界出身的大法官於卸任後將無法享有終身俸。

事實上，在本次修憲之前，大法官不論是否為法官轉任，全部皆享有終身俸，這是基於過去《司法院組織法》與《司法人員人事條例》的相關規定。因為過去《司法院組織法》第 5 條第 4 項將任期屆滿的大法官皆視同停止辦案的司法官，適用《司法人員人事條例》第 40 條第 3 項之規定。而根據過去《司法人員人事條例》第 40 條第 3 項的規定，停止辦案的司法官，得依《公務人員退休法》辦理退休，即得享有終身退休俸。

換言之，過去大法官的終身職待遇保障乃是透過法律位階的法規範加以保障。所有大法官不論過去出身皆比照司法官擁有終身職待遇保障的制度，固然值得斟酌，但當時國民大會以修憲方式變更法律位階的法規範內容，很明顯是針對大法官釋字第 499 號解釋宣告國大延任案無效所進行的報復。更由於當時一般認為釋字第 499 號解釋主要出自兩位學者出身的大法官之手，而這項排除學界人士適用終身俸的修憲規定，幾乎可以說是針對特定大法官進行政治報復，此一規定明顯缺乏正當性與合理性。

大法官是否為法官過去一直是《憲法》的爭議問題。有論者認為《憲法》第 81 條規定法官為終身職，而終身職的法官應是指審理一般訴訟案件的審判人員。大法官有特定任期，亦非審理一般訴訟案件之審判人員，故大法官並非《憲法》第 81 條中所指的法官。亦有論者認為《憲法》「終身職」的規定並非指工作終身而無法命其退休，而是指予其在卸任職務後，亦予以如同在職務時相同之保障，故不能以大法官有任期之規定而否定其為法官。

上述爭議問題於 2005 年至 2006 年間成為具體的實務爭議，原因是大法官於當年 12 月做出釋字第 585 號解釋，宣告立法院制定的《三一九槍擊事件真相調查特別委員會條例》部分條文違憲，引發立法院多數陣營（泛藍陣營）的反彈與報復，立法院泛藍陣營隨即在審理下一年度中央政府總預算時，刪除大法官支領司法人員專業加給的預算。此一作為是否違反《憲法》第 81 條規定，引發爭議。因為《憲法》第 81 條有關於法官「非依法律，不得減俸」之特別保障，假若大法官是法官，立法院在審理預算而非制定或修改法律的情況下刪減大法官的薪俸，便違反《憲法》第 81 條的規定。

　　針對此問題，釋字第 601 號指出，大法官由總統提名，經立法院同意後任命，為《憲法》第 80 條規定之法官。大法官無論其就任前職務為何，在任期中均應受《憲法》第 81 條關於法官「非受刑事或懲戒處分，或禁治產之宣告，不得免職。非依法律，不得停職、轉任或減俸」規定之保障。故立法院除有懲戒事由而制定法律予以減俸外，不得以任何其他理由或方式，對大法官之俸給予以刪減。總之，此號解釋認定大法官為法官，關於大法官是否為法官的長期爭議，至此有了一定的結論。❼

四、大法官的職權

　　依《憲法》第 78 條與第 79 條第 2 項規定，大法官行使解釋《憲法》與統一解釋法令的權限，而根據《司法院大法官審理案件法》，大法官係組成

❼　仔細觀之，應會發現釋字第 601 號解釋的意旨與《憲法增修條文》第 5 條第 1 項後段「司法院大法官除法官轉任者外，不適用《憲法》第 81 條，及有關法官終身職待遇之規定」有所牴觸。當時《憲法》此一「報復條款」，明顯就是要排除非法官轉任的「在任」大法官適用《憲法》第 81 條關於法官的保障，並排除非法官轉任的大法官於卸任後享終身俸之待遇。然而，釋字第 601 號解釋理由書卻指出：「《憲法增修條文》第 5 條第 1 項後段『司法院大法官除法官轉任者外，不適用《憲法》第 81 條，及有關法官終身職待遇之規定』，僅就非由法官轉任大法官者卸任後之身分保障為排除規定，就此意旨，並非謂《憲法》第 81 條規定法官『非受刑事或懲戒處分，或禁治產之宣告，不得免職。非依法律，不得停職、轉任或減俸』之規定，不適用於大法官，此乃基於司法獨立原則，對上開《憲法增修條文》規定應有之解釋，……故大法官無論其就任前職務為何，在任期中均應受《憲法》第 81 條關於法官『非受刑事或懲戒處分，或禁治產之宣告，不得免職。非依法律，不得停職、轉任或減俸』規定之保障。」就此看來，大法官基於司法獨立原則，將《憲法增修條文》第 5 條第 1 項後段「司法院大法官除法官轉任者外，不適用《憲法》第 81 條，及有關法官終身職待遇之規定」，解讀為：非法官轉任之大法官卸任後之身分保障，不適用終身俸之保障；而所有在任大法官不論是法官轉任或非法官轉任，皆受《憲法》第 81 條之保障。事實上，《憲法》中此一「報復條款」固然相當可議，但是大法官透過解釋文直接曲解修憲原意，反將「報復條款」一軍，釋憲意旨可否如此明目張膽地牴觸修憲意旨，亦有可議之處。

「大法官會議」行使此兩項職權。《增修條文》第 5 條第 4 項規定大法官亦有審理立法院所提之總統、副總統之彈劾案及政黨違憲之解散事項之權限，而由大法官組成「憲法法庭」行使此兩項職權。

須注意的是，大法官會議與憲法法庭乃是由大法官行使職權的組織，並非法定機關的名稱。或許有人會有疑問，既然大法官會議與憲法法庭的構成成員皆是大法官，規定由這兩種組織行使不同職權的意義為何？事實上，大法官會議與憲法法庭的運作程序並不盡相同，至少就「大法官『會議』」與「憲法『法庭』」的名稱差異，即可看出憲法法庭行使職權更強調其司法性質，在憲法法庭的審理過程中，須踐行必要的法庭程序，甚至是言詞辯論等，最後並以「判決」的方式為司法上的決定。以下對於大法官的各項職權分別加以說明：

㈠違憲審查權（憲法解釋）

1.違憲審查制度的意涵

大法官解釋憲法的權力又稱違憲審查權，這種制度設計即為違憲審查制度，為當代許多民主國家採行。在當代許多民主國家，司法機關有權力以《憲法》作為審查的依據，來判斷立法機關所制定的法律與行政機關所制定的命令是否違憲，若發現違憲，得予以糾正（宣告無效或拒絕適用）。透過違憲審查制度，得以維護《憲法》的最高性，維持國家整體法位階秩序。且司法機關透過司法審查的權力，可以制衡行政與立法機關，因此違憲審查制度亦是權力分立制衡的重要環節之一，並使人民的基本權利獲得保障。

關於世界各國的違憲審查制度類型，若依違憲審查機關是特定機關或各級法院而區分，可以分為分散型與集中型違憲審查制度。

分散型違憲審查制度源於美國，日本亦採此制，這種制度類型係將違憲審查權分散給各級法院的法官，所有法院的法官皆有審查權。法官於審理訴訟案件時，若確信審判所需依據的法令違憲，即可在此一訴訟案件中拒絕適用其認為違憲的法令，但該法令仍然有效存在，亦即在分散型違憲審查制度下，違憲審查權僅有個案效力，而無一般性的對世效力；集中型違憲審查制

度源於一次大戰結束後的奧地利，二次戰後則廣為歐陸法系的國家採行，例如德國、法國、義大利等皆採此制。這種制度類型係將違憲審查權集中於特設機關，尤其獨占違憲審查權。在此種制度下，各級法院的法官無權宣告法律或命令違憲，僅能將有違憲疑慮的法律或命令交給此一特定機關審理，而該機關的審查結果具有一般性的對世效力。

違憲審查制度若以違憲審查的標的是具體的個案或是抽象的疑義而區分，可分為抽象違憲審查制度與具體違憲審查制度。所謂抽象違憲審查是指容許與系爭案件相關者，針對特定法令或政府行為的合憲性提出質疑，由違憲審查機關加以審查單純疑義的制度。在這種制度下，違憲審查權的發動不必然附隨於具體的爭訟個案上，而得就單純的疑義提出聲請。德國、法國、義大利等國的違憲審查制度即屬此類。抽象違憲審查的審查標的除了可能是政府作為外，絕大多數的審查標的是抽象的法規，因此抽象違憲審查又相當於法規審查。而法規審查又可分為兩類：若違憲審查權的發動涉及具體的訴訟案件，稱為具體的法規審查；若違憲審查權的發動未涉及具體的訴訟案件，稱為抽象的法規審查。

但無論是具體或抽象的法規審查，違憲審查機關審理的對象都是抽象的法令，而非該具體的訴訟案件。相對於抽象違憲審查的是具體違憲審查，是指聲請人必須有個案侵害其《憲法》所保障之權利，方得聲請違憲審查的制度。在這種制度下，違憲審查機關須以具體個案的救濟為審查內容，《憲法》爭議的存在乃附隨於具體的個案上。若無具體個案，就沒有違憲審查。美國、日本的違憲審查制度即屬此類。由上述可以看出，集中型違憲審查制度通常會與抽象違憲審查制度相互連結；分散型違憲審查制度則會與具體司法審查制度相互連結。

2.我國違憲審查制度的相關法律規定

我國違憲審查制度乃是屬於集中型且抽象的違憲審查制度，違憲審查權集中於司法院大法官，且大法官行使違憲審查權的對象主要是政府行為或法規，而非具體的訴訟案件。我國違憲審查制度主要是規定於《司法院大法官審理案件法》，另外在《地方制度法》中亦有相關規定。依據《司法院大法官

審理案件法》第 5 條第 1、2 項規定，人民或機關得聲請大法官解釋《憲法》
的情形有以下四種：

一、中央或地方機關，於其行使職權適用《憲法》發生疑義，或因行使
職權與其他機關之職權發生適用《憲法》之爭議，或適用法律與命令發生有
牴觸《憲法》之疑義者，聲請大法官解釋（第 1 項第 1 款）。

二、人民、法人或政黨於其《憲法》上所保障之權利，遭受不法侵害，
經依法定程序提起訴訟，對於確定終局裁判所適用之法律或命令發生有牴觸
《憲法》之疑義者，聲請大法官解釋（第 1 項第 2 款）。

三、依立法委員現有總額三分之一以上之聲請，就其行使職權適用《憲
法》發生疑義，或適用法律發生有牴觸《憲法》之疑義者，聲請大法官解釋
（第 1 項第 3 款）。

四、最高法院或行政法院就其受理之案件，對所適用之法律或命令，確
信有牴觸《憲法》之疑義時，得以裁定停止訴訟程序，聲請大法官解釋（第
2 項）。

以上規定皆屬抽象違憲審查，亦是法規審查，其中第一種與第三種違憲
審查的聲請未涉及任何訴訟案件，屬於抽象的法規審查；第二種與第四種違
憲審查的聲請涉及訴訟案件，屬於具體的法規審查。

《地方制度法》第 30 條第 5 項規定，自治法規與《憲法》有無牴觸發生
疑義時，就相關業務有監督自治團體權限之主管機關，或自治團體之行政或
立法機關，得聲請大法官解釋；第 40 條第 5 項規定，地方立法機關議決自治
事項與《憲法》有無牴觸發生疑義者，得聲請大法官解釋；第 75 條第 8 項規
定，地方行政機關實施自治事項有無牴觸《憲法》發生疑義者，得聲請大法
官解釋。以上規定皆屬抽象違憲審查，其中第一種審理的對象是自治法規，
且未涉及訴訟案件，屬於抽象的法規審查；第二種與第三種較為特別，雖仍
是抽象審查，但審查對象並非法規而是政府作為，故並非法規審查。

從上述法律規定中，可看出就聲請內容而言，分為「單純的《憲法》疑
義」、「機關間權限爭議」、「法令違憲的疑義」、「個案爭議」等四類：

(1)**單純的憲法疑義**

　　A.中央或地方機關，於其行使職權適用《憲法》發生疑義。(《司法院大法官審理案件法》第 5 條第 1 項第 1 款前段)

　　B.立法委員現有總額三分之一以上之聲請，就其行使職權適用《憲法》發生疑義。(前法第 5 條第 1 項第 3 款前段)

(2)**機關間權限爭議**

　　中央或地方機關，因行使職權與其他機關之職權發生適用《憲法》之爭議。(《司法院大法官審理案件法》第 5 條第 1 項第 1 款中段)

(3)**法令違憲的疑義**

　　A.中央或地方機關，適用法律與命令發生有牴觸《憲法》之疑義。(《司法院大法官審理案件法》第 5 條第 1 項第 1 款中段)

　　B.人民、法人或政黨於其《憲法》上所保障之權利，遭受不法侵害，經依法定程序提起訴訟，對於確定終局裁判所適用之法律或命令發生有牴觸《憲法》之疑義。(前法第 5 條第 1 項第 2 款)

　　C.立法委員現有總額三分之一以上之聲請，適用法律發生有牴觸《憲法》之疑義。(前法第 5 條第 1 項第 3 款後段)

　　D.最高法院或行政法院就其受理之案件，對所適用之法律或命令，確信有牴觸《憲法》之疑義。(前法第 5 條第 2 項)

　　E.就相關業務有監督自治團體權限之主管機關，或自治團體之行政或立法機關，行使職權適用自治法規與《憲法》有無牴觸發生疑義。(《地方制度法》第 30 條第 5 項)

(4)**個案爭議❽**

　　A.地方立法機關議決自治事項與《憲法》有無牴觸發生疑義。(《地方

---

❽　關於這種個案爭議的違憲審查，大法官的審理對象為政府行為而非法規，與「抽象的違憲審查制度」一般係以法規為審查對象略有不同，但由於大法官的審理對象仍非訴訟案件，故與「具體的違憲審查制度」係以訴訟案件為審理對象亦大不相同。事實上，大法官在這種個案爭議的憲法解釋上，仍是將某一政府行為視為一個範例，對此種範例的合憲性提出一個通案性的宣示，故仍屬抽象違憲審查的一環。

制度法》第 75 條第 8 項）

　　　B.地方行政機關實施自治事項有無牴觸《憲法》發生疑義。（前法第
　　　　40 條第 5 項）

　　關於憲法解釋的可決人數，根據《司法院大法官審理案件法》第 14 條第
1 項規定，大法官解釋《憲法》，應有大法官現有總額三分之二之出席，及出
席人三分之二同意，方得通過。但宣告命令牴觸《憲法》時，以出席人過半
數同意行之。

3.我國違憲審查制度的聲請主體

　　從以上關於我國違憲審查制度的相關法律規定，可知我國現行違憲審查
制度的聲請主體有：一、中央或地方機關、立法委員總額三分之一；二、最
高法院與行政法院；三、人民、法人或政黨。關於聲請主體，有以下幾點須
注意：

　　首先，依法律規定中央機關雖得聲請釋憲，但並非指所有的中央機關。
由於《司法院大法官審理案件法》第 9 條規定，聲請解釋機關有上級機關者，
其聲請應經由上級機關層轉，上級機關對於不合規定者，不得為之轉請，其
應依職權予以解決者，亦同。因此在此規定下，有權聲請釋憲的中央機關乃
限於中央最高機關，依現行制度即為總統與五院。

　　其次，依《司法院大法官審理案件法》第 5 條第 2 項規定，僅有「最高
法院或行政法院」就其受理之案件，對所適用之法律或命令，確定有牴觸《憲
法》之疑義時，得以裁定停止訴訟程序，聲請大法官解釋。不過目前實務上，
根據釋字第 371 號解釋，有權聲請釋憲的法院已不限於最高法院或行政法院，
而擴及所有的法院。該號解釋指出，「各級法院」於審理案件時，對於應適用
之法律，依其合理之確信，認為有牴觸《憲法》之疑義時，均得以之為先決
問題裁定停止訴訟程序，聲請大法官解釋。

　　值得注意的是，此號解釋雖指明各級法院法官就「法律」有違憲之虞時
得聲請釋憲，卻未及於「命令」違憲的情形。因此在目前實務上，我國法院
體系中得就命令違憲疑義聲請釋憲的法院仍僅限於最高法院與行政法院，其
他法院法官在審理訴訟案件時，對於其認為有違憲之虞的命令，根據釋字第

137 號與第 216 號解釋雖可不受拘束而拒絕適用，但仍不能聲請大法官釋憲。

第三，在《司法院大法官審理案件法》的規定中，人民、法人或政黨得聲請釋憲的情形，是指當其《憲法》上所保障之權利，遭受不法侵害而提起訴訟，對於「確定終局裁判」所適用之法律或命令發生有牴觸《憲法》之疑義的時候。所謂「確定終局裁判」，文義上是指不得再爭執之裁判，亦即不得再上訴的判決與不得再抗告的裁定。此處引發疑義時，假若人民在訴訟上對於第一審之判決，依法律規定尚可上訴，但當事人刻意不上訴而超出上訴期間，造成判決於第一審判決後即確定。對於這種確定終局裁判，當事人能否以該裁判所適用之法律與命令為違憲之虞而聲請釋憲？

在實務上，大法官對於這種聲請不會受理。原因是大法官在目前審理案件的實務上，認為《司法院大法官審理案件法》中本條文的意旨，是指「須窮盡一切救濟程序後始得聲請釋憲」，亦即若有當事人得上訴而未上訴、得抗告而未抗告而造成的確定終局裁判，意味著當事人並未窮盡一切救濟程序，這種情形即不得聲請釋憲。

4.我國違憲審查制度的聲請客體

關於我國違憲審查制度的客體，亦即大法官行使違憲審查的標的，儘管在目前《司法院大法官審理案件法》中，係規定以法律、命令與地方法規為審查標的，但目前在實務上，大法官行使違憲審查權的標的實已遠超過上述範圍，包括判例（例如釋字第 154 號、第 582 號）、最高法院決議（例如釋字第 374 號）都成為大法官違憲審查的對象，甚至大法官已做成的解釋都得聲請補充解釋（例如釋字第 251 號）。

此外，對於人民聲請的釋憲案，根據《司法院大法官審理案件法》規定，大法官審查的標的乃是確定終局裁判「所適用之法律或命令」。目前大法官對於法律或命令是否為確定終局裁判「所適用」，範圍認定也抱持較寬鬆的態度。例如大法官釋字第 445 號解釋宣告《集會遊行法》部分條文違憲，雖然聲請人係因未依《集會遊行法》第 9 條規定於六日前申請才未獲許可，聲請審查的標的是《集會遊行法》第 9 條，但大法官於該號解釋中宣告違憲的卻是該法第 4 條「集會遊行不得主張共產主義或分裂國土」等其他規定。大法

官在此號解釋理由書中指出，人民聲請憲法解釋之制度，除為保障當事人之基本權利外，亦有闡明《憲法》真義以維護憲政秩序之目的，故其解釋範圍自得「及於該具體事件相關連而必要之法條內容有無牴觸憲法情事而為審理」。

又例如在釋字第 535 號解釋中，聲請人實際上是依《刑法》第 140 條公務員執行職務當場侮辱罪被判刑，嚴格而言該判決所適用之法律即為《刑法》第 140 條，但聲請人卻是以判決理由中提及的《警察勤務條例》違憲為理由而聲請釋憲，大法官對此亦受理並做成解釋。大法官在此號解釋理由書中指出，所謂裁判所適用之法律或命令，係指法令之違憲與否與該裁判「有重要關聯性」而言。以刑事判決為例，並不限於判決中據以論罪科刑之實體法及訴訟法之規定，包括作為判斷行為違法性依據之法令在內，均得為聲請釋憲之對象。

5.我國違憲審查制度的效力

我國《憲法》與法律對於大法官解釋《憲法》的效力，並無明文規定。但釋字第 185 號解釋則自行宣告大法官所為之憲法解釋「自有拘束全國各機關及人民之效力」，實務上也承認大法官解釋具有嗣後一般的對世效力（而非溯及過去而自始失效）。例如，大法官一旦在解釋文中指明某項法律牴觸《憲法》而宣告無效，即已形同廢止該項法律，而非僅於個案中拒絕適用而已。值得注意的是，大法官基於法安定性、對於整體法制的衝擊、執法機關的調適需求、尊重民主立法者等考量，大法官行使違憲審查權的效力往往非直接認定違憲即宣告無效，而有以下數種方式：

　(1)單純違憲宣告

　　宣告系爭法規違憲，但並未交代其效力如何（例如釋字第 288 號）。

　(2)定期失效

　　宣告系爭法規在解釋公布後，一定期限後失效（例如釋字第 224 號）。

　(3)即時失效

　　宣告系爭法規於解釋公布時起失其效力（例如釋字第 522 號）。

　(4)要求檢討修正（警告性解釋）

　　未直接論其效力，但要求相關機關檢討修正相關法規或行為（例如釋

字第 524 號），有時會明示修正期限（例如釋字第 530 號）。

大法官解釋固然發生「嗣後一般效力」，但關於人民聲請的釋憲案，也例外地溯及既往對聲請人發生一定的個案效力。因為假若大法官解釋毫無例外只能發生嗣後效力，聲請釋憲的當事人便無法就其聲請釋憲的原因案件，以大法官解釋結果為依據向原審法院尋求救濟，因為該原因案件乃是在該解釋做出之前所發生。如此一來，人民聲請釋憲的誘因不易建立，將減損人民聲請釋憲的功能。有鑑於此，大法官於釋字第 177 號、第 185 號解釋中，便指明人民聲請釋憲之案件，大法官解釋結果對聲請人具有「個案拘束力」，亦即若確定終局裁判所適用之法令經大法官解釋認定違憲，當事人得援引大法官解釋提起再審或非常上訴向原審法院尋求救濟。

㈡大法官的其他職權

1.統一解釋法令

考量到民主法治國家應具備的法安定性原則，全國各機關的法律見解有必要一致，故《憲法》將大法官定位為最權威的法令詮釋者，由大法官充當為法律「說最後一句話的人」，由大法官來化解國家各機關歧異的法令見解。至於在何種情況下，有聲請大法官統一解釋法令的必要？

大法官曾在釋字第 2 號解釋有所說明。大法官在該號解釋指出，中央或地方機關對法令之見解，如果依法應受其他機關的拘束（例如必須受到上級機關見解的拘束），或其他機關依法得變更其見解（例如上級機關可以使下級機關改變其見解），則本身即有統一解釋法令的管道，該機關便無聲請統一法令解釋的必要。倘若可獨立行使職權的機關或是不相隸屬之機關，對法令的見解有異時，才會產生法令見解混淆的情形，此種情形方得聲請統一法令解釋。

《司法院大法官審理案件法》關於統一法令解釋的程序，即是本於上述見解而做的規定。依該法第 7 條第 1 項規定，以下兩種情況得聲請統一法令解釋：一、中央或地方機關，就其職權上適用法律或命令所持見解，與其他機關適用統一法律或命令時所表示之見解有異時，得聲請大法官統一法令解釋。但該機關依法應受其他機關見解之拘束，或得變更其見解者，則不得聲

請統一法令解釋。

　　二、人民、法人或政黨對於權利遭受不法侵害，認為確定終局裁判適用法律或命令所表示之見解，與其他審判機關之確定終局裁判，適用同一法律或命令時所已表示之見解有異者，得聲請大法官統一法令解釋。但得依法定程序聲請不服，或後裁判已變更前裁判之見解者，則不得聲請統一法令解釋。而依該法第 14 條第 2 項規定，大法官統一解釋法律及命令，應有大法官現有總額過半數之出席，及出席人過半數之同意，方得通過。

2. 政黨違憲解散之審理

　　1992 年第二次修憲時，賦予大法官審理政黨違憲解散事項的權力。依現行《增修條文》第 5 條第 4 項與第 5 項之規定，當政黨之目的或其行為，危害中華民國之存在或自由民主之憲政秩序者，即為違憲之政黨。由大法官組成憲法法庭，審理該違憲政黨之解散事宜。此種政黨違憲解散制度乃淵源於《德國基本法》「防衛性民主」的理念。

　　有鑑於德國《威瑪憲法》所建立的民主體制被納粹黨顛覆的歷史教訓，二次大戰《德國基本法》在制定時，所欲建立的民主政治是一種防衛性民主（或稱「有防衛力的民主」）。原本民主最基本的哲學價值在於「價值相對論」，在價值相對論的觀點下，每一種主張都只是眾多的價值之一，因此必須抱持寬容的態度，產生自由的言論市場，讓各種不同的意見充分流通。但是在此會產生一個矛盾的問題，那就是假設有一種價值自認為自己是絕對的價值、是絕對的真理，並且試圖取消民主，民主政治是否要容忍這樣的價值？

　　德國納粹黨透過民主程序，利用民主政治強調的價值相對主義對它的寬容，取得政權並顛覆民主政治，難道民主政治不應為自己設定防線嗎？因此二次大戰後的《德國基本法》不再奉行價值相對論，而衍生出防衛性民主的概念，認為民主秩序並非完全價值中立的體系，而是要受一種價值所拘束，這個價值便是自由民主的基本價值，因此為了保護自由民主的憲政秩序，對於反民主而違憲的政黨可以加以排除。

　　在防衛性民主的理念下，認為「勿將自由給予自由的敵人」，應「以不寬容對抗不寬容」，且「民主無自殺之義務」（陳新民，2001: 669），《德國基本

法》遂有政黨違憲解散制度的設立。《德國基本法》第 21 條規定，任何政黨的目的與其支持者的行為，如有危害國家自由民主之基本秩序時，即為違憲政黨，得由聯邦憲法法院裁判後宣告解散。我國修憲後的政黨違憲解散制度顯然是承襲《德國基本法》的規定。

我國政黨違憲解散制度的細節規定於《司法院大法官審理案件法》第 19 條至第 33 條。基於司法被動主義（即不告不理）的精神，政黨違憲解散的程序須先由政黨之主管機關（內政部）提出解散之聲請，始能由大法官組成憲法法庭審理。憲法法庭由資深大法官為審判長，審理過程必須本於言詞辯論而為裁判。憲法法庭進行言詞辯論須有大法官現有總額四分之三以上出席，並經參與言詞辯論之大法官三分之二之同意判決之。政黨若被憲法法庭判決宣告解散，即應停止一切活動，並不得成立目的相同的替代組織；其依政黨比例方式產生的民意代表，自判決生效起喪失民意代表資格。到目前為止，我國從未發生政黨違憲解散事項的案件。

3. 正副總統彈劾案之審理

在 2005 年第七次修憲之前，正副總統的彈劾程序係由立法院提出彈劾案，送交國民大會議決通過。國民大會於第七次修憲廢除後，將國民大會的彈劾議決權移轉至司法院大法官組成的憲法法庭，憲法法庭的審理程序則委由立法院以法律定之。不過直到 2018 年《憲法訴訟法》制定通過為止，法律對於憲法法庭審理正副總統彈劾案的程序，並未做任何規定，形成制衡總統機制的空白地帶。

㈢《憲法訴訟法》對大法官職權的變革

立法院於 2018 年大幅增修《司法院大法官審理案件法》，並將該法改名為《憲法訴訟法》，於同年 12 月 18 日三讀通過，2019 年 1 月 4 日公布。《憲法訴訟法》（以下簡稱新法）的通過，對我國大法官釋憲制度做了大幅度的改革。由於新法對大法官行使職權的相關制度更動幅度甚大，社會需要較長的準備與適應時間，故明訂公布三年後（即 2022 年 1 月 4 日）始正式施行。在新法施行前，大法官行使職權則仍適用《司法院大法官審理案件法》。新法的

變革重點可分述如下（蘇子喬，2021: 313–314）：

1.將大法官職權行使的方式全面司法化、裁判化與法庭化

原本大法官是以「會議」方式進行憲法解釋與統一法令解釋。新法則將「大法官會議」做成「解釋」的宣告方式改為以「憲法法庭」做成「憲法裁判」，大法官會議「主席」改為憲法法庭「審判長」，由並任司法院院長之大法官擔任。換言之，大法官行使的各項職權皆將以更具司法審判性質的憲法法庭形式為之。

2.新增「裁判憲法審查制度」

在原本制度下，人民只能夠在用盡一般訴訟的救濟途徑後，主張終審法院所做確定判決所適用的「法令」違憲，亦即大法官僅能審查「法令」，不能審查終審法院所做的「判決」是否違憲。而在新制下，人民可以進一步主張該判決本身違憲，亦即大法官可以直接審查終審法院的確定判決。此一制度將使我國違憲審查不限於「抽象審查」（法規審查），大法官也可以進行「具體審查」（個案審查）。透過裁判憲法審查制度，大幅提升憲法對人民基本權的保障。

3.降低立委聲請與做成憲法裁判的門檻

在原本制度下，立委聲請釋憲的門檻為現有總額三分之一，新制則調降為四分之一，更加保障立法院少數黨向大法官尋求救濟的機會。其次，在原本制度下，憲法解釋須有大法官現有總額三分之二以上出席，及出席人三分之二以上同意始能通過，新制則改為經大法官現有總額三分之二以上參與評議，現有總額過半數同意，即可做出憲法裁判，以提高審案效率。另外，關於是否受理憲法裁判的聲請，新法規定由三位大法官組成的審查庭以一致決決定，不須如原有制度須由全體大法官決定。

4.引進「法庭之友」制度

新法引進此一源於美國的制度，當事人以外的人民、機關或團體，如認為其與憲法法庭審理的案件有關聯性，得書面聲請並經憲法法庭裁定許可後，提出具參考價值的專業意見或資料，提供憲法法庭參考，以擴大憲法議題的全民思辨與意見交流。

5.憲法裁判程序公開透明化

新法規定，大法官一旦受理案件，須主動公開受理案件的聲請書與答辯書，以滿足人民知的權利，並使對該案件有興趣的人民、機關與團體有機會參與前述的「法庭之友」制度。其次，大法官做成的判決書，必須公布主筆大法官的姓名，並公開每位大法官對此判決所持的立場。若裁定不受理，亦須檢附理由。第三、建立對外開放的閱卷制度，使非憲法訴訟案件當事人的第三人也可聲請閱覽該案件的相關卷宗。

6.明訂正副總統彈劾案的審理規定

2005 年第七次修憲規定立法院提出總統彈劾案，由大法官組成憲法法庭審理，但修憲後法律始終未明訂憲法法庭審理彈劾案的程序。新法則明確規定其審理程序，並規定經大法官現有總額三分之二以上同意，被彈劾人即應解除職務。

五、司法獨立

司法獨立是指在民主法治國家權力分立的體制中，司法機關必須具有獨立性，與行政、立法機關互不隸屬，並與行政與立法機關等政治部門立於平等地位。一方面，司法獨立可以從司法功能的本質導出，司法的功能在於透過裁判以保護人民權利，故有必要排除政治權力的干涉，以使裁判得以公正實施，落實人權的保障；另一方面，司法獨立也是手無寸鐵的司法機關在制衡行政與立法機關時，維持其公信力的憑藉。

司法機關唯有盡可能在超然中立的狀態下行使職權，始能獲得人民廣泛的認同與公信力。司法機關唯有透過獨立超然以獲致公信力，在面對掌握國家龐大資源的行政機關與擁有制定法律審查預算大權的立法機關時，才有一定的後盾與力量與之相互抗衡。落實司法獨立的制度設計可分為以下幾個層面：

㈠審判獨立

審判獨立是指法官在裁判時應獨立行使職權，除了本諸自己對法律的判

斷而為裁判之外,不應受任何外來的指示、命令所拘束。《憲法》第 80 條後段規定法官「依據法律獨立審判,不受任何干涉」,即本於此一理念而為規定。條文中所謂「依據法律獨立審判」,並非指法官僅得以立法院制定之法律為審判之依據,而其他法規皆不得為審判之依據。過去大法官釋字第 30 號、第 137 號、第 216 號、第 407 號、第 530 號解釋不斷重申,各種中央與地方機關所制定之有效規章,包括《憲法》、法律、行政命令、地方法規等,皆得為法官引為裁判的依據。

在此關鍵問題乃是法官是否「必須」以其為審判的依據,亦即必須受其拘束?首先,關於《憲法》,《憲法》既為國家效力最高的法規,法官審判時自然應受《憲法》拘束,應毫無疑義。只是《憲法》中多為抽象、甚至缺乏法律效果之條文,在具體案件的審理時較無機會直接適用《憲法》作為審判的依據。其次,關於法律,法官於審理訴訟案件時須受法律拘束,但若法官確信審判所需依據的法律牴觸《憲法》,得停止訴訟程序申請大法官解釋。第三,關於行政命令與地方法規,法官於審理訴訟案件時,這些法規僅可供法官參考,而不得拘束法官,亦即法官若認為審判時可供參考的行政命令與地方法規牴觸《憲法》或法律,得自行認定拒絕適用。

不過,法官的審判獨立,並非意味法官不受任何職務監督,大法官釋字第 530 號解釋即認為基於司法自主性與保障人民司法受益權,司法院作為最高司法機關,在不違反審判獨立原則的前提下,有權發布命令,促使法官注意,以便使業務執行臻於適法、妥當及具有效率。但其命令如涉及審判上之法律見解者,法官於審判案件時,並不受其拘束。

《憲法》保障法官審判獨立乃是基於司法審判權的重要性,但須注意的是,法官不應因此成為孤立於現實社會的遁世者,自成與現實社會脫節的司法王國,亦即法官不能因其審判的獨立性而排拒任何外在的意見,例如國民的情感或學理的建議,若所提意見合理者應當適度參酌。法官一方面固應抗拒外在不當的干預,服從良心依據法律獨立審判,另一方面也要避免自己做出的裁判見解完全違背社會,引發人民對司法的不信任。總之,審判獨立不能質變為阻礙司法進步的絆腳石(吳信華,2011: 626)。

㈡職務獨立

職務獨立是指為達成司法獨立，執行司法權的人員應獨立於黨派之外，即《憲法》第 80 條前段所規定之「法官須超出黨派以外」的要求。至於「超出黨派」的意涵為何，學說上有四種見解：一、最嚴格說：法官不可加入政黨；二、嚴格說：法官可以加入政黨，但不可以從事政黨活動；三、和緩說：法官可參加政黨並參與政黨活動，但參與政黨活動時須自我節制，而不致影響其獨立行使職權的公信力；四、最和緩說：法官於審判具體案件時，不受政黨干涉即可（法治斌、董保城，2006: 390）。

此一問題涉及法官個人之結社自由與提升司法威信兩種考量的權衡，各國法制頗為分歧。而我國 2011 年制定實施的《法官法》第 15 條第 1 項規定：「法官於任職期間不得參加政黨、政治團體及其活動，任職前已參加政黨、政治團體者，應退出之。」我國法制顯然是採最嚴格說的標準。

上述關於司法機關審判獨立與職務獨立的制度設計，亦是為了保障人民的訴訟權，確保人民的訴訟案件在司法機關的審理過程中可以獲得公平的裁判。基於人民訴訟權的保障，審判獨立與職務獨立會導引出法定法官原則。

所謂法定法官原則，是指對於任何法律爭端，事先就必須在程序法規中明確界定其管轄法院，而非爭端發生時才隨意挑選法院主辦該案，如此才能避免有心人士透過案件的指派來操縱審判結果。在法定法官原則的實踐中，法官案件的受理須依事先一般抽象的事務分配原則定之，亦即法院的分案須依法院內部的抽象分案規則決定，而不可事先預定由特定法官承辦。大法官釋字第 665 號解釋理由書亦明言：「法院案件之分配不容恣意操控，應為法治國家所依循之憲法原則。我國《憲法》基於訴訟權保障及法官依法獨立審判，亦有相同之意旨」，顯然法定法官原則為《憲法》上確保司法獨立與人民訴訟權保障的基本原則之一。

㈢身分獨立

身分獨立是指法官身分與地位之保障。為貫徹司法獨立，唯有使法官的

身分地位不受威脅，才能使法官無後顧之憂地抵禦外界壓力，確實地獨立行使職權。《憲法》第 81 條規定：「法官為終身職，非受刑事或懲戒處分，或禁治產之宣告，不得免職。非依法律，不得停職、轉任或減俸」即本於此一理念而為規定。終身職保障使法官於法定退休年限屆滿前，不致遭到任意免職。在法官在職期間，僅有在以下情形下始得免職：一、因觸犯《刑法》而受刑罰之制裁；二、違反公務員有關之服務法律，而為監察院彈劾並經公務員懲戒委員會予以懲戒處分；三、因心神喪失或精神耗弱，而為法院宣告禁治產。至於其他較輕微處分，如停職、減俸或轉任其他職務，亦須依法定程序為之。

㈣預算獨立

除了審判獨立、職務獨立與身分獨立外，預算與經費的獨立亦屬重要，否則掌控經費者極可能透過司法經費的控制而影響司法獨立。依《憲法增修條文》第 5 條第 6 項規定，司法院所提出之年度司法概算，行政院不得刪減，但得加註意見，編入中央政府總預算案，送立法院審議。此一規定使得司法院享有獨立的預算編列權，可以針對司法院的需要而彈性編列，不再受制於行政院。司法院的預算僅能由立法院審查，行政院僅扮演轉手的角色，無法藉由預算編列影響司法機關的審判空間。

㈤內部獨立

內部獨立係針對司法行政之監督與法院內部事務之管理，應朝向強化法官自治，減少司法行政之權威色彩的方向邁進，防止司法行政對審判權的滲透而破壞司法獨立。晚近關於廢止裁判書類的送閱制度、設置法官會議參與法院內部行政事務之管理、遴選法院院長等變革，即為內部獨立之事例。但在強化內部獨立的同時，也相對要求法官自律，例如制定法官守則、推動法官評鑑，以提升法官素質、淨化司法風氣，以防範內部獨立可能造成的弊病（許育典，2009: 392）。

五、國民法官

立法院於 2020 年 7 月 22 日通過《國民法官法》，我國的國民法官制度將於 2023 年元旦正式施行上路。在國民法官制度下，將由來自各行各業的民眾擔任國民法官，與職業法官共同審判。國民法官雖然沒有法律專業背景，但可以將不同的生活經驗與價值思考帶進法庭，將國民多元的視野與經驗納入審判中。藉此降低職業法官的恣意與專斷，讓司法專業與社會對話交流，以促進民眾與法院間的相互理解，弭平法律專業與民眾一般法律感情的落差，進而提升國民對司法的信賴，實現司法民主化。以下說明我國國民法官的制度（蘇子喬，2021: 290–291）：

《國民法官法》規定，凡年滿 23 歲、具有高中以上教育程度、在地方法院轄區內居住四個月以上的國民，除了被褫奪公權、特定職業（如政府高級官員、民意代表、黨務人員、現役軍警、律師、法官）、與被告有利害關係的民眾之外，都可能被隨機抽選為國民法官參與審判。被抽選為國民法官之民眾，原則上不能拒絕，但可依開庭日數領取日薪與旅費補助。

國民法官參與審理之案件為最輕本刑 10 年以上有期徒刑或故意犯罪致人於死之第一審刑事案件（但不包括少年刑事案件與毒品罪之刑事案件），這些重罪案件將由職業法官 3 名與國民法官 6 名，總共 9 名法官組成國民參審法庭共同進行審理。依我國近年經驗，在每年約 20 萬件刑事案件中，約有 600 個案件屬於上述須由國民法官參與審判的案件。

在法庭上，國民法官與職業法官權責相當，共同討論犯罪事實之事實認定、法律適用與量刑。若要判被告有罪，必須包含國民法官與職業法官在內達三分之二以上之同意（亦即 6 名以上），量刑決定則是須包含國民法官與職業法官在內過半數同意（亦即 5 名以上），死刑之判決必須包含國民法官與職業法官在內達三分之二以上之同意（亦即 6 名以上）。這些同意票，至少有一票須來自職業法官。即使 6 名國民法官都認定有罪，職業法官都認定無罪，被告仍是無罪。

揆諸世界各國，國民參與審判制度大致可分為「陪審制」與「參審制」

兩種主要類型，另外尚有我國過去一度規劃採行的「觀審制」。在英、美等國採行的「陪審制」下，由民眾所組成的陪審團認定事實，決定被告有罪或無罪，並在有罪時，由法官單獨進行量刑。在德、法、日等國採行的「參審制」下，由民眾擔任參審員與職業法官共組合議庭，並共同認定事實、決定有罪、無罪與量刑。至於我國過去馬政府時代曾規劃採行的「觀審制」，則是由民眾擔任觀審員全程觀察職業法官主導的審判程序，若是見解與法官不同，可以提出要求法官解釋，若法官不採觀審員的見解，必須在判決書中說明理由，但法官的裁判並不受觀審員的意見拘束。就此看來，我國的國民法官制度實為「參審制」。

回顧《國民法官法》的立法過程，社會各界對於我國究竟應採參審制還是陪審制曾爭論不休，最終立法院決定採行以參審制為主要內涵的國民法官制度。此一制度的利弊得失，尚有待未來上路實施後進一步檢視。

第二節　考試院

一、考試院之地位

在西方一般民主國家三權分立的架構中，考試權原屬行政權的一環，然而我國《憲法》制定時受到孫中山高度肯定中國傳統考試制度具備相當獨立性的影響，遂將考試權從行政權分離出來，由自外於行政院的考試院執掌。將考試權從行政權割離出來的用意，是認為如此可避免政府濫用私人，流於政黨的分贓酬庸，並確保真正優秀的人才能夠經由獨立客觀的考試制度選拔出來，建立一個中立、專業、高素質的文官體制（許育典，2009: 394）。

但是，我國《憲法》制定時，不僅是將考試權獨立於行政權之外，而是將連同考試權在內的廣泛人事行政權皆獨立於行政權之外，而於《憲法》第83 條規定：「考試院為國家最高考試機關，掌理考試、任用、銓敘、考績、級俸、陞遷、褒獎、撫卹、退休、養老等事項。」因此，考試院不僅是最高「考試」機關，事實上亦是最高的「人事行政」機關。

　　我國《憲法》本文中將人事行政權與一般行政權分離的設計，是否合乎行政學理常引發批評，在實務上也造成困擾。因為行政權有上令下從、層層節制的科層制特性，人事行政權則是行政體系科層制運作不可或缺的部分，與行政權在本質上原密不可分。

　　掌理人事行政權的考試院獨立於行政院之外，導致行政機關首長與各級主管的領導權不夠完整，無法有效運用職權進行人力配置與管理，難以激勵下屬的績效表現。即以考績、陞遷、褒獎觀之，長官的領導統御或指揮監督、機關內部的紀律倫理等，皆須以此為後盾；又如需才機關（行政院）與選才機關（考試院）彼此未能充分協調，各行其是，造成考非所用、考無所用等「考」、「用」無法充分配合的流弊；又以退休、撫卹、俸給觀之，實際掌理預算執行與控制的行政機關通常較能適切規劃公務員的退休、撫卹、俸給等需要大筆財力挹注的事項，考試院所制定的相關政策未必均能針對行政機關所需對症下藥。總之，考試院同時兼理人事行政的制度是否合理，迭有爭議。

　　基於上述，我國《憲法》第 83 條將全部人事行政權交由考試院掌理的設計，在實務上很早就產生運作困難的情形。因此在 1966 年國民大會通過增訂《動員戡亂時期臨時條款》第 5 項，授權總統為適應動員戡亂需要，得調整中央政府之人事機構。依此規定，翌年即在行政院下設立人事行政局，行政院所屬各級行政機關的人事行政業務皆歸由人事行政局統籌管轄，考試院的人事行政權遭到架空。

　　上述制度調整在《臨時條款》廢止後仍繼續沿用，1991 年第一次修憲時，即在當時的《增修條文》第 9 條第 2 項規定「行政院得設人事行政局」，使人事行政局這個在動員戡亂時期常被批評為不符《憲法》本旨的「黑機關」有了正式的憲法地位。其後在 1992 年第二次修憲時，於當時《增修條文》第 14 條第 1 項重新規定了考試院的職權，而將《憲法》第 83 條關於考試院職權的規定凍結。

　　此項職權調整的規定即為現行《增修條文》第 6 條第 1 項的規定：「考試院為國家最高考試機關，掌理左列事項，不適用《憲法》第 83 條之規定：一、考試。二、公務人員之銓敘、保障、撫卹、退休。三、公務人員任免、

考績、級俸、陞遷、褒獎之法制事項。」❾此規定係將人事行政事項分為「法制」與「執行」兩層面，就「考試」與「公務人員之銓敘、保障、撫卹、退休」等事項的法制與執行仍歸由考試院掌理，亦即考試院對此類事項有全權掌理的權限；關於「公務人員任免、考績、級俸、陞遷、褒獎」等事項，考試院則僅負責其法制的建構，至於此類事項之執行方面，則由隸屬於行政院的人事行政局（現為人事行政總處）❿掌理，但仍須受考試院之監督。

　　自此之後，考試院雖然依《憲法》規定為全國最高人事主管機關，但亦與行政院人事行政局（現為人事行政總處）有分工與協調合作之關係。在現行制度下，公務人員之考試由考試院考選部主辦，各機關公務人員之銓敘與撫卹亦由考試院銓敘部負責，考試院並設有公務人員保障暨培訓委員會負責保障公務人員權益。

　　然而任免、考績、級俸、陞遷、褒獎等事項，由於在具體判斷的執行業務上須以公務人員的實際表現為依據，由公務人員所屬機關「就近觀察」應較合理也較有效率，故由各機關的人事部門自行掌理，而行政院人事行政局（現為人事行政總處）則為此類事項的全國主管機關。因此，我國人事行政制度乃是考試院與行政院人事行政局（現為人事行政總處）分工共享的「雙軌並行制」。

二、考試院之重要職位與組織

　　依《憲法增修條文》第 6 條第 2 項規定：「考試院設院長、副院長各一人，考試委員若干人，由總統提名，經立法院同意任命之」。關於考試院正副院長與考試委員的任期與名額，《憲法》並無規定，而根據《考試院組織法》的規定，考試委員名額為 19 名，考試院正副院長與考試委員的任期同為六

---

❾　《憲法》第 83 條原本有規定「養老」，此一事項在《增修條文》第 6 條第 1 項中不復存在。此乃因為公務人員之「養老」本可納入退休制度加以規範，無須另外規定。

❿　2010 年 1 月，《行政院組織法》基於政府組織改造大幅修正，行政院所屬部會層級的機關大幅調整，新法並於 2012 年元旦正式施行，行政院人事行政局在新法中改名為行政院人事行政總處。

年，出缺時繼任人員之任期至原任期屆滿之日為止。我國上述名額與任期的法律規定，自行憲後一直維持不變，直到 2018 年 12 月，立法院修正《考試院組織法》，將考試委員名額縮減為 7 名至 9 名，任期改為四年，考試院正副院長的任期亦改為四年。

而依《憲法》第 88 條規定，考試委員須超出黨派以外，依據法律獨立行使職權。值得注意的是，考試院正副院長並非由考試委員兼任，亦即考試院正副院長並非考試委員，因此每六年一任的考試院正副院長與考試委員的總名額為 21 名。考試院正副院長與考試委員有所區隔的用意，主要是因為考試委員人選根據《考試院組織法》必須具備法定資格要件，❶總統提名考試委員人選的裁量權受有較多限制，考試院正副院長並非考試委員的制度設計，則使總統對於考試院正副院長有較大彈性的選任空間。

2019 年《考試院組織法》修正時，除了調整考試院正副院長與考試委員的任期與名額，亦增訂考試委員黨籍比例的規定，明定考試委員具同一黨籍者，不得超過委員總數二分之一；並規定考試委員不得赴中國大陸地區兼職，否則喪失考試委員資格。

考試院院長依《考試院組織法》之規定，為考試院會議之主席，平時綜理院務，並監督所屬機關，考試院院長因故不能視事時，由副院長代理其職務。

考試院會議是考試院的決策會議，由院長、副院長及考選部長、銓敘部長、公務人員保障暨培訓委員會主任委員所組成。考試院關於《憲法》所規定的職權及其有關重大的決策事項，皆由考試院會議決定之。與行政院會議

---

❶　依據《考試院組織法》第 4 條原本規定，考試委員應具備下列各款資格之一：㈠曾任考試委員聲譽卓著者。㈡曾任典試委員長而富有貢獻者。㈢曾任大學教授十年以上，聲譽卓著，有專門著作者。㈣高等考試及格二十年以上，曾任簡任職滿十年，並達最高級，成績卓著，而有特別著作者。㈤學識豐富，有特殊著作或發明，或富有政治經驗，聲譽卓著者。2019 年《考試院組織法》修正後，刪除了上述第 1 款與第 2 款，而保留上述第 3 款至第 5 款的資格規定。筆者認為，目前仍維持的上述第 5 款的資格規定有過於寬鬆之嫌，不符合考試委員具備專業性、超出黨派、政治中立的要求，容易導致政治酬庸的弊病。

不同的是，考試院會議為合議制，行政院會議則是獨任制，因為根據《考試院會議規則》規定：「本院會議須有應出席人過半數之出席，方得開會，其議決以出席人過半數之同意為之……」，但《考試院會議規則》並無如《行政院會議議事規則》有「（會議）決議如院長或主管部會首長有異議時，由院長決定之」的類似規定，亦即行政院院長擁有「異議決定權」，考試院院長則無。考試院的決策皆非考試院院長所能獨斷，而須由合議性質的院會決議之。

考試院的隸屬機關有考選部、銓敘部、公務人員保障暨培訓委員會以及公務人員退休撫卹基金監理委員會。考選部掌理全國考選行政事宜，對於承辦考選行政事務的機關，有指示監督之責。

《憲法》第 86 條規定，公務人員任用資格與專門職業及技術人員執業資格之考試，由考試院依法考選銓定之，故公務人員與專門職業及技術人員執業資格之考試，即由考選部辦理；銓敘部的職權包括全國文職公務員的銓敘，以及各機關人事機構的管理事項；公務人員保障暨培訓委員會負責公務人力的培訓，以及公務人員對人事行政處分不服事件的復審；公務人員退休撫卹基金監理委員會負責公務人員退休撫卹基金之審議、監督及考核。

在這四個機關的首長中，考選部長與銓敘部長的產生方式，法無明文，實務上乃是由考試院院長與總統研商後，由總統直接任命之；公務人員保障暨培訓委員會主任委員根據《公務人員保障暨培訓委員會組織法》規定，由考試院院長提請總統任命之；公務人員退休撫卹基金監理委員會主任委員依《公務人員退休撫卹基金監理委員會組織條例》規定，由考試院副院長兼任。

三、考試院的職權

依《憲法增修條文》第 6 條規定，考試院的職權如下：

㈠考　試

《憲法》第 86 條規定，公務人員任用資格與專門職業及技術人員執業資格，應由考試院為之。而根據《憲法》第 85 條規定：「公務人員之選拔，應實行公開競爭之考試制度，……非經考試及格者，不得任用。」乃係我國以

平等之方式保障人民應考試與服公職之權利的最佳體現。但同條文有「應按省區分別規定名額，分區舉行考試」之規定，回顧當時在中國大陸的制憲背景，此種「分區考試」的目的在於保障全國各省區人民均有一定比例的人數能夠進入政府機關服務，若全國公務人員的考試均採計相同的標準，將會形成發展較好、人民普遍教育程度高的省區因成績較高而有較多的錄取名額，落後的省區則居於劣勢地位，如此一來可能會對全國各省區的均衡發展造成不利影響，因此有此特別規定。

然而此規定有可能造成錄取分數因地而異的現象，引發違反人民平等權保障的疑慮，且此規定適用在幅員有限的臺灣，並無必要，故 1992 年第二次修憲時即將該規定凍結。不過在 1994 年做成的大法官釋字第 341 號解釋，仍認為考試院關於臺灣省基層公務人員考試所採分區報名、分區錄取及分區分發的方式，並要求錄取人員須在原報考區內服務滿一定期間之規定，乃是因應基層機關人力需求及考量應考人志願所採行之必要措施，並不違反《憲法》保障的平等原則。

㈡公務人員之銓敘、保障、撫卹、退休

考試院執掌的銓敘、保障、撫卹、退休等事項，包括此等事項的法制建立與具體之執行。所謂「銓敘」，是指公務人員擔任某項職位之官等、職等之資格審查與確認；「保障」是指公務人員之身分與權益的確保；「撫卹」是指公務人員病故、意外死亡、因公死亡時，由國家給與遺族撫卹金的制度；「退休」是指國家對於服務滿一定年資或因個人因素無法繼續勝任公務人員職務者，給予一定金額及福利，俾使其繼續生活的照顧制度。考試院掌理銓敘、保障、撫卹、退休等事項皆有主要的法律規範作為行使職權的依據，分別是《公務人員任用法》、《公務人員保障法》、《公務人員撫卹法》、《公務人員退休法》。

㈢公務人員任免、考績、級俸、陞遷、褒獎之法制事項

考試院目前執掌的任免、考績、級俸、陞遷、褒獎等事項，僅有法案之

草擬修訂及制度建立等「法制」層面的權限，並無實質的執行權。此五種事項的執行權目前係由行政院人事行政總處執掌。

　　所謂「任免」，是指對於考試及格人員分發職務，並對不適任之公務人員，免除其職務；「考績」是指對於公務人員之服務績效所為之考核，為各機關對於公務人員服務是否盡心盡力之評判，並依其結果而為獎懲；「級俸」是指對於公務人員依其官等及職務之不同，給予不同之俸給；「陞遷」是指公務人員官階晉級與職務變動之制度；「褒獎」是指對於公務人員所為之特殊獎勵。關於公務人員之任免，相關法律甚多，主要是《公務人員任用法》；至於公務人員之考績、級俸、陞遷的主要法律依據，分別是《公務人員考績法》、《公務人員俸給法》、《公務人員陞遷法》；至於公務人員之褒獎至今尚無專法。

四、考試院職權的相關爭議問題

㈠考試院會議採行合議制的問題

　　《憲法》規定考試委員須超出黨派以外，依據法律獨立行使職權，而考試委員行使職權必須透過合議制的考試院會議行之。但是，考試院會議的出席人員除了考試委員之外，尚有考試院正副院長與考選部長、銓敘部長與公務人員保障暨培訓委員會主任委員，這些人員依據《憲法》與法律並非超出黨派，依法獨立行使職權的人員，合議制中的成員身分卻有所不同，似乎有商榷的空間。

㈡考試院得否對立法院提請覆議的爭議

　　依《憲法》第 87 條規定，考試院關於所掌事項，得向立法院提出法律案。此規定可能引發的一項問題是：相對於行政院對立法院所通過的法律案認為有窒礙難行時，有提請立法院覆議的權力，考試院則無類似規定，若立法院通過與考試院職權相關並由考試院提出的法律案，但考試院覺得窒礙難行，得否向立法院提請覆議？

　　關於上述問題，有論者認為考試院可請求總統依《憲法》第 72 條之規

定，移請立法院覆議，但有論者認為總統依《憲法》有無主動移請覆議之職權，本身即有爭議，況且《憲法》第 72 條規定「總統得依《憲法》第 57 條規定辦理」，而《憲法》第 57 條在修憲後已停止適用，本條文更無適用空間，故有論者認為遇此情形，應由考試院詳備「窒礙難行」之由，委由行政院代為提出覆議，行政院基於憲法機關忠誠義務的法理，本身若無窒礙難行的事由，應有代考試院提請覆議之義務。

對於此一看法，亦有論者認為，在我國現行的覆議制度下，儘管行政院長要求覆議失敗後已無辭職的義務，但行政院要求立法院覆議失敗仍有「準不信任投票」的意味，仍對行政院長造成辭職的政治壓力，在五權分立的體制下，行政院實無須為考試院承擔政治責任，因此遇此情形，應由考試院聲請釋憲，或由總統依《憲法》第 44 條之規定，由總統出面召集有關各院院長會商解決（法治斌、董保城，2005: 398）。

㈢考試院的存廢問題

目前考試院與行政院人事行政總處共享人事行政權的「雙軌並行制」，看似解決了《憲法》本文中考試院獨攬人事行政權之制度設計的窒礙難行之處。然而，在目前的制度設計下，仍造成考試院與行政院人事行政總處職權上的混淆，因為「法制」與「執行」有時並不易明確劃分，使得兩者依職權制定的命令有時仍會產生衝突矛盾的現象。例如考試院因負責公務人員之「保障」的法制與執行事項而設有公務人員保障暨培訓委員會，該機關尚執掌公務人員之「培訓」，其下設有國家文官學院，而行政院人事行政總處之下亦設有公務人員人力發展中心，「培訓」與「發展」往往難以明確區分。

基於上述，故有論者認為，人事行政機關具有一定獨立性的制度設計，固然有其必要，但是否一定須設立以「院」為位階的人事機關，似可斟酌。在當前政府組織改造的內容中，行政院下亦設有獨立機關（中央選舉委員會、公平交易委員會、國家通訊傳播委員會），若獨立機關確能獨立行使職權、不受行政權干涉，廢除考試院，結合人事行政總處成立獨立的文官委員會，並非絕不可行。

　　西方許多國家均在行政體系下設立類似文官委員會的獨立機關，在比較法上亦不乏參酌對象（隋杜卿，2006: 402）。基於提升政府效能與民主課責性的考量，將我國人事行政體制長期以來的「雙軌並行制」改為「單軌制」，應是一個值得思考的憲政改革選項（蔡秀涓，2006: 194）。

第三節　監察院

一、監察院定位的轉變

　　我國監察制度源於古代的言官（諫官）與察官（御史）制度，言官針對皇帝之失策敗行提出諫諍，察官則職司揚善除奸，匡正官邪，發揮整飭官箴之效。孫中山主張仿此一諫官御史制度的優點，於行政、立法與司法三權之外，另增設監察此種國家的權力。在世界上一般三權分立的國家中，監察權通常屬於國會（立法機關）的權限。

　　但孫中山認為三權分立下的國家同時掌有立法、預算權與彈劾、審計等監察權，將造成立法機關專制獨大的弊病，故有必要獨立行使監察權的國家機關。我國《憲法》承此想法而設立監察院，依《憲法》第 90 條與第 91 條規定，監察院為國家最高監察機關，其職權主要為公務員責任之追究（彈劾、糾舉、糾正）、同意重要人事、以及審計決算等權；監察委員由全國各省市議會選舉產生，亦即間接民選產生。大法官釋字第 76 號曾指出：「就《憲法》上之地位及職權性質而言，應認國民大會、立法院、監察院共同相當於民主國家的國會」，因此監察院在修憲前具有中央民意機關的性質。

　　若與西方民主國家的國會制度相較，《憲法》本文中監察院的性質頗類似兩院制國家的上議院（或稱參議院），然而與兩院制國會不同的是，監察院並沒有一般國會上議院所具備的立法與預算審議權，《憲法》本文的制度設計，是將一般兩院制國會的各項職權，分離割裂給立法院與監察院行使。

　　修憲後，監察院的職權雖未大幅變更，但監察委員產生方式發生重大改變。1991 年第二次修憲將監察委員由原本省市議員間接選舉的方式，改為由

總統提名，經國民大會同意任命，原本監察院基於民意機關的地位，對司法院、考試院的人事同意權亦移給國民大會行使。2000 年第六次修憲配合國大虛級化，國民大會對於司法、考試、監察三院的人事同意權又移轉給立法院，監察委員的任命方式遂改為由總統提名，經立法院同意任命。故監察院在修憲後已由原本的中央民意機關轉變為追究公務人員違法失職責任的「準司法機關」。

值得注意的是，「準司法機關」一詞常使人誤解監察院所掌職權相當於三權分立架構中的司法權，此一誤解有必要釐清。所謂「『準』司法機關」，已暗示其非嚴格意義的司法機關，嚴格意義的司法係指爭訟的裁判，具有被動性格，而監察權（包含彈劾、糾舉、糾正、調查等權力）乃為主動的權力，這種追究公務人員責任的權力在三權分立架構下係屬立法權的一環。

我國監察院的角色與西方許多國家設置的國會監察使 (parliamentary ombudsman) 有類似之處。國會監察使制度源於瑞典，1809 年瑞典制憲時採行此制，在國會之下設置監察使，其由國會任命，受理人民因權益被侵害而提起的申訴案件，經調查後，對政府機關或公務人員之違法或不當行為，採取適當措施，提供救濟。1919 年芬蘭亦採行此制度，1953 年丹麥亦採行此制，從北歐國家陸續採行監察使制度以來，1960 年代之後監察使制度在世界各國廣為流傳。根據國際監察組織 (International Ombudsman Institute) 的統計，截至 2010 年為止，世界上已有超過一百四十個國家和地區，設置了獨立的監察使職位或監察制度。❷

若以北歐國家的國會監察使為例，其一般特色如下：監察使由國會選出，由國家元首任命，一旦選出任命後，即獨立於國會和黨團組織，自主決定是

❷　綜觀全世界各國的監察制度，若依隸屬關係為分類標準可分為以下幾種類型：一是隸屬於國會的國會監察使（例如瑞典、丹麥、芬蘭、挪威）；二是隸屬於行政部門的行政監察使（例如日本）；三是隸屬於司法部門的監察使（例如尼加拉瓜）；四是由審計長兼任公共申訴督察長的特殊監察制度（例如以色列）；五是將監察機關與人權組織結合的混合型監察機關（例如俄羅斯）；六是完全獨立於行政、立法與司法部門之外的獨立型監察機關（例如我國）。其中國會監察使制度是現代西方監察制度中最普遍也最具代表性的類型。

否受理投訴、展開調查，以及向國會報告或公開官員不法行為，國會充分尊重監察使的自主性，無權對監察使交付指令。

國會監察使應具備相當的資格條件（例如專業法學背景），享有固定任期，除非法定的特殊原因，不得解職。監察使通常並非只有一名，而是數名人員所組成，每名監察使的職權範圍或涵括一般行政，或彼此分工限於特定事務。❸各國監察使的法定職權大小不一，主要職權為調閱政府檔案文件，並擁有調查權、批評、建議與譴責權，但一般而言，監察使不能推翻政府機關的決策，通常是透過建議、批評與譴責，達到糾正政府機關與官員違法失職的目的。當監察使的建議不被相關政府機關或官員採納時，監察使可透過特別報告或年度報告提醒國會注意，由國會依其職權決定是否採取後續行動。

此外監察使也可將調查報告公諸於社會，借助新聞媒體的報導，對被批評與譴責的政府機關與官員形成輿論壓力，藉此發揮監督成效。監察使扮演的角色常被比喻為「國會看門者」(parliamentary watchdog) 或「護民官」(tribune of the people)。

就此看來，我國監察院與西方國會監察使制度的不同之處，主要在於我國監察院是與立法院（國會）位階相同的獨立機關，而國會監察使設置在國會之下，與國會具有上下隸屬關係，但行使職權仍具有獨立性。此外，儘管監察院常被批評為「沒有牙齒的老虎」，但其職權其實比國會監察使更為繁多，例如彈劾權、法律提案權等，這些職權皆非西方國家的國會監察使所擁有。我國監察院作為中央最高機關的五院之一，在修憲之前甚至擁有彈劾總統的權力❹，這更是西方國家的國會監察使不可能擁有的權力。

---

❸　以瑞典為例，目前瑞典國會監察使有四位，各有職權區隔。首席監察使除了負責監察公署的行政工作外，並負責監督法院、檢察系統與警政。另外三位監察使則分別負責監督「獄政、武裝部隊、稅務、海關、社會保險」；「社會福利、公共健康、醫療、教育」；「移民、外交事務、環境保護、勞動市場、農業、房屋建築」。

❹　根據《憲法》第 100 條、第 27 條、第 29 條規定，正副總統的彈劾由監察院提出後送交國民大會，由國民大會議決是否罷免總統。1992 年第二次修憲將監察委員產生方式改為由總統提名，經國民大會同意後任命之。此一制度下，出現總統提名任命的監察委員行使彈劾總統的職權，亦即由被任命者監督任命者的法理矛盾，甚不合

二、監察院的重要職位與組織

㈠院長、副院長與監察委員

　　根據《憲法增修條文》第 7 條第 2 項規定：「監察院設監察委員二十九人，並以其中一人為院長、一人為副院長，任期六年，由總統提名，經立法院同意任命之。」❶可見監察院正副院長同時具有監察委員身分，可行使監察委員職權，與立法院正副院長亦為立法委員、司法院正副院長同時為大法官的情形相同，而與考試院正副院長不具考試委員身分的情形不同。依《監察院組織法》規定，院長綜理院務，擔任監察院會議主席，並監督所屬機關；副院長於院長因事故不能視事時，代理其職務。監察院院長、副院長及監察委員出缺時，其繼任人之任期，至原任期屆滿之日為止。

　　就此看來，監察委員與考試委員皆採區分屆次的制度，同一屆委員之任

理，於是在 1997 年第四次修憲，將正副總統的彈劾案改由立法院提出後送交國民大會議決，不再由監察院行使正副總統的彈劾權。2005 年第七次修憲由於廢除國民大會，立法院所提正副總統彈劾案的彈劾議決權又移轉至司法院大法官所組成的憲法法庭。

❶　我國過去曾發生立法院拒絕行使同意權導致監察委員長期無法產生的憲政危機。由於第三屆監察委員任期即將於 2005 年 1 月底屆滿，陳水扁總統於 2004 年 12 月向立法院提名第四屆監察委員人選。但是泛藍陣營（國民黨、親民黨與新黨）認為其中若干人選並不妥當，故於其居多數席次的程序委員會拒絕將此一議案排入議程，致使立法院院會無法就此進行審查。第六屆立法委員於 2005 年 2 月就職後，泛藍陣營仍在立法院占多數，陳總統於 2005 年 4 月提出同樣名單，再請立法院行使人事同意權，但泛藍陣營占多數的程序委員會仍拒絕將此一議案排入院會議程，監察委員人事案因此始終無法通過。立法院民進黨黨團認為立法院程序委員會濫用議事程序，不當阻撓監察委員人事同意權案進入院會表決，導致癱瘓國家監察權運作，乃聲請大法官解釋。大法官於 2007 年 8 月做出釋字第 632 號解釋，呼籲立法院應盡速行使同意權，以維繫監察院之正常運作，但第六屆立法院終其任期始終未行使同意權。一直到 2008 年第七屆立法委員與馬英九總統上任，總統與立法院多數皆屬國民黨，立法院才在同年 7 月通過馬總統提名的監察委員人選，新任監察委員終於在 8 月就任，總計監察委員懸虛的時間長達三年半。

期同時屆滿卸任,而與司法院大法官不分屆次,任期個別計算以造成成員結構新舊混合的制度設計不盡相同。

監察委員在修憲前係由全國各省市議會選舉產生之中央民意代表,原本受《憲法》第 101 條「監察委員在院內所為之言論及表決,對院外不負責任」與第 102 條「監察委員,除現行犯外,非經監察院許可,不得逮捕或拘禁」所規定之「言論免責權」與「不受逮捕特權」之保障,但修憲後監察委員現已不具有民意代表之身分,故《憲法增修條文》第 7 條第 6 項規定,「《憲法》第 101 條及第 102 條之規定,停止適用。」同時在第 5 項規定:「監察委員須超出黨派以外,依據法律獨立行使職權。」此一規定與《憲法》第 80 條規定法官依法獨立審判、《憲法》第 88 條規定考試委員依法獨立行使職權的精神相同,一方面期許這些人員超越黨派立場,公正行事;另一方面保障其獨立行使職權,不受任何干涉(楊日青,2006: 411)。

依《監察院組織法》第 3 條之 1 規定,監察委員須年滿三十五歲,並具有下列資格之一,總統始得提名為監察委員:

1. 曾任立法委員一任以上或直轄市議員二任以上,聲譽卓著者。
2. 任本俸十二級以上之法官、檢察官十年以上,並曾任高等法院、高等行政法院以上法官或高等檢察署以上檢察官,成績優異者。
3. 曾任簡任職公務員十年以上,成績優異者。
4. 曾任大學教授十年以上,聲譽卓著者。
5. 國內專門職業及技術人員高等考試及格,執行業務十五年以上,聲譽卓著者。
6. 清廉正直,富有政治經驗或主持新聞文化事業,聲譽卓著者。
7. 對人權議題及保護有專門研究或貢獻,聲譽卓著者;或具與促進及保障人權有關之公民團體實務經驗,著有聲望者。 ⓰

⓰ 在這七款資格要件中,第 2 款至第 5 款及第 7 款的資格規定嚴格,頗能符合國人對監察委員的專業性要求,但第 1 款與第 6 款的資格規定則有過於寬鬆,不但不符合監察委員的專業性要求,也容易有政治酬庸之嫌,不符合監察委員超出黨派與政治中立的要求。這兩款的資格規定實有必要修正,且有必要規定依各款提名之人數比

　　值得一提的是，監察委員的人選有年滿三十五歲的年齡要求，而總統提名司法院大法官與考試委員依據《司法院組織法》與《考試院組織法》對人選資格的規定，則無年齡要求，為何監察委員有此特別規定？

　　事實上，此一規定有其歷史淵源，因為原本監察委員係間接民選的民意代表，而我國各種民選公職人員不論直接選舉或間接選舉，針對候選人資格皆有年齡限制的相關法律規定。❼而根據原本《監察院監察委員選舉罷免法》之規定，監察委員候選人須年滿三十五歲。修憲後監察委員儘管已不再是民選公職人員而轉變為準司法機關人員，但監察委員須年滿三十五歲的規定仍維持下來，規定於後來修正的《監察院組織法》之中。

　　《憲法》第 103 條規定「監察委員不得兼任其他公職或執行業務」，此一規定與《憲法》第 75 條限制立法委員不得兼任官吏的規定，頗不相同。❽監察委員兼職的限制明顯較嚴格於立法委員兼職的限制，這是因為監察委員既擔任糾彈不法、監督政府人員的職務，當無法再同時兼任「被監督者」之職務，為了避免利益衝突，其所執行職務的公正性更甚於立法委員，故兼職的限制更為嚴格，包含任何政府的職務及其他執業的執行皆不能擔任。

　　根據過去歷年來大法官解釋，上述所謂「公職」係指各級民意代表、中

例應均衡。相較而言，《司法院組織法》第 4 條共分五款明定大法官的資格要件，並規定任何一款資格的大法官，其人數不得超過總名額三分之一，應是較合宜的規定。

❼　《憲法》第 130 條規定，中華民國國民除本《憲法》及法律別有規定者外，年滿二十三歲者，有依法被選舉之權。而依《憲法》第 45 條規定，參選正副總統須年滿四十歲；依《公職人員選舉罷免法》第 24 條規定，參選直轄市長、縣市長須年滿三十歲，參選鄉鎮市長須年滿二十六歲，參選其他民選公職人員（即各級民意代表與村里長）須年滿二十三歲。

❽　除了《憲法》第 75 條明定立法委員不得兼任官吏，過去歷年來大法官解釋亦宣示立法委員不得兼任公營事業機構或省銀行之董事、監察人及經理（釋字第 24、25 號解釋，《立法委員行為法》後來基於此意旨亦明定立委不得兼任公營事業機構之職務）；亦不得兼任國民大會代表、（間接選出之）監察委員以及地方議會議員（釋字第 15、30、74 號解釋）。簡言之，立法委員不得兼任官吏、公營事業機構職務，以及各級民意代表等公職。

央與地方機關之公務員與其他依法令從事於公務者皆屬之，故不僅官吏、民意代表不得兼任，即公營事業機關內的董事、監察人與總經理等職務亦不得兼任；至於「執行業務」的範圍，除營利事業外，尚包括醫師、民營公司之董事、監察人與經理、新聞紙雜誌發行人之業務均屬之（參照大法官釋字第17 號、第 19 號、第 20 號、第 24 號、第 25 號、第 81 號、第 120 號、第 207號解釋）。簡言之，《憲法》乃要求監察委員必須專職。

(二)監察院會議與委員會

　　監察院會議由院長、副院長及監察委員組織之，按月由院長召集開會，採合議制。但監察院的法定職權中，除了修憲前的人事同意權外，多無須經由監察院會議，例如審計權係由審計部行使，糾正權由各委員會行使，彈劾權與糾舉權只須由部分委員決議即可，目前須經監察院會議審議的事項主要是監察院各項職權的研究改進意見、擬向立法院提出的法律案，以及審計部審核完成而擬向立法院提出的決算審核報告，故監察院會議的功能並不顯著，與行政院會議、立法院會議、考試院會議必須以會議做成諸多決定的情形大有不同，而不可相提並論（法治斌、董保城，2005: 413）。

　　依據《憲法》第 96 條規定，監察院得按行政院及其各部會工作，分設若干委員會，調查一切設施，注意其是否違法或失職。目前依《監察院各委員會組織法》第 2 條規定，監察院設以下七個常設委員會：一、內政及少數民族委員會；二、外交及僑政委員會；三、國防及情報委員會；四、財政及經濟委員會；五、教育及文化委員會；六、交通及採購委員會；七、司法與獄政委員會。依《監察法》第 24 條規定：監察院於調查行政院及其所屬各級機關之工作及設施後，經各有關委員會之審查及決議，得由監察院提出糾正案，移送行政院或有關部會，促其注意改善。

　　由此可知委員會的主要職權為行使修正權 （關於修正權的討論詳見下節）。由於每一監察委員以參加三個委員會為限，因此目前在 29 名監察委員的情況下，每一委員會參加人數平均為 12 至 13 人。委員會之會議，須有委員過半數之出席，方得開會；以出席委員過半數同意，方得決議。

(三)國家人權委員會

　　立法院於 2019 年 12 月增訂《監察院組織法》第 3 條第 2 項:「監察院設國家人權委員會,其組織另以法律定之。」並通過《監察院國家人權委員會組織法》,於 2020 年 8 月施行,在監察院內設置國家人權委員會。為配合該組織之設置,《監察院組織法》第 3 之 1 條亦增訂關於具備人權專業背景之監察委員資格條件,規定監察委員中應有 7 名「對人權議題及保護有專門研究或貢獻,聲譽卓著者」或「具有促進及保障人權有關之公民團體實務經驗,著有聲望者」,此 7 名監委以下簡稱「人權監委」。

　　關於國家人權委員會的成員,《監察院國家人權委員會組織法》第 3 條規定,本會置委員十人,監察院院長及上述 7 名人權監委共 8 名為當然委員,本會之主任委員由監察院院長兼任之,副主任委員由本會委員互推一人擔任之。本會除了 8 名當然委員外,另 2 名委員由監察院院長自其他監察委員中指派,此 2 名委員任期一年,不得連任。換言之,在 29 名監察委員的六年任期中,除了主任委員(監察院院長)與 7 名人權監委為國家人權委員會之固定成員外,其他 21 名監察委員將有 12 名會輪流擔任國家人權委員會的委員。

　　國家人權委員會的組織定位相當特別,由於該委員會的成員由監察委員兼任,因此該委員會並非如審計部為隸屬於監察院的下級機關,其並非在監察院「之下」,而是在監察院「之內」。然而,國家人權委員會並非監察院的內部單位。監察院對於國家人權委員會的組織定位,曾經發布新聞稿澄清,強調國家人權委員會定有組織法並明定員額及專屬職權,且組織法明定其設置之目的在於保障及促進人權,已屬從事公共事務範疇。復經總統府核發關防,得對外行文,符合廣義行政機關之概念。簡言之,監察院強調國家人權委員會屬於行政程序法第 2 條第 2 項所界定的行政機關。❶❾就此看來,國家人權委員會為監察院此一機關內的機關,該組織猶如「寄居」於監察院內的機關,這種「機關內之機關」的組織定位在我國政府組織中絕無僅有。

---

❶❾　行政程序法第 2 條第 2 項規定:「本法所稱行政機關,係指代表國家、地方自治團體或其他行政主體表示意思,從事公共事務,具有單獨法定地位之組織。」

㈣審計部

　　監察院為行使監察權，設有審計部。《憲法》第 104 條規定，監察院設審計長，由總統提名，經立法院同意任命之。審計部的主要職權，在監督全國各機關預算之執行、審查各機關之財務收支有無不法情事，並審核行政院所提出的中央政府年度決算。《憲法》對於審計長的任期並無明文規定，《審計部組織法》則規定其任期為六年。《審計法》並規定審計人員依法獨立行使其審計權，不受干涉，故審計權有其獨立性。

　　值得注意的是，審計長與審計部依法獨立行使職權，其雖隸屬於監察院之下，但除一般行政事項與法制事項外，監察院並未擁有直接指揮監督的權限，亦即審計部雖置於監察院之下，實際上兩者並無直接關係（李惠宗，2006: 583–584）。大法官釋字第 357 號解釋並強調，審計長其職務性質與應隨執政黨更迭或政策變更而進退之政務官不同。《審計部組織法》第 3 條關於審計長任期為六年之規定，旨在確保其職位之安定，俾能在一定任期中，超然獨立行使職權，與《憲法》並無牴觸。

三、監察院的職權

㈠彈劾權

　　彈劾權為監察院最重要的權力。依《憲法》第 97 條第 2 項規定：「監察院對於中央及地方公務人員，認為有失職或違法情事，得提出糾舉或彈劾案，如涉及刑事，應移送法院辦理。」由此可知監察院彈劾權行使的對象為「中央與地方公務人員」，範圍甚為廣泛。所有行政院、司法院、考試院、監察院之政府人員、公營事業人員、所有民意機關之職員，以及各級地方行政首長（如直轄市長、縣市長、鄉鎮市長）、地方基層公務人員均在監察院可以彈劾的範圍內。大法官釋字第 262 號解釋提及軍人亦為彈劾權行使之對象。

　　但以下兩種職位非屬彈劾權行使的範圍，一是各級民意代表，包括立法委員、直轄市議員、縣市議員、鄉鎮市民代表等，基於議會自律原則，不屬監察院行使彈劾權的對象；二是正副總統，原本依《憲法》第 100 條規定亦

由監察院提出彈劾案交由國民大會決議，但修憲後依現行《增修條文》第 4 條第 7 項規定，係由立法院提出彈劾案，由司法院大法官組成之憲法法庭審理。

　　監察院彈劾公務人員的原因有二：一是違法，一是失職。「違法」係指職務上之違法行為，包括違反行政法令、刑事法令，以及《憲法》等，因有具體的規範可引以為據，較為明確。至於「失職」，理論上可分為越權妄為等「作為性失職」，與怠忽職守等「不作為性失職」，但其內涵仍極為抽象概括，判斷上較之「違法」頗不易確定，且目前既有《公務員服務法》之適用，幾乎所有失職之行為皆難脫因此被指為違法，因此有建議刪除「失職」之論。

　　關於彈劾權的行使程序，依《增修條文》第 7 條第 3 項規定，係由監察委員二人以上之提議，九人以上之審查與決定，始得提出彈劾案。經審查成立之彈劾案，應將案件移送於隸屬於司法院之公務員懲戒委員會審議，公務員懲戒委員會得依情節輕重，分別給予撤職、休職、降級、減俸、記過、申誡之處分，亦得決定不予處分。就此看來，監察院的彈劾僅是對於公務人員職務上違法失職行為所施予之懲戒的告發程序，猶如檢察官對人民犯罪行為之起訴程序，案件之最終決定則繫於公務員懲戒委員會此一審議機關。

　　我國上述制度設計與一般西方民主國家對彈劾與懲戒的制度定位不盡相同。在一般西方民主國家，彈劾是《憲法》上的制度，是不同權力間的制衡設計，通常由國會提出，以政務官或法官為究責的對象，並由國會或法院審議；懲戒則是行政法上的制度，是為維持行政一體之內部紀律關係而設立的制度，通常由主管長官自行究責，以事務官為究責的對象，但應有程序保障與救濟機會，此即為「政務官不受懲戒，事務官不受彈劾」法諺之由來。

　　然而在我國，監察院的彈劾制度乃屬於公務員懲戒制度的一環，亦即為其前端的追究程序，且我國彈劾與懲戒範圍及於所有政務官與事務官，並及於司法官，而在實務運作上，乃以事務官為主。由於監察院的彈劾權本身並非處罰的權力，監察院也因此常被批評功能不彰。

㈡糾舉權

依《憲法》第 97 條第 2 項與《增修條文》第 7 條第 1 項的規定，監察院對於違法失職之公務人員亦有糾舉之權。糾舉權行使的程序規定於《監察法》第 19 條第 1 項：監察委員認為公務人員有違法失職之行為，應先予停職或其他急速處分時，得以書面糾舉，經其他監察委員三人以上之審查及決定，由監察院送交被糾舉人員之主管長官或其上級長官，其違法行為涉及刑事或軍法者，應逕送各該管司法或軍法機關依法辦理。

就此看來，糾舉與彈劾都是對公務人員違法或失職所為之處置，但糾舉與彈劾的不同之處在於：一、性質不同：糾舉是為了避免公務人員的弊端衍生擴大的緊急處理措施，彈劾則是違法失職的公務人員移送司法機關懲戒的措施，糾舉權重在迅速，而彈劾權則重於慎重；二、案件提出之對象機關不同：糾舉權係由監察院對被糾舉人之主管長官或其上級長官為之，❷而彈劾權係由監察院向公務員懲戒委員會提出；三、審查與決定程序不同：糾舉權行使的程序較為簡單，僅須監察委員一人以上提議，三人以上審查即可決定，而彈劾則須二人以上提議，九人以上之審查始能決定。

關於糾舉案之效果，依《監察法》第 21 條規定，被糾舉人員之主管長官或其上級長官接到糾舉書後，至遲應於一個月內依《公務員懲戒法》規定予以處理，並得先予停職或其他急速處分；❷其認為不應處分者，應即向監察院聲復理由。若被糾舉人之主管長官或其上級長官不依前述程序處理，或處理後二位監察委員認為處理不當時，即得質問，或改提彈劾案。事後如被糾舉人因改被彈劾而受懲戒時，其主管長官或其上級長官應負失職責任。

近年來，監察院行使糾舉權的案件極少，根據統計，1948 年至 1951 年

---

❷　就此看來，非屬彈劾權行使之對象，以及無主管長官或上級長官之公務員，例如正副總統、各級民意代表、五院院長等，即無糾舉權之適用。

❷　依《公務員懲戒法》規定，長官依該法得逕為懲戒之對象，僅得針對九職等以下之公務員，予以記過或申誡之處分。至於十職等以上之簡任公務員被糾舉時，長官不得逕為懲戒，故只能停職、調職或將相關資料再送回監察院審查，由監察院決定是否改提彈劾案。

糾舉案件每年近百件，1985 年至 1995 年皆無糾舉案件，1996 年至 2012 年每年僅零至三件。❷❷這可能是因為監察委員體認到，在「官官相護」現實下，糾舉難以發揮實效，故對行使糾舉權顯得意興闌珊（楊日青，2006: 418）。

㈢糾正權

《憲法》第 97 條第 1 項規定：監察院經各該委員會之審查及決議，得提出糾正案，移送行政院及其有關部會，促其注意改善。可知監察院有糾正權。相較於彈劾權與糾正權係針對公務員個人的行為有所指正，糾正權則是針對公務員所屬機關的違法不當行為而來。簡言之，彈劾權與糾舉權是以「人」為對象，糾正權則是以「事」為對象。且糾正權由各委員會行使，不同於彈劾、糾舉權係由一定名額的監察委員聯合行使，且行使的對象以行政院及其有關部會為限。❷❸

關於糾正權的效果，依《監察法》第 25 條規定：行政院或有關部會接到糾正案後，應即為適當之改善與處置，並應以書面答覆監察院，如逾二個月仍未將改善或處置之事實答覆監察院時，監察院得質問之。但對質問亦拒絕答覆或敷衍了事時，監察院則只能透過行使糾舉或彈劾的權力促其改善。就此看來，糾正權本身並無法強制執行，而須借助彈劾、糾舉權作為其後盾，以貫徹糾正的內容。

事實上，糾正權的行使本應審慎為之，不宜過度行使，否則有可能導致對立法院負責的行政院左右為難。假若行政院的某項政策是依據立法院通過的法律與預算而推動的政策，卻被監察院認為是失當的政策，而要求行政院改善，行政院將陷入進退兩難的困境。就監察權的本質而論，應是一種事後監督的權力，事前監督則較屬立法院的權限；且《憲法》既已明定違法或失職為彈劾與糾舉之要件，監察院行使糾正權時，亦應以法律問題而非政治或

---

❷❷　參見中華民國監察院／監察成果／糾舉案文

　　http://www.cy.gov.tw/sp.asp?xdURL=./di/edoc/db2.asp&edoc_no=4&ctNode=913。

❷❸　在實務上，監察院亦對地方政府提出糾正案，並由行政院函轉的方式為之。此種做法實已超出法規所明定之監察院行使糾正權的範圍，頗有商榷餘地。

政策問題作為糾正案關心的對象，應以謹慎為宜，不宜隨心所欲，任意為之（法治斌、董保城，2005: 420–421）。關於監察院之彈劾權、糾舉權與糾正權的差異，如表 7–1 所示。

表 7–1　監察院之彈劾權、糾舉權、糾正權

項目　　職權	彈劾權	糾舉權	糾正權
性質	對「人」監督	對「人」監督	對「事」監督
行使對象	中央或地方公務人員	中央或地方公務人員	行政院及其所屬機關
提起原因	違法或失職行為	違法或失職行為，有先予停職或其他急速處分必要時	行政措施有違法或不當，須注意或改善
審查及決定	監察委員二人以上之提議，九人以上之審查及決議	監察委員一人以上之提議，三人以上之審查及決議	須經各有關委員會之審查及決議
受理機關	向公務員懲戒委員會提出	向公務員之主管長官或上級長官提出	向行政院及其有關部會提出
效　果	由公懲會決定懲戒與否，依情節輕重，分別給予撤職、休職、降級、減俸、記過、申誡之處分，亦得決定不予處分	被糾舉人員之主管長官或上級長官，至遲應於一個月內予以停職或其他急速處分。被糾舉人之主管或上級長官對糾舉案不處理，或處理後監察委員認為不當時，得改提彈劾案	行政院或有關部會接到糾正案後，應即為適當之改善與處置，並應以書面答覆監察院，如逾二個月仍未將改善與處置之事實答覆監察院時，監察院得質問之

㈣調查權

《憲法》第 95 條規定：「監察院為行使監察權，得向行政院及其各部會調閱其所發布之命令及各種有關之文件。」《憲法》第 96 條規定：「監察院得按行政院及其各部會之工作，分設若干委員會，『調查一切設施』，注意其是否違法或失職。」以上條文常被視為監察院擁有調查權的憲法依據。

事實上，調查權乃是監察院行使職權在法理上、本質上必然擁有的工具

性權力，並不僅限於上述條文的文義範圍。因為不論是對人的彈劾權或糾舉權，或是對事的糾正權，均須以明瞭、掌握事實為前提，確認有違法或失職的情形，始能師出有名地行使此等法定之職權，因此發掘事實真相、查明事件來龍去脈之調查，即為監察院行使彈劾、糾舉、糾正等權力之必備要件，故調查權乃是當然附隨於彈劾、糾舉、糾正等權的輔助性權力、工具性權力。

因此，調查權的行使方式與行使對象，並不以上述《憲法》第 95 條與第 96 條的文義範圍為限。監察院為行使彈劾、糾舉、糾正權，為了獲取相關必要資訊，除了依《憲法》第 95 條得調閱相關文件外，亦得對有違法失職之虞的涉案人員進行口頭詢問等一切必要措施；簡言之，調查權的行使對象不僅包括「文件」，也包含調查「人」。

至於調查權的範圍，依《憲法》文義似僅及於行政院及其各部會，然而彈劾權與糾舉權的對象範圍既然涵蓋中央及地方公務人員，而調查又為行使彈劾、糾舉權所必須，因此調查權的範圍當然亦涵蓋中央與地方公務人員；簡言之，調查權的對象範圍等同彈劾、糾舉權的對象範圍，並不以《憲法》第 95 條明定的「行政院及其各部會」為限。

監察院行使調查權的方式，依《監察法施行細則》規定，大致可分為「委託調查」、「派查」與「委員自動調查」三種。「委託調查」係委託其他機關調查；「派查」係指為調查公務人員或政府機關工作設施有無違失事項，而由院會或委員會推派委員調查；「委員自動調查」係指委員依據收受之人民書狀或其他文件資料向監察院登記後自動進行調查。

不論是派查或委員自動調查，監察委員皆有監察院設置之調查人員協助之。《監察法》第 26 條第 1 項即規定：監察院為行使監察職權，得由監察委員持調查證或派員持調查證，赴各機關、部隊、公私團體調查檔案冊籍及其他有關文件，各該機關、部隊或團體主管人員及其他關係人員不得拒絕；遇有詢問時，應就詢問地點負責為詳實之答覆，作成筆錄，由受詢人署名簽押。

㈤人權保障之相關職權

人權保障之相關職權由國家人權委員會行使，國家人權委員會設立的宗

旨，是為了落實憲法對人民權利之維護，奠定促進及保障人權之基礎條件，並符合國際人權標準建立普世人權之價值與規範，以及「巴黎原則」❷所揭示之國家人權機構的組織要件及重要職責。依《監察院國家人權委員會組織法》規定，國家人權委員會的職權包括：依職權或陳情，對涉及酷刑、侵害人權或構成各種形式歧視之事件進行調查，並依法處理及救濟；研究及檢討國家人權政策，並提出建議；對重要人權議題提出專案報告，或提出年度國家人權狀況報告；監督政府機關推廣人權教育、普及人權理念與人權業務各項作為之成效等各種促進及保障人權之相關事項。

　　值得注意的是，國家人權委員會作為試圖符合巴黎原則的國家人權機構，其主要職權為對侵害人權或構成各種形式歧視之事件進行調查，此種調查權的性質為主動與預防性（事前）調查的權力，且調查的範圍亦可能包括私人與私部門，與監察院行使彈劾、糾舉、糾正等權力為事後監察權且調查範圍僅限於公務部門的性質並不相同。在目前《監察法》或該組織行使職權的專法（例如《監察院國家人權委員會職權行使法》）等相關法律修訂之前，國家人權委員會其實難以行使其預設的職權。即便未來監察法等相關法律賦予國家人權委員會事前且擴及私部門的調查權，也可能產生逾越憲法賦予監察院既有職權的違憲爭議。若要解除國家人權委員會「寄居」於監察院且跛腳的窘境，可能須透過修憲明訂該人權專責機構的組織定位與職權才能徹底解決。

㈥審計權

　　審計權是指監督預算之執行並稽核財務收支之權力，審計權和預算議決權雖同有控制政府財政收支之作用，但兩者在性質上有所差異。預算案代表

---

❷　「巴黎原則」(The Paris Principles) 為「關於促進與保護人權的國家機構地位之原則」的簡稱。此原則乃聯合國人權委員會於 1991 年 10 月在巴黎舉行以促進人權保障的國家機構為主題的國際研討會所做出的結論，嗣後於 1993 年 12 月經聯合國大會決議核可。巴黎原則揭示了國家人權機構組成的要件與應具備的職責，鼓勵世界各國設立獨立超然的國家人權機構。聯合國透過巴黎原則，試圖以全球最大官方國際組織的高度，提供各國一套建構自己國內人權機構的設計藍圖。

政府的施政綱領，控制預算，等於控制政府的施政；刪除某項經費，等於否決某項政策，故預算權屬決策性質。而審計權則是在預算執行完畢、政策執行結束時行使，與決策無關，旨在稽查政府財政收支與會計帳目，故審計權屬事務性質。儘管兩者性質不同，但兩者皆屬國家財政的控制手段，預算權為事前控制，審計權為事後控制，因此在一般西方民主國家的設計上，預算權與審計權通常皆屬於國會的職權。

　　然而，在我國五權體制下，審計權並非由國會（立法院）行使，而是在監察院上設審計長，由總統提名，經立法院同意任命之。依《憲法》第 105 條規定，審計長應於行政院提出決算後三個月內，依法完成審核，並提出審核報告於立法院。此種制度設計導致預算權與決算審計權割裂，有論者認為，預算之編列與決算的審核，涉及行政整體之計畫與執行能力。然而我國制度下預算由立法院審查，決算卻由監察院審查，兩者割裂的狀態，是否妨礙國家財政之監督控制與落實執行監督，容有斟酌之餘地。

　　關於審計權的行使，過去在實務上曾發生一項爭議：《憲法》所規定由監察院掌理的審計權，是否僅以審核中央政府的決算為限，而不及於地方政府的決算？有論者認為在中央與地方分權之垂直權力分立的憲法建制下，應尊重地方自治團體的財政自主權與自主組織權，故地方自治團體財務審計之監督權應由地方自治團體自為之，方能落實地方自治的理想。

　　然而，依《審計法》規定，審計部於各省市設審計處，於各縣市設審計室，辦理各地方政府之財政審計，亦即我國審計權的行使，係由中央統籌掌理，地方自治團體並未擁有審計權，此種規定是否合憲？對此，大法官釋字第 235 號指出，審計權依《憲法》屬於中央立法並執行之事項，故審計部辦理地方財政的審計工作並未違憲。

㈦其他職權

　　除了《憲法》所規定的職權外，根據相關法律規定與大法官解釋，監察院尚有以下與監察職權有關的職權：

1.提案權

《憲法》並無明文規定監察院對立法院有提案權，但依據大法官釋字第
3 號解釋，基於五權分治平等相維的體制，並參照《憲法》第 71 條與第 87
條之制定經過，監察院關於所掌事項，得向立法院提出法律案。此處亦會發
生前述討論考試院時一項類似的爭議，即立法院對於監察院所提出的法案大
幅修正，若監察院認為窒礙難行，得否移請立法院覆議？此項爭議有待修憲
或釋憲補充。

2.巡迴監察

《監察法》第 3 條規定：「監察委員得分區巡迴監察」，亦即以活動的方
式行使其監察權，簡稱「巡察」。巡察對象分為中央機關與地方機關兩部分，
巡察中央機關由監察院各委員會辦理，巡察地方機關則按省市、縣市行政區
劃分巡察責任區，分為十二組辦理。巡察的任務包含視察各機關施政計畫及
預算之執行情形、重要政令推行情形、公務人員有無違法失職情形、糾正案之
執行情形、民眾生活及社會狀況，以及人民陳情事項之處理及其他有關事項。

3.受理公職人員財產申報

依據 1993 年 9 月施行之《公職人員財產申報法》，監察院成立公職人員
財產申報處，辦理有關公職人員財產申報有關工作。應申報財產的公職人員
包括：正副總統、五院正副院長、政務人員、各級政府機關正副首長、公營
事業機構正副首長及代表政府或公股出任私法人之董事及監察人、各級公立
學校正副校長及附屬機構正副首長、軍事單位上校編階以上之各級主管、依
《公職人員選舉罷免法》選舉產生之鄉（鎮、市）級以上政府機關首長、各
級民意代表、法官、檢察官、行政執行官、軍法官，以及司法警察、稅務、
關務等主管人員。若公職人員明知應依規定申報，無正當理由不為申報，或
故意申報不實者，同法均定有處罰規定。

4.受理公職人員利益衝突迴避案件、政治獻金相關事宜、遊說案
件之管理

依《公職人員利益衝突迴避法》規定，公職人員知有迴避義務者，應以
書面向監察院報備；依《政治獻金法》規定，監察院對於政治獻金相關事宜

之管理職權，係指受理政治獻金專戶之許可、變更及廢止案件與政治獻金會計報告書申報；依《遊說法》規定，監察院對遊說案件之管理職權，係指受理遊說案件申請、變更、終止之登記及財務收支報表申報。

第四節　結　語㉕

　　由於考試院與監察院的存廢問題長期以來一直受到社會各界熱烈討論，在本章最後，筆者亦對兩院的存廢問題提出個人看法。前文已提及，考試院與監察院這兩院的設計來自孫中山的想法，他主張在行政、立法、司法三權分立的架構中，從行政權分出考試權，以避免政府濫用私人；從立法權分出監察權，以避免國會專制。他並強調考監兩院的設計承襲中國古代科舉與御史制度的傳統。我國憲法遵循孫中山的主張，造就了世界上少見的五權體制。我國目前兩大黨對於此一具有「中國特色」的憲政設計的立場，民進黨一貫主張革除之而改採三權分立；國民黨基於捍衛本黨總理創見與國父思想，基本上反對廢除考監兩院。由於考監兩院存廢涉及兩大黨明顯分歧的固有意識型態，因此始終難有共識。

　　世界上一般民主國家會採行三權分立，有其基本的原理。國家行使權力的對象是人民，行政、立法、司法三權便是國家統治人民所行使的權力三面向。國家有權制訂法律要求人民遵守，此為立法權；國家有權執行法律，依據法律對人民進行管理，此為行政權；國家有權解釋法律，據以對人民裁罰，此為司法權。此三權大致充分涵蓋了國家對人民行使權力的不同面向。至於考監兩權的性質，則與三權大不相同，考試權是國家進用公務員與人事管理的權力，監察權是整飭公務員官箴的權力，這兩權行使的對象皆是國家公務員而非人民。在我國五權體制下，將考試權與監察權與行政、立法、司法三權平行並列，某程度上混淆了國家對人民行使權力的本質。

　　另外，在三權分立的架構下，行政、立法、司法三部門兩兩之間，形成

㉕　本段落曾發表於蘋果日報：「廢考監兩院，跟科舉御史 byebye」，2020 年 8 月 28 日。

了行政與立法、行政與司法、立法與司法等三角關係，並基於行政與立法關係是剛性或柔性權力分立的差異，而有總統制與內閣制等不同憲政體制。

　　在我國當前半總統制下，由於總統與行政院皆掌行政權，單就行政與立法關係而言，即已形成總統、行政院與立法院的三角關係，權力關係已趨複雜。若將總統與五院共六個機關整體觀察，權力關係則明顯複雜化。相較於三權分立架構下的三角關係，試想我國總統與五院兩兩之間共有幾種關係？這個數學問題的答案是十五種！由於總統與五院的權力關係複雜，增加了不同機關間憲法未詳細規範的灰色地帶，遂容易發生憲政運作的爭議。且當爭議發生時，基於我國五權體制的特殊性，又難以從多數民主國家三權分立的運作經驗中找到解決爭議的參考，徒增許多困擾。就此看來，我國五權體制的調整確實有必要。

　　依憲法規定，考試院掌理公務人員考試、銓敘、保障、退撫等事項的法制規劃與具體執行，以及任免、考績、級俸、陞遷等事項的法制規劃。至於公務人員任免、考績等事項的執行，則由行政院人事行政總處掌理。在考試院與行政院共享人事行政權的制度下，由於「法制」與「執行」在實務上不易明確劃分，經常造成考試院與行政院人事行政總處的權限爭議。此外，用才機關（主要是行政院）與選才機關（考試院）各行其是，造成考用無法配合的情況，則是考試權從行政權割裂出來的長期流弊。筆者認為，在肯認人事行政機關應具一定獨立性的前提下廢除考試院，在行政院下成立具有獨立機關性質的文官委員會，應是未來考慮的改革方向。

　　至於監察院的改革，應考慮將監察院的職權回歸國會。或有論者疑慮，彈劾、糾舉、審計等監察權一旦歸於立法院，將造成國會權力獨大，且立委也難以被期待能公正行使監察權。對此，筆者認為可仿效歐美國家普遍採行的國會監察使 (parliamentary ombudsman) 制度，在國會之下設置監察使（或仍稱監察委員），監察使由國會以嚴格程序選任，須具備嚴格的資格條件，例如須具有人權工作的資歷，獨立自主行使監督政府違失與調查人權侵害案件等職權，扮演「護民官」的角色。監察使享有任期保障，以排除國會的政治壓力。總之，國會的監察權乃由具有獨立性的監察使行使，而非由國會議員

親自行使，如此應可緩解國會擅權的疑慮。

　　綜上所述，筆者認為考監兩院的改革方向，是修憲廢除兩院，將兩院的職權移至行政院與立法院下的獨立機關。當然，目前在實務運作上，行政院轄下獨立機關的獨立性屢遭質疑，如何確保行政院與立法院轄下獨立機關的獨立性，是在廢除考監兩院同時審慎考量的重要憲政議題。

我國憲政體制的整體運作模式
——不會換軌的半總統制

如第五章所述，我國當前的憲政體制已逐漸確立為總統議會制（二元型半總統制）。本章擬進一步探討的是，在我國《憲法》未明文規定內閣須對總統負責，而僅規定內閣須對國會負責的情況下，我國憲政體制為何在 2000 年之後，會走向在實際運作上內閣須同時對總統與國會負責的總統議會制，以致無法像法國第五共和的總理總統制 （一元型半總統制） 呈現 「換軌」(alternation) 的特色。

事實上，在 1997 年第四次修憲之後，有不少人士預期我國的憲政體制將如同法國出現換軌的現象——當總統所屬的政黨與國會多數一致時，偏總統制運作，此時由總統主政；當總統所屬的政黨與國會多數不一致時，偏內閣制運作，此時由總理主政。❶如第六章第三節探討總統對行政院院長之任命

---

❶ 許多論者都指出法國第五共和的憲政運作是一種在總統制與內閣制之間轉換的憲政體制 (Duverger, 1980: 186; Aron, 1982: 8; Lijphart, 1984: 84)，不過正如本書第二章曾提及，也有論者認為「換軌」的說法過於簡化、武斷，因為當法國總統與國會多數一致時，儘管總統掌握行政大權，內閣向國會負責的機制卻依然存在，總統制下行政與立法分立制衡的原則仍然沒有完全貫徹；同樣地，當總統與國會多數不一致時，行政權固然主要是由國會多數支持的內閣總理掌握，總統仍具有一定的獨立權力與實質影響力， 亦非如內閣制下的國家元首幾乎無權過問國事的地步。 基於上述， 有論者認為與其武斷地宣稱法國憲政運作是在 「總統制」 和 「內閣制」 之間「換軌」，不如稱法國憲政運作是在 「總統主政」 與 「總理主政」 之間 「擺盪」(oscillating) (Sartori, 1994: 124–125)。事實上，不論是「換軌」或「擺盪」，目的都

權的爭議時亦曾論及，國民黨與民進黨在第四次修憲時的提案說明中，似乎都存在著我國修憲後將呈現換軌式憲政運作的預設。

　　然而，當 2000 年民進黨籍的陳水扁總統上任，我國首次出現總統所屬政黨與立法院的多數黨不一致的情形，當時的憲政運作並沒有如預期般從以往國民黨主政時期偏總統制的憲政運作，換軌到偏內閣制的憲政運作。顯然，我國憲政運作與當時國、民兩黨修憲提案的說明，以及許多人的預期有頗大的出入。我國憲政體制為什麼不會像法國第五共和一樣呈現換軌的特色？本章將以法國第五共和的憲政運作作為觀察參考的依據，探討法國憲政運作得以順暢換軌的制度因素，並以此對照出我國憲政運作無法順利換軌的原因。❷

　　須先澄清的是，本章的目的在於對照法國經驗而找出我國憲政體制無法換軌的制度性原因，但本章並無「制度決定論」或「制度萬能論」的預設，也不認為若全盤移植法國第五共和的各種制度，就保證我國的憲政運作能順暢換軌。

　　除了制度因素的配合外，政治文化、❸人民的憲法意識、政黨與政治人物在歷史關鍵時刻的抉擇等面向，都可能是法國憲政運作能夠順暢換軌的因素。但制度因素畢竟是各種面向中最具人為可操作性的面向，從而在國家發展的興革上最具有實用價值，❹因此本章乃將焦點放在制度因素的探討上。❺

　　是在指出法國憲政運作中行政權的主要掌握者會在總統與總理兩者之間轉換，因此在本章的討論中並沒有細分「換軌」（總統制運作 vs. 內閣制運作）概念與「擺盪」（總統主政 vs. 總理主政）概念的細微差異，而是將兩者混用。

❷　本章架構來自蘇子喬 (2006)，並在內容上加以增刪。

❸　政治文化當然也是討論一國憲政運作時不容忽視的觀察面向。舉例言之，在法國第五共和換軌式的憲政運作中，不論是總統主政或總理主政，都是以國會多數支持為前提，亦即均是由國會的多數黨組閣，從無例外。此一特色固然有其制度成因，但亦有其文化成因。因為法國自 1870 年以來歷經第三、第四共和所確立的內閣制傳統，亦在政治人物與一般民眾心中形塑了「行政權應建立在立法權多數支持的基礎上」這樣的政治信念 (Cabestan, 2003: 5)。基於研究焦點與篇幅所限，本章的重心乃是放在制度因素的探討，但不表示政治文化是討論憲政運作時可以忽略的面向。

❹　Lipset (1990) 在 1990 年代歐美政治學界關於「何種憲政體制對民主政治較有利」的

　　本章第一節將根據法國憲政運作的經驗，歸納出法國換軌式憲政運作的邏輯；第二節則指出確保法國換軌式憲政運作得以順暢的制度性因素；第三節則就確保法國憲政運作得以順暢換軌的制度性因素，與我國憲政體制相互對照，藉此探討我國憲政運作無法順暢換軌的制度性因素；第四節則將在前三節分析結果的基礎上，對我國未來憲政體制變遷的可能路徑進行初步的預測；第五節結語則指出法國換軌式憲政運作對我國未來憲政改革的啟示。

第一節　法國換軌式憲政運作的經驗

　　首先，我們可以先觀察法國的憲政運作究竟是如何換軌的。在法國，以往由於總統與國會（國民議會）任期長短不同，前者為七年，後者為五年，❻

辯論中，便曾為文指出，與制度因素相較，經濟與文化因素毋寧才是促成穩定民主體制的關鍵因素。但他認為學界熱中於討論制度因素亦是情有可原，這是因為經濟與文化因素很難在短期間內依照人們的心意去操控 (manipulate)，而制度因素則比較容易在短時間內去操控改變。

❺　有人或許會質疑，法國與我國的歷史背景與文化脈絡迥異，是否適合加以比較？事實上，若專就憲政體制而言，法國第五共和與我國半總統制的形成過程有頗多相似之處（蘇子喬，1999）：第一，這兩個憲政體制在誕生之初都是總統制與內閣制兩股支持勢力下的折衝產物（若以兩股勢力的代表性人物為例，在法國是「戴高樂 (Charles de Gaulle) vs. 戴布瑞 (Michael Debré)」，在我國則是「蔣介石 vs. 張君勱」。戴高樂與蔣介石這兩位政治領袖在制憲時都支持總統制的制度精神，而兩部《憲法》的起草人戴布瑞和張君勱則都強調內閣制精神）；第二，兩國總統的權力在憲政發展過程中皆不斷擴大；第三，兩國憲政體制的設計都試圖擺脫國會對行政部門的干預；第四，兩國憲政體制的形成過程中都有非常重要的外部因素（在法國是阿爾及利亞危機，在我國則是海峽兩岸的對峙）；第五，政治強人對於兩國憲政體制的形塑皆有重要影響（在法國是戴高樂，在我國是李登輝）。由於兩國在憲政體制的形成過程中有這麼多的相似之處，但是在實際運作上又有換軌與不換軌的重大差異，因此筆者認為，依循「最相似性系統設計」(most similar systems design) 的比較研究法，將法國與我國的制度因素相互比較，應該還算是在探討我國憲政運作無法換軌時具有可行性的分析策略。

❻　法國於 2000 年已經透過公投修憲，將 2002 年以後的總統任期改為五年，以便與國

因此必然會遇到「新總統 vs. 舊國會」或「新國會 vs. 舊總統」的情形。

法國第五共和自 1958 年成立以來，一直到 1981 年為止，總統與國會多數始終皆為右派，儘管有新舊總統與新舊國會的交錯情形，但因為總統與國會多數始終是一致的，總統即是國會多數政黨聯盟的實質領袖，因此總統透過以黨領政的方式，向來保持總統主政、偏總統制運作的局面。1981 年社會黨的密特朗當選總統，法國第五共和至此才第一次出現總統與國會多數不一致的情形。

而法國從 1981 年至今，已經發生過多次新選出的總統與尚未改選的舊國會多數不一致，或新選出的國會多數與任期仍持續中的舊總統不一致的情形 (Safran, 2003: 129–142)。從法國這二十多年來的憲政運作看來，呈現的是一種換軌式的憲政運作經驗。以下簡述法國自 1981 年以來遇到「新總統 vs. 舊國會」且兩者不一致，或「新國會 vs. 舊總統」且兩者不一致時的因應之道（參見圖 8–1）。

1981 年 5 月，左派社會黨籍的密特朗當選總統，當時在任的法國第五共和第六屆國會（此國會為 1978 年選出）多數為右派政黨聯盟〔共和聯盟（Rally for the Republic，簡稱 RPR）—民主同盟（Union for French Democracy，簡稱 UDF）〕。密特朗總統面對「新總統 vs. 舊國會」且兩者不一致的情形，一上任便立即解散國會重新改選。新選出的第七屆國會中左派政黨聯盟〔社會黨（Socialist Party，簡稱 PS）—左派激進黨 (Left Radical Party)〕獲得過半的席位，在總統與國會多數一致的情況下，係由總統主政。

1981 年選出的第七屆國會在五年任期屆滿後，於 1986 年 3 月改選。在新選出的第八屆國會中，右派政黨聯盟（共和聯盟—民主同盟）在國會中掌握過半的席位。密特朗總統面對「新國會 vs. 舊總統」且兩者不一致的情形，決定任命右派領袖席哈克 (Jacques Chirac) 為總理。在總統與國會多數不一致的情況下，憲政運作由原先的總統主政轉為由國會多數所支持的總理主政，此即為法國第五共和的第一次左右共治。

1988 年 5 月，密特朗總統的七年任期屆滿並進行改選，密特朗當選連任

會的法定任期一致。

總統	國會	時　間	事　件
密特朗總統（一）	國會（七）	總統主政 1981.05	密特朗總統上任(新總統左vs.舊國會右，兩者不一致)，解散國會重選，使總統與國會多數一致皆左→總統主政。
	國會（八）	總理主政 1986.03	國會任期屆滿改選，選舉結果右派佔多數(新國會右vs.舊總統左，兩者不一致)，總統任命右派領袖席哈克為總理→轉為總理主政(即第一次共治)。
密特朗總統（二）	國會（九）	總統主政 1988.05	密特朗總統連任(新總統左vs.舊國會右，兩者不一致)，解散國會重選，使總統與國會多數一致皆左→轉為總統主政。
	國會	總理主政 1993.03	國會任期屆滿改選，選舉結果右派佔多數(新國會右vs.舊總統左，兩者不一致)，總統任命右派領袖巴拉杜為總理→轉為總理主政(即第二次共治)。
席哈克總統（一）	（十）	總統主政 1995.05	席哈克總統上任(新總統右vs.舊國會右，兩者一致)，轉為總統主政。
	國會（十一）	總理主政 1997.05	席哈克總統解散國會重選，選舉結果左派占多數(新國會左vs.舊總統右，兩者不一致)，總統任命左派領袖喬斯班為總理→轉為總統主政(即第三次共治)。
席哈克總統（二）	國會（十二）	總統主政 2002.05-06	總統與國會任期屆滿改選，席哈克總統連任，國會選舉結果亦由右派佔多數(新總統右s.新國會國右，兩者一致)→轉為總統主政。
薩科奇總統	國會（十三）	總統主政 2007.05-06	總統與國會任期屆滿改選，薩科奇總統上任，隨後國會選舉結果亦右派占多數(新總統右vs.新國會右，兩者一致)→總統主政。
歐蘭德總統	國會（十四）	總統主政 2012.05-06	總統與國會任期屆滿改選，歐蘭德總統上任，隨後國會選舉結果亦由左派占多數(新總統左vs.新國會左，兩者一致)→總統主政。

圖 8-1　法國的換軌式憲政運作

(Gaffney, 1989: 1–31)，當時在任的國會乃是 1986 年選出、右派占多數的第八屆國會。密特朗總統面對「新總統 vs. 舊國會」且兩者不一致的情形，與 1981 年他第一次當選總統的情況一樣，一上任便立即解散國會重新改選。新選出的第九屆國會中左派政黨聯盟（社會黨－左派激進黨）占國會多數，❼ 在總統與國會多數一致的情況下，第一次左右共治遂告結束，憲政運作由原先的總理主政轉為總統主政。

而 1993 年 3 月，進行第十屆的國會改選，新選出的第十屆國會中右派政黨聯盟（共和聯盟－民主同盟）在國會中掌握過半的席位。與 1986 年 3 月第八屆國會選出右派占多數的情形一樣，密特朗總統在他的第二任總統任內又再度面臨「新國會 vs. 舊總統」且兩者不一致的情形，他的決定也與 1986 年面對此情形所作的決定相同，而決定任命右派領袖巴拉杜 (Edouard Balladur) 為總理。在總統與國會多數不一致的情況下，憲政運作又由原先的總統主政轉為由總理主政，此即為第二次左右共治。

1995 年 5 月，由 1988 年選出的密特朗總統七年任期屆滿而改選，右派領袖席哈克當選總統，當時在任的國會乃是 1993 年選出、右派占多數的第十屆國會。此次總統改選正好促成總統與國會多數的一致，在總統與國會多數一致的情況下，第二次左右共治遂告結束 (Goldey, 1997: 74–75)，憲政運作亦由原先的總理主政轉為總統主政。

1997 年 5 月，席哈克基於右派政黨聯盟的民意支持度有日漸低迷的跡象，心想若拖至 1998 年第十屆國會五年任期屆滿才進行國會大選，右派勢必失去國會多數，席哈克唯恐屆時將面臨第三次左右共治，於是在當時總統與國會多數尚屬一致，且國會任期尚未屆滿的情況下，仍決定解散國會重新改選，企圖藉此延續國會多數為右派、總統與國會多數一致的總統主政局面。

不料右派聯盟仍在選舉中失利，在新選出的第十一屆國會中，以社會黨

---

❼　嚴格說來，社會黨－左派激進黨雖然贏得國會多數席位卻沒有過半（在 577 席總席位中占 277 席），不過共產黨當時雖不參與內閣，卻宣布與社會黨－左派激進黨所組成的內閣進行閣外合作，因此，雖然當時的內閣在形式上是少數內閣，但在實質上仍然擁有國會多數的支持。參見 Safran (2003: 126)。

為主的左派聯盟〔社會黨─公民黨 (Citizens' Movement)─左派激進黨─綠黨 (the Greens)─共產黨 (French Communist Party)〕占有國會過半席位，席哈克面對「新國會 vs. 舊總統」且兩者不一致的情形，不得不任命左派社會黨領袖喬斯班 (Lionel Jospin) 為總理。在總統與國會多數不一致的情況下，憲政運作又由原先的總統主政轉為總理主政，第三次左右共治反而比席哈克總統原先設想的還提前一年到來 (Elgie and Griggs, 2000: 33)。

　　2002 年 5 月，自 1995 年選出的席哈克總統七年任期屆滿而改選，席哈克當選連任，當時在任的國會乃是 1997 年選出、左派占多數的第十一屆國會。由於第十一屆國會亦將於 6 月任期屆滿而改選，因此席哈克總統 5 月上任後並沒有解散國會；在 6 月新選出的第十二屆國會中，以席哈克領導的「總統多數聯盟」（Union for the Presidential Majority，其前身為共和聯盟）為主的右派聯盟（總統多數聯盟─民主同盟）大獲全勝，遠超過國會半數。

　　此前後不到一個月的總統與國會選舉中，總統與國會多數皆同歸右派掌握，在「新總統 vs. 新國會」且兩者一致的情況下，第三次左右共治遂告結束，憲政運作則從原先的總理主政轉為總統主政，此一總統主政的局面遂一直延續至今。

　　從以上對於法國第五共和過去二十多年來憲政運作經驗的描述，我們可以發現以下的運作邏輯（參見圖 8-2）：在「新總統 vs. 舊國會」且兩者一致（情況一），或「新國會 vs. 舊總統」且兩者一致（情況三）的情形，由於總統是國會多數聯盟的實質領袖，透過以黨領政的方式，憲政運作係由總統主政，亦即偏向總統制運作。這兩種情況是法國第五共和憲政運作的常態，因為在 1981 年之前，第五共和有二十多年的時間，總統與國會多數始終保持一致。

　　本章討論的焦點則是另外兩種特殊情況：其中之一是「新總統 vs. 舊國會」而兩者不一致（情況二）的情形，新上任的總統在此時會解散國會，重新舉行國會大選，藉由他新當選的「衣尾效應」❽(coattail effect)，選民所選

---

❽　衣尾效應是指當行政首長（例如總統）與議員（例如國會議員）緊鄰先後選舉（即蜜月期選舉）或同時選舉時，聲勢強大的行政首長候選人通常能對同黨議員候選人造成提攜的效果，使得在行政首長選舉中獲勝的政黨通常也能在議員選舉中獲得勝

出的國會多數會與總統一致，此時憲政運作便由總統主政，亦即偏向總統制運作（例如密特朗總統在 1981 年 5 月上任與 1988 年 5 月連任後的舉措）；另外一種情況是「新國會 vs. 舊總統」而兩者不一致（情況四）的情形，總統在此時會自甘任命國會多數領袖為總理，而不會解散才剛新選出的國會，此時既然總統與國會多數不一致，憲政運作便由國會多數所支持的總理主政，亦即偏向內閣制運作（例如密特朗總統在 1986 年 3 月、1993 年 3 月新國會選出，以及席哈克總統在 1997 年 5 月新國會選出後的舉措）。

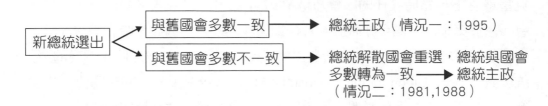

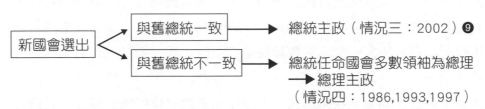

資料來源：修改自鍾國允 (2004: 447)。

圖 8-2　法國總統與國會新舊交替下的憲政運作邏輯

　　以上的法國憲政運作經驗中，我們一方面可以看到換軌的邏輯——總統與國會多數一致時由總統主政，總統與國會多數不一致時由總理主政。另一方面，也同時可以看到新舊民意的邏輯——當總統與國會多數不一致時，擁有新民意者最後總能擁有主政的權力，當「新總統 vs. 舊國會」且兩者不一致時，最後必為新總統主政（因為新總統上任後會馬上解散國會重選，使總統與國會多數一致）；而在「新國會 vs. 舊總統」且兩者不一致時，則由新國

利，這種現象即為俗稱的「母雞帶小雞」效應。

❾ 事實上，2002 年 6 月新國會選出時，當時的「舊」總統也才剛上任一個月，將此情形視為「新總統 vs. 新國會」也未嘗不可。

會所支持的總理主政（因為舊總統此時會任命與自己不同黨派的國會多數領袖為總理）。

　　就此看來，法國憲政運作的換軌邏輯與新舊民意邏輯是彼此一致的，不會出現換軌邏輯與新舊民意邏輯相互扞格、兩種邏輯何者應優先適用的窘境與爭議。❿然而在有些半總統制國家，這兩種邏輯並不一定是彼此一致的，例如有些半總統制國家在新總統上任後，面對與自己不一致的舊國會多數，卻又沒有解散國會的憲法權力以塑造與自己一致的國會多數，此時若依換軌的邏輯，既然總統與國會多數不一致，總統理應任命國會多數支持的人士為總理，並由總理主政；然而若依新舊民意的邏輯，既然總統擁有新民意，則理應由總統主政。此時應以哪一種邏輯優先？我國 2000 年陳水扁總統上任後，面對以泛藍政黨為多數的立法院，所遇到的正是這兩種邏輯相互衝突的窘境。

　　究竟是什麼樣的制度性因素，使得法國過去二十多年來的憲政運作能夠在總統主政與總理主政之間順暢地轉換，從而使換軌邏輯與新舊民意邏輯彼此相容？這是下一節中所要探討的問題。而此一問題的解答，也將連帶地映襯出我國憲政運作無法順暢換軌的制度性因素。

　　不過，在探討法國憲政運作得以順暢換軌的原因之前，有必要指出的是，法國過去換軌式的憲政運作近年來發生的機會已大幅降低。原因是法國已於 2000 年修憲將總統的任期由七年改為五年，與國會五年的法定任期一致。

　　事實上，法國之所以會選擇在 2000 年這個時點修改《憲法》調整總統任期，是因為預期到兩年後（2002 年）總統與國會任期幾乎同時屆滿──1995 年選出的席哈克總統，至 2002 年任期屆滿；1997 年選出的第十屆國會，也正好至 2002 年任期屆滿。自 2002 年起，總統與國會選舉在一個多月內先後

──────────────

❿　從法國憲政運作的邏輯也可看出，新總統上任後固然一定是總統主政，但總統主政一定是建立在總統創造了與自己一致的國會多數的基礎上。而不論是總統主政或總理主政，均是由國會的多數黨組閣，無一例外。任何政黨想要組閣掌政，必須先掌握國會多數。換言之，憲政運作究竟是在總統主政的軌道上運作，還是在總理主政的軌道上運作，乃是取決於何者（總統或總理）能掌握國會的多數黨。

舉行,總統於 4 月下旬至 5 月上旬選出,國會議員則於 6 月上旬選出。❶在總統不提前解散國會的前提下,總統與國民議會自 2002 年起將幾乎同時改選,總統與國會多數原則上應會趨於一致。而在總統與國會多數一致的情況下,法國憲政運作將會持續維持在總統主政的格局,憲政運作換軌至偏總理主政的機會將會大幅降低。

觀察法國的實際憲政經驗(參見圖 8–1),法國自 2002 年起至今的憲政運作確實持續維持總統主政的格局。2002 年 5 月,右派陣營的席哈克連任總統,而在 6 月舉行的國會大選中,右派陣營亦在國會中獲得過半數席次。2007 年 5 月,與席哈克同屬右派陣營的薩科奇 (Nicolas Sarkozy) 當選總統,而在 6 月舉行的國會大選中,右派陣營亦繼續在國會中獲得過半數席次。2012 年 5 月,左派陣營的歐蘭德 (Francois Hollande) 當選總統,而在 6 月舉行的國會大選中,則由左派陣營在國會中獲得過半數席次。總之,法國於 2000 年修憲將總統任期改為五年,其目的乃是促使法國憲政運作盡可能維持在偏總統制運作(總統主政)的格局。

不過,總統的任期改為五年後,仍不能「保證」法國的憲政運作從此將不會有換軌的現象。由於法國總統仍有主動解散國會的權力,若總統行使此一權力,解散重選的國會任期將重新起算,總統與國會任期仍會新舊交錯,一旦總統與國會多數不一致,屆時仍有可能出現換軌式的憲政運作。再退一步言,即使總統未行使解散國會的權力,在總統與國會每五年幾乎同時改選的情況下,也不能完全排除出現總統與國會多數不一致的可能性。

法國目前一般輿論的看法是,總統選舉之後舉行的國會選舉猶如總統的「第三輪選舉」,若總統所屬的政治陣營在國會選舉仍未過半,意味著人民並

---

❶　事實上,2002 年國民議會任期屆滿的時間早於總統。依照原有時程,2002 年法國國民議會改選的時間應該在 3 月,總統選舉的時間則應該在 5 月。法國國會為了將這種「先國會選舉、後總統選舉」的情形對調為「先總統選舉、後國會選舉」,乃修改法律延長當屆國民議會議員的任期兩個多月,由原本的 2002 年 4 月 2 日屆滿延長為當年 6 月 18 日屆滿,以便使國民議會改選的時間延後至 6 月初。參見 Cabestan (2003: 17);呂炳寬、徐正戎 (2005: 17)。

不想讓先前剛選出的總統「完全執政」，此時先前剛選出就任的新總統仍須尊重這個比總統更「新」一點的國會，任命國會多數陣營支持的人士擔任總理，憲政體制此時應換軌到總理主政。

第二節　確保法國憲政運作換軌順暢的制度性因素

法國的憲政運作之所以過去能夠在總統主政與總理主政之間順暢地轉換，主要是基於下述五種制度性因素的輔助，在以下五種因素中，前三項因素能夠使法國在「新國會 vs. 舊總統」且兩者不一致的情況下，確保憲政運作順暢地由總統主政換軌到總理主政，並且確保憲政運作能在內閣制的軌道上平順運作；後兩項因素則使法國在「新總統 vs. 舊國會」且兩者不一致的情況下，確保憲政運作能順暢地從總理主政換軌到總統主政。

一、國會中穩固的多數聯盟與兩輪投票制的國會選制

當密特朗總統在 1986 年 3 月面臨法國第五共和有史以來第一次「新國會 vs. 舊總統」且兩者不一致的情況時，一開始並沒有人可以確定密特朗會如何因應這種情勢，當時一般認為密特朗總統有三種因應方案：

一是總統辭職——因為法國選民在國會大選中不支持總統所屬的陣營，意味著對總統的施政不信任，因此總統此時應立即辭職，重新舉行總統大選。由於國會大選才剛結束，新出爐的國會多數陣營所推出的總統候選人在總統大選中應會獲勝，因此可以繼續保持法國第五共和自 1958 年以來，始終未變的總統與國會多數一致的情勢，持續總統主政的常態。

二是總統解散新選出的國會重新選舉，再次要求民眾支持國會中總統所屬的陣營，如果總統所屬陣營在總統解散國會後所舉行的國會大選中能夠扭轉情勢獲勝，意味著選民最後仍然決定支持總統，原來的總統便可繼續主政；如果總統所屬陣營仍然敗選，則意味著選民確實對總統不信任，此時總統便應辭職，再舉行新的總統大選，由於總統的敵對陣營在剛舉行完畢的兩次國會大選中皆獲勝，其所推出的總統候選人應能勝選，於是總統與國會多數又

再度成為一致，便可持續法國第五共和由總統主政的憲政傳統。

　　三是總統任命國會多數支持的人士為總理，與其「共治」。不過可以想見的是，一旦「共治」，由於總統與總理分屬不同黨派，此時總統將無法像過去一樣以黨領政，總統與總理的權限劃分勢必要回歸《憲法》的規定，總統的實質權力必然大為削弱，法國第五共和成立以來以總統為政治核心的常態將會出現變動。

　　而在以上三個方案中，密特朗總統後來很快就決定選擇第三種方案，任命國會右派多數領袖席哈克為總理，開啟了第一次左右共治之局，憲政運作首次由總統主政轉變為總理主政 (Rohr, 1995: 20–21)。自此之後，一旦「新國會 vs. 舊總統」且兩者不一致的情況再度出現（1993 年 3 月與 1997 年 5 月），皆是依循密特朗在 1986 年的因應之道，確立了此種情況發生時便應由總統主政轉為總理主政的憲政共識。

　　事實上，如果單從《法國第五共和憲法》的條文來看，《憲法》並沒有明文規定總統在面對與其不一致的新國會多數時，必須任命國會多數人士為總理。相反地，《憲法》規定總統可直接任命總理，不需國會同意，並且有主動解散國會的權力。John Keeler 與 Martin A. Schain 就曾指出，以法國憲政體制而言，總理乃由總統任命，即便總統無法掌握國會多數，是否任命多數黨組閣的權力其實仍屬於總統 (Keeler and Schain, 1997: 1–27)。

　　換言之，當法國總統無法掌握國會多數，若仍執意任命自己陣營的人士為總理，並不見得違憲；而且就算總統所執意任命的總理在上任後被國會倒閣，總統在《憲法》上亦有主動解散國會權加以反制。不過，如果上述一來一往的相互對立成為事實，政局不安是可以想見的事情。因此，密特朗總統於 1986 年能夠當機立斷決定任命敵對陣營的國會多數領袖為總理，或許仍不得不歸功於密特朗個人尊重民意與維護憲政體制正常運作的憲政民主精神 (Knapp and Wright, 2001: 71–74)。

　　在此，我們要追問的是，是不是有什麼樣的制度結構因素存在，「迫使」密特朗總統必須作出這樣的決定，而不會執意任命自己陣營的人士為總理或執意解散國會，並且成為此後發生同樣情況的慣例。

　　法國總統在面對與其不一致的新國會時，迫使總統不敢執意任命自己陣營的人士為總理或解散國會的主要結構性因素，是因為國會中的多數政黨聯盟是相當團結穩固的，這樣的政黨形勢迫使總統在無國會多數支持的情況下，不敢輕忽團結穩固之國會多數的實力。

　　我們可以從反面推論：就算總統所屬陣營是屬於國會中的少數黨，但如果國會中的政黨體系是小黨林立的、各個政黨的黨紀與政黨凝聚力是鬆散的，總統在面對這種政黨生態的國會時將會有較強的動機與之對抗，因為總統會認為這樣的國會多數是脆弱的，他隨時有機會在其中「見縫插針」或「各個擊破」，而不願屈從此種脆弱國會多數的意向。然而，法國國會中的政黨生態並不提供總統這樣的機會。

　　若再進一步追問，法國國會中為什麼能夠形成穩固團結的左右兩大陣營？相當程度是肇因於國會議員選舉採取的兩輪投票制。在這種選舉制度中，每一個選區選出一名國會議員，第一輪投票如果有候選人獲得過半數的選票，即告當選；否則，就針對第一輪投票中得票率超過選舉人 12.5% 以上的候選人進行第二次投票，由得票較多者當選。這樣的選舉制度使得第一輪選舉變成淘汰賽，小黨有存在的空間，但是到了第二輪的時候，各政黨一定要採取聯合的方式，否則便無法在單一選區當中出線。於是法國的左右派政黨各自聯合成一個聯盟，形成了兩大陣營對抗的態勢 （Cole, 2000: 24–28; Elgie, 2001: 114–115；吳玉山，2000a: 149）。

　　除此之外，由於這種選舉制度是單一選區制，有較明顯的「比例性偏差」(disproportionality)，選舉獲勝的陣營所得席次比率通常遠超過其得票比例，亦即對獲勝陣營有「錦上添花」的效果，對落敗陣營則是「落井下石」。因此，總統的敵對陣營一旦在國會選舉中勝選，席次往往遠超過國會半數，這也使得總統對於席位甚多的國會敵對陣營不敢自行其是。⓬

⓬　法國在 1993 年的國會大選結果是其中最明顯的例子：左派聯盟在該次選舉中第一輪投票時的總得票率是 30.96%，右派聯盟在第一輪投票時的總得票率則是 42.87%。可是在最後的選舉結果中，左派聯盟在國會中的席次占有率僅有 15.77%（在總額577 席中僅占 91 席），右派聯盟的席次占有率則高達 84.06%（在總額 577 席中占了

綜言之,法國國會選舉制度使得國會中的多數陣營一方面在性質上是團結穩固的,另一方面在數量上則通常是為數甚多而非勉強過半而已。國會的選舉制度形塑了國會的政黨體系,而國會的政黨體系則制約了總統自行其是的可能性。

二、行政指揮系統的一元化

在《法國第五共和憲法》的規定中,法國總統與總理皆有部分的行政權,形成行政權二元化的現象。值得注意的是,雖然法國的行政權是二元化的,但是行政部門的指揮系統卻是一元化的,法國所有的行政執行機關均在總理轄下,沒有任何例外 (Elgie, 2003b: 107–112)。傳統上被認為屬於總統的軍事權與外交權,如果沒有總理所轄的國防部和外交部的配合,也是無法有效運作的(朱雲漢,1997: 12)。

以國防組織為例(參見圖 8-3),儘管《憲法》第 15 條規定總統主持國防最高會議及國防委員會,但此條文的精神與《憲法》第 9 條規定「總統主持部長會議」的意義類似。《憲法》規定總統主持部長會議並不意味著總統可以透過部長會議當然地獨攬行政大權,其目的只是讓身為國家元首的總統有知悉日常政務的機會。這條規定主要是延續法國第三、第四共和的憲政傳統,從第三共和開始,部長會議就是由虛位總統主持。部長會議的召開只是完成法定程序的一場政治儀式,它從來就不是實質制定政府政策的場合(陳瑞樺譯,2001: 48)。

同樣地,總統主持國防最高會議與國防委員會的《憲法》規定也不意味著總統可以透過這兩個會議獨攬軍事權,其目的主要是讓身為三軍統帥的總統有參與國防事務的機會。在實際運作上,國防最高會議係由總統依據總理所提議的研究主題,而邀集重要部會首長與軍事將領召開,此會議較具諮詢協商性質;至於扮演決策性角色的國防委員會亦是由總統依據總理的建議而召開,並由總理決定與會人員。國防委員會下設國防祕書處,明確規定直接受總理的指揮。國防祕書處以下則共有五個署,分別是國際與戰略事務署、

---

485 席)。參見 Safran (2003: 124–126);張台麟 (2003: 407)。

經濟與國防署、國家安全署、科技管制署、法制與歐洲事務署,其在組織建制上皆屬總理轄下,總統無法直接指揮(張台麟,2003: 236–253)。

再以情治組織為例(參見圖 8–4),法國總統亦無法直接指揮情治相關業務,因為所有的情治組織亦皆屬於總理轄下。法國的情治組織包括:情治委員會、海外情報處、軍事調查局、國家安全局與國家調查局。其中情治委員會歸屬總理直接指揮主持;海外情報處與軍事調查局隸屬國防部,國家安全局與國家調查局隸屬內政部,而國防部與內政部則隸屬總理(賴岳謙,2001: 53–79)。

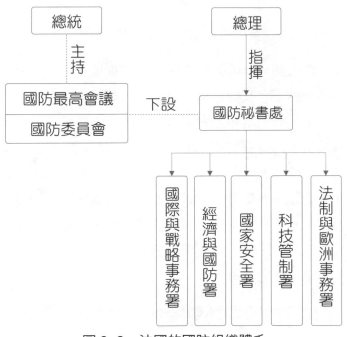

圖 8–3　法國的國防組織體系

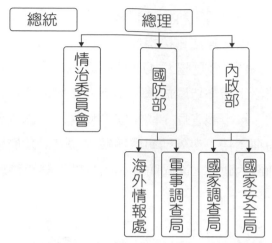

圖 8–4　法國的情治組織體系

　　就此看來，在法國，一般認知中與總統職權較相關的國防組織與情治組織，其實皆在總理轄下，其他組織亦是如此，毫無例外。在行政指揮系統一元化的情況下，當法國總統與國會多數一致、總理與總統同屬一陣營時，總統固然可以基於多數陣營實質領袖的身分而使總理聽命於他，間接指揮行政系統而形成總統主政，但是一旦總統與新選出的國會多數不一致，而被迫任命國會多數陣營的領袖為總理，使憲政運作轉變為總理主政後，總統便沒有任何行政機器可以作為憑藉來干預總理的施政 (Hoffmann, 1989: 49)。簡言之，全部歸屬於總理轄下的一元化行政指揮系統設計，可以確保總理主政時的憲政運作不被總統任意干擾。

三、總統沒有將總理主動免職的憲法權力

　　法國總統雖然在《憲法》上對總理有任命權，但在《憲法》上對總理並沒有主動免職權。《法國憲法》第 8 條規定，總統須在總理提出辭職要求的情況下，始能將總理免職。儘管在總統主政時，總統基於多數陣營實質領袖的身分，有實力迫使總理對其提出辭職，達到撤換總理的目的 (Wright, 1989: 28–29)，但是憲政運作一旦轉換為總理主政之後，總統與總理既然不屬同一陣營，總統自然無法透過政黨實質領袖的身分主動迫使總理辭職，此時總統

對於敵對陣營的總理是否辭職便毫無置喙餘地。

對總統而言，一旦任命敵對陣營的人士為總理，此一總理就猶如「無法卸下的螺絲釘帽」（芮正皋，1992: 43）。在總理受到國會多數支持的情況下，除非總理基於國會支持基礎的變動而主動向總統提出辭職，否則就必須一直等到下一次的總統選舉或國會選舉才有發生總理異動的可能。

舉例言之，在 1986 年密特朗總統任命席哈克為總理而轉為總理主政（第一次共治）後、1993 年密特朗總統任命巴拉杜為總理而轉為總理主政（第二次共治）後、1997 年席哈克總統任命喬斯班為總理而轉為總理主政（第三次共治）後，這三位總理的在任都是一直持續到下一次的總統大選才出現變動（分別是 1988 年、1995 年、2002 年的總統大選）。

從反面推論，總統如果對總理有主動的免職權，則總理除了必須對國會負責（此為半總統制的基本制度要件）之外，總理施政時也必然會時時揣摩總統意向以避免被總統免職，導致在實質運作上也必須對總統負責，因而造成「一僕（總理）侍二主（總統與國會）」的情形。我們可以推想，在總統對總理有主動免職權的情況下，就算總統一時迫於敵對的新國會多數陣營的壓力，任命敵對陣營的人士為總理而轉為總理主政，他將來還是隨時可能伺機而動將敵對陣營的總理免職，干擾總理主政的憲政運作。

換言之，《法國憲法》中關於總統對總理無主動免職權的規定，可以確保當總理與總統由不同陣營的人士出任時，總理依《憲法》只須對國會負責，而不須對總統負責；並且可以確保總理主政的憲政運作不會被總統對總理的主動免職權所顛覆。

討論到目前為止的三項制度因素，使得法國憲政運作能夠從總統主政轉換為總理主政，並且能夠在總理主政的軌道上順暢運作：第一項因素（國會中穩固團結的多數聯盟與兩輪投票制的國會議員選舉制度）迫使總統在面對與其不一致的新國會多數時，任命敵對陣營的領袖為總理，使憲政運作轉換為總理主政；第二項因素（行政指揮系統的一元化）與第三項因素（總統沒有將總理主動免職的憲法權力）則可以確保總理主政時的憲政運作不會被總統干預而能夠運作順暢。以下則將繼續探討使法國憲政運作能夠由總理主政

轉換為總統主政的制度因素。

四、總統的主動解散國會權

　　法國憲政運作之所以能夠由總理主政轉換為總統主政，最重要的制度因素乃是法國總統有主動解散國會的憲法權力。當一個總統新選出，若與尚未改選的舊國會中的多數陣營不一致，新總統便會動用主動解散國會的權力，希望透過國會改選重新塑造一個與自己一致的國會多數。由於此時總統才剛由人民選出，具有最新民意，總統於剛上任時所舉行的「蜜月期選舉」(honeymoon election) (Ranney, 1996: 122) 會產生所謂的「裙襬效應」。總統所屬陣營在國會選舉的表現，往往比先前剛舉行完畢的總統選舉還要出色；至於在總統選舉中落敗的陣營，在國會的表現則會更不理想。❸

　　在法國的憲政經驗中，一旦新總統上任後動用主動解散國會權，人民此時都會配合總統而選出一個多數陣營與總統一致的國會，進而使憲政運作轉為總統主政，1981 年密特朗總統初次上任與 1988 年連任時的情形便是如此。換言之，新總統一旦選出，就算剛上任時新總統與舊國會並不一致，但總統會立即透過主動解散國會權，塑造與自己一致的國會多數，總統主政的態勢就會因此確立。

五、兩輪決選制的總統選舉以及一致的總統與國會選制

　　在法國的實際憲政經驗中，雖然還不曾發生過新總統解散國會後，人民卻唱反調選出一個與總統多數不一致之國會的情形，但是在理論上，新總統解散國會後欲塑造國會多數卻功敗垂成的可能性確實是存在的。不過，由於有以下兩個制度因素的配合，法國第五共和發生這種現象的可能性並不高。

---

❸　以 1981 年的法國總統大選為例，當年右派候選人季斯卡在第二輪選舉中以 48.24% 的得票率，落敗於左派候選人密特朗的 51.75% 得票率，但是密特朗總統上任後解散國會之後的同年國會大選中，右派聯盟最後在國會僅獲得 30.75% 的席次率（總額 491 席中占 151 席），左派聯盟則獲得高達 67.01% 的席次率（總額 491 席中占 329 席）。參見 Safran (2003: 124–126)；張台麟 (2003: 395, 404)。

　　其中一項因素是法國總統的選舉制度由兩輪決選制產生,在這種制度下,總統候選人必須取得過半數的選票才能當選。如果沒有候選人能在第一回合選舉贏得 50% 以上的選票,則就第一回合選舉中得票前兩名的候選人進行第二輪投票,由票數較高者當選。透過這種總統選舉制度的設計,總統必定是擁有過半民意的多數總統 (Elgie, 1996: 52–56)。這樣一個具有廣大民意基礎的多數總統上任後一旦解散國會,挾其聲望對同黨國會議員候選人將更能產生提攜的效果,若與透過相對多數制選舉所可能產生的少數總統相較,將更有能力塑造與自己一致的國會多數。

　　第二項因素是法國總統選舉與國會議員選舉皆是單一選區兩輪投票制 (Safran, 1991: 93–96)。由於兩者的選舉制度相近(其中的差別之處僅在於總統選舉是由第一輪選票最多的前兩名進入第二輪決選,國會議員選舉則是由第一輪選票獲得該選區選舉人 12.5% 的候選人進入第二輪選舉),一方面降低了選民在總統選舉與國會選舉進行分裂投票的可能性,另一方面也使得在總統大選中剛獲得過半數最新民意支持的總統,能夠比較有把握地觀察他的得票在國會議員的單一選區中的分布狀況,以評估是否有可能藉由主動解散國會來塑造與自己一致的國會多數(王業立,2001)。

　　相形之下,如果總統與國會議員的選舉制度不同,導致選民在不同的選舉制度下有不同的投票行為、進行不同的策略性投票,將會增加選民分裂投票的可能性;而新總統上任後就算有主動解散國會的權力,也較難評估一旦解散國會後自己所屬政黨的得票狀況,塑造與自己一致的國會多數結果失敗的風險也將因此提高。

　　綜言之,法國總統的主動解散國會權,使得新總統上任後,能夠主動塑造與自己一致的國會多數;而兩輪決選制的總統選舉制度以及總統與國會議員選舉制度的一致,則增加了新總統塑造國會多數的成功機率。

　　在討論了法國換軌式憲政運作的邏輯,以及確保其換軌式憲政運作的制度因素後,我國憲政運作無法順暢換軌的原因其實已經呼之欲出。以上所討論的法國各項制度性因素,共同搭建了法國的換軌式憲政運作;相較之下,這些制度性因素在我國憲政體制中完全付之闕如,無怪乎我國憲政運作沒有

換軌的可能。以下將先簡述我國 2000 年以來憲政運作的情況，並將進一步探討我國憲政運作無法換軌的制度性因素。

第三節　我國憲政運作無法順暢換軌的制度性因素

　　法國第五共和以往由於總統任期與國會任期長短不同，導致總統與國會新舊交錯，一旦兩者不一致，便會出現換軌的現象。相較而言，我國總統的任期為四年，2008 年以前立法院的任期則為三年（假若未發生提前被解散而改選），同樣也會出現總統與立法院新舊交錯的情形。在 2000 年 5 月陳水扁總統上任之前，由於總統與立法院多數皆由國民黨掌握，始終維持多數政府、總統主政的格局 （如圖 8–5 中的情況一與情況三），我國半總統制是否能夠（或是否應該）換軌的爭議並沒有凸顯出來。

　　但是自 2000 年陳水扁總統上任，我國首度面臨總統與立法院多數不一致的情形。在陳水扁總統在位期間，總統與立法院多數未曾一致過，無論是「新總統 vs. 舊立院」而兩者不一致的情形，或「新立院 vs. 舊總統」而兩者不一致的情形，憲政運作從來不曾換軌，自始至終皆維持少數政府、總統主政的格局 （如圖 8–5 中的情況二與情況四）。為什麼我國的憲政運作無法像法國一樣呈現換軌的現象？以下將探討其制度因素。

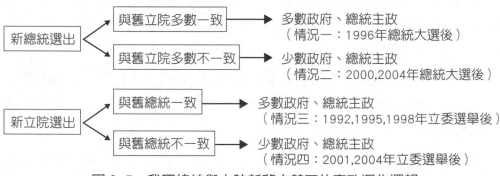

圖 8–5　我國總統與立院新舊交替下的憲政運作邏輯

　　在以下五項因素的討論中，前三項因素是我國面臨 「新立法院 vs. 舊總

統」且不一致的情況時，憲政運作無法由總統主政順利地換軌到總理主政的原因；後兩項因素則是我國面臨「新總統 vs. 舊立法院」且不一致的情況時，憲政運作仍持續維持總統主政的原因。

一、立法院中無穩固的多數黨與過去的 SNTV 立委選制

我國總統遇到「新立院 vs. 舊總統」且兩者不一致的情形時（例如圖 8-5 的情況四），為何不能仿效法國任命立法院中多數陣營的人士為閣揆，而仍然堅持己意任命自己陣營的人士為閣揆？

最主要的結構性因素是因為立法院雖然有多數陣營存在，卻始終不是穩固團結的多數黨或多數聯盟。由於我國立法院中的政黨體系始終鬆散，使得總統儘管無法掌握立法院多數，卻不畏懼立法院中鬆散多數的壓力，因此仍堅持依己意任命自己黨派的人士為閣揆。❶而且總統也具有相當程度的把握──立法院就算對於自己所任命的行政院院長人選是如何地不滿，也不敢進行倒閣，這便使得總統在面對與其不一致的新立法院時，任命行政院院長仍無所顧忌。

我們要進一步追問的是，是什麼樣的制度性因素使得立法院的多數陣營無法團結穩固，因而使總統無懼於立法院多數的壓力？又是什麼樣的制度性因素使得新選出的立法院儘管擁有新民意，對於總統所片面任命的閣揆仍不敢行使倒閣權，因而使總統可以無所顧忌地任命閣揆？這兩個問題的最主要制度性因素，都可以指向我國過去所採用的單記非讓渡投票制 （single non-transferable vote，簡稱 SNTV）的立委選舉制度。

㈠ SNTV 造成立法院政黨體系鬆散

由於 SNTV 是在複數選區下實施，具有相當程度的比例性，因此，小黨的生存空間要比比例性偏差甚巨的單一選區制來得大，是以這種選舉制度會

---

❶　舉例言之，不論是 2000 年陳總統上任時所標榜的「全民政府」、2001 年立院改選前夕所倡議的「國家安定聯盟」，或是 2004 年立院改選後所醞釀的「民親合」，都意味著執政黨始終有收編、裂解立院中鬆散多數的企圖。

使立法院中的政黨體系朝多元化的方向發展，很難形成單一的多數黨或多數聯盟 (Reed, 1990: 336)。

此外， SNTV 也不利於國會中政黨凝聚力與黨紀的維繫， 這是因為在 SNTV 下，一個政黨在同一選區往往提名多人，黨內競爭有時甚至比黨際競爭更為激烈 (Cox and Rosenbluth, 1993: 579) ， 因此這種選舉制度非常強調候選人本身的角色， 整個選舉過程主要是以候選人為中心的競選 (candidate-centered campaign)。候選人的當選既然不完全依靠政黨而必須依賴自己建立的個人選票 (personal vote) (Cain, Ferejohn and Fiorina, 1986: 110–125)，當他進入立法院後不聽從黨鞭指揮、脫離政黨控制等黨紀不彰與政黨凝聚力渙散的現象，也就成為可以想見的結果。

總之，SNTV 一方面造成政黨體系多元化，使得立法院中缺乏明確清晰的單一多數黨或多數聯盟，總統因此較有空間和餘裕在各黨之間穿針引線，主導內閣的組成。另一方面，SNTV 也造成立法院中政黨凝聚力與黨紀的缺乏，立法院中空有多數的敵對陣營，卻無法強勢有效地牽制總統要求談判協商組閣，總統在任命閣揆時也就較無忌憚，擁有較大的選擇空間。

(二) SNTV 造成立法院不敢倒閣

SNTV 也造成立法院不敢行使倒閣權。首先，在這種極端強調候選人個人角色的選舉制度下，候選人的當選既然多半依靠己力完成，這些辛苦選上的立法委員在利益權衡的考量上，儘管看到內閣由不同陣營掌握，也不願意推翻內閣，因為一旦倒閣後啟動總統解散立法院的機制，立法委員自己將要再承擔大量心力與金錢來競選。

其次，在 SNTV 這種選舉制度下，選舉結果具有高度的不確定性，更使得候選人不願承擔改選卻可能落選的風險。因為在 SNTV 下，政黨的估票、政黨提名候選人人數的協調、配票策略、選民的配合等，都是候選人勝選缺一不可的環節，候選人針對這些環節通常很難面面俱到。而且 SNTV 下選民策略性投票的整體趨向較難以預測，即使是選舉過程中擁有高支持度的候選人，也可能因為選民的策略性投票而落選，[15]使得立委不願發動倒閣使自己

陷入前途未卜的困境。

　　相較於英美等國國會議員長年以來八至九成的連任率 (Jackson, 1994: 40; Norton, 1994: 114)，❻以及法國國會議員七成左右的連任率 (Ysmal, 1994: 196, 206)，我國區域立法委員的低連任率（參見表 8-1），正是我國立法委員選舉結果具有高度不確定性的一項佐證。簡言之，SNTV 一方面使候選人必須承擔巨大的選舉成本與落選風險，另一方面使得選舉結果產生高度的不確定性 (Lin, 2003: 441)，因而大幅降低了立法院發動倒閣的可能性。❼

表 8-1　我國第二至六屆區域立委的連任率

	第二屆 (1992.12)	第三屆 (1995.12)	第四屆 (1998.12)	第五屆 (2001.12)	第六屆 (2004.12)
區域立委總額	119	125	168	168	168
連任人數	71	71	83	109	98
連任率	59.7%	56.8%	49.4%	64.9%	58.3%

資料來源：第二、三、四、五屆立委部分整理自吳宜侃 (2003: 6, 67)；第六屆立委部分係檢閱立法院國會圖書館網站 (http://npl.ly.gov.tw/index.jsp) 所公布之第六屆立委名單後，筆者自行整理而成。

❺　所謂策略性投票 (strategic voting)，是指選民為了希望自己所投的選票效用能夠極大化，而在投票抉擇的考量上進行策略性的思考，以致選民投票的對象並非選民內心的第一偏好。在不同的選舉制度下，選民的策略性投票並不相同。一般而言，在單一選區相對多數制下，選民通常會放棄選情落後且勝算低的小黨候選人，而將選票轉投給選情領先而勝算高的大黨候選人；在 SNTV 下，由於選區應選名額為複數，選民若評估自己最喜愛的候選人名列前茅而可篤定當選，則可能將選票轉投給在選情評估中，位於當選邊緣的候選人，故選民往往會放棄選情領先、被視為勝算高的候選人，而將選票轉投給選情危急的候選人。於是 SNTV 的選舉結果，常會看到原本選情領先的候選人最後意外落選，選情危急的候選人最後反而得票名列前茅。因此，在 SNTV 下，選舉結果有高度的不確定性。

❻　以美國眾議院為例，1950 年代後，眾議員的連任率幾乎都在 85% 以上，1986、1988、1990 年連續三屆的連任率，甚至高達 98.0%、98.5%、96.9%（吳宜侃，2003: 3-4；Baker, 1989）。

❼　除了 SNTV 選制是主要因素外，我國若干憲政制度設計也大幅降低立院倒閣的可能性。請參見第六章第五節「一、行政院與立法院之間的倒閣制度」中的討論。

　　整體而言，SNTV 既是立法院的多數陣營無法團結穩固的主因，也是立法院倒閣權形同虛設的主要制度性因素，使得總統在面對與其不一致的新立法院時，仍能無所畏懼地任命自己陣營的人士為閣揆，憲政運作也就因此無法由總統主政轉換為總理（即行政院長）主政。**⑱**

二、行政指揮系統的二元化

　　與法國行政指揮系統一元化的情況相較，我國行政指揮系統呈現的是二元化的格局（參見圖 8–6）。以國防事務為例，我國長久以來就一直存在著軍政軍令二元化的現象，總統掌有軍令權（軍事指揮權），行政院院長則掌有軍政權。本書第六章第二節之「二、總統憲法權力的制衡死角」中的討論已有提及，儘管 2000 年 1 月通過的《國防法》與《國防部組織法》修正案宣稱朝向軍政軍令一元化的目標修正，但事實上軍政軍令二元化的現象仍然存在。

　　根據上述法律的相關規定，總統享有軍令權，對於軍令事務可以越過行政院院長直接指揮國防部部長，由部長命令參謀總長指揮執行之，而國防部部長在組織上又是行政院院長的下屬，受行政院院長的指揮監督。換言之，依現行制度，國防部部長須同時對總統與行政院長負責。

---

⑱　有論者指出，立法院泛藍陣營在 2001 年與 2004 年立院改選後，面對總統仍堅持任命民進黨人士為行政院院長的情勢卻不敢倒閣，是因為國民黨與親民黨在這兩次選舉後的席次與選前相較正好都是一消一長（在 2001 年選舉後，國民黨席次銳減，親民黨席次增加；2004 年的情況則相反），對於未來若倒閣成功而導致立院改選的選舉得失評估正好相反，因此泛藍陣營對於是否應強硬倒閣無法取得一致的意見 (Wu, 2005: 128–131)。這是一項精確無誤的觀察，但筆者仍認為，即便在這兩次選舉中國、親兩個政黨所獲得的席次都較選前增加，而非一消一長，在 SNTV 導致改選成本與不確定性都過高的情況下，大概還是很難動員剛選上的黨籍立委進行倒閣，使他們接受才剛上任就可能被解散而再度改選的命運。SNTV 的效應，應該是立法院無法有效對抗總統的主要「結構性因素」。

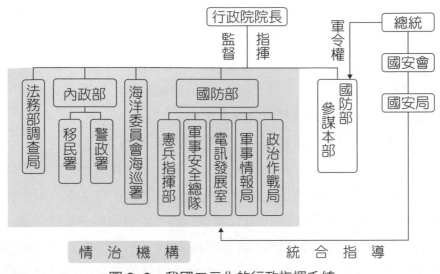

圖 8-6　我國二元化的行政指揮系統

同樣地，本書第六章第二節之「二、總統憲法權力的制衡死角」中的討論亦有提及，我國的情治機關亦是呈現二元指揮的體系。我國負責國家安全情治事務的機關在行政院長轄下的計有國防部政治作戰局、國防部軍事情報局、國防部電訊發展室、國防部軍事安全總隊、國防部憲兵指揮部、海洋委員會海巡署、內政部警政署、內政部移民署、法務部調查局等機關。但根據《國家安全局組織法》的規定，總統轄下的國安局是國家最高情治機構，對上述所有在行政院院長轄下的情治機關皆有統合指導之權。因此，我國的情治機關一方面在行政院院長的指揮系統之下，另一方面又在總統的指揮系統之下，情治機構須同時對兩者負責。

由於軍政軍令二元化與情治指揮系統的二元化，我們可以想像，就算總統面對與其不一致的新立法院多數，一時之間迫於壓力而勉為其難地任命不同陣營的人士為行政院院長，總理（即行政院院長）主政的態勢也不一定能夠完全確立，因為總統依現行制度仍然可以隨時插手干預國防事務與情治事務。

三、總統在實際憲政運作上對閣揆有主動免職權

我國總統究竟對行政院院長有無主動免職的憲法權力，不僅在憲政法理

上具有爭議，而且從當時修憲實況所顯現的修憲者原意來看，也顯得莫衷一是。在 1997 年第四次修憲時，國民黨原本規劃的修憲版本有二：一是「行政院院長由總統任免之」，另一是「行政院院長由總統任命之」，最後提出的修憲提案版本則是「任命之」而非「任免之」，這樣的取捨似乎意味著國民黨的提案是認為總統無權主動將行政院院長免職。

　　而在民進黨所提的雙首長制（即半總統制）修憲提案版本中，文字為「總統任命行政院院長，並依行政院院長提出辭職而免除其職務。」意即排除了總統的主動免職權，然而國民大會最後正式通過的修憲條文中，則刪除了上述的後段文字，僅規定「總統任命行政院院長」，從這一前一後的差異，似乎又意味著承認總統對行政院院長有主動的免職權。不論從憲政法理或修憲意旨的角度討論，我國總統對閣揆是否有主動免職權都不是一個容易釐清的問題。❿

　　不過若從憲政實際運作的角度加以觀察，在總統與立法院多數一致的國民黨主政時期，由於總統是國民黨主席，與總統同黨的閣揆對總統言聽計從，總統在實際運作上是有能力自行決定閣揆去留的。而在總統與立法院多數不一致的民進黨主政時期，唐飛、張俊雄、游錫堃、謝長廷等閣揆都不是基於立法院的多數意見所產生的人選，這幾位閣揆之所以在任，並不是來自立法院的支持，而是來自總統的支持和信任。在此情形下，行政院院長通常自居為「總統的幕僚長」，從而認為總統對其有免職權。其實從目前政治人物的認知與輿論的看法，亦可察知目前一般人都認為總統對於行政院院長有任免全權。

　　如果長期以來總統對於閣揆應有主動免職權的憲政實踐，將來成了無所爭議的一般憲政認知，將使閣揆無論與總統是否屬於同一陣營，除了必須對立法院負責，也必須同時對總統負責。換言之，在我國總統任命不同陣營人士為閣揆的可能性原本就很低的情況下，就算總統一時之間願意任命不同陣營的人士為閣揆，如果總統對於閣揆有主動免職的憲法權力，他仍然可以隨時反悔而將其撤換掉。

---

❿　關於總統對閣揆是否有主動免職權的爭議，參見第六章第三節「二、關於總統對行政院院長的免職權」。

以上三項制度因素，使得我國在「新立法院 vs. 舊總統」且兩者不一致的情況發生時，無法從總統主政轉換為總理主政。第一項因素（立法院中沒有穩固團結的多數黨與 SNTV 立委選制）使得總統在面對與其不一致的新立法院多數時，仍可執意任命與自己同一陣營的人士為閣揆，憲政運作因此無法轉換為總理主政；而且就算總統真的有一天願意任命立法院多數陣營的人士為閣揆，而使憲政運作轉為總理主政，第二項因素（行政指揮系統的二元化）與第三項因素（總統在實際憲政運作上對閣揆有主動免職權）的存在，也將使總統有能力對閣揆主政的運作造成干預，甚至可以隨時將閣揆主政的憲政運作逆轉為總統主政。

以下則將繼續探討我國憲政運作在「新總統 vs. 舊立法院」且兩者不一致時，換軌邏輯與民意邏輯相互矛盾的制度性因素。

四、總統沒有主動解散立法院的權力

在法國，當遇到「新總統 vs. 舊國會」且兩者不一致的狀況時，新總統上任後會立即動用主動解散國會權塑造與自己一致的國會多數，因此，有新民意的新總統都能夠使總統與國會多數一致而走向總統主政的憲政運作。此時主政的總統一方面擁有新民意，合乎新舊民意的邏輯；另一方面總統主政是建立在總統與國會多數一致的基礎上，亦合乎憲政換軌的邏輯。

相對而言，在我國，當民進黨籍的陳水扁總統於 2000 年上任，面對國民黨占多數的立法院，第一次出現「新總統 vs. 舊立法院」且兩者不一致的狀況時，憲政運作是否應該「換軌」則造成爭議。當時國民黨方面宣稱，由於總統與立法院多數不同黨，依照法國憲政運作經驗，此時憲政運作應換軌為內閣制，改由立法院多數支持的閣揆主政。民進黨方面則辯稱，若此時憲政運作換軌為內閣制，豈不表示擁有最新民意的新總統必須屈服於依舊民意產生的立法院，一上任就變成接近虛位元首的角色？因此民進黨方面認為，儘管總統與立法院多數不一致，但由於總統擁有最新民意，因此總統可以任命自己屬意的人士為閣揆，不須屈從立法院多數的意見。

上述憲政爭議的主因，主要是肇因於我國總統沒有主動解散立法院的權

力（總統只有在立法院倒閣成功後始能解散立法院），因此新總統選出後，就算一上任就面對一個與自己不一致的立法院多數，也無法透過解散權來塑造與自己一致的立法院多數。在這種情況下，究竟是依新舊民意的邏輯由總統主政（偏總統制運作），或是依換軌的邏輯由立法院多數所支持的行政院院長主政（偏內閣制運作），兩種邏輯之間便會出現矛盾。

儘管當時出現了這樣的憲政爭議，但是在實際運作上，陳總統最後還是決定不理會立法院的多數意見，片面任命自己屬意的閣揆人選。2004 年陳總統連任再度出現「新總統 vs. 舊立法院」且兩者不一致的情形時亦是如此。

事實上，這是政治邏輯使然。因為如前文所述，SNTV 一方面造成立法院的多數陣營無法團結穩固，另一方面 SNTV 的效應也使得立法院不敢發動倒閣，因此在「新立法院 vs. 舊總統」且兩者不一致的情況下，總統在面對擁有新民意的新立法院時，仍可毫無所懼地任命自己陣營的人士為閣揆。在立法院有新民意的時候總統尚且能夠如此，更何況是在總統剛上任擁有新民意時，自然更有動機和理由依己意任命閣揆而不理會舊立院的多數意見。因為不論是「新立法院 vs. 舊總統」或是「新總統 vs. 舊立法院」，前述 SNTV 所造成的制度影響始終是存在的。

而且我們也可以想像，就算不考慮 SNTV 所造成的制度影響，由於總統此時擁有剛出爐的新民意，假若立法院真的行使倒閣權而啟動了總統解散立法院的權力，總統選舉中敗選的陣營在立法委員重新改選中席次下降，也是幾乎可以確定的事情，立院多數基於此一算計就不敢發動倒閣了。換言之，在「新總統 vs. 舊立法院」且兩者不一致時，舊立法院僅僅受制於總統的新民意，便已經不敢發動倒閣來對抗總統任命自己陣營的人士擔任閣揆的決定；更何況 SNTV 過去對立法院的結構性制約是始終存在的。

五、相對多數制的總統選舉以及不一致的總統與立委選制

我國總統選舉採取的是相對多數制，在此種選舉制度下所選出的總統有可能是選票無法過半的少數總統，這樣的總統與兩輪投票下所產生的多數總統相較，裙襬效應較弱，較無能力塑造與自己一致的立法院多數。因此，我

們可以推想，即使新上任的總統所屬政黨在立法院變相地自己發動倒閣並倒閣成功，使總統能夠解散立法院，新總統也不一定可以順利塑造與自己一致的立法院多數。

　　除了總統選舉制度所可能造成的少數總統，增加了新總統欲塑造立法院多數卻無法成功的風險，另外一個造成風險的制度因素，是因為我國立委選舉制度與總統選舉制度是完全不同的制度，選民在兩種選舉制度下有完全不同的策略性投票行為，分裂投票的情形甚為普遍，因而增加了新總統解散立法院卻無法塑造與自己一致之立法院多數的風險。

　　一方面，我國總統選舉制度是相對多數制，在這種選舉制度之下，會有不少支持實力較弱之政黨的選民，為了避免選票浪費，而將選票轉投給前兩大黨中他較不討厭的政黨候選人，以避免他最討厭的政黨候選人當選，因此在總統選舉中選民的策略性投票是黨際間選票的轉移 （亦即由小黨流向大黨），使總統選舉偏向兩大黨的競爭（黃秀端，2001: 37）。

　　另一方面，我國立委選舉制度在 2008 年以前是以複數選區單記非讓渡投票為主的制度，在這種選舉制度之下，許多選民為了極大化他所支持的政黨在選區中的席次，也為了避免選票浪費於太強或太弱的候選人，會將選票從該黨中的某一位候選人轉移到同黨的另一位候選人，因此在立委選舉中選民的策略性投票是政黨內選票的移轉，使立委選舉偏向多黨的競爭。

　　換言之，在總統選舉中，不論是選民或候選人都有向中間逼近的「向心」誘因 (centripetal incentive)；至於在立委選舉中，選民或候選人卻有「離心」的動機 (centrifugal incentive)（Cox, 1990；王業立、彭怡菲，2004: 21）。總統選舉與立委選舉對於民意的匯集，產生兩股方向正好相反的拉力，選民分裂投票的機率將大為提高，因而增加了新總統無法塑造與其同陣營之立法院多數的風險。❷⓿

---

❷⓿　雖然我國目前尚未出現新總統上任後解散立法院重選的例子，但是從我國過去的選舉經驗中，仍可看出不同選舉制度對於選票匯集程度的效果各有不同。以 2004 年 3 月的總統選舉與 2004 年 12 月的立委選舉為例，民進黨籍的陳水扁在單一相對多數制的總統大選中雖然以 50.11% 的得票率勝選，但在八個多月後的 SNTV 立委選

綜言之，一方面由於我國總統無主動解散立法院的權力，使得新總統在無法塑造與自己一致之立法院多數的情況下，就走上總統主政的格局，換軌邏輯與民意邏輯因而出現矛盾。另一方面，即便總統所屬陣營在立法院中變相發動倒閣使總統能夠解散立法院，但由於相對多數制的總統選舉制度以及總統與立委選舉制度的不一致，總統塑造立法院多數失敗的風險仍然很高。

綜合以上的討論，茲將法國換軌式憲政運作之所以能夠順暢的制度因素，與我國的情形表列對照如下：

表 8-2　我國與法國換軌式憲政運作制度因素的對照

	法國換軌式憲政運作	我國的情形
確保憲政運作由總統制換軌至內閣制的機制	國會中穩固團結的多數黨（或聯盟）與兩輪投票制的國會選制	立法院中沒有穩固團結的多數黨與過去的 SNTV 立委選制
	行政指揮系統的一元化	行政指揮系統的二元化
	總統沒有將總理主動免職的憲法權力	總統在憲政運作上對行政院院長有主動免職權
確保憲政運作由內閣制換軌至總統制的機制	總統的主動解散國會權	總統沒有主動解散立法院的權力
	兩輪對決制的總統選舉以及一致的總統與國會選制	相對多數制的總統選舉以及不一致的總統與立委選制

舉中，民進黨僅有 35.7% 的得票率，就算加上同屬泛綠陣營的台聯所獲得的 7.7% 得票率也不過 43.4%，在立法院中泛綠陣營的席次亦未過半（在總額 225 席中占 101 席）。又例如在地方層級的選舉中，若觀察歷年來皆在同日舉行的直轄市長與直轄市議員選舉，以及歷年來選舉時程非常接近的縣市長與縣市議員選舉（縣市長選舉往例是在選舉年的 12 月，議員選舉則在隔年 1 月，2000 年 12 月兩者甚至是在同日選舉），亦可發現以單一相對多數制選出的地方行政首長的選票較為凝聚，而以 SNTV 選出的地方議員選票較為分散。以上例子都顯示，由於行政首長與議員的不同選舉制度在選票凝聚程度各有不同的效果，因此即使是在時間非常相近或甚至是同日舉行的兩項公職選舉中，勝選的行政首長也較難發揮裙襬效應而產生與行政首長一致的議會多數。這也暗示著：新總統上任後若解散立法院塑造國會多數，在總統與立委選舉制度不一致的情況下，確實存在不小的失敗風險。

第四節　我國未來憲政體制變遷的可能路徑

在探討了我國憲政運作無法換軌的制度性因素之後，可以進一步對我國未來從憲政體制變遷的可能軌跡進行初步預測。在第五章所描繪的臺灣憲政體制變遷軌跡的整體圖像中（圖 5-9），可以看到自從第一次至第三次修憲確立了我國憲政體制是在「半總統制」的路徑上發展之後，除了曾經一度透過大法官解釋將憲政體制往左拉至「總理總統制」的分道之外，接下來不論是以修憲作為動力或是以憲政運作作為動力，事實上都是持續將憲政體制往右拉，也因此使得目前憲政體制是在「總統議會制」的分道中發展。

由於有權之民選總統的這座「高牆」（圖 5-9 中左側的粗黑界線）難以逾越，我們可以看到憲政體制的變遷離最左側的內閣制路徑愈來愈遠，從整個趨勢看起來，一旦向右拉的動力持續增強，未來憲政體制的變遷看似有可能衝破行政向立法負責的這條「柵欄」，使臺灣的憲政體制「越軌」到總統制的路徑上。

不過，筆者認為這樣的可能性並不高。筆者認為，我國憲政體制的走向，受到第七次修憲立委席次減半與選舉制度改革的影響，將會持續在「半總統制」的路徑上運作，甚至不排除由目前「總統議會制」分道轉折至「總理總統制」分道的可能性。以下將說明筆者如此預測的理由。

一、「半總統制」仍是最有可能的路徑

我國第七次修憲將立法院席次減半為 113 席，並將選舉制度改為並立式單一選區兩票制。在 113 席立委總額中，區域立委占 73 席，以單一選區相對多數制選舉產生，因此全國將劃分為七十三個選區，每個選區應選名額 1 名，由獲得最高票的候選人當選。以全國約二千三百萬人口計算，約略每三十二萬人口劃分為一選區。

由於《憲法》仍然維持每縣市至少產生 1 名立委的規定，在全國各縣市中，有六個縣市因為人口過少、不足三十二萬而被保障有 1 席立委名額，這

六個縣市分別是嘉義市、花蓮縣、臺東縣、澎湖縣、金門縣，以及連江縣。而根據歷年選舉情況，這六個縣市中除了嘉義市可能泛藍與泛綠陣營實力較為接近外，其他縣市的選民結構都明顯對國民黨為主的泛藍陣營有利，也就是俗稱的泛藍「鐵票區」。㉑

　　換言之，這些縣市所選出的立委在立委總額中的比例，會遠超過這些縣市人口在全國人口的比例，而產生過度代表 (over-representation) 的情形，國民黨在區域立委的席次上因此較占優勢。而且國民黨的優勢還不僅於區域立委，若將原住民立委納入考量，其選舉優勢會更加明顯。因為從過去選舉經驗看來，原住民的選民結構明顯對國民黨為主的泛藍陣營有利。過去原為 8 名的原住民立委（平地與山地原住民立委各 4 名），原本就基於對少數民族的保障而在人口比例上有過度代表的情形，且原住民立委名額在第七次修憲調整立委席次後，並不是隨總額減半而是定為 6 名（平地與山地原住民立委各 3 名），使得過度代表的情況比以往更明顯（盛治仁，2006: 77）。

　　就此看來，國民黨立委選舉中能以較少的選票便能獲得席次，幾乎可說尚未選舉就領先了 10 席左右的席次，在總額僅 113 席的立委中所占的比例則不可謂不大。整體而言，國民黨為主的泛藍陣營有可能以遠不及五成的全國得票率，就能掌握立法院過半的席次；相對地，民進黨為主的泛綠陣營則可能須要超過五成甚多的全國得票率，才能夠獲得立法院過半席次。

　　因此，藍營在未來立法院中占有優勢的機會較大，而且能夠較輕鬆地獲得立法院過半席次。立法院既然成了藍營可以輕鬆固守的根據地，在未來憲政體制的改革和選擇上，藍營自然會盡量維持或擴大立法院在憲政體制中的地位。立法院多數組閣、恢復立法院的閣揆同意權、強化行政院向立法院的負責機制等偏向內閣制的制度設計，應該是國民黨為主的藍營基於利益考量而會強調的訴求。

　　相反地，綠營在未來立法院中獲得過半數的困難度大幅提高，相較之下，

㉑　當然，選舉並無永遠的鐵票區。國民黨於 2010 年 1 月臺東縣立委補選中的落敗，以及 2 月花蓮縣立委補選的驚險獲勝，都顯示這些傳統上被認定的鐵票區有逐漸「生鏽」的跡象。不過，整體而言，這些地區仍是泛藍陣營較具優勢的選區。

總統職位反而較有機會一搏,自然不可能接受由國會多數組閣的純粹內閣制,
且會認為立委選舉「這一邊」較不公平,因此會盡量守住「另外一邊的公平」
──亦即會強調總統的憲政角色而傾向採取總統制的制度設計。在雙方僵持
拉鋸的情況下,既存在內閣對國會負責的精神、又強調總統憲政角色的「半
總統制」,應該還是我國憲政體制在可見的未來會採行的制度。

二、「半總統制」路徑的分道選擇──總理總統制或總統議會制?

如果我國未來憲政體制繼續走在「半總統制」的路徑是可以預期的趨勢,
則可以再進一步討論的是,我國憲政體制是否仍將持續走在「半總統制」路
徑中「總統議會制」的分道?有無可能折回「總理總統制」的分道,而走向
如同法國的換軌式憲政運作?本文認為,關於我國未來憲政體制在「半總統
制」路徑究竟會走在哪個分道上,第七次修憲後並立式單一選區兩票制的立
委選舉制度,仍然是影響分道選擇的最重要制度因素。以下對此一議題稍作
評估:

在並立式單一選區兩票制下,由於單一選區部分的員額與政黨名單部分
的員額係由選民投出的兩票分別計算,而單一選區的員額只有大黨才有機會
贏得,因此這種制度原則上是對大黨有利的制度,且對大黨有利的程度,取
決於單一選區員額占全部總員額的比例。換言之,在此種制度中只要單一選
區的員額在總員額中占有相當比例,這種制度容易形成兩大黨競爭的格局,
也比較容易使第一大黨贏得國會半數以上的席次。而我國由單一選區選出的
區域立委在總額 113 席立委中占 73 席,比例將近七成,因此形成兩大黨競
爭、一黨過半的態勢應該是非常明顯的。

此外,在並立式單一選區兩票制下,由於在單一選區中的選舉往往形成
一對一對決,候選人的政黨標籤變得較為重要,黨紀的強化與黨中央影響力
的增強,也是一般預期可能會形成的效應。另外,以英美的經驗來看,單一
選區的選舉經常造成現任者優勢 (incumbency advantage),改選結果變動的可
能性將會降低,亦即連任失敗的風險與改選的成本將會降低,這也將使立法

院較不懼怕倒閣後被總統解散，因而增加了立法院通過倒閣案的可能性。這跟我國過去 SNTV 制的立委選舉制度導致立法院倒閣權形同虛設的情況有很大的差別。

綜言之，並立制的選舉制度將促使政黨體系走向兩黨競爭、政黨黨紀將強化、黨中央影響力將增強、倒閣的可能性將增加。整體而言，新的立委選舉制度將有助於塑造立法院中穩固團結的單一過半政黨，一旦立法院中存在穩固團結的單一過半政黨，當總統與立法院多數不一致時，總統屈服於立法院多數的壓力而任命立法院多數人士組閣的可能性將大增。因此，立委選舉制度的改變增加了憲政體制轉向「總理總統制」發展的「動力」。

三、立委與總統選舉時程安排的兩難困境

除了立委選舉制度之外，另外值得觀察的是立委任期改變對我國憲政運作的影響。2005 年第七次修憲將立委選舉制度改為並立制的同時，亦將立委的任期由三年延長為四年。立委任期改為四年的用意，主要是為了讓總統與立法院的任期一致，以盡量避免「新總統 vs. 舊立院」、「新立院 vs. 舊總統」且兩者不一致的現象。

但是，儘管總統與立法院的任期皆為四年，但由於總統與立法院就職的時間並不相同，總統選舉與立委選舉若不合併舉行，兩個分開舉行的選舉將至少有兩個月以上的時間差距，而且會形成立委選舉先舉行、總統選舉後舉行的現象，此一選舉時程的安排對於我國憲政運作將有負面影響；不過，總統選舉與立委選舉若合併舉行，將造成新舊總統的交接過渡期過長，此對我國憲政運作亦有一種負面衝擊。以下說明這種「父子騎驢」的兩難困境。

以第七次修憲後首次舉行的第七屆立委與第十二任總統選舉為例，我國於 2008 年 1 月選出第七屆立委，2008 年 2 月 1 日上任；2008 年 3 月選出第十二任總統，同年 5 月 20 日上任。從總統與國會議員皆由人民直選的總統制國家與半總統制國家的經驗加以觀察，這種先國會選舉、後總統選舉的「反蜜月期選舉」(counterhoneymoon elections)，不論是與「先總統選舉、後國會選舉」的「蜜月期選舉」(honeymoon elections) 相較，或是與「總統與國會選

舉同日舉行」的「同時選舉」(concurrent elections) 相較，都比較容易發生總統與國會多數不一致的情況 (Shugart & Carey, 1992: 226–258)。

這是因為在「蜜月期選舉」中，已告當選的總統候選人在接下來舉行的國會選舉中，通常能夠發揮其「衣尾效應」；在「同時選舉」中，聲勢強大的總統候選人也能對同黨的議員候選人造成提攜的效果，因此這兩種選舉時程安排的方式皆要比「反蜜月期選舉」更能促成總統與國會多數的一致。❷❷法國在 2002 年將原本同一年中「先國會選舉、後總統選舉」的原定時程安排，調整為「先總統選舉、後國會選舉」，便是基於上述的考量（參見本章❶）。

為了避免 2008 年立委與總統選舉於兩個多月之內先後舉行的情形，我國於 2012 年將立委與總統選舉合併舉行，亦即將立委選舉延後舉行，總統選舉提前舉行，合併於同一天辦理選舉。不過，由於《憲法》第 68 條明定立法院的會期從 2 月開始，新任立委的就職日即為 2 月 1 日，是故新任立委無論如何必須在 2 月前選出。又依《公職人員選舉罷免法》第 44 條規定，「公職人員選舉，應於各該公職人員任期或規定之日期屆滿十日前完成選舉投票。」因此，無論立委選舉如何延後辦理以便與總統大選合併舉行，配合上述《憲法》與《選罷法》的規定，勢必在 1 月中下旬就要完成選舉。我國 2012 年立委與總統首次合併舉辦的選舉，便是在 2012 年 1 月 14 日舉行。而 2016 年立委與總統選舉合併舉行是在 1 月 16 日，2020 年則在 1 月 11 日舉行。

但是，此種選舉時程安排令人質疑的是，1 月中下旬選出的總統直到 5 月 20 日才就職，總統選出與就職的間隔竟長達四個月，這樣的間隔時間相當長。一旦原任總統未能連任，將出現準備卸任的看守總統尚有長達四個月任

❷❷　「先國會選舉、後總統選舉」的「反蜜月期選舉」之所以會增加總統與國會多數不一致的可能性，其原因可分析如下：國會議員選舉由於比總統選舉稍早舉行，國會議員選舉將形同總統選舉的前哨戰，使得立委選舉像是總統選舉的第一輪投票。這種情形造成一種類似法國總統選舉「兩輪對決制」(run-off election) 的效應——小黨在國會議員選舉時亦會傾向提出總統候選人以「母雞帶小雞」來帶動國會議員選情，因此不論大黨小黨都會希望在國會搶攻席次，形成多黨競爭的格局。而總統選舉則如法國總統選舉的第二輪投票，形成兩大競爭的格局。結果，國會選舉的多黨競爭與總統選舉的兩大競爭，增加了總統與國會多數不一致的可能性。

期、已經當選的候任總統須等待四個月始能就任的奇特景象。尤其是新舊總統若非屬同一政黨，長達四個月的總統交接過渡期恐怕會引發更大的爭議。2016 年 1 月民進黨籍的蔡英文當選總統，但須到 5 月才就任，而準備卸任的國民黨籍總統馬英九則是還有四個月的任期。這四個月的交接過渡期，在當時即發生應由將卸任總統的所屬政黨組閣，還是該由將就任總統的所屬政黨組閣的憲政爭議。❷❸

　　總之，總統與立委同時選舉與「先立委、後總統選舉」相較，固然會增加總統與立法院多數一致的機率，但總統與立委畢竟是兩種不同的選舉，即使同時選舉也不能保證必將產生總統與立法院多數一致的格局；且一旦兩者不一致，將造成不同政黨的新舊總統交接過渡期過長的憲政衝擊。因此，總統與立委選舉的選舉時程應如何規劃，仍有待社會各界進一步評估研議。

第五節　結　語

　　綜合上述法國與我國憲政運作換軌制度因素的對照討論，應可發現本章所提的五項確保法國換軌式憲政運作的制度性因素中，有兩項是較為關鍵的：兩輪投票制促使國會存在穩固團結的多數黨（第一項因素），是法國憲政運作能夠由總統主政換軌至總理主政的關鍵；而總統的主動解散國會權（第四項因素）則是法國憲政運作能夠由總理主政換軌至總統主政的關鍵。

　　另外三項因素則是輔助性因素：行政指揮系統的一元化（第二項因素），以及總統沒有將總理主動免職的憲法權力（第三項因素），是使法國憲政運作一旦在總理主政的軌道上運作時，能夠確保其運作順暢的輔助性因素；而兩輪對決的總統選制以及總統與國會議員選舉制度的一致（第五項因素），則是使法國憲政運作一旦欲從內閣制軌道轉換到總統制軌道時，能夠確保其轉換成功的原因。然而這些因素在我國都是不存在的。

　　就此看來，法國半總統制換軌式的憲政運作乃是建立在總統的憲法權力、政黨體系、國會選舉制度、總統選舉制度、行政指揮系統各個面向的整體配

---

❷❸　關於此一憲政爭議的進一步探討，請參見筆者的著作：蘇子喬、王業立 (2016)。

套上，每一個環節都相當重要。因此，如果我國未來的憲政體制仍然維持半總統制的架構，並且希望如同法國呈現換軌式的憲政運作，在憲政工程上便應全面顧及換軌順暢的整體配套設計，而不應只是偏重其中某個面向。

　　舉例言之，在我國未來修憲議題的討論上，泛藍陣營曾強調若要修憲，最重要的是要恢復立法院對於總統任命閣揆的同意權，❷❹泛綠陣營則曾強調總統應有主動解散立法院的權力。❷❺強調恢復立法院之閣揆同意權的主要用意，是希望當總統與立法院多數不一致時，可以確保閣揆由立法院多數所支持的人士出任；至於強調總統主動解散立法院權力的用意，則是希望總統能夠透過此權力主動塑造與自己一致的國會多數，尤其是在新總統上任面對與自己不一致的國會多數時，更是有運用此權力的必要。但是我們不應忽略，就算未來立法院真的恢復了閣揆同意權，只要行政指揮系統二元化的建制仍然持續，或是總統對於閣揆仍有主動免職權，由立法院多數所產生的閣揆在施政上，仍然可能隨時受到總統的干擾。

　　同樣地，即使未來總統真的擁有主動解散立法院的憲法權力，在相對多數制的總統選舉制度之下所可能產生的少數總統，在解散立法院後仍然面臨無法塑造立法院多數的可觀風險。試想如果新上任的總統宣布解散立法院卻仍然無法塑造與自己一致的立法院多數，此時新上任的總統要如何因應這種窘境，想必又有一番憲政爭議。簡言之，法國的換軌式憲政運作是由一連串的制度搭配所建立起來的，我國未來若只是在單一或若干制度上進行變革，仍然無法塑造換軌式的憲政運作模式。

　　本章除了分析我國當前憲政運作無法換軌的因素，亦在這些分析的基礎上對我國未來憲政體制變遷的可能路徑進行初步預測。半總統制路徑的持續，應該是我國未來憲政體制最有可能的發展方向，而在半總統制的路徑上，未來憲政體制轉向「總理總統制」分道的轉折動力也可望增加。不過值得注意的是，我國過去長年以來總統依己意任命閣揆的舉措，亦已形成一股憲政體

❷❹　參見〈馬英九：閣揆同意權使雙首長制更能運作〉，大紀元，http://www.epochtimes.com/b5/5/9/8/n1046134.htm，2005 年 9 月 8 日。

❷❺　參見〈綠營順勢爭取解散國會權〉，中國時報，2005 年 9 月 13 日，A3 版。

制在「總統議會制」的分道上持續邁進的「慣性力量」。此一轉折「動力」與過去長年來總統持續依己意任命閣揆所形成之「慣性力量」的大小,將決定我國未來憲政體制變遷的具體走向。

第 3 部分

比較評析

第九章　從全球民主國家經驗看我國憲政體制、國會選制與總統選制的妥適組合

從全球民主國家經驗看我國憲政體制、國會選制與總統選制的妥適組合

　　政治制度的研究者大抵都能體認到制度配套思考的重要性，在目前制度研究的配套思考中（如圖 9–1 所示），許多研究者著重於國會選制與憲政體制的配套，探討的主要議題是：究竟是哪一種國會選制，較能適切地與總統制、內閣制或半總統制等憲政體制相互搭配？❶

　　另外，亦有不少研究者將思考的焦點放在總統選制與憲政體制的配套，探討的主要議題則是：在總統制與半總統制這兩種總統由人民普選產生的憲政體制中，究竟應採何種總統選制較為適宜？❷換言之，在政治制度的研究中，選舉制度的研究經常會與憲政體制的研究相互串連，而多數的串連方式是「國會選制－憲政體制」，或是「總統選制－憲政體制」，卻忽略了串連「國會選制－總統選制」的必要性。

　　本章的探討便是試圖在目前學界的研究空缺上進行初步的填補，並試圖進一步將總統選制、國會選制與憲政體制三者同時串連。由於總統選制與國會選制會共同塑造一國的政黨體系，不同的政黨體系與憲政體制相互搭配會組成各種不同的政府型態，不同的政府型態則會展現出不同的政治效應，因此憲政體制、總統選制與國會選制三種制度整體運作的優缺點，便可藉由不

---

❶　例如 Shugart and Carey (1992); Mainwaring (1993: 198–228)；林繼文 (2006: 1–35)；蘇子喬 (2010: 35–74)。

❷　例如 Blais, Massicotte and Dobrzynska (1997: 441–455); Shugart and Taagepera (1999: 323–348)；王業立 (2001: 1–17)；林佳龍 (1999: 44–68)。

同政府型態所展現的政治效應來加以掌握。

　　本章希望透過對世界上民主國家憲政體制、總統選制與國會選制之組合狀況的歸納整理，能夠更清楚地掌握政黨體系的制度成因與形塑機制，並對憲政體制、總統選制與國會選制三者所共同展現的整體制度運作進行更全面性的分析。❸

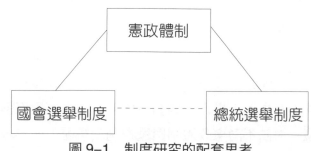

圖 9-1　制度研究的配套思考

　　在臺灣，政治制度改革始終是政壇與學界持續討論的議題，不同論者各有不同的改革方案與建議。在憲政體制方面，國內有不少論者主張我國憲政體制應放棄目前運作較為複雜的半總統制，而改採純粹的總統制，❹也有論者認為應該在維持半總統制的前提下進行制度改良。在國會選舉制度方面，2008 年立委選舉後，有不少論者對於我國剛採行的並立式單一選區兩票制所造成的嚴重比例性偏差 (disproportionality) 非常不以為然，而認為我國當時第七次修憲將立委選舉制度改為單一選區兩票制時，應該採取聯立制而非並立制。❺在總統選制方面，有不少論者主張應將我國目前採行的相對多數制改為兩輪決選制。

---

❸　本章架構來自蘇子喬 (2010c)，並在內容上加以增刪。

❹　主張我國憲政體制應改採總統制的論者頗多，例如：陳儀深 (1997)；施正鋒 (2000: 26–31)；吳煙村 (2000: 32–33)；黃昭元 (2004)；黃炎東 (2004: 92–109)；顏厥安 (2004)；許宗力 (2002: 41–43)；李酉潭 (2005)；汪平雲 (2006)。

❺　例如，在 2008 年立委選舉後，澄社、民間司法改革基金會、婦女新知基金會、台灣教授協會、人本教育基金會等團體，共同發起成立「國會選制改革公民運動聯盟」，主張立委選制應由並立制改為聯立制。亦有報紙社論和學者主張立委選制應採聯立制，如自由時報社論 (2008)；陳春生 (2008: 129–139)。

　　以上主張總統制、聯立制、兩輪決選制的看法都各有論據而言之成理，但是從制度配套的角度來看，我們可以問的是：「半總統制（或總統制）這種憲政體制若同時搭配上聯立制的國會選制，以及兩輪決選制的總統選制，是否合宜？」這個問題的答案，將可在後文各節的討論中逐漸得到線索。

　　本章在接下來的第一、二、三節中，將針對當前民主國家的憲政體制、國會選制與總統選制三種政治制度，兩兩進行配套觀察。第一節從國會選制與總統選制對政黨體系的影響探討國會選制與總統選制的配套，第二節探討憲政體制與總統選制的配套，第三節則從內閣制與總統制優劣的論戰探討憲政體制與國會選制的配套。接下來在第四節，則將憲政體制、國會選制與總統選制三者共同配套思考，提出一個初步的分析架構。第五節則以此簡要的分析架構為依據，討論不同憲政體制與選舉制度搭配下所形成的政治效應，並指出矯正各種負面政治效應的可行改良方案。第六節結語則對我國憲政體制、國會選制與總統選制應如何配套提出筆者個人看法與建議。❻

第一節　國會選制與總統選制對政黨體系的影響

　　國會選制是國會政黨體系的主要制度成因，應是毫無疑義的事情。然而，在總統由人民普選的國家，國會政黨體系除了直接受國會選制影響之外，也間接受到總統選制的影響。關於總統選制對國會政黨體系的形塑作用，目前學界固然已有相關的研究成果，但將總統與國會選制進行配套思考，探討總統與國會選制對政黨體系之「綜合」影響的文獻並不多見，本節將提出實證資料，對此問題進行探討。

一、國會選制對政黨體系的影響

　　關於國會選制如何影響一個國家的政黨體系，法國政治學者 Maurice Duverger 早在 1950 年代即提出了「杜瓦傑法則」(Duverger's Law)，半個世

---

❻　關於憲政體制與選舉制度配套的進一步探討，請參見筆者的著作：蘇子喬、王業立 (2018)、蘇子喬 (2020)。

紀以來引起學界諸多討論。根據 Duverger 的觀點，國會選制採行單一選區相對多數制的國家，傾向形成兩黨體系；國會選制採行比例代表制的國家，則易導致許多相互獨立的政黨出現，傾向形成多黨體系。

　　就單一選區相對多數制而言，由於各選區應選名額只有一名，因此任何參選的候選人不論其得票多寡，只要不是得票最多的候選人，最終仍無法得到席次。這種選舉規則對各政黨在選票與席次之間的轉換效果，亦即選舉規則本身的「機械性因素」(mechanical factor)，具有「贏者全拿」的特質，政黨在此種選制下容易出現超額當選 (over-representation) 或代表性不足 (under-representation) 的嚴重「比例性偏差」(disproportionality) 現象。若政黨評估自己的實力不足以在選區中獲得最高票當選，基於勝選的考量，政黨通常在選前會彼此結盟，共打選戰，而原先占有優勢的政黨也會設法聯合其他力量，以確保其優勢地位，因而最終會凝聚成兩股相互抗衡的政治力量，此即選舉制度的「機械性因素」。

　　再者，當原本支持小黨的選民瞭解到他們將選票投給小黨形同浪費選票時，自然會傾向將選票移轉到他們原本不打算支持的兩大黨中較不討厭的一方，以防止較討厭的另一方當選，這種選舉規則的「心理因素」(psychological factor) 亦會促使選民進行策略性投票 (strategic voting)，使選民棄小黨以就大黨，導致小黨的選票終將流失，幾無生存空間。

　　綜言之，單一選區相對多數制的「機械性因素」和「心理因素」，前者造成政黨的「融合」(fusion)，後者造成政黨的「消滅」(elimination)，將使選區中的選票集中於兩個主要政黨，進而形成兩黨體系 （Duverger, 1954: 224–226, 1986: 70；田弘華、劉義周，2005: 5–6）。

　　由於比例代表制設計的目的，就是強調「比例代表性」，亦即希望各政黨在國會中所擁有的席次比例，應盡量符合各政黨在選舉中所得到的選票比例。在採行此制的國家中，一個政黨只要能跨過當選門檻，即可依得票比例，在國會中擁有相當比例的席次。在此情形下，小黨較有機會存活，小黨之間互相聯合的誘因將會減弱，選民進行「策略性投票」將選票集中於大黨的動機也會降低，因此容易導致許多獨立政黨的形成，傾向形成多黨體系

(Duverger, 1986: 70)。

在 Duverger 提出相關的論述之後，許多學者都對其論述作了進一步的探索和批判。例如 William Riker (1982: 753–766) 便肯定單一選區相對多數制是形成與維繫兩黨競爭的充分條件。不過 Douglas Rae (1971: 95) 則指出，假如一個國家存有明顯的社會分歧，各選區因種族、語言、宗教、地域等分歧而差異甚大，選區層次的兩黨體系未必會形成全國層次的兩黨體系，因為單一選區相對多數制在一個選區中造就的兩大黨，未必是另一個選區中的兩大黨，除非各選區的兩大黨恰好也是所有各選區最主要的兩個競爭政黨，否則仍會形成多黨體系。

Giovanni Sartori (1997: 53–58) 則認為，儘管單一選區相對多數制本身不見得能夠產生全國性的兩黨政治，但它有助於維持一個已經存在的兩黨政治，且 Sartori 提醒研究者在探討選舉制度對政黨體系的影響時，必須考量政黨體系結構化程度 (strength of structure) 在其中扮演的中介角色。

除了上述關於「單一選區相對多數制形成兩黨體系」的討論，也有學者對於「比例代表制形成多黨體系」的觀點提出討論與批評。首先，有學者指出，比例代表制形成多黨體系必須有個前提，即小黨要先「出籠」。只要小黨出現，比例代表制不會刻意加以排擠，多黨體系就成為自然的結果。然而，小黨若因特殊社會狀況，不易出頭，比例代表制也有可能形成兩黨體系（例如二次大戰後至 1960 年代的奧地利）（謝復生，1992: 19）。

其次，有學者指出，若回顧歐陸國家在十九世紀末至二十世紀初普遍採行比例代表制的歷史經驗，會發現歐陸國家早在採行比例代表制之前，便已存在多黨制的政黨體系。換言之，歐陸國家的歷史經驗其實是「多黨制選擇了比例代表制」，而非「比例代表制塑造了多黨制」(Colomer, 2005)。

第三，也有學者提醒，就個別政黨而言，比例代表制並非必然有利小黨的產生與維持，尤其是當小黨的支持者具有相當的流動性時，比例代表制不見得可以對其生存提供保障（游清鑫，2006: 93）。

綜上所述，吾人應該體認，國會選制與政黨體系之間並不存在單一因素 (monocausal) 或是單一線性 (unilinear) 的關係，某一特定的選舉制度並不必然

會產生某一特定的政黨體系，且選舉制度與政黨體系兩者的關係，也可能是互有因果、相互影響的。不過，就整體趨勢而言，假若一個國家沒有嚴重的地域、文化、種族等社會分歧，國會選制對於該國政黨體系的形成確實具有關鍵的影響力。

二、總統選制對政黨體系的影響

除了國會選制之外，總統直選制度的有無與總統直選制度的種類，亦有可能對政黨體系造成影響。首先，就總統直選制度的有無而言，有學者指出，總統由人民直選產生的國家，國會政黨數會比沒有設置總統職位或總統非人民直選產生的國家來得少。這是因為總統選舉乃是單一職位的選舉，在應選名額只有 1 席而非複數名額的選舉中，擁有較多人力物力的大黨勢必會比勢單力薄的小黨更有機會奪取這唯一的總統職位。

且在總統由人民直選的國家，總統選舉往往是決定執政權歸屬的選舉，相較於國會選舉通常更受人民重視，大黨通常可挾其在總統選舉的優勢，拉抬自己政黨在國會選舉中的聲勢，藉此得到更多的國會席次。相形之下，在總統選舉中幾無當選機會的小黨既然無法成為鎂光燈焦點，可能連帶地對小黨在國會選舉中的選情造成不利的影響（Lijphart, 1994: 131；王月玫，1998: 25）。

其次，就總統選制的類型而言，有學者指出，在總統由人民直選的國家，總統選制會對總統參選人數的多寡造成影響；且總統選舉對於國會政黨數目的壓縮作用，也會因為總統選制的不同而有差異。

在相對多數制的總統選制下，由得票最高的候選人當選，且總統是單一職位的選舉，故 Duverger 指出單一選區相對多數制的國會選制所具有的機械效果與心理效果，在相對多數制的總統選制下也同樣存在，因此容易形成兩大總統候選人競爭的局面，參選人的數目不會太多。且相對多數制的總統選制由於只有一輪選舉，政治菁英在選舉之前便會進行合縱連橫，有助於政黨的整合，降低國會中政黨分化的程度，使得國會政黨體系形成兩黨體系或是政黨數目較少的多黨體系。

在兩輪決選制的總統選制下，若有候選人能夠獲得全國過半數的有效選

票，該候選人即告當選，無須進行第二輪投票；但是如果沒有候選人獲得全國過半數的選票，則得票最高的前兩名候選人將要進行第二輪的決選，由得票較高者當選。由於第二輪選舉是屬於候選人只有兩位的簡單多數決選舉，得票較高的獲勝者必然能夠獲得半數以上的有效選票，故這種選制具有絕對多數制的精神。在兩輪決選制的第一輪投票中，除非候選人有很強的實力能直接拿下過半數選票，否則此時主要候選人的首要目標，是希望能夠獲得前兩名，以便晉級第二輪選舉。

對於小黨而言，即使評估自己的實力根本無法獲得前兩名而當選無望，但由於預期第一輪和第二輪投票之間將有政黨協商和結盟的空間，也會傾向推出候選人參與第一輪選舉，並盡其所能獲取選票，以作為在第二輪選舉中與兩位主要候選人進行討價還價的談判籌碼，藉此獲得主要候選人在政策路線上的讓步或其他政治利益。就選民而言，因為在第一輪投票時將選票投給最喜愛的候選人並不會浪費選票，在第一輪投票時將較可能忠實地反映他們的真實偏好而進行誠摯投票 (sincere voting)，因此小黨在第一輪選舉中仍能獲得一定的選票（林佳龍，1999: 50）。

綜言之，不論從政黨參選的動機和選民投票的考量來看，小黨在兩輪決選制的總統選制中較有參選的動機，且有一定的生存空間。因此，第一輪選舉會有較多的候選人投入選戰，呈現多黨競爭的格局。在此同時，兩輪決選制中的第一輪選舉缺乏使各政黨聯合推舉候選人的誘因，長遠看來較不利於政黨合流，亦無法降低國會中政黨分化的程度，使得國會政黨體系較可能形成政黨數目較多的多黨體系。簡言之，在相對多數制下，總統參選人數較少；在兩輪決選制下，總統參選人數較多。且相對多數制對國會政黨數目的壓縮作用大於兩輪決選制 (Shugart and Carey, 1992: 221–225; Jones, 1994: 41–57)。

三、國會選制與總統選制對政黨體系的綜合影響

國會選制對於國會的政黨體系具有重大影響，比例代表制使小黨有生存空間，國會中政黨數目將會較多；單一選區相對多數制會大幅壓縮小黨的生存空間，使得國會中政黨數目較少。

在此想追問的問題是，國會選舉採比例代表制的國家，是否會因為總統直選制度的有無，而造成國會政黨數目多寡的差異？同樣地，國會選舉採單一選區相對多數制的國家，是否會因為總統直選制度的有無，而造成國會政黨數目多寡的差異？進一步的問題是，國會選舉採比例代表制且總統直選的國家，是否會因為總統選制的不同（相對多數制或兩輪決選制），而導致國會政黨數目多寡的差異？另外，國會選舉採單一選區相對多數制且總統直選的國家，是否會因為總統選制的不同，而導致國會政黨數目多寡的差異？本文以下將提出實證資料來探討上述問題。

表 9-1 所呈現的是世界上民主國家總統選制與國會選制的組合狀況。❼以下先觀察世界上民主國家的國會有效政黨數，是否因總統直選制度採行與否而有差異。首先觀察世界上國會選舉採比例代表制的民主國家，則會發現：

---

❼ 本文所觀察的全球民主國家，乃是指自第二次世界大戰結束之後（1945 年）至 2010 年 7 月為止，國會議員至少連續舉行過兩次民主選舉的內閣制國家（即無總統直選制度的國家），以及總統與國會議員皆至少連續舉行過兩次民主選舉的總統制與半總統制國家（亦即有總統直選制度的國家）。本文所謂的「民主選舉」，是指在民主政治的環境下所舉行的選舉，而民主政治的判斷標準，則是以自由之家 (Freedom House) 與 Polity IV 對世界各國的民主評比為依據。在自由之家的評比標準中，各國的平均值若為 1.0–2.5 為自由國家（即完全民主國家）。至於 Polity IV 的民主評比中，民主狀況必須在 6 分以上，才是 Polity IV 所認定的民主國家。因此，本文所觀察有總統直選制度或無總統直選制度的國家，乃是該國的民主狀況在自由之家的評比獲得 2.5 分以下，或在 Polity IV 的評比獲得 6 分以上的時間中，至少連續舉行過兩次國會選舉與兩次總統選舉的國家。且本文選取的國家並未論及人口數少於十萬的極小型國家。這些國家包括格瑞那達、馬紹爾群島、密克羅尼西亞、聖克里斯多福、吐瓦魯、摩納哥、列支敦斯登、安道爾、諾魯、萬那杜、薩摩亞。至於關於各國國會政黨數目的測量方式，本文採取的是 Laakso and Taagepera (1979: 3–27) 所提出的公式：$N=1 \div \Sigma P_i^2$。在上述公式中，P_i 是個別政黨的國會席次率，N 是國會有效政黨數。關於世界各國歷次國會選舉之各政黨席次率與歷次總統選舉之各總統候選人得票率，本文係以下列三個各國選舉資料庫的資料為依據：一是 Election Resources on the Internet，二是 ACE The Electoral Knowledge Network，三是 Adam Carr's Election Archive。

國會選舉採比例代表制，但無總統直選制度的民主國家（如表 9-2 所示），其國會有效政黨數的平均數為 4.04。另如表 9-3 所示，國會選舉採比例代表制，且有總統直選制度的國家，其國會有效政黨數的平均數為 3.45。以上事實證據顯示：在國會選制採比例代表制的情況下，無總統直選制度的國家，其國會有效政黨數確實多於有總統直選制度的國家。

表 9-1　全球民主國家總統與國會選制的組合情況（2010 年）

總統選舉制度 國會選舉制度	無總統直選	絕對多數制 （兩輪決選制）	相對多數制
單一選區相對多數制	巴貝多、貝里斯、波札那、加拿大、多米尼克、格瑞那達、印度、牙買加、紐西蘭、巴哈馬、聖克里斯多福、聖露西亞、聖文森、千里達、英國	迦納、蒙古	美國
比例代表制	比利時、捷克、丹麥、愛沙尼亞、希臘、蓋亞那、以色列、義大利、拉脫維亞、盧森堡、荷蘭、紐西蘭、挪威、南非、西班牙、蘇利南、瑞典	阿根廷、奧地利、貝南、巴西、維德角、智利、哥倫比亞、克羅埃西亞、賽普勒斯、東帝汶、薩爾瓦多、芬蘭、瓜地馬拉、納米比亞、祕魯、波蘭、葡萄牙、羅馬尼亞、聖多美普林西比、塞爾維亞、斯洛伐克、斯洛維尼亞、烏拉圭	阿根廷、巴西、智利、哥倫比亞、哥斯大黎加、多明尼加、宏都拉斯、冰島、巴拉圭、委內瑞拉
並立制	匈牙利、日本	保加利亞、喬治亞、立陶宛	墨西哥、菲律賓、南韓、中華民國
聯立制	德國、紐西蘭		

表 9-2　「比例代表制國會選制 + 無總統直選制度」國家的國會有效政黨數

國　名	選舉次數	有效政黨數平均值	有效政黨數最大值	有效政黨數最小值
比利時 (1948–2010)	21	5.06	8.42	2.45
捷克 (1990–2010)	7	3.76	4.80	2.22
丹麥 (1945–2007)	25	4.60	6.86	3.50
愛沙尼亞 (1992–2007)	5	4.78	5.90	3.96
德國 (1949–2009)	16	3.14	4.83	2.48
希臘 (1974–2009)	12	2.27	2.62	1.72
蓋亞那 (1997–2006)	3	2.21	2.17	2.34
以色列 (1949–2009)	18	5.18	8.69	3.12
義大利 (1946–2008)	16	4.72	6.97	3.08
拉脫維亞 (1993–2006)	5	6.12	7.59	5.05
盧森堡 (1945–2009)	14	3.48	4.34	2.68
荷蘭 (1946–2010)	20	4.87	6.74	3.49
紐西蘭 (1996–2008)	5	3.35	3.76	2.78
挪威 (1945–2009)	17	3.64	5.40	2.67
南非 (1994–2009)	4	2.12	2.21	1.97
西班牙 (1977–2008)	10	2.66	3.02	2.34
蘇利南 (2000–2010)	3	2.85	3.21	2.15
瑞典 (1948–2006)	19	3.47	2.87	4.29
平均數	12.22	4.04		

表 9-3　「比例代表制國會選制 + 有總統直選制度」國家的國會有效政黨數

總統選制	國　名	選舉次數	有效政黨數平均值	有效政黨數最大值	有效政黨數最小值
兩輪決選制總統選制	阿根廷 (1995–2009)	7	3.11	5.32	1.99
	奧地利 (1945–2008)	20	2.68	4.29	2.09
	貝南 (1995–2007)	4	4.79	6.21	3.89
	巴西 (1989–2006)	5	3.78	8.46	3.59
	維德角 (1991–2006)	4	1.90	2.05	1.70
	智利 (1989–2009)	6	2.04	2.17	1.99
	哥倫比亞 (1994–2010)	5	3.56	6.36	1.93
	克羅埃西亞 (1997–2007)	4	3.24	4.13	2.28
	賽普勒斯 (1981–2006)	6	3.60	3.90	3.45
	東帝汶 (2001–2007)	2	3.60	4.37	2.82
	薩爾瓦多 (1997–2009)	5	3.43	4.13	2.94
	芬蘭 (1945–2007)	18	5.02	5.58	4.54
	瓜地馬拉 (2003–2007)	2	4.67	4.72	4.61
	納米比亞 (1994–2009)	4	1.70	1.73	1.66
	祕魯 (1985–2006)	5	3.49	4.37	2.92
	波蘭 (1993–2007)	5	3.50	4.26	2.82
	葡萄牙 (1976–2009)	12	3.13	4.26	2.23
	羅馬尼亞 (2000–2008)	3	3.46	3.57	3.32
	聖多美普林西比 (1996–2010)	4	2.62	2.92	2.36
	塞爾維亞 (2002–2008)	3	4.41	4.89	3.47
	斯洛伐克 (1998–2010)	4	4.92	6.12	4.01
	斯洛維尼亞 (1992–2008)	5	5.24	6.59	4.42
	烏拉圭 (1999–2009)	3	2.72	3.07	2.65
平均數		5.91	3.51		

總統選制	國　名	選舉次數	有效政黨數平均值	有效政黨數最大值	有效政黨數最小值
相對多數制總統選制	阿根廷 (1983–1993)	6	2.77	4.33	2.62
	巴西 (1945–1962)	3	4.14	4.52	3.71
	智利 (1945–1973)	6	5.07	6.38	3.22
	哥倫比亞 (1958–1990)	13	3.32	4.84	2.98
	哥斯大黎加 (1953–2010)	15	2.67	4.03	1.96
	多明尼加 (2002–2010)	3	2.41	2.71	2.01
	宏都拉斯 (1997–2009)	4	2.31	2.41	2.15
	冰島 (1946–2009)	20	3.71	5.34	3.15
	巴拉圭 (1993–2008)	4	3.06	3.42	2.27
	委內瑞拉 (1958–1993)	8	3.38	4.88	2.42
平均數		8.2	3.35		
全部國家之平均數		6.61	3.45		

　　再進一步觀察國會選舉採單一選區相對多數制的國家，則會發現：國會選舉採單一選區相對多數制，但無總統直選制度的民主國家如表 9–4 所示，其國會有效政黨數的平均值為 2.10。另如表 9–5 所示，國會選舉採單一選區相對多數制，且有總統直選制度的國家其國會有效政黨數的平均數為 1.93。以上事實證據顯示：國會選制採單一選區相對多數制的情況下，無總統直選制度的國家，其國會有效政黨數確實多於有總統直選制度的國家。

表 9-4　「單一選區相對多數制國會選制 + 無總統直選制度」國家的國會有效政黨數

國　名	選舉次數	有效政黨數平均值	有效政黨數最大值	有效政黨數最小值
巴貝多 (1966–2008)	10	1.68	1.84	1.15
貝里斯 (1993–2008)	4	1.56	1.98	1.23
波札那 (1965–2009)	10	1.43	1.78	1.17
加拿大 (1945–2008)	21	2.52	3.22	1.54
格瑞那達 (2003–2008)	2	1.67	1.99	1.64
印度 (1977–2009)	9	4.52	6.46	2.51
牙買加 (1962–2007)	10	1.67	1.99	1.26
紐西蘭 (1946–1993)	17	1.96	1.74	2.16
巴哈馬 (1972–2007)	8	1.69	1.97	1.34
聖露西亞 (1979–2006)	7	1.62	1.84	1.12
聖文森 (2001–2005)	2	1.47	1.47	1.47
千里達 (1961–2010)	12	1.87	2.23	1.18
英國 (1945–2010)	18	2.29	2.57	1.99
平均數	10	2.10		

表 9-5　「單一選區相對多數制國會選制 + 有總統直選制度」國家的國會有效政黨數

總統選制	國　名	選舉次數	有效政黨數平均值	有效政黨數最大值	有效政黨數最小值
兩輪決選制總統選制	迦納 (2004–2008)	2	2.11	2.12	2.10
	蒙古 (1996–2004)	3	1.73	2.22	1.11
	平均數	2.5	1.88		
相對多數制總統選制	美國 (1946–2008)	31	1.94	2.02	1.88
全部國家之平均數		12	1.93		

　　以下再進一步觀察不同國家的國會有效政黨數，是否因總統直選制度的類型不同而有差異。先觀察表 9-3 中國會選舉採比例代表制且有總統直選制度的國家，其中總統選舉採兩輪決選制的民主國家有阿根廷、奧地利等二十三國，總選舉次數共 136 次，這些國家的國會有效政黨數的平均數為 3.51。

另外，總統選舉採相對多數制的民主國家有過去的阿根廷、巴西等十國，總選舉次數共 82 次，這些國家的國會有效政黨數的平均數為 3.35。以上事實證據顯示，在國會選制採比例代表制的情況下，總統選制採兩輪決選制的國家，其國會有效政黨數多於總統選制採相對多數制的國家。

若再觀察表 9-5 中國會選舉採單一選區相對多數制且有總統直選制度的國家，其中總統選舉採兩輪決選制的民主國家有迦納、蒙古等兩國，總選舉次數共 5 次，這些國家的國會有效政黨數的平均數為 1.88。其中總統選舉採相對多數制的民主國家僅有美國，其國會有效政黨數的平均數為 1.94。以上事實證據顯示，在國會選制採單一選區相對多數制的情況下，總統選制採兩輪決選制的國家，其國會有效政黨數並未多於總統選制採相對多數制的國家。

綜合以上的事實證據可以發現，就國會選制而言，比例代表制國家的國會有效政黨數，整體而言確實明顯多於單一選區相對多數制國家。若加入總統選制的觀察，則可發現無論國會選舉是採比例代表制或是採單一選區相對多數制的國家，有總統直選制度之國家的國會有效政黨數，整體而言的確明顯少於無總統直選制度的國家，這顯示總統直選制度確實有壓縮政黨數目的效果。

若再進一步將總統直選制度分為相對多數制與兩輪決選制，則可發現在國會選舉採比例代表制的國家中，總統選舉採相對多數制對於國會有效政黨數的壓縮作用，大於兩輪決選制，使得總統選舉採相對多數制的國家，其國會有效政黨數小於總統選舉採兩輪決選制的國家。這顯示在比例代表制的國會選制下，儘管小黨較有存活空間，容易形成多黨體系，但總統選制的差異仍會對小黨的生存空間造成影響。相對多數制的總統選制對於比例代表制之國會選制所賦予的小黨生存空間，比兩輪決選制具有更強的壓抑效果。

不過，在國會選舉採單一選區相對多數制的國家中，總統直選制度的有無固然也明顯影響了國會有效政黨數的多寡，但總統選舉採相對多數制或兩輪決選制的差異，對於國會有效政黨數的影響不大。筆者推論，這是因為單一選區相對多數制的國會選制本身，對於國會有效政黨數已有相當明顯的壓

縮作用，小黨在此種國會選制下的生存空間已極為有限，政黨體系被國會選制塑造成兩黨體系，而總統選舉無論採取何種選舉制度，皆是單一職位的選舉，小黨在這種贏者全拿的選制下本來生存空間就不大，因此受到國會選制明顯壓抑的小黨，也不可能在單一職位的總統選舉有太多發揮的空間。因此，總統選制的差異對於這些國家（國會選制採單一選區相對多數制的國家）之國會有效政黨數的影響顯得相當細微。

總之，一國的國會政黨體系之所以形成兩黨制或是多黨制，國會選制當然是主要制度因素，總統選制雖然對國會政黨體系形成兩黨制或多黨制不具直接的影響力，但對國會中的政黨數目會有一定的壓抑作用，且這種壓抑作用在國會選制採比例代表制的國家尤其明顯。

第二節 總統選制與憲政體制的關聯性

總統直選制度的有無，與總統是否為實權元首有關，亦與憲政體制的類型有關。在君主國體的內閣制國家，國家元首為虛位的君主；在共和國體的內閣制國家，國家元首為虛位的總統。內閣制下的總統既然未掌實權，不須具備直接的民主正當性，因此內閣制國家的總統不由人民直接選舉產生，而是以間接選舉的方式選出，且通常是由國會，或是由國會議員為主要成員所組成的機構❽選舉產生。相對地，總統制與半總統制國家的國家元首為實權總統，既然掌有實權，理應具備直接的民主正當性，因此總統制與半總統制的總統係由人民直接選舉產生，或是以實質上具有直選精神的選舉制度選舉產生。❾

世界上民主國家的總統直選制度，大體可分為相對多數制與絕對多數制兩類。相對多數制是指由得票最高的候選人當選，得票不須過半。絕對多數

---

❽ 德國即為典型例子，德國總統係由聯邦議會議員（國會下院議員）與各邦代表所組成的聯邦大會選舉產生。

❾ 例如美國總統選舉制度，形式上是由選舉人團 (electoral college) 選舉產生，但實質上有公民普選的程序。

制則主要是指兩輪決選制，在此制度下可以確保當選的總統擁有過半的民意基礎，避免選出民意代表性不足的「少數總統」。事實上，除了兩輪決選制之外，選擇投票制也是絕對多數制的一種選制類型。❿不過世界上以選擇投票制選舉總統的國家非常罕見，僅有愛爾蘭、斯里蘭卡採行此種制度。世界上以絕對多數制選舉總統的國家，幾乎都是採兩輪決選制。

　　相對多數制與兩輪決選制各有其優劣，一般而言，主張相對多數制、反對兩輪決選制的理由主要有二：

　　1.相對多數制以一輪投票決定勝負，選舉方式簡單清楚

　　相形之下，兩輪決選制通常需要透過兩次選舉才能決定當選人，勞師動眾，增加選務與社會成本，且如果出現第一輪領先者在第二輪選舉時失敗的情況，容易引發爭議和衝突。

　　2.相對多數制較能降低小黨的干擾，有助於形成兩黨競爭的局面

　　兩輪決選制之下的第一輪與第二輪投票之間，領先的前兩名候選人為了勝選可能不擇手段與其他小黨進行利益交換，不僅增加小黨操縱政局的機會，

---

❿　選擇投票制又稱偏好投票制 (preferential ballot)，是澳洲眾議院以及愛爾蘭、斯里蘭卡的總統選舉採行的選舉制度。以澳洲眾議院選舉為例，每個選區應選名額為一名（單一選區制），選民在投票時，可依據自己的偏好，將候選人排列順序，並標示於選票上。開票時，如果有候選人得到超過有效票半數的「第一偏好票」，則該候選人即可當選；如果沒有任何候選人獲得超過半數的「第一偏好票」，即將獲得「第一偏好票」最少的候選人淘汰，並將這些選票依照選票上的「第二偏好」，分別移轉給其他候選人。如果移轉選票之後，仍然沒有候選人獲得的票數超過半數，則將此時得票最少的候選人淘汰，並將該候選人的選票依照選票上的「第二偏好」（若第二偏好是前一輪已被淘汰的候選人，則依選票上的「第三偏好」），分別移轉給其他候選人。這種選票移轉的過程持續進行，直到有候選人獲得過半數的選票為止。斯里蘭卡在總統選舉中採行的選擇投票制與澳洲的制度稍有不同，該國的制度較為簡單，其辦法是由選民依偏好排序列出支持的候選人，如果沒有候選人獲得超過半數的第一偏好票，則保留得票前兩名候選人的選票，並將其他候選人所獲得的選票依這兩位候選人的偏好順序高低，記為這兩名候選人的選票，最後由得票較高者當選。關於選擇投票制，參見 Flanagan (2001)；Punnett (1991)；蘇子喬、王業立 (2013)。

也會助長政治腐化。

　　至於主張兩輪決選制、反對相對多數制的理由則主要有以下兩點：

　　1.實權總統應具有充分的直接民主正當性，透過兩輪決選制可賦予總統較高的民意基礎；相形之下，在相對多數制之下，如果參選人眾多，可能發生當選人得票偏低的情形，總統的民主正當性容易遭到質疑。

　　2.兩輪決選制雖然可能選出「多數人的次佳選擇」，但至少可以避免選出「少數人最喜歡但多數人最厭惡」的總統當選人；相形之下，相對多數制由於當選無須爭取過半數選民支持，容易導致候選人強化極端的意識型態與特殊群體的利益，尤其當一個國家存在明顯的社會分歧時，相對多數制可能會選出「少數人最喜歡但多數人最厭惡」的總統當選人（林佳龍，1999: 47）。

　　儘管相對多數制與兩輪決選制各有利弊，不過從表 9–6 中世界上民主國家憲政體制與總統選舉制度的組合情況看來，不論是總統制或半總統制國家，採行兩輪決選制的國家皆遠多於採行相對多數制的國家，尤其是在第三波民主化浪潮下走向民主化的國家，兩輪決選制更是成為許多總統制與半總統制的新興民主國家的多數選擇。這些國家之所以普遍採行兩輪決選制，主要是考量到在民主化的過程中，居於憲政中心的國家元首應有堅實的民意基礎，以作為政治轉型時改革的後盾，為了強化民選總統的民主正當性，兩輪決選制便成了這些新興民主國家較優先的選項（王業立，2009: 55）。

表 9-6　全球民主國家憲政體制與總統選舉制度的組合情況（2010 年）❶

總統選制 ＼ 憲政體制	總統制	半總統制
相對多數制	馬拉威、帛琉、美國❷、多明尼加、蓋亞那、宏都拉斯、巴拿馬、巴拉圭、玻利維亞、委內瑞拉、墨西哥、菲律賓、南韓	波士尼亞赫塞哥維納、冰島、中華民國、新加坡、肯亞
兩輪決選制	中非、哥倫比亞、甘比亞、迦納、奈及利亞、獅子山、坦尚尼亞、烏干達、尚比亞、茅利塔尼亞、阿根廷、貝南、巴西、蒲隆地、智利、哥斯大黎加、賽普勒斯、薩爾瓦多、印尼、賴比瑞亞、尼加拉瓜、烏拉圭、塞席爾、瓜地馬拉、阿富汗、吉布地、厄瓜多	蒙古、聖多美普林西比、葉門、法國、加彭、馬利、奧地利、布吉納法索、維德角、東帝汶、芬蘭、幾內亞比索、馬其頓、納米比亞、波蘭、葡萄牙、羅馬尼亞、斯洛伐克、斯洛維尼亞、斯里蘭卡、烏克蘭、亞美尼亞、保加利亞、克羅埃西亞、喬治亞、立陶宛、馬達加斯加、塞內加爾、海地、吉爾吉斯、莫三比克、祕魯、尼日

　　一個值得追問的問題是，總統直選制度的有無既然與總統是否掌有實權有關，則實權總統的權力大小與總統選舉制度是否具有關聯性？在一般直覺上，我們會認為權力愈大的總統，理應具備更雄厚的民意基礎，因此若總統擁有的憲法權力較大，則應由兩輪決選制選舉產生，以確保總統擁有過半的民意基礎；若總統擁有的憲法權力較小，則可由相對多數制選舉產生。上述的一般直覺認知，是否與現實經驗相符？從表 9-7 所呈現的證據來看，答案

---

❶　表 9-6 中所列的國家，乃是「自由之家」(Freedom House) 在 2010 年對世界各國民主程度進行評等後所列的「自由」(free) 與「部分自由」(partly free) 國家，這些國家應可視為具有穩定民主政治或尚有民主政治的國家。

❷　美國總統選制乃是選舉人團 (electoral college) 制度，不過，美國公民仍有普選投票的程序，且除極少數州（緬因州與內布拉斯加州）外，各州的選舉人團名額係由該州獲得最高公民票數的候選人贏者全拿，實質上具有相對多數制的精神，因此表 9-6 將美國歸為總統選制採相對多數制的國家。

應該是否定的。

　　表 9-7 所列為 Shugart 和 Carey (1992: 155) 所探討的總統制與半總統制國家，兩位學者以總統的立法權力與非立法權力兩個層面，對各國總統的憲法權力進行測量。表中所列的總統權力大小為兩位學者對各國總統之整體憲法權力的加總結果，分數愈高代表總統的憲法權力愈大。如該表所示，巴拉圭、巴拿馬、墨西哥、菲律賓、南韓等國的總統皆屬整體排序中，憲法權力較大的總統，但皆以相對多數制選舉產生；而保加利亞、海地、愛爾蘭、羅馬尼亞、奧地利的總統屬於整體排序中憲法權力較小的總統，卻是以絕對多數制選出。就此看來，實權總統權力的大小與總統選舉制度的類型並無明顯的關聯性。

表 9-7　世界上民主國家的總統權力與總統選舉制度

國　家	總統權力的大小	總統選舉制度
保加利亞	1	絕對多數制（兩輪決選制）
海地	1	絕對多數制（兩輪決選制）
愛爾蘭	1	絕對多數制（選擇投票制）
羅馬尼亞	3	絕對多數制（兩輪決選制）
奧地利	5	絕對多數制（兩輪決選制）
法國	5	絕對多數制（兩輪決選制）
葡萄牙	7.5	絕對多數制（兩輪決選制）
芬蘭	8	絕對多數制（兩輪決選制）
祕魯	9	絕對多數制（兩輪決選制）
冰島	11	相對多數制
委內瑞拉	12	相對多數制
納米比亞	12	絕對多數制（兩輪決選制）
哥倫比亞	13	絕對多數制（兩輪決選制）
哥斯大黎加	13	絕對多數制（兩輪決選制）
多明尼加	13	相對多數制
奈及利亞	13	絕對多數制（兩輪決選制）
美國	13	相對多數制
阿根廷	14	絕對多數制（兩輪決選制）
玻利維亞	14	相對多數制
厄瓜多	14	絕對多數制（兩輪決選制）
宏都拉斯	14	相對多數制

國　　家	總統權力的大小	總統選舉制度
薩爾瓦多	15	絕對多數制（兩輪決選制）
南韓	15	相對多數制
尼加拉瓜	15	絕對多數制（兩輪決選制）
瓜地馬拉	16	絕對多數制（兩輪決選制）
菲律賓	16	相對多數制
斯里蘭卡	16	絕對多數制（選擇投票制）
墨西哥	17	相對多數制
巴拿馬	17	相對多數制
烏拉圭	17	絕對多數制（兩輪決選制）
智利	20	絕對多數制（兩輪決選制）
巴西	21	絕對多數制（兩輪決選制）
巴拉圭	22	相對多數制

資料來源：修改自 Shugart and Carey (1992: 155)。

　　儘管如此，仍有不少主張絕對多數制的論者認為，既然是實權總統，不論總統權力的大小，仍應透過兩輪決選制確保總統有較高的民主正當性。不過從現實經驗看來，兩輪決選制因容易導致更多人投入選戰，造成政黨體系趨於零碎化，也使得第一輪領先者的票數下降。相反地，相對多數制則較容易導致兩大競爭，當選者反而常以較高的得票率當選。表 9–8 與表 9–9 的事實證據具體呈現了上述的推論。❸

　　如表 9–8 所示，世界上總統選舉採兩輪決選制的國家有阿根廷、奧地利等二十九國，總選舉次數共 125 次，這些國家總統有效候選人數的平均數為 3.07，而這些國家第一輪總統選舉中前兩名總統候選人加總的平均得票率為 77.83%。

❸　表 9–8 與表 9–9 中，民主國家的選取標準與❼相同。關於總統有效候選人數的計算方式，採取的是 Laakso and Taagepera(1979: 3–27) 所提出的公式：$N = 1 / \Sigma Pi^2$。在上述公式中，Pi 是各總統候選人的得票率，N 即是總統有效候選人數。關於各國歷次總統選舉之各總統候選人得票率，係以下列三個各國選舉資料庫的資料為依據：一是 Election Resources on the Internet，二是 ACE The Electoral Knowledge Network，三是 Adam Carr's Election Archive。

如表 9–9 所示，總統選舉採相對多數制的國家有過去的阿根廷、巴西等十五國，總選舉次數共 87 次，這些國家總統有效候選人數的平均數為 2.59，而這些國家前兩名總統候選人加總的平均得票率為 85.65%。換言之，總統選舉採相對多數制的國家，其總統有效候選人數較少，且選票會更集中於前兩大候選人。

若進一步比較兩組國家第一名總統候選人的平均得票率，如表 9–8 所示，在總統選舉採兩輪決選制的全部國家中，第一名候選人的平均得票率為 47.87%；再看表 9–9，在總統選舉採相對多數制的全部國家中，第一名候選人的平均得票率為 49.24%。就此看來，後一組國家的第一名候選人的平均得票率略高於前一組國家，但兩組國家相差不大。

不過，若進一步檢視表 9–8 與表 9–9 中各個國家的第一名候選人得票率，會發現在表 9–8 採兩輪決選制的國家中，有十個國家的第一名總統候選人得票率超過 50%，占所有二十九個國家的 34.5% (10÷29=34.5%)。而在表 9–9 採相對多數制的國家中，其中有六個國家的第一名總統候選人得票率超過 50%，占所有十五個國家的 40.0% (6÷15=40.0%)。就此看來，總統選舉採相對多數制的國家，由於總統有效候選人數較少，選票更集中於得票前兩名的候選人，第一名當選者得票過半的機會反而高於兩輪決選制下的候選人。

表 9-8　總統選舉採「兩輪決選制」國家的總統有效候選人數與得票率

國　名	選舉次數	總統有效候選人數	第一名得票率 (%)	前兩名得票率 (%)
阿根廷 (1995–2007)	4	3.61	41.9	70.0
奧地利 (1945–2008)	12	2.13	55.6	93.0
貝南 (1995–2006)	4	3.93	37.3	65.7
巴西 (1990–2006)	5	3.69	47.5	79.9
保加利亞 (1992–2006)	4	2.94	47.3	75.8
維德角 (1991–2006)	3	1.99	56.9	97.4
智利 (1989–2009)	5	2.62	50.2	81.5
哥倫比亞 (1994–2010)	5	2.77	49.1	76.6
克羅埃西亞 (1997–2009)	4	3.66	48.2	69.4
賽普勒斯 (1983–2006)	6	2.82	43.3	78.8
東帝汶 (2001–2007)	2	3.29	55.3	74.9
薩爾瓦多 (1997–2009)	5	2.30	53.7	91.5
芬蘭 (1994–2006)	3	4.04	46.7	81.6
法國 (1965–2007)	8	4.89	33.7	58.3
迦納 (2004–2008)	2	2.12	50.8	97.1
瓜地馬拉 (2003–2007)	2	4.67	31.4	56.4
立陶宛 (1993–2009)	5	3.42	48.1	71.9
馬利 (2002–2007)	2	3.72	49.9	70.1
蒙古 (1997–2005)	3	2.31	58.1	87.2
納米比亞 (1994–2009)	4	1.65	76.2	89.3
祕魯 (1985–2006)	5	3.42	33.6	58.7
波蘭 (1993–2007)	5	3.48	41.4	70.0
葡萄牙 (1976–2006)	8	2.33	56.1	86.3
羅馬尼亞 (2000–2009)	3	3.83	36.5	67.7
聖多美普林西比 (1996–2006)	3	2.33	52.6	91.4
塞爾維亞 (2002–2008)	3	3.32	42.6	75.5
斯洛伐克 (1998–2009)	3	3.30	42.4	75.1
斯洛維尼亞 (1992–2007)	4	3.10	48.2	71.9
烏拉圭 (1999–2009)	3	2.77	47.2	79.8
平均數	4.31	3.07	47.87	77.83

表 9-9　總統選舉採「相對多數制」國家的總統有效候選人數與得票率

國　名	選舉次數	總統有效候選人數	第一名得票率 (%)	前兩名得票率 (%)
阿根廷 (1983-1989)	2	2.89	48.5	84.0
巴西 (1945-1962)	4	2.78	47.0	78.9
智利 (1946-1970)	5	3.30	42.1	74.0
哥倫比亞 (1974-1990)	5	2.26	52.7	91.9
哥斯大黎加 (1953-2010)	15	2.42	49.7	89.1
多明尼加 (2000-2008)	3	2.37	53.6	86.6
宏都拉斯 (1997-2009)	4	2.26	51.8	93.6
冰島 (1946-2009)	7	2.18	59.2	85.7
墨西哥 (2000-2006)	2	3.05	39.6	75.7
巴拉圭 (1993-2008)	4	3.00	43.7	76.5
菲律賓 (1998-2010)	3	3.69	47.9	81.0
南韓 (1988-2008)	5	2.98	42.8	77.1
中華民國 (1996-2008)	4	2.40	50.5	87.9
美國 (1946-2008)	16	2.15	52.2	95.6
委內瑞拉 (1958-1993)	8	3.08	43.5	75.1
平均數	5.8	2.59	49.24	85.65

綜言之，兩輪決選制是以「機械的」方式，選擇在第一輪投票中領先的前兩名候選人進行第二輪投票，再定勝負，但這畢竟是以人為方式「加工出來的多數」(manufactured majority)，當選人在第一輪選舉中的票數通常不高。而相對多數制則是以「自然的」方式驅使有志參選的政黨進行選前結盟，以便在一次決戰中勝出，當選者往往能夠獲得較高的得票率。以上發現似乎不符合一般人的直覺，相對多數制竟然比具有絕對多數制精神的兩輪決選制，能使當選人獲得更廣泛的支持。

不過，換個角度思考，不論是兩輪決選制下「機械」地獲得過半數選票的當選人，或相對多數制下「自然」地獲得較高得票率當選的當選人，其獲得的選票都是選舉制度塑造的結果，差別在於絕對多數制會促使第一輪選後政黨的結盟，而相對多數制會促成政黨選前結盟。

相對多數制下當選人之所以能獲得較高的得票率，也往往是選民策略性投票的結果。而且，相對多數制會比兩輪決選制使當選人獲得更高的得票率，必須有一個前提存在，即這個國家的社會同質性高，社會分歧不嚴重。在一個具有明顯地域、文化與族群分歧的國家中，仍有可能在各方勢力群雄並起下，導致當選者的得票率遠遠不及半數。❹ 相對地，兩輪決選制無論如何可以確保當選者獲得過半數的民意支持，儘管這個過半數的民意支持確實是加工出來的結果（蘇子喬、王業立，2018: 26）。

另外值得注意的是，儘管總統的憲法權力與總統選舉制度並無絕對關聯，但不可否認地，獲得過半數當選的總統畢竟具有較強的民主正當性，在兩輪決選制下以過半數當選的總統，當面臨總統與國會多數不一致的局面時，會有較強的動機與較大的民意籌碼與國會相抗衡。相形之下，在相對多數制下當選的總統，一旦未獲半數而當選，當面臨總統與國會多數不一致的局面時，民主正當性較薄弱的總統對抗國會的動機也可能較弱。

第三節　憲政體制與國會選制的配套思考──從內閣制與總統制優劣的論戰談起

一、就總統制的優點與內閣制的缺點而論

當吾人在思考憲政體制優劣的問題時，經常在其中隱含著某種國會政黨體系的前提而未言明。以美國政治學界於 1990 年代關於「總統制與內閣制孰優孰劣」的論戰❺ 為例，當時辯論中有些贊同總統制、批判內閣制的論者指

---

❹ 相對多數制還有一個負面效應，會造成「沒有能力當選，但有能力攪局」的政治人物，執意參選以箝制同黨（或同一政治陣營）的候選人，向所屬政黨（或政治陣營）要求職位或利益交換。且「攪局候選人」具有「不能當選但可扭轉選舉結果」的能力，造成主要候選人在選舉時，會傾力去「策反」對方陣營的人。換言之，相對多數制下的選舉重心，很容易從「爭取多數選民認同」的正向思考，轉移為「製造對手陣營分裂」的負面手法。參見陳長文 (2009)。

❺ 自從 Juan Linz 在《民主季刊》(*Journal of Democracy*) 創刊號中發表〈總統制的危害〉(The Perils of Presidentialism) 一文後，隨即引發學界關於總統制與內閣制優劣

出，在內閣制強調行政與立法權力融合的制度精神之下，行政部門（內閣）來自立法部門（國會），內閣原則上能夠掌握國會多數，內閣提出的政策與法案原則上都能獲得國會通過，因此較容易出現政府濫權的危機。

相較之下，在總統制強調行政與立法權力分立且相互制衡的制度精神之下，國家重要政策和法案的推動，必須建立在總統與國會這兩個同樣具有民主正當性的部門共同接受的基礎上，一方面國會通過法案，一方面總統不行使否決權而願意公布，亦即法律通過須經國會與總統 「雙重確認」 (double check)，因此較能保障人民的自由權利 (Powell, 1982: 218–223 ； Horowitz, 1990: 73–79)。

其次，也有論者指出，內閣制在非選舉期間常有內閣更迭的情況發生，許多政黨在內閣中進進出出，國會中各政黨很可能在某段期間是參與組閣的執政黨，某段時間又是未參與組閣的在野黨，以致選民在選舉時，很難辨明從上次國會選舉到這次國會選舉這段期間內，各政黨所需擔負的政治責任；相形之下，總統制由於任期固定，選民定期改選總統，總統選舉的結果可反映選民對總統施政良窳的判斷，因此政治責任歸屬較明確 （高朗，2002: 122–123；Shugart and Carey, 1992: 44–45）。

的熱烈辯論。除了引燃論戰戰火的 Juan Linz (1990a: 51–69, 1990b: 80–83, 1994: 3–74, 1997: 1–13) 之外，Arend Lijphart (1993: 237–250, 1994: 91–105)、Scott Mainwaring (1993: 198–228)、Donald Horowitz (1990: 73–79)、Matthew S. Shugart and John M. Carey (1992)、Martin S. Lipset (1990: 80–83)、Alfred Stepan and Cindy Skach (1993: 1–22)、Kurt von Mettenheim and Bert A. Rockman (1997: 136–246)、Sartori (1997) 等學者都參與了這場辯論。事實上，此一論戰到目前為止仍未終止，直到晚近，仍有不少學者持續討論此項議題，例如 Cheibub and Limongi (2002)、Fukuyama, Dressel and Chang (2005)、Maeda (2006)、Hochsteller (2006)、Cheibub (2007)、Hellwig and Samuel (2007)、Hiroi and Omori (2009) 等。在這場辯論中，學者的論述方式主要可以分為兩類：一類是從總統制和內閣制的運作邏輯，來論證內閣與總統制的優劣；一類是以經驗性的統計資料，來論證這兩種憲政體制對世界各國民主政治表現的影響。不過由於在統計資料上，並沒有共同被認可的指標作為衡量民主表現的標準，因此常常會因為指標或計算時間的不同，得出完全相反的研究結果。到目前為止，內閣制與總統制究竟孰優孰劣，以及憲政體制與民主表現的因果關係，顯然並未達成明確的結論。

　　第三，也有論者批評，在內閣制的憲政運作中，選民對執政者的可辨識性較差，這是因為在內閣制之下，內閣的組成經常是政黨協商的結果，在國會大選時選民很難確定究竟是哪些政黨組閣、誰是內閣閣員；相較之下，在總統制的憲政運作中，掌握行政權的總統係由人民直接選舉產生，亦即選民投票時與未來的執政者能夠發生直接的聯繫，因此在總統制中選民對執政者的可辨識性較佳 (Shugart and Carey, 1992: 45–46)。綜上所述，批評內閣制的論者指出，內閣制容易出現政府濫權、政治責任歸屬不明確，以及選民對執政者的可辨識性較差等缺失。

　　事實上，檢視上述對於內閣制的批評觀點，乃是建立在不同之政黨體系的假設上。首先，批評內閣制的論者認為內閣制容易出現政府濫權的危機。事實上，內閣制之所以會出現政府濫權的危機，乃是在兩黨體系之下可能發生的情形。因為在內閣制的憲政體制下，若國會中的政黨體系為兩黨體系，內閣通常是由過國會半數的單一政黨所組成。

　　例如英國，便是這種「一黨內閣」的典型例子。❻由於內閣由單一政黨掌握，又能掌握國會多數，內閣在國會中提出的法案經常是無往不利地獲得國會通過，這種憲政運作確實有政府濫權的危機存在。然而，政府濫權是否是內閣制的必然缺失，尚有值得斟酌之處。因為在內閣制的憲政體制下，若國會中的政黨體系為多黨體系，此時內閣的組成型態通常是由數個政黨共同合作組成的聯合內閣，而在聯合內閣的運作中，內閣的政策乃是參與組閣之各政黨協商折衝的結果，政府濫權的危機並不嚴重。

　　其次，當論者批評內閣制有「政治責任歸屬不明確」與「選民對執政者的可辨識性較差」的缺失時，則顯然是以多黨體系作為立論的基礎。因為在多黨體系之下的內閣制中，內閣的組成型態是聯合內閣，在多黨體系和聯合內閣的內閣制之下，確實容易出現政治責任歸屬不明確與選民對執政者可辨

---

❻　有時候仍會有例外情況。英國於 2010 年 5 月國會大選後，保守黨打敗工黨成為國會第一大黨，但仍未獲得國會過半數席次。在各黨不過半的情況下，自 2010 年 5 月至今由保守黨與自由民主黨組成聯合內閣共同執政。這是英國自 1974 年以來首度出現國會各黨不過半的情形，也是英國自第二次大戰結束之後首次出現聯合內閣。（上一次聯合內閣為 1940 年至 1945 年由邱吉爾首相所領導的戰時大聯合內閣。）

識性較差的缺失。然而，在英國這種兩黨體系的內閣制中，內閣的組成型態是一黨內閣，在這種「一黨在朝，一黨在野」的內閣制憲政運作中，內閣其實非常穩定，在非選舉期間鮮少有內閣更迭的情況發生，因此並無政治責任歸屬不明確的問題存在。

同樣地，在英國這種兩黨體系的內閣制中，選民在國會大選中儘管在形式上是選舉各選區的國會議員，但選民投給國會議員候選人的選票在實質上亦有選擇首相的功能，❶因此亦無選民對執政者之可辨識性較差的問題存在。

綜言之，在內閣制一般認為的前述三項缺失中，第一項缺失與第二、三項缺失在同一個內閣制國家並不會同時存在，因為第一項缺失乃是「兩黨體系之內閣制」的缺點，而第二、三項缺失則是「多黨體系之內閣制」的缺點。這些對於內閣制的批評觀點，顯然是建立在不同政黨體系的假設上。

二、就總統制的缺點與內閣制的優點而論

相反地，若檢視學界對於總統制的批評觀點，批判總統制的論者指出，在總統制的憲政體制中，總統與國會皆由人民選舉產生，整個憲政體制具有雙元民主正當性存在，一旦總統與國會發生衝突，並無任何解決僵局和衝突的機制。總統與國會發生僵局和衝突的現象，尤其容易發生在總統與國會多數不一致的分立政府格局下。相較之下，在內閣制的憲政體制中，內閣係由國會多數陣營組成，一般情況下內閣與國會不會發生衝突。即使發生衝突，亦能透過倒閣與解散國會的機制來加以解決。

就此看來，總統制下分立政府的僵局，是許多論者在思考內閣制與總統制優劣的問題時對總統制最感到疑慮之處。在總統制下，若國會呈現多黨體系，單一政黨在國會中過半的可能性極低，此時幾乎「注定」形成分立政府的局面，這種情形普遍出現在拉丁美洲各國。在拉丁美洲國家，一方面可以

---

❶ 在英國的國會大選中，兩大黨的黨魁通常是選舉的主角，選民經常是以「何人擔任首相較適宜」作為投票的思考依據。若希望保守黨黨魁擔任首相，就投票給該選區中保守黨的國會議員候選人；若希望工黨黨魁擔任首相，則投票給該選區中工黨提名的國會議員候選人。因此，選民投給國會議員候選人的選票在實質上亦有選擇首相的功能存在。參見 Kavanagh (1995: 98–114)。

看到行政部門與立法部門間經常發生政治僵局，導致政府施政效率低落；另一方面有時亦可看到自恃有強大民意基礎的總統，以直接訴諸民意的方式來對抗國會，甚至使用非常手段來迫使國會就範，而引發民主倒退的危機（王業立，2011: 54）。

　　Scott Mainwaring (1993: 198–228) 便指出，總統制與多黨體系是一種「困難的結合」(difficult combination)，在許多新興民主國家的實際經驗中，當總統制與多黨林立的國會政黨體系同時出現時，民主政治幾乎是難以存活的。**⑱**簡言之，總統制的分立政府最容易出現在「總統制＋多黨體系」的情況下，若是在「總統制＋兩黨體系」的情況下，發生分立政府的機率將會減少許多。

　　再者，批評總統制的論者也指出，總統制具有「贏者全拿」的特色，容易造成零和式的政治競爭風格。相形之下，在內閣制的憲政體制中，則有聯合內閣的可能性，不致產生「贏者全拿」的結果，在國會選舉中落敗的政黨在國會中亦可質詢監督執政的內閣，隨時有取而代之的可能。

　　事實上，這種贊同內閣制的觀點顯然完全是以多黨體系作為立論的基礎。因為在兩黨體系的內閣制（例如英國）中，一黨內閣其實非常穩定，國會在野黨取代執政黨的可能性微乎其微。在這種內閣制的運作下，甚至比總統制更具有「贏者全拿」的特質，因為這是一種「立法權、行政權一手包」的「贏者全拿」；相較之下，總統制僅是在行政權方面贏者全拿 (Horowitz, 1990)。簡言之，內閣制之所以能夠避免贏者全拿的缺失，乃是在「內閣制＋多黨體系」的情況下，若是在「內閣制＋兩黨體系」，「贏者全拿」的問題反而更嚴重。

　　總之，我們可以看到，當論者在辯論憲政體制的優劣時，經常是時而以兩黨體系、時而以多黨體系為前提在論述憲政體制的優缺點。因此，在評估內閣制與總統制的優劣時，實有必要釐清它們的優缺點，是在哪一種政黨體系的情況下出現的。憲政體制與國會政黨體系這兩個變項應進行配套思考。

---

⑱　拉丁美洲國家之所以會同時採取總統制與比例代表制，是來自兩種文化傳統的影響。一方面，拉丁美洲與美國有地緣關係，當拉丁美洲於十九世紀脫離殖民地地位獨立建國，各國在憲政體制上皆仿效美國而採總統制；另一方面，拉丁美洲過去是西班牙與葡萄牙的殖民地，各國在選舉制度上則又承襲西、葡等歐陸國家的傳統而採比例代表制。

三、憲政體制與國會選制配套思考的必要性

更進一步言，就制度設計的角度而言，假若所謂「制度」指的是一種「具有人為可操作性的規範」，憲政體制這個變項乃是一種「制度」固然無庸置疑，但國會政黨體系這個變項由於本身並不具有直接的人為可操作性，嚴格而言並不是一種「制度」，而是一種政治型態。[19] 那麼，如果我們追問，對國會政黨體系具有形塑作用的主要制度因素是什麼？很明顯就是國會選舉制度。換言之，我們若要追求某一特定的國會政黨體系，我們能夠直接操作、改變的並非國會政黨體系本身，而是透過國會選舉制度的設計，去形塑我們希冀的政黨體系。因此，整體而言，在思考一個國家究竟該採取何種憲政體制時，必須同時將憲政體制、國會政黨體系，以及國會選舉制度這幾個變項同時進行配套思考，才能夠得到合宜的結論。

關於憲政體制、國會選舉制度、國會政黨體系進行配套思考的必要性，以下可舉例說明。如圖 9–2 上半部所示，單獨就國會選舉制度而言，比例代表制相較於單一選區制具有保障少數的優點；單獨就憲政體制而言，內閣制相較於總統制具有避免僵局的優點。然而，一個不設任何政黨可分配席次門檻或門檻極低的比例代表制，若與內閣制結合在一起，卻會造成鬆散不穩定的聯合內閣，像比利時、丹麥、捷克、以色列，以及 1990 年代中期之前的義大利都是明顯的例證（呂亞力，2000: 39；Lijphart, 1999: chap. 2；Woldendrop, Keman and Budge, 1998: 125–164）。[20] 就此來看，兩個各具優點

---

[19]　政黨體系並不具有直接的人為可操作性，是指我們不可能因為希望一個國家形成兩黨體系或多黨體系，就直接在《憲法》或法律中「規定」採兩黨體系或多黨體系，而必須透過相關規範去「促成」特定的政黨體系。

[20]　義大利於二次世界大戰後恢復民主政治，國會議員選舉採取比例代表制，各政黨只要在全國的得票數超過三十萬，便有資格分配國會席次。若以義大利歷次選舉中全國大約四千萬總選票計算，一個政黨大約只要在全國獲得 0.75% 的得票率就有資格分配國會席次。義大利這種政黨門檻極低的比例代表制，幾乎可說是純粹的比例代表制。這種選舉制度導致國會中小黨林立，國會的政黨長年以來均在十到十五個之間，參與組閣的政黨通常在四個以上。結果使得義大利內閣改組頻繁，從戰後 1946

的制度結合在一起，仍有可能產生惡劣的結果。

又如圖9–2下半部所示，單獨就憲政體制而言，總統制最容易受到批評的地方，在於其容易產生僵局；單獨就政黨體系來看，黨紀弱、政黨凝聚力差的政黨體系也經常被認為是一種不好的現象。然而，就美國而言，美國的總統制正是因為配上一個黨紀弱、政黨凝聚力較為鬆散的兩黨體系，反而使得總統制容易出現的僵局得以緩和，造就了美國兼具制衡與共識精神的總統制憲政運作（吳重禮，2002: 305；彭錦鵬，2001: 91；Linz, 1997: 5）。這種情形似乎意味著，兩個單獨看來令人疑慮的制度或政治型態結合在一起，反而產生了正面的結果。就此看來，單獨討論憲政體制、選舉制度、政黨體系任何一個變項本身的優劣都有可能失之片面，故將這些變項進行配套思考確實是有必要的。

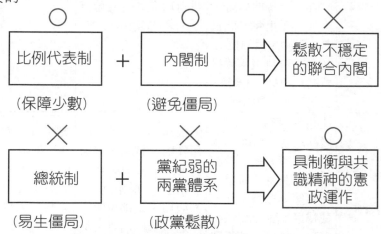

圖 9–2　憲政體制、國會選舉制度與國會政黨體系的配套：
　　　　「正正得負」和「負負得正」

綜上所述，內閣制與總統制這兩種憲政體制搭配上由不同國會選舉制度所塑造的國會政黨體系，各會顯現不同的優缺點。因此，當一個國家在思考應採取何種憲政體制時，將憲政體制與國會選舉制度進行配套思考顯然是有必要的。表9–10呈現的是當前世界上民主國家憲政體制與國會選舉制度的組合情況。

年至1993年改採聯立制為止，四十七年間更換了五十三任內閣，每任內閣的平均壽命不到一年。

表 9–10　全球民主國家憲政體制與國會選舉制度的組合情況（2010 年）❷

憲政體制 國會選制	內閣制	總統制	半總統制
單一選區制	相對多數制：安地卡及巴布達、巴貝多、巴哈馬、貝里斯、多米尼克、波札那、加拿大、衣索比亞、格瑞那達、印度、牙買加、馬來西亞、馬紹爾群島、密克羅尼西亞、尼泊爾、巴布亞紐幾內亞、聖克里斯多福、聖露西亞、聖文森、所羅門群島、東加、千里達、吐瓦魯、英國、孟加拉 絕對多數制（兩輪投票制）：巴林、科摩洛、吉里巴斯、摩納哥	相對多數制：中非、哥倫比亞、甘比亞、迦納、肯亞、馬拉威、奈及利亞、帛琉、獅子山、坦尚尼亞、烏干達、美國、尚比亞 絕對多數制（兩輪投票制）：海地、吉爾吉斯、茅利塔尼亞	相對多數制：蒙古、聖多美普林西比、葉門 絕對多數制（兩輪投票制）：法國、加彭、馬利
比例代表制	比利時、捷克、丹麥、愛沙尼亞、希臘、以色列、義大利、拉脫維亞、列支敦斯登、盧森堡、摩爾多瓦、蒙特尼哥羅、摩洛哥、荷蘭、挪威、聖馬利諾、塞爾維亞、南非、西班牙、蘇利南、瑞典、土耳其	阿根廷、貝南、巴西、蒲隆地、智利、哥斯大黎加、賽普勒斯、多明尼加、薩爾瓦多、蓋亞那、宏都拉斯、印尼、賴比瑞亞、莫三比克、尼加拉瓜、巴拉圭、祕魯、烏拉圭	奧地利、波士尼亞赫塞哥維納、布吉納法索、維德角、東帝汶、芬蘭、幾內亞比索、冰島、馬其頓、納米比亞、波蘭、葡萄牙、羅馬尼亞、斯洛伐克、斯洛維尼亞、斯里蘭卡、烏克蘭
聯立制	德國、賴索托、紐西蘭	玻利維亞、委內瑞拉	尼日
並立制	阿爾巴尼亞、安道爾、匈牙利、日本	墨西哥、菲律賓、塞席爾、南韓、瓜地馬拉	亞美尼亞、保加利亞、中華民國、克羅埃西亞、喬治亞、幾內亞比索、立陶宛、馬達加斯加、塞內加爾

❷　表 9–10 中各國的選取標準同❼。

第四節　憲政體制、國會選制、總統選制三者共同的配套思考

　　我們要如何對憲政體制、國會選舉制度、總統選舉制度這三種制度進行配套思考呢？整體而言，這三種制度之間的搭配關係如下圖 9-3：不同的國會選舉制度與總統選舉制度會塑造不同的國會政黨體系；亦即國會選舉制度與總統選舉制度是自變項，國會政黨體系是依變項。而不同的國會政黨體系與不同的憲政體制搭配在一起，則會組合成不同的政府型態，不同的政府型態則顯現了不同的優缺點。

　　事實上，一個特定制度的優缺點並非來自制度本身，而是透過最後所形成的不同政府型態來展現。因此，如圖 9-3 所示的分析架構中，總共有憲政體制、國會選舉制度、總統選舉制度、國會政黨體系與政府型態五個變項。而在這五個變項中，具有人為可操作性的「制度」變項乃是憲政體制、國會選舉制度與總統選舉制度。因此，從制度配套的角度而言，則可將這三個制度變項作為探討的焦點，思考在不同的配套組合下，會牽引出何種政黨體系和政府型態。

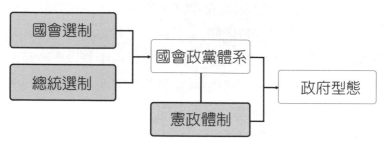

圖 9-3　憲政體制與國會選制、總統選制的關係

　　在分析各種制度的配套組合之前，仍有必要對不同「政府型態」的類型進行概念的釐清。在政治學界的討論中，「多數政府」、「少數政府」、「一致政府」、「分立政府」等概念經常有混用的情況。為了避免造成討論上的混淆，

有必要說明本文對於各種政府型態的界定方式。

　　首先，在總統制的憲政體制中，若總統與國會多數一致，本文稱此種政府型態為「一致政府」；若總統與國會多數不一致，則稱此種型態為「分立政府」；其次，在內閣制的憲政體制中，內閣由國會過半數的政黨或政黨聯盟掌握，本來就是內閣制政府組成的基本原則，本文稱此種常態性的內閣制政府型態為「多數內閣」，而「多數內閣」尚可分兩種類型：若此一多數內閣係由單一政黨掌握，稱為「一黨過半內閣」（或簡稱一黨內閣）；若是由兩個以上政黨組成，則稱為「聯合內閣」。但在內閣制的實際運作經驗中，仍有可能出現內閣並未掌握國會多數卻仍持續存在的情形，本文稱此種政府型態為「少數內閣」。

　　至於在半總統制的憲政體制中，存在著總統、內閣與國會的三角關係，情況較純粹的總統制與內閣制來得複雜一點。在半總統制中總統、內閣與國會的三角關係中，總統與國會係由人民分別選出，各有民主正當性，兩者之間具有分立的精神，總統與國會的關係與總統制中行政與立法分立的精神頗為一致，因此在本文的界定中，當半總統制中總統與國會多數一致時，稱為「一致政府」；若總統與國會多數不一致，則稱為「分立政府」。

　　而半總統制中內閣仍須對國會負責，內閣與國會的關係與內閣制中行政與立法合一的精神頗為一致，因此在本文的界定中，當半總統制的內閣由國會多數陣營掌握時，稱為「多數內閣」；若此一多數內閣係由單一政黨掌握，稱為「一黨過半內閣」（或簡稱一黨內閣）；若是由兩個以上政黨聯合組成，則稱為「聯合內閣」。而在半總統制也可能發生內閣並非由國會多數陣營掌握的情形，本文稱此種政府型態為「少數內閣」。

　　就憲政體制這個制度變項而言，當前民主國家的憲政體制類型主要有三：分別是內閣制、總統制，與半總統制。就國會選舉制度這個制度變項而言，當前民主國家的類型主要有單一選區制（以單一選區相對多數制為典型）、比例代表制（以政黨名單比例代表制為典型）、混合制（即單一選區兩票制，又可分為並立制和聯立制兩種）等類型，故大抵有四種類型。❷❷就總統選舉制

❷❷　針對世界各國各式各樣的選舉制度，政治學者基於不同的分類標準，往往有不同的

度而言，當前民主國家的總統選舉制度（指人民直選的制度）類型，主要有相對多數制與兩輪決選制兩類。因此，憲政體制、國會選舉制度與總統選舉制度的配套在邏輯上便有二十四種 (3×4×2=24) 組合的可能。

　　不過，由於在內閣制國家並無總統直選制度，且有些國會選舉制度對國會政黨體系的影響是相近的（例如比例代表制和聯立制都容易形成多黨體系；單一選區相對多數制和並立制都容易形成兩黨體系），導致有些組合情況的運作型態非常雷同，因此本文將邏輯上的二十四種組合情況整合成以下六種情形加以說明。這些不同的組合狀況，在當前世界上幾乎皆有實例。關於世界各民主國家憲政體制、國會選制與總統選制的實際組合狀況，可參見本章最後的附錄。

分類方式。多數學者是以選舉規則 (electoral formulas) 作為分類標準進行分類，而將選舉制度分為多數決制、比例代表制、混合制；亦有學者以選區規模 (district magnitude) 作為分類標準，將選舉制度分為單一選區制和複數選區制。而在每一種類型中又可再細分各種次類型。本文採取的是謝復生 (1992) 的分類方式，他將選舉制度分為：一、單一選區制：又可分為相對多數制、兩輪投票制、選擇投票制；二、比例代表制：又可分為政黨名單比例代表制和單記可讓渡投票制；三、混合制（即單一選區兩票制）：又可分為聯立制和並立制。這種分類方法其實是一種兼採選舉規則與選區規模兩種分類標準的分類方式，而且在這種分類方式中，並未納入過去日本、韓國與我國所採行的單記非讓渡投票制（single non-transferable vote，簡稱 SNTV）。儘管這種分類方式具有無法涵蓋若干選舉制度的缺失，但比其他能夠涵蓋各種選舉制度的分類方式顯得簡潔許多，而在我國將來的制度改革方向中，走回頭路改採 SNTV 的可能性並不高，因此本文仍採取這種較為簡要的分類方式。另外，為了分析架構的簡約性起見，本文省略了單一選區中較少國家採行之兩輪投票制與選擇投票制的探討，僅以較多國家採行的單一選區相對多數制作為單一選區制的代表次類型。而在比例代表制中，儘管單記可讓渡投票制亦可視為比例代表制的一種次類型，但由於採行的國家非常少（如愛爾蘭、馬爾他），計票方式也非常複雜，因此本文所指的比例代表制，主要指的是政黨名單比例代表制。

一、「單一選區相對多數制／並立制的國會選制」+「內閣制」

政治學中眾所皆知的杜瓦傑法則指出，單一選區相對多數制的國會選制傾向形成兩黨體系。儘管此一因果關係的真確性至今仍受到不少學者的質疑和討論，但從世界各國的實際經驗來看，單一選區相對多數制本身基於其比例性偏差的特質，很明顯地對大黨有利，而不利於小黨的生存，此種國會選舉制度與兩黨體系的形成之間確實密切相關。至於單一選區兩票制中的並立制，由於單一選區部分（第一票）與比例代表部分（第二票）的選票分別計算，互不影響，亦是一種對小黨不利的選舉制度。儘管並立制因為有政黨比例代表制部分的席次，使小黨仍有若干生存空間，但由於單一選區部分的席次勢必由大黨囊括絕大多數席次，小黨在單一選區部分幾乎不可能獲得席次，因此並立制原則上仍是一種對大黨有利的選舉制度。

具體而言，此種制度對大黨有利的程度，取決於單一選區名額占國會總名額的比例，亦即單一選區占國會總名額的比例愈高，對大黨愈有利。而目前世界上國會選舉制度採取並立制的國家，除了極少數的例外，㉓單一選區的名額皆占國會總名額的一半以上，因此就整體而言，並立制仍會形成兩大黨競爭的基本格局。就算並立制不見得會塑造標準的兩黨體系，亦仍是「傾向」兩黨體系（或稱準兩黨體系）。

就總統選舉制度而言，由於內閣制國家並無總統直選制度，國會政黨體系並不受總統選舉制度影響，因此在圖 9-4 中未呈現總統選舉制度。

如圖 9-4 所示，單一選區相對多數制的國會選制會塑造兩黨體系，並立

㉓ 據筆者歸納，世界上採並立制的國家，僅有克羅埃西亞、幾內亞和尼日等三個國家的政黨名單比例代表制名額，超過國會總名額的一半以上。克羅埃西亞在總額 127 席國會議員中，47 席由單一選區相對多數制產生，80 席由比例代表制選出。幾內亞在總額 114 席國會議員中，38 席由單一選區相對多數制產生，76 席由比例代表制選出。尼日在總額 83 席國會議員中，僅有 8 席由單一選區相對多數制產生，而有 75 席由比例代表制選出。參見 Massicotte and Blais (1999: 348)；LeDuc, Niemi and Norris (1996: 13–48)；林繼文 (1999: 71)；王業立 (2009: 28)。

制則塑造兩大黨競爭為主的準兩黨體系。而在兩黨體系或準兩黨體系中，國會中通常會存在一個過半數的單一政黨。假若一個國家在憲政體制方面採取的是內閣制，由於內閣制的基本憲政原則是國會過半數組閣，而在兩黨體系（或準兩黨體系）中，既然國會中存在著一個過半數的單一政黨，因此在內閣制與兩黨體系（或準兩黨體系）的組合下，政府型態將會是一黨過半內閣。

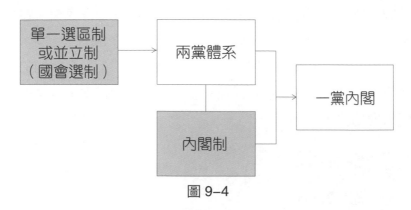

圖 9–4

　　當今世界上，英國是憲政體制採內閣制、國會選制採單一選區相對多數制的民主國家中最具代表性的例子，另外有許多過去為英國殖民地的國家亦屬於這種制度組合，包括安地卡及巴布達、巴貝多、巴哈馬、貝里斯、多米尼克、格瑞那達、牙買加、聖文森、千里達、聖克里斯多福、聖露西亞等中美洲國家；波札那、衣索比亞等非洲國家；印度、孟加拉、馬來西亞、尼泊爾等亞洲國家；馬紹爾群島、密克羅尼西亞、巴布亞紐幾內亞、所羅門群島、東加、吐瓦魯等大洋洲國家，以及加拿大。國會選制採並立制、憲政體制採內閣制的民主國家則有日本、匈牙利、阿爾巴尼亞、安道爾。

二、「單一選區相對多數制／並立制的國會選制」＋「相對多數制／兩輪決選制的總統選制」＋「總統制」

　　如圖 9–5 所示，假若一個國家的國會選制採單一選區相對多數制或並立制，不論該國的總統選制是相對多數制或兩輪決選制，國會政黨體系皆容易形成兩黨體系（或準兩黨體系）。假若該國在憲政體制方面採取的是總統制，

由於在總統制中總統與國會議員分別由人民選舉產生，因此有兩種政府型態可能出現：當總統與國會多數一致時，政府型態是一致政府；當總統與國會多數不一致時，政府型態則是分立政府。

當今憲政體制採總統制的民主國家中，國會選制採單一選區相對多數制、總統選制採相對多數制的國家有美國、馬拉威、帛琉。國會選制採單一選區相對多數制、總統選制採兩輪決選制的國家幾乎皆是非洲國家，包括中非、甘比亞、迦納、奈及利亞、獅子山、坦尚尼亞、烏干達、尚比亞，南美洲的哥倫比亞亦屬此類；國會選制採並立制、總統選制採相對多數制的國家有墨西哥、菲律賓、南韓；國會選制採並立制、總統選制採兩輪決選制的國家有塞席爾與瓜地馬拉。

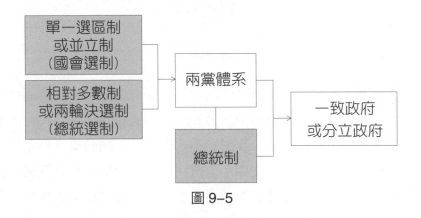

圖 9-5

三、「單一選區相對多數制／並立制的國會選制」＋「相對多數制／兩輪決選制的總統選制」＋「半總統制」

如圖 9-6 所示，在單一選區相對多數制或並立制的國會選制，以及相對多數制或兩輪決選制的總統選制的共同塑造下，國會政黨體系容易形成兩黨體系（或準兩黨體系）。

假若這個國家在憲政體制方面採取的是半總統制，由於半總統制中總統與國會議員亦分別由人民選舉產生，因此有以下兩種情況：當總統所屬政黨與國會多數一致時，則如圖 9-7 所示，總統會任命自己所屬政黨（同時也是

國會的過半數政黨）的人士組閣，此時就總統與國會的關係而言是一致政府，就內閣與國會的關係而言則是一黨過半內閣。

而當總統所屬政黨與國會多數不一致時，則如圖9-8所示，由於國會在兩黨體系下存在著一個團結鞏固的單一過半數政黨，而不是鬆散的過半數政黨聯盟，且半總統制的國會擁有倒閣權，因此總統原則上應會任命國會多數黨支持的人士組閣，亦即內閣應該是由國會中的單一過半數政黨組成。在這種情況下，總統與國會的關係是分立政府，就內閣與國會的關係則是一黨過半內閣。

不過，若總統仍執意與國會對抗，則如圖9-9所示，仍有可能出現總統不理國會多數黨，片面任命自己所屬陣營人士組閣的情形。若是如此，則就總統與國會的關係而言是分立政府，就內閣與國會的關係而言，則是少數內閣。這種情況出現的可能性雖然不高，但不能完全排除。❷❹

當今世界上，憲政體制採半總統制的民主國家中，國會選制採單一選區相對多數制、總統選制採相對多數制的國家僅有肯亞；國會選制採單一選區相對多數制、總統選制採兩輪決選制的國家有蒙古、聖多美普林西比、葉門。國會選制採並立制、總統選制採相對多數制的國家僅有我國；國會選制採並

❷❹ 可舉一例說明為何少數政府在此時出現的可能性不高。在法國，當總統所屬政治陣營與新選出的國會多數不一致時，總統會任命國會多數陣營的人士擔任總理，形成「左右共治」的局面。若要追問法國憲政運作為何會出現此種運作型態，除了歸因於總統個人主觀上的抉擇之外，總統於此時之所以不敢執意任命自己陣營人士組閣的重要結構性因素，是因為國會中的過半數政黨聯盟是相當團結穩固的，這樣的政黨形勢迫使總統在無國會多數支持時，不敢與團結穩固的國會多數聯盟對抗而執意任命自己陣營的人士組閣。若進一步追問法國國會為何能夠形成穩固團結的左右兩大政黨聯盟？相當程度是肇因於法國國會議員選舉採行的單一選區兩輪投票制。根據此一案例，我們可以推論，若法國單一選區兩輪投票制的選舉制度所塑造的多數政黨聯盟，都能迫使總統尊重國會多數而任命國會多數政黨聯盟所支持的人士組閣，單一選區相對多數制或並立制所塑造的（準）兩黨體系與國會中單一過半數政黨，該政黨穩固團結的程度將更甚於單一選區兩輪投票制所塑造的過半數政黨聯盟（因為不只是「政黨聯盟」，而是單一「政黨」），總統不理會國會過半數政黨而片面任命閣揆的可能性應該不高。

立制、總統選制採兩輪決選制的國家有亞美尼亞、喬治亞等前蘇聯國家，及保加利亞、克羅埃西亞、立陶宛等東歐國家，以及幾內亞比索、馬達加斯加、塞內加爾等非洲國家。

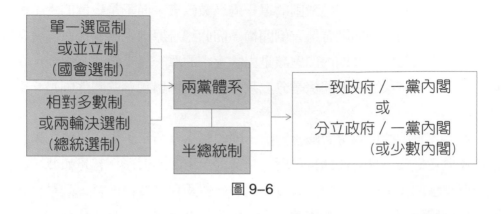

圖 9–6

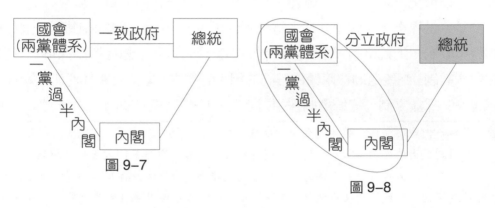

圖 9–7

圖 9–8

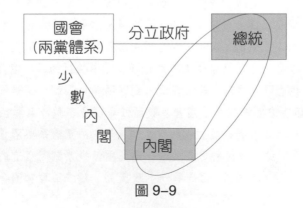

圖 9–9

四、「比例代表制／聯立制的國會選制」＋「內閣制」

如圖 9-10 所示，比例代表制的國會選制基於制度本身的高度比例性特質，政黨的得票率與席次率頗為吻合，小黨有出頭的機會和生存的空間，因此容易形成多黨體系。至於單一選區兩票制的聯立制，其乃是依各政黨在政黨名單部分（第二票）的得票率來分配各黨在國會的全部席次，亦即政黨的第二票得票率與該黨在國會中的總席次率相當，因此聯立制與比例代表制一樣，皆非常具有比例性，故而也容易形成多黨體系。

在這種情形上，若這個國家的憲政體制採取的是內閣制，由於內閣制的基本憲政原則是國會過半數組閣，而在多黨體系中，並不存在著一個過國會半數的單一政黨，因此在內閣制與多黨體系的組合下，原則上政府型態將是聯合內閣。但在特殊情況下，也可能出現內閣未掌握國會多數卻持續存在的情形，亦即也可能出現少數內閣。

就總統選舉制度而言，由於內閣制國家無總統直選制度，國會政黨體系並不受總統選舉制度影響，因此在圖 9-10 中並未呈現總統選舉制度。

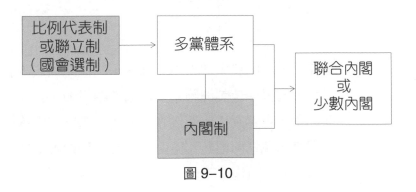

圖 9-10

當今世界上，憲政體制為內閣制的民主國家中，國會選制採比例代表制的國家主要集中在歐洲地區，包括比利時、捷克、丹麥、瑞典、愛沙尼亞、希臘、義大利、拉脫維亞、列支敦斯登、盧森堡、荷蘭、挪威、西班牙、聖馬利諾、塞爾維亞、蒙特尼哥羅等國家，另外土耳其、以色列、南非、摩爾多瓦、摩洛哥、蘇利南亦屬此類。

五、「比例代表制／聯立制的國會選制」+「相對多數制／ 兩輪決選制的總統選制」+「總統制」

如圖 9–11 所示，一國的國會選制若為比例代表制和聯立制，容易形成多黨體系。若該國的憲政體制是總統制而有總統直選制度，兩輪決選制會比相對多數制使國會中的政黨數目稍多。而在典型的多黨體系中，呈現的是各黨不過半的格局，因此，總統所屬政黨僅是國會中其中一個未獲半數的政黨，總統必然無法掌握國會多數，此種情形必然是分立政府的局面。

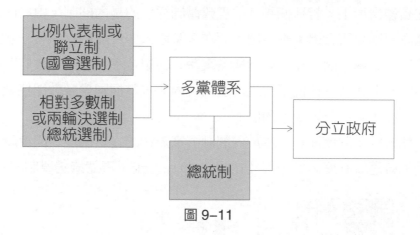

圖 9–11

目前，憲政體制採總統制的民主國家中，國會選制採比例代表制、總統選制採相對多數制的國家皆是中南美洲國家，包括多明尼加、宏都拉斯、巴拿馬、巴拉圭、蓋亞那；國會選制採比例代表制、總統選制採兩輪決選制的國家亦多是中南美洲國家，包括阿根廷、巴西、智利、哥斯大黎加、薩爾瓦多、尼加拉瓜、烏拉圭；另外貝南、蒲隆地、賴比瑞亞等非洲國家，以及賽普勒斯、印尼亦屬此類；國會選制採聯立制、總統選制採相對多數制的國家有玻利維亞、委內瑞拉；國會選制採聯立制、總統選制採兩輪決選制的國家目前則不存在。

六、「比例代表制／聯立制的國會選制」＋「相對多數制／ 兩輪決選制的總統選制」＋「半總統制」

如圖 9-12 所示，一國的國會選制若為比例代表制和聯立制，容易形成多黨體系。若該國的憲政體制是半總統制而有總統直選制度，兩輪決選制會比相對多數制使國會中的政黨數目稍多。

在半總統制下，總統與國會分別由人民選舉產生，由於國會中各黨不過半，總統所屬政黨僅是國會中其中一個未獲半數的政黨，總統必然無法掌握國會多數，因此就總統與國會的關係而言必然是分立政府，此時內閣的組成型態可能出現以下兩種情形：一種情形是如圖 9-13 所示，總統尊重國會中各政黨所組成的國會過半數聯盟，任命國會過半數聯盟所支持的人士組閣，則此時內閣的型態乃是聯合內閣；另一種情形則是如圖 9-14 所示，總統不理會國會中各政黨的意見，片面任命自己陣營的人士組閣，則此時內閣的型態屬於少數內閣。

當今世界上，憲政體制採半總統制的民主國家中，國會選制採比例代表制、總統選制採相對多數制的國家有波士尼亞赫塞哥維納、冰島；國會選制採比例代表制、總統選制採兩輪決選制的國家有奧地利、芬蘭、葡萄牙等中西歐國家；馬其頓、波蘭、羅馬尼亞、斯洛伐克、斯洛維尼亞、烏克蘭等東歐與前蘇聯國家；布吉納法索、維德角、幾內亞比索、莫三比克、納米比亞等非洲國家，以及東帝汶、祕魯、斯里蘭卡；國會選制採聯立制、總統選制採相對多數制的國家目前尚不存在；國會選制採聯立制、總統選制採兩輪決選制的國家僅有尼日。

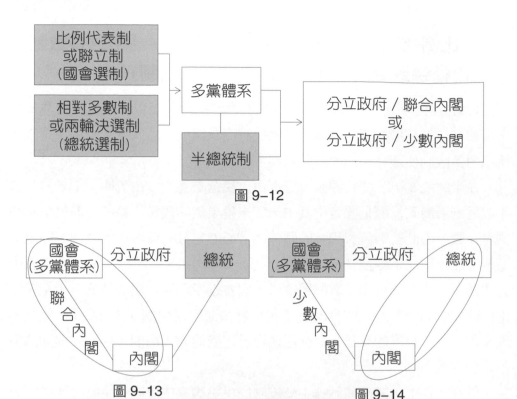

圖 9–12

圖 9–13　　　　　　　　　　圖 9–14

　　以上各種憲政體制與選舉制度的組合情況，可以整合為下表 9–11。在此須說明的是，由於一國的國會政黨體系的「類型」（多黨體系或兩黨體系），主要是直接受國會選制所塑造；相形之下，總統選制儘管對於國會政黨體系的形成亦具有影響力，但並不會影響國會政黨體系的「類型」，充其量僅是影響國會政黨體系「類型」中有效政黨數目的多寡。舉例來說，比例代表制的國會選制會塑造多黨體系，若同時採行相對多數制的總統選制，則該多黨體系的有效政黨數目會較少；若同時採行兩輪決選制的總統選制，則該多黨體系的有效政黨數目會較多。不過無論是採哪一種總統選制，國會政黨體系之所以會形成多黨體系而不是兩黨體系，仍是直接受比例代表制的國會選制所決定。

　　總之，儘管國會政黨體系的完整樣貌是受國會選制與總統選制共同形塑，但影響國會政黨體系「類型」的選舉制度是國會選制而非總統選制，因此後

續的分析討論仍可稍作簡化，而將總統選制暫時存而不論。因此，表 9–11 中的選舉制度，指的是國會選制，而非總統選制。下一節將以表 9–11 為基礎，討論表 9–11 中六種情況所造成的政治效應，藉此看出不同憲政體制與不同選舉制度搭配下可能出現的利弊得失。

表 9–11　憲政體制與選舉制度的配套㉕

選舉制度 →政黨體系	憲政體制類型		內閣制	總統制	半總統制
單一選區制	兩黨體系		一黨過半內閣	一致政府 或 分立政府	一致政府／一黨過半內閣 或 分立政府／一黨過半內閣 （或少數內閣）
並立制			【情況一】	【情況二】	【情況三】
聯立制	多黨體系		聯合內閣 或 少數內閣	分立政府	分立政府／聯合內閣 或 分立政府／少數內閣
比例代表制			【情況四】	【情況五】	【情況六】

（左側標示：低／少 → 高／多；比例性；政黨數量）

㉕　在表 9–11 的最左側標了關於比例性與政黨數量的箭頭，茲將其意涵說明如下。首先，不同選舉制度的比例性不盡相同，就單一選區制、並立制、聯立制與比例代表制這四種選舉制度而言，比例性的排序應是：單一選區制＜並立制＜聯立制＜比例代表制。值得說明的是，聯立制的比例性之所以略遜於比例代表制，是因為即便聯立制和比例代表制皆不設定政黨可分配席次門檻而都具有高度比例性，但聯立制這個制度在本質上仍然使大黨有「超額當選」的現象出現（亦即政黨在單一選區所獲得的席次，若超過原則上依政黨名單得票率所分配的總席次，單一選區所獲得的席次仍全部當選），因此聯立制仍會造成些微的比例性偏差。其次，比例性愈高的選舉制度，小黨將愈有生存空間，政黨的數量原則上會愈多，因此這四種選舉制度之下政黨數目多寡的排序也應是：單一選區制＜並立制＜聯立制＜比例代表制。第三，政黨數量在不同選舉制度下的差異原本是如同連續性光譜上的程度差異，不過由於在政治學的討論中，習慣將政黨體系區分為兩黨體系和多黨體系，因此本表依循一般對政黨體系的區分，將原本應是連續光譜上的政黨數量多寡程度差異，劃分為兩黨體系和多黨體系兩類。第四，單一選區制容易形成兩黨體系，至於並立制的選舉制度儘管不見得會形塑道道地地的兩黨體系，但仍對大黨有利。在政黨體系二

第五節　不同憲政體制與選舉制度搭配下的政治效應及其改良方案

一、不同憲政體制與選舉制度搭配下的政治效應

　　就表 9–11 的情況一而言，乃是指一個國家的選舉制度若採單一選區相對多數制或並立制，憲政體制若採內閣制，兩者配套之下所形成的政府型態通常是一黨過半內閣。一黨過半內閣的優點在於施政較有效率，而且政治較穩定，❷不過在展現施政效率和政治穩定之優點的同時，當然也隱藏著政府濫權的危機。

　　就情況二而言，乃是指一個國家的選舉制度若採單一選區相對多數制或並立制，憲政體制若採總統制，兩者配套之下所形成的政府型態則是一致政府或分立政府。在一致政府的情況下，通常施政較有效率；而在分立政府的情況下，則較容易出現政治僵局，造成政策推動的停頓與延宕。

　　而在情況三中，乃是指一個國家的選舉制度若採單一選區相對多數制或並立制，憲政體制若採雙首長制，兩者配套之下所形成的政府型態則是「一致政府且一黨過半內閣」，或是「分立政府且一黨過半內閣」。

　　若是「一致政府且一黨過半內閣」（即前文圖 9–7 之情形），則其政治效應正好是情況一之「一黨過半內閣」的政治效應與情況二之「一致政府」的政治效應的加總。換言之，在這種政府型態下，施政會顯得非常有效率，政治也相當穩定，但政府濫權的危機則更為明顯。

　　若是「分立政府且一黨過半內閣」（即前文圖 9–8 之情形），則其政治效應也可以從情況一之「一黨過半內閣」的政治效應與情況二之「分立政府」的政治效應兩者加總來觀察。一方面，就總統與國會的關係而言，由於此時

　　分法的情況下，本文也僅能簡化地將並立制所可能形成的政黨體系劃歸為兩黨體系。相對地，比例代表制與聯立制皆容易形成多黨體系，則應無疑義。

❷　政治學界對於「政治穩定」意涵的看法和界定方式不盡相同。本文所指的「政治穩定」指的是「政府（行政部門）的持續時間長、更迭頻率低」，亦即「政府穩定」。

總統與國會不一致，似乎會如同情況二之分立政府的情形出現政治僵局，造成政策推動的停頓與延宕；但另一方面，由於此時內閣來自國會的單一多數黨，因此就內閣與國會的關係而言，又如同情況一的一黨過半內閣而能具有某種程度的施政效率和政治穩定。

　　綜合而言，分立政府容易引發僵局的負面效應，正好與一黨過半內閣具有施政效率的正面效應相互中和，而使得原本一黨過半內閣所可能造成的政府濫權危機得以緩和。值得注意的是，在情況三中亦有可能出現「分立政府且少數內閣」的情形（即前文圖 9-9 之情形），此將在後文的情況六中再討論這種情形的政治效應。

　　就表 9-11 的情況四而言，乃是指一個國家的選舉制度若採比例代表制或聯立制，憲政體制若採內閣制，兩者配套之下所形成的政府型態通常是聯合內閣，有時候也可能出現少數內閣。一般對聯合內閣的負面評價是較容易造成政治不穩定，施政效率也不如一黨過半內閣。

　　不過，值得注意的是，就歐洲國家聯合內閣的實際運作經驗看來，假若參與組閣的政黨數量不致太多（例如二至三個政黨），且參與組閣之政黨之間的政策立場和意識型態差距也不大，則聯合內閣並不見得會造成政治不穩定，且由於聯合內閣仍然掌握國會的過半數，因此仍能具有某種程度的施政效率。儘管聯合內閣的政策產出須經過參與組閣之各政黨的協調，使得聯合內閣的施政效率程度不如情況一的一黨過半內閣，但相對地聯合內閣也不似一黨過半內閣容易造成政府濫權的危機。換言之，數量不多且意識型態相近的政黨所組成的聯合內閣，既能維持政治穩定，且可以兼顧施政效率和避免濫權這兩項原本相互衝突的價值。

　　不過，在情況四中也有可能出現少數內閣的情形，從世界各國少數內閣的實際運作看來，除非是政黨之間有「閣外合作」❷❼的特殊情況，否則一般

---

❷❼　所謂「閣外合作」，是指國會中有政黨雖未參與組閣，但仍然與內閣維持友好和合作的關係，在國會中支持內閣提出的法案與政策。在這種情況下，雖然內閣在形式上是少數內閣，但在實質上仍有國會過半數的支持，只是政黨合作的場域不是在內閣中，而是在國會中，因此這種少數內閣並不必然會造成政治不穩定，而且亦有相

而言由於少數內閣並無國會過半數的穩定支持，內閣的政策很難有效推動，而且國會中未參與內閣的政黨一旦合作，也隨時有能力倒閣，因此少數內閣因欠缺施政效率，也容易造成政治不穩定。

　　另就情況五而言，乃是指一個國家的選舉制度若採比例代表制或聯立制，憲政體制若採總統制，兩者配套之下所形成的政府型態則「注定」是分立政府。在這種配套下，沒有一致政府的可能性，而分立政府又很容易導致政治的僵局。這種情形普遍出現在拉丁美洲各國，一方面由於在總統制下，缺乏解散國會等化解政治僵局的機制，當行政部門與立法部門間發生政治僵局時，政府施政效率勢必低落；另一方面這種情形也容易造成具有強大民意基礎的總統，以直接訴諸民意的方式來對抗國會，甚至使用非常手段來迫使國會就範，而引發民主倒退的危機（王業立，2009: 52）。

　　Scott Mainwaring (1993: 198–228) 便指出，總統制與比例代表制所形成的多黨體系是一種「困難的結合」(difficult combination)，從許多新興民主國家的經驗來看，當總統制與多黨林立的政黨體系同時出現時，民主政治將是難以存活的。❷❸

　　最後就情況六來說，乃是指一個國家的選舉制度若採比例代表制或聯立制，憲政體制若採雙首長制，兩者配套之下所形成的政府型態則是「分立政府且聯合內閣」，或是「分立政府且少數內閣」。以下就此兩種政府型態分別說明：

　　首先，若是「分立政府且聯合內閣」（即前文圖 9–13 之情形），則其可能的政治效應正好可以從情況四中「聯合內閣」的政治效應，以及情況五中「分立政府」的政治效應這兩者來綜合評估。一方面，就總統與國會的關係

　　當程度的施政效率。

❷❸　拉丁美洲國家之所以會同時採取總統制與比例代表制，是來自兩種文化傳統的影響。一方面，拉丁美洲與美國有地緣關係，當拉丁美洲於十九世紀脫離殖民地地位獨立建國，各國在憲政體制上皆仿效美國而採總統制；另一方面，拉丁美洲過去是西班牙與葡萄牙的殖民地，各國在選舉制度上則又承襲西、葡等歐陸國家的傳統而採比例代表制。

而言，由於此時總統與國會多數不一致而形成分立政府，因此如同情況五，在某種程度上不免會有政治僵局出現，而導致施政缺乏效率；另一方面，就內閣與國會的關係而言，假若此時聯合內閣是參與組閣政黨眾多，政黨之間意識型態也相差甚大的聯合內閣，也會如同情況四的情形，容易造成政治不穩定和施政效率低落。

不過，亦如在前文討論情況四中所論及的，假若參與組閣的政黨數量不致太多，而參與組閣政黨之間的政策立場和意識型態差距也不大，則不必然會有政治不穩定的情形，而且由於聯合內閣擁有國會過半數的支持，因此尚有某種程度的施政效率。若是如此，聯合內閣反而緩和了分立政府所可能導致的政治僵局和施政欠缺效率的缺失。

其次，若是「分立政府且少數內閣」（即前文圖 9–14 之情形，這種情形也可能出現在前述的情況三當中，即圖 9–9），則其可能的政治效應也可以從情況四中「少數內閣」的政治效應，以及情況五中「分立政府」的政治效應這兩者來綜合評估。一方面，就總統與國會的關係而言，由於此時總統與國會多數不一致而形成分立政府，因此與情況五相同，會出現某種程度的政治僵局，總統施政較缺乏效率；另一方面，就內閣與國會的關係而言，由於此時內閣是少數內閣，則又如同情況四中少數內閣的情形，內閣的政策無法獲得國會多數的支持而很難有效地推動，且隨時受到國會倒閣的威脅，因此內閣施政既欠缺效率，也容易造成政治不穩定。換言之，這種既是分立政府又是少數內閣的政治效應，乃是情況四與情況五「壞上加壞」的情形。

二、不同憲政體制與選舉制度搭配下的改良方案

在上述各種憲政體制與選舉制度配套之下的六種情況中，有些情況所產生的正面和負面的政治效應，乃是特定憲政體制和選舉制度搭配下所產生之特定政府型態在本質上的必然現象，並沒有迴避的空間；有些則尚有調整改良的空間，得以透過若干改良方案使負面效應降到最低。以下將討論在上述六種情況中，要如何透過制度的輔助設計而減輕各該種情況所可能出現的負面政治效應。

㈠情況一：一黨過半內閣

　　一黨過半內閣使得施政有效率，政治較穩定，但相對地也較可能導致政府濫權。此為該政府型態在本質上的必然現象，換言之，政府濫權危機是一黨過半內閣這種政府型態必然存在的「基因」。當然，在一黨過半內閣的情況下，仍可透過其他的制度設計來減輕政府濫權的危機，例如強化司法審查制度，或是在《憲法》上要求涉及人權的政策與法律須以較高的表決門檻通過，以維護人民的自由權利。

㈡情況二與情況五：一致政府或分立政府

　　情況二與情況五兩者可一起討論。就情況二而言，一致政府將使得政府施政有效率，但若是分立政府則容易產生政治僵局。與前述一黨過半內閣會產生濫權危機的情況雷同，政治僵局這種負面效應乃是分立政府這種政府型態在本質上的必然現象，亦可說分立政府所可能導致的政治僵局是總統制這種政府型態必然存在的「基因」。這是因為總統制中總統與國會由人民分別選舉產生，具有雙重民主正當性 (dual democratic legitimacy) 的特質。我們不可能在採取總統制這種憲政體制的同時，又企圖透過改良方案完全排除分立政府出現的可能性。

　　事實上，總統制最受人批評的地方，就是在於總統制在雙元民主正當性的制度設計下容易產生僵局。若要完全排除分立政府出現的可能性，唯有捨棄總統制才能達成。不過，在「兩黨體系＋總統制」的情況二，儘管不可能完全避免分立政府出現，但也可能出現憲政運作較順暢的一致政府，而不像情況五「注定」是分立政府。就此看來，若憲政體制採取總統制，情況二是比情況五來得好的選項。

㈢情況三：「一致政府／一黨過半內閣」或「分立政府／一黨過半內閣」

　　不論是「一致政府且一黨過半內閣」，或是「分立政府且一黨過半內閣」，都是憲政運作較為順暢、整體評價正面大於負面的情形。不過，若要論其負

面效應，則是在「一致政府且一黨過半內閣」的情形下，由於總統、國會、內閣三者「一家親」，會有更明顯的濫權危機；若要改善政府濫權的疑慮，則如同針對情況一的改善之道，應強化司法審查等保障人權的機制。

而在「分立政府且一黨過半內閣」的情形下，由於總統與國會多數不一致，因此總統與國會之間仍有可能因為政治立場不同而發生政治僵局。但是在雙首長制中，總統與國會係由人民分別選舉產生，因此就和總統制必然存在分立政府的「基因」一樣，我們不可能在採取雙首長制的同時又試圖完全排除分立政府的可能性，不過由於此時內閣是一黨過半內閣，仍是來自國會中的單一多數黨，因此整體評價仍屬正面。

值得注意的是，情況三中也可能出現「分立政府且少數內閣」的情形，這種情形等同於情況六中的第二種情形，是「壞上加壞」的情境。那麼，我們該如何透過制度改良來避免這種情況的發生呢？

由於這種情況的出現，是因為總統面對與其不一致的國會多數時，仍不理會國會多數而片面任命自己屬意的人士組閣所造成的結果，因此制度改良的關鍵就在於，如何透過制度規範迫使總統尊重國會多數，任命國會多數支持的人士組閣，以避免充滿負面效應的「分立政府且少數內閣」出現，而能走向尚有正面效應的「分立政府且一黨過半內閣」。本文認為最關鍵的制度設計，便是在《憲法》中賦予國會對內閣（或閣揆）的人事同意權。假若國會對內閣（或閣揆）有人事同意權，則總統任命閣揆時便不得不尊重國會多數黨的意見，便可以避免「分立政府且少數內閣」這種令人擔憂的情況出現。

㈣情況四：聯合內閣或少數內閣

聯合內閣較令人擔憂的負面效應是政治較不穩定且較缺乏施政效率，少數內閣的負面效應也是如此。以下分別就聯合內閣與少數內閣這兩種情況加以說明：首先，就聯合內閣而言，若參與組閣的政黨數目不致太多，且彼此之間的意識型態和政策立場接近，則聯合內閣的負面效應便能緩和。假如我們希望使社會中的少數能夠獲得保障，又希望避免小黨林立導致政治不穩定，最典型且有效的做法就是在選舉制度採取比例代表制或聯立制的同時，設定

政黨可分配席次的門檻。設有政黨當選門檻的比例代表制或聯立制，是既能兼顧保障少數與政治穩定的一種制度設計。另外，採取建設性不信任投票的制度也能進一步促進政治穩定。❷

　　其次，就少數內閣而言，政治不穩定與施政難有效率的缺失則難以避免。我們該如何透過制度改良以避免多黨體系的內閣制中出現少數內閣，而能出現尚有正面效應的聯合內閣呢？事實上，世界上許多內閣制國家之所以會出現少數內閣的運作，多半是因為在《憲法》上國會沒有內閣的人事同意權。儘管內閣制國家的國會必然有倒閣權，但在國會對內閣無人事同意權的情況下，假若國家元首（君主或總統）執意任命非國會多數黨（或多數聯盟）的人士組閣，不須國會同意就能直接上任，而國會各政黨又基於各種原因和考量而未發動倒閣，少數內閣就有可能出現（高朗，2001；廖達琪、黃志呈，2001；Lijphart, 1999: 100–102；Bergman, 1995）。

　　就此看來，避免少數內閣出現之最典型而有效的做法乃是賦予國會對內閣的人事同意權，內閣上任須以國會過半數的支持為前提，少數內閣就較無存在的空間。

㈤情況六：「分立政府／聯合內閣」或「分立政府／少數內閣」

　　就情況六而言，可能出現「分立政府且聯合內閣」或「分立政府且少數內閣」兩種情況。由於分立政府是總統和國會分別選舉的憲政體制（總統制與雙首長制）與多黨體系組合下必然產生的現象，因此無法透過制度的調整來完全排除其出現的可能性。不過若將「分立政府且聯合內閣」與「分立政府且少數內閣」兩種情況相較，只要前者的聯合內閣不是鬆散不穩定的聯合內閣，則前者的政治效應顯然會優於後者。

---

❷　建設性不信任投票的制度是指國會進行倒閣案的表決前，必須先以過半數選出新任閣揆。當國會以過半數選出新任閣揆並通過原內閣的倒閣案，新任閣揆隨即上任，舊閣揆必須下台，且不得解散國會。換言之，國會各政黨若對新任閣揆與組閣事宜無法達成過半數的共識，無論目前的內閣多麼不受國會支持，國會皆不得倒閣。此種制度增添了國會行使倒閣權的前提要件，增加了國會倒閣的難度，因而能強化政治穩定。德國即為此制的著例。

那麼要如何在多黨體系的雙首長制中，避免少數內閣的出現呢？很明顯地，在多黨體系的雙首長制中，之所以會出現少數內閣，最主要的原因是總統不理會國會的意見，片面任命自己屬意的國會少數黨人士組閣，而國會又基於各種考量而未發動倒閣。因此，若要避免充滿負面效應的「分立政府且少數內閣」出現，而欲走向尚有正面效應的「分立政府且聯合內閣」，最主要的做法則與前述情況四的改良方法相同，亦即賦予國會對內閣的人事同意權，如此一來就能迫使總統在任命閣揆時尊重國會各政黨的意見，而任命國會多數能夠支持的人士組閣。

而在「分立政府且聯合內閣」的情況下，若要避免聯合內閣鬆散不穩定，最主要的改良做法亦與前述情況四的改良做法雷同，要在採取比例代表制或聯立制的同時設定政黨可分配席次門檻，以避免小黨林立和參與組閣的政黨太多，並且輔以建設性不信任投票的制度。

綜合以上的討論，我們可以發現，如表9-12所示，其中標示灰底的部分乃是憲政體制與選舉制度配套的「地雷區」，但仍有若干改良方案可以略加改善這些地雷區在憲政運作上造成的弊病。

表 9-12　憲政體制與選舉制度配套的「地雷區」

憲政體制類型　選舉制度→政黨體系		內閣制	總統制	雙首長制
單一選區制	兩黨體系	一黨過半內閣	一致政府 或 分立政府	一致政府／一黨過半內閣 或 分立政府／一黨過半內閣 （或少數內閣）
並立制	兩黨體系	一黨過半內閣	一致政府 或 分立政府	一致政府／一黨過半內閣 或 分立政府／一黨過半內閣 （或少數內閣）
聯立制	多黨體系	聯合內閣 或 少數內閣	分立政府	分立政府／聯合內閣 或 分立政府／少數內閣
比例代表制	多黨體系	聯合內閣 或 少數內閣	分立政府	分立政府／聯合內閣 或 分立政府／少數內閣

・賦予國會對閣揆的人事同意權，促使聯合內閣產生
・選制設政黨門檻，避免小黨林立，促使聯合內閣穩定

第六節　結　語

　　探討了世界上民主國家各種憲政體制、國會選制與總統選制的組合情況後，在本章最後，我們可以回過頭來檢視我國目前的制度組合情況。我國目前的憲政體制為半總統制，國會選制為並立制，總統選制則為相對多數制。可以先思考的問題是，如果我國在憲政體制方面仍維持半總統制，哪一種（或哪幾種）國會選舉制度是最能與半總統制適切搭配的選舉制度？

　　從上述的分析中可以發現，在半總統制中，當總統與國會多數一致時，亦即在一致政府的情況下，由於總統、國會、內閣三者皆一致，通常政治最穩定、政府施政最有效率。相形之下，當總統與國會多數不一致時，亦即在分立政府的情況下，難免會造成總統與國會之間的僵局與衝突。

　　分立政府是半總統制與總統制這兩種憲政體制必然存在的「基因」。由於比例代表制或聯立制的國會選舉制度會塑造多黨體系，而多黨體系與半總統制的搭配幾乎將「注定」形成分立政府；另一方面，單一選區相對多數制或並立制的國會選舉制度會塑造兩黨體系，而兩黨體系與半總統制的搭配固然仍不可能完全避免分立政府出現，但也可能出現憲政運作較順暢的一致政府。因此，若從盡量避免分立政府出現的角度加以思考，單一選區相對多數制與並立制應該是較能與我國目前的半總統制適切搭配的選舉制度。

　　我們可以進一步去思考本章一開頭所指出的我國立委選舉制度應採並立制或聯立制的爭議問題。我國在 2008 年 1 月第七屆立法委員選舉首次以並立制的選舉制度選出立法委員，由於從選舉結果可以清楚看到嚴重的比例性偏差現象：國民黨在立法院的席次率遠高於其得票率，民進黨的席次率則遠低於其得票率，❸⓪至於台聯、新黨等小黨則全軍覆沒，在立法院則未獲得任何

❸⓪　在第七屆立法委員選舉中，國民黨在區域立委部分（以單一選區相對多數制選出）的全國得票率為 53.48%，在僑選與全國不分區立委部分（以政黨名單比例代表制選出）的全國得票率為 51.23%。上述兩部分的得票率皆在五成多，但席次率卻高達 71.68%（81 席 ÷113 席）。民進黨在區域立委部分的全國得票率為 38.65%，在僑選與全國不分區立委部分的全國得票率為 36.91%，兩部分的得票率皆將近四成，但席次率卻只有 23.89%（27 席 ÷113 席）。第七屆立委選舉結果確實呈現出嚴重的

席次。

對於這種現象，有許多論者（包括政治人物、媒體與學者）都指出，若我國的立委選舉制度仍欲維持單一選區兩票制（混合制），應採取聯立制而非並立制，如此才能矯正目前並立制所造成的嚴重比例性偏差，並改善並立制壓抑小黨生存空間的缺失（自由時報社論，2008；陳春生，2008）。

這樣的論法固然言之有據，但是從制度配套的角度來看，假如我國將來憲政體制的調整方向是往總統制改革，或是仍維持半總統制，此時若再配上聯立制的立委選舉制度，都將難以避免分立政府的政治格局，並不利於憲政運作的順暢。尤其在聯立制與總統制的搭配下，幾乎就陷入拉丁美洲國家注定形成政治僵局的陷阱裡。

就此看來，在我國憲政體制目前為半總統制的前提下，國會選制採行並立制反而是優於聯立制的選擇。不過，在半總統制與並立制的制度組合下，仍有可能出現「分立政府且少數內閣」的情形，我們該如何透過制度改良來避免這種情況的發生呢？如前文所述，本文認為最關鍵的制度改良之道，便是在《憲法》中賦予國會對內閣（或閣揆）的人事同意權。

若從目前我國半總統制與並立制相互搭配的前提下去思考總統選制的問題，本文認為兩輪決選制會優於目前的相對多數制。在半總統制的憲政體制下，本文之所以認為並立制的國會選制優於聯立制，是因為採行並立制可以降低分立政府出現的機會，這樣的制度搭配，本文不得不承認乃是以犧牲小黨的生存空間，作為降低分立政府出現機會的代價。

小黨在並立制下的生存空間原本已相當有限，若總統選制採相對多數制，對小黨而言可說是「雪上加霜」。相對而言，兩輪決選制至少提供了小黨等少數勢力參選的空間，即便小黨無法晉級第二輪選舉，然而透過第一輪選舉，讓小黨等少數勢力仍有空間在選舉中表態，用選票證明了自己的代表性，也迫使晉級的候選人在第二輪投票時，把所有的民意排列組合之後，採納小黨的若干訴求，整合出代表過半民意的政見。

綜言之，本文認為我國目前的最佳制度配套，是半總統制的憲政體制（其

比例性偏差。

中國會應有閣揆或內閣的人事同意權)、並立制的國會選制,以及絕對多數制的總統選制。

在本書的最後,我們可以對以下這個貫穿本書的核心議題做一個總結。這個問題是:在我國目前既有的半總統制下,如何使憲政運作更為順暢?亦即我國該如何建構一個「優質」的半總統制?綜合本書各章的討論,我們應該可以同意,一個運作順暢的半總統制,應該要能夠盡可能維持總統與國會多數一致的政府格局,避免分立政府出現。因為當總統與國會多數一致時,總統、國會與內閣三者「一家親」的格局,最能避免憲政僵局,且政府施政最有效率。

然而,半總統制中總統與國會既然由人民分別選舉產生,總統與國會多數不一致的情況就不可能完全排除。一旦出現總統與國會多數不一致的分立政府格局,一個好的半總統制應該要能夠在制度上迫使總統任命國會多數陣營組閣,並能盡量避免總統不理會國會多數而任命自己屬意的人士組閣,亦要避免總統與國會持續爭奪內閣的主導權。基於上述考量,我們可以推論,一個「優質」的半總統制,應該具備以下制度內涵與制度配套:

一、就總統與國會選舉制度的安排而言

總統與國會選舉應盡可能時間相近,甚至同時選舉,以降低總統與國會多數不一致的機會。且為了使總統與國會盡可能能夠一致,國會中的政黨體系似以兩黨體系為宜。因為若國會的政黨體系為多黨體系,總統與國會多數不一致便成為無可避免的常態現象。由於國會政黨體系的制度成因與國會選舉制度有關,如果兩黨體系是半總統制中比較適當的政黨體系,而單一選區相對多數制或並立制傾向塑造兩黨體系,比例代表制或聯立制傾向塑造多黨體系,則單一選區相對多數制或並立制自然是更為適當的選舉制度。

而為了使小黨的生存空間不致被全然剝奪,含有政黨比例代表制名額的並立制應該比單一選區相對多數制更可行。為了使小黨的生存空間獲得一定保障,可考慮增加並立制中以比例代表制選出的國會議員名額,並降低政黨當選門檻(例如從 5% 降為 3%)。總統選制則應以兩輪決選制為宜,因為此

制既可以強化總統的民意基礎，亦可使小黨在總統選舉過程中具有一定的能見度，能夠使小黨具有與大黨候選人談判的籌碼。

二、就半總統制次類型的選擇而言

《憲法》中應賦予國會對閣揆的人事同意權，並明文排除總統對閣揆的免職權，亦即應確立我國半總統制是「總理總統制」（一元型半總統制）而非「總統議會制」（二元型半總統制）。Shugart 和 Carey 在界定「總理總統制」與「總統議會制」的差異時，相當強調總統之閣揆免職權的有無。

事實上，若要使半總統制得以運作順暢，除了要避免總統對閣揆擁有免職權，國會對閣揆的人事同意權也相當重要。因為當總統與國會多數不一致時，若國會對閣揆有人事同意權，總統勢必要尊重國會多數，任命國會多數陣營組閣。賦予國會對閣揆的人事同意權亦有另一項重要的憲政功能，即能確保閣揆權力的正當性基礎相當程度是來自國會的支持，而非完全來自總統的任命，閣揆的憲政地位將得以獲得強化，而能有效抑制總統將閣揆貶低為其下屬而獨攬大權的企圖。另一方面，為了避免總統與國會爭奪內閣的主導權，則應明文排除總統對閣揆的免職權，才能排除總統對內閣的干擾，確保國會多數陣營組成的內閣能夠持續運作下去。

三、就總統與閣揆的權力分際而言

總統與閣揆的權限劃分應盡可能明確。半總統制具有行政權二元化的特質，而行政權在本質上確實很難截然區分總統與閣揆個別掌握的事權，總統與閣揆的事權無論如何區分總有重疊地帶。但《憲法》中對於總統與閣揆所掌有之權力範圍的規定，仍不宜太過模糊，如果《憲法》基於國家根本大法的性質，無法對總統與閣揆的事權鉅細靡遺悉加規範，亦可透過如《總統職權行使法》等相關法律的規定，在法律層次上對總統與閣揆的職權範圍加以釐清。如此一來，半總統制下總統與閣揆之間發生權力衝突的機會才得以降到最低，半總統制下因為行政權二元化而必然存在的雙頭馬車問題也才得以緩解。

附錄　世界民主國家憲政體制、國會選制與總統選制的組合狀況（2010 年）❸

憲政體制	國會選舉制度	總統選舉制度	採行國家
內閣制	單一選區制	無總統直選制度	相對多數制（國會選制）：安地卡及巴布達、巴貝多、巴哈馬、孟加拉、貝里斯、波札那、加拿大、多米尼克、衣索比亞、格瑞那達、印度、牙買加、馬來西亞、馬紹爾群島、密克羅尼西亞、尼泊爾、巴布亞紐幾內亞、聖克里斯多福、聖露西亞、聖文森、所羅門群島、東加、千里達、吐瓦魯、英國 兩輪投票制（國會選制）：巴林、科摩洛、吉里巴斯、摩納哥
	比例代表制	無總統直選制度	比利時、捷克、丹麥、愛沙尼亞、希臘、以色列、義大利、拉脫維亞、列支敦斯登、盧森堡、摩爾多瓦、蒙特尼哥羅、摩洛哥、荷蘭、挪威、聖馬利諾、塞爾維亞、南非、西班牙、蘇利南、瑞典、土耳其
	聯立制	無總統直選制度	德國、賴索托、紐西蘭
	並立制	無總統直選制度	阿爾巴尼亞、安道爾、匈牙利、日本
	其他	無總統直選制度	選擇投票制：澳洲、諾魯 SNTV：約旦、萬那杜 STV：馬爾他 連記投票制：科威特、黎巴嫩、模里西斯、薩摩亞
總統制	單一選區制	兩輪決選制	相對多數制（國會選制）：中非、哥倫比亞、甘比亞、迦納、奈及利亞、獅子山、坦尚尼亞、烏干達、尚比亞 兩輪投票制（國會選制）：茅利塔尼亞
		相對多數制	馬拉威、帛琉、美國
	比例代表制	兩輪決選制	阿根廷、貝南、巴西、蒲隆地、智利、哥斯大黎加、賽普勒斯、薩爾瓦多、印尼、賴比瑞亞、尼加拉瓜、烏拉圭
		相對多數制	多明尼加、蓋亞那、宏都拉斯、巴拿馬、巴拉圭
	聯立制	兩輪決選制	無

❸　本表中的選取標準同❼。

憲政體制	國會選舉制度	總統選舉制度	採行國家
	並立制	相對多數制	玻利維亞、委內瑞拉
		兩輪決選制	塞席爾、瓜地馬拉
		相對多數制	墨西哥、菲律賓、南韓
	其　他		SNTV（國會）＋絕對多數制（總統）：阿富汗 連記投票制（國會）＋絕對多數制（總統）：吉布地 特殊之混合制（國會）＋絕對多數制（總統）：厄瓜多
半總統制	單一選區制	兩輪決選制	相對多數制（國會選制）：蒙古、聖多美普林西比、葉門 兩輪投票制（國會選制）：法國、加彭、馬利
		相對多數制	相對多數制（國會選制）：肯亞 兩輪投票制（國會選制）：海地、吉爾吉斯
	比例代表制	兩輪決選制	奧地利、布吉納法索、維德角、東帝汶、芬蘭、幾內亞比索、馬其頓、莫三比克、納米比亞、祕魯、波蘭、葡萄牙、羅馬尼亞、斯洛伐克、斯洛維尼亞、斯里蘭卡、烏克蘭
		相對多數制	波士尼亞赫塞哥維納、冰島
	聯立制	兩輪決選制	尼日
		相對多數制	無
	並立制	兩輪決選制	亞美尼亞、保加利亞、克羅埃西亞、喬治亞、幾內亞比索、立陶宛、馬達加斯加、塞內加爾
		相對多數制	中華民國
	其　他		STV（國會）＋選擇投票制（總統）：愛爾蘭 集選區制（國會）＋相對多數制（總統）：新加坡

資料來源：整理自以下網站
Freedom House (2009); Election Resources on the Internet (2010); ACE The Electoral Knowledge Network (2010); Elections and Electoral Systems (2010).

參考書目

王月玫，1998，〈總統與國會選制的政治影響——以總統制、半總統制國家為例〉，國立政治大學政治學研究所碩士論文。

王業立，1996，〈相對多數 vs. 絕對多數——各國總統直選方式的比較研究〉，《選舉研究》3(1)：49-67。

王業立，2001a，〈現行選舉制度難以完成「大輪替」〉，《中國時報》，2001 年 5 月 24 日，第 15 版。

王業立，2001b，〈總統直選與憲政運作〉，《理論與政策》15(3)：1-17。

王業立、彭怡菲，2004，〈分裂投票：一個制度面的分析〉，《台灣政治學刊》8(1)：3-45。

王業立，2005，〈總統制與內閣制的制度選擇〉，「21 世紀臺灣新憲法論壇」論文，2005 年 11 月 12 日。臺北：東吳大學政治系、臺灣法學會、21 世紀憲改聯盟。

王業立，2011，《比較選舉制度》。臺北：五南圖書公司。

王業立，2013，〈會計法爭議／覆議滅火——憲政潘朵拉盒〉，《聯合報》，2013 年 6 月 8 日，A23 版。

王鼎銘、蘇俊斌、黃紀、郭銘峰，2004，〈日本自民黨之選票穩定度研究：1993、1996 及 2000 年眾議院選舉之定群追蹤分析〉，《選舉研究》11(2)：81-109。

中國時報社論，1998a，〈釐清總統與行政院長的權責關係〉，《中國時報》，1998 年 3 月 11 日，第 3 版。

中國時報社論，1998b，〈內閣應總辭以樹憲政典範，留任以維政局安定〉，《中國時報》，1998 年 12 月 9 日，第 3 版。

中國時報社論，2006，〈回到憲政精神上談扁蘇關係〉，《中國時報》，2006 年 1 月 27 日，A2 版。

中國時報社論，2012，〈赴立法院國情報告，何苦陷入口水戰〉，《中國時報》，2012 年 4 月 27 日，A25 版。

田弘華、劉義周，2005，〈政黨合作與杜瓦傑法則：連宋配、國親合的賽局分

析〉，《台灣政治學報》9(1)：5–6。

史美強，2005，《制度、網絡與府際治理》。臺北：元照出版公司。

朱雲漢，1997，〈從法國第五共和「行政權雙軌制」看現階段國會結構與功能
　　調整問題——國大定位、立監兩院職權修憲方案評估〉，載於國民大會祕
　　書處主編《國民大會憲政改革委員會委託專題研究報告（第二輯）》，頁
　　1–45。臺北：國民大會祕書處。

朱雲漢，2005，〈憲政主義的毀壞與重建〉，「憲政回顧與憲法修改」圓桌研討
　　會論文，2005 年 3 月 12 日。臺北：中央研究院政治研究所籌備處。

朱諶，1997，《憲政分權理論及其制度》。臺北：五南圖書公司。

自由時報社論，2008，〈朝野應共同努力改進現行之不合理選制〉，《自由時
　　報》，2008 年 1 月 29 日，A2 版。

呂炳寬，2008，〈覆議制度與憲政體制：理論與臺灣經驗〉，《台灣本土法學雜
　　誌》103：99–111。

呂炳寬，2009，〈半總統制的解構與重建——概念、類型與研究方法之檢視〉，
　　「2009 年中國政治學會暨學術研討會」論文，2009 年 11 月 6–7 日。臺
　　北：中國政治學會、臺北大學公共行政暨政策學系。

呂炳寬、張峻豪，2009，〈制度深化或制度演化：我國中央與地方政府覆議權
　　的比較〉，《臺灣民主季刊》6(4)：169–206。

呂炳寬、徐正戎，2005，〈選舉時程的憲政影響——從法國經驗談起〉，「台灣
　　政治學會年會暨臺灣民主的挑戰與前景」學術研討會論文，2005 年 12
　　月 10 日。臺北：台灣政治學會、政治大學政治系。

李西潭，2005，〈憲法時刻與臺灣憲政體制的選擇〉，「2005 年中國政治學會
　　年會暨學術研討會」論文，2005 年 10 月 1–2 日。臺北：中國政治學會、
　　臺灣大學政治系、中央研究院政治研究所籌備處。

李念祖，2000，〈憲政主義與民主鞏固——論我國雙首長制憲法對於政治部門
　　的控制〉，「九七修憲與憲政發展」學術研討會論文，2000 年 12 月 9 日。
　　臺北：國家政策研究基金會。

李佩珊，2005，〈半總統制下的民主治理：臺灣與南韓之比較〉，國家科學委
　　員會專題研究計畫成果報告 (NSC 93-2414-H-194-009)。

李建良，1998，〈政治問題與司法審查——評析司法院大法官相關解釋〉，載

　　於劉孔中、李建良主編《憲法解釋之理論與實務》,頁 161-197。臺北:
　　中央研究院中山人文社會科學研究所。

李鳳玉,2001,〈半總統制下的總統干政與政府穩定——威瑪德國、法國第五
　　共和、後共波蘭與臺灣〉,臺灣大學政治學研究所碩士論文。

李鳳玉、藍夢荷,2011,〈一致政府下的內閣穩定〉,《政治科學論叢》47:
　　107-142。

沈有忠,2004,〈半總統制下的權力集散與政府穩定——臺灣與威瑪共和的比
　　較〉,《臺灣民主季刊》1(3):99-130。

沈有忠,2005,〈制度制約下的行政與立法關係——以我國九七憲改後的憲政
　　運作為例〉,《政治科學論叢》23:27-60。

沈有忠,2011,〈半總統制下行政體系二元化的內涵〉,《政治科學論叢》47:
　　33-64。

沈有忠,2012,〈半總統制「權力總統化」之比較研究〉,《臺灣民主季刊》
　　9(4):1-36。

沈有忠、吳玉山(編),2012,《權力在哪裡?從多個角度看半總統制》。臺
　　北:五南圖書公司。

汪平雲,2006,〈我國中央政府體制改採總統制的改革方向與內容〉,「臺灣憲
　　政的困境與重生——總統制與內閣制的抉擇」研討會論文,2006 年 9 月
　　24 日。臺北:民進黨中央黨部政策委員會。

吳庚,2001,〈違憲審查制度之起源功能及發展〉,《法官協會雜誌》3(2):1-
　　10。

吳玉山,1997,〈歐洲後共產社會的政治制度變遷——以俄羅斯聯邦為例〉,
　　《美歐季刊》12(4):89-145。

吳玉山,2000a,〈合作還是對立?——府會分立下的憲政運作〉,「憲政體制
　　與政黨政治的新走向」學術研討會論文,2000 年 12 月 23 日。臺北:臺
　　灣大學政治系、新台灣人文教基金會。

吳玉山,2000b,《俄羅斯轉型——一個政治經濟學的分析》。臺北:五南圖書
　　公司。

吳玉山,2002,〈半總統制下內閣組成與政治穩定:比較俄羅斯、波蘭與中華
　　民國〉,《俄羅斯學報》2:229-265。

吳玉山，2008，〈半總統制的演化：進與出 (3/3)〉，國家科學委員會專題研究計畫成果報告 (NSC 96-2414-H-001-002)。

吳玉山，2011，〈半總統制：全球發展與研究議程〉，《政治科學論叢》47：1–32。

吳信華，2011，《憲法釋論》。臺北：三民書局。

吳宜侃，2003，〈立法委員連任因素之探討——以第四屆立法委員為例〉，國立政治大學政治學研究所碩士論文。

吳烟村，2000，〈我國應建立總統制的中央政制〉，《政策月刊》59：32–33。

周育仁，1999，〈現行中央政府體制之問題與因應對策〉，中國國民黨中央委員會政策研究工作會委託計畫。

周育仁，2000，〈憲政體制何去何從？——建構總統制與內閣制換軌機制〉，「憲政體制與政黨政治的新走向」學術研討會論文，2000 年 12 月 23 日。臺北：臺大政治系、新台灣人文教基金會。

周育仁，2001，〈聯合政府的憲政意涵〉，《國家政策論壇》1(3)：163–165。

周育仁，2002，〈少數政府對行政立法互動之影響〉，《政治學報》34：17–30。

周育仁，2005，〈建構多數政府的憲政基礎〉，《國家發展研究》5(1)：43–66。

周良黛，1998，《大法官會議憲法解釋與憲政制度之成長——釋憲案與立法權之調適》。臺北：時英出版社。

芮正皋，1992，《法國憲法與雙首長制》。臺北：白雲文化。

法治斌、董保城，2006，《憲法新論》。臺北：元照出版社。

岳宗明，2001，〈半總統制與政治穩定之比較研究——法國、俄羅斯、南韓與我國〉，東海大學政治學研究所碩士論文。

林子儀、葉俊榮、黃昭元、張文貞，2003，《憲法——權力分立》。臺北：學林文化。

林三欽，1998，〈內閣應總辭——政院向立院負責，憲法精神未變〉，《聯合報》，1998 年 12 月 10 日，第 15 版。

林昱梅，2003，〈總統之彈劾與罷免〉，《憲政時代》29(1)：31–68。

林佳龍，1998，〈半總統制、多黨體系與民主政體——臺灣憲政衝突的制度分析〉，「政治制度：理論與現實」學術研討會論文，1998 年 6 月 25–26

　　日。臺北：中央研究院中山人文社會科學研究所。

林佳龍，1999，〈總統選制的選擇與效應〉，《新世紀智庫論壇》6：44–68。

林紀東，1987，《中華民國憲法釋論》。臺北：大中國圖書公司。

林嘉誠，1999，〈人民、總統、立法院──由蕭內閣總辭談起〉，《自由時報》，
　　1999 年 1 月 23 日，第 15 版。

林繼文，1999，〈單一選區兩票制與選舉制度改革〉，《新世紀智庫論壇》6：
　　69–79。

林繼文，2000，〈半總統制下的三角政治均衡〉，載於林繼文主編《政治制
　　度》，頁 135–175。臺北：中央研究院中山人文社會科學研究所。

林繼文，2005，〈國會改革後的憲政運作〉，中華民國總統府憲政改革專題，
　　http://www.president.gov.tw/2_special/2004constitution/subject10.html#2。

林繼文，2006，〈政府體制、選舉制度與政黨體系：一個配套論的分析〉，《選
　　舉研究》13(2)：1–35。

施正鋒，2000，〈亟待尋求共識的中央政府體制〉，《政策月刊》59：26–31。

張台麟，2003，《法國政府與政治》。臺北：五南圖書公司。

張佑宗，2009，〈搜尋臺灣民粹式民主的群眾基礎〉，《台灣社會研究季刊》
　　75：85–113。

張峻豪，2011a，〈半總統制運作類型的跨國研究〉，《問題與研究》50(2)：
　　107–142。

張峻豪，2011b，〈左右共治的類型研究〉，《東吳政治學報》29(4)：73–115。

張慧英，2000，《李登輝 1988–2000 執政十二年》。臺北：天下文化。

高朗，1997，〈評析威權轉型的總統權力〉，《美歐季刊》12(4)：1–24。

高朗，2001，〈評析我國少數政府與聯合政府出現的時機與條件〉，《理論與政
　　策》14(5)：1–11。

高朗，2002，〈總統制是否有利於民主鞏固〉，載於高朗、隋杜卿主編《憲政
　　體制與總統權力》，頁 115–143。臺北：國家政策研究基金會。

徐正戎，1998，〈內閣總辭爭議──憲政法理之辯成了卡位戰〉，《聯合報》，
　　1998 年 12 月 15 日，第 15 版。

徐正戎，2000，〈內閣應否總辭？法律與政治之差異〉，《國立中山大學社會科
　　學季刊》2(2)：103–124。

徐正戎、呂炳寬，2002，〈九七憲改後的憲政運作〉，《問題與研究》41(1)：1–24。

徐正戎、張峻豪，2004，〈從新舊制度論看我國雙首長制〉，《政治科學論叢》22：139–180。

郝培芝，2010，〈法國半總統制的演化：法國 2008 年修憲的憲政影響分析〉，《問題與研究》49(2)：65–98。

郝培芝，2013，〈半總統制的演化：總統化與內閣不穩定〉，《問題與研究》52(1)：101–141。

倪炎元，1995，《東亞威權政體之轉型：比較臺灣與南韓的民主化歷程》。臺北：月旦圖書公司。

許宗力，2002a，〈「發現」雙首長制〉，《新世紀智庫論壇》10：41–43。

許宗力，2002b，〈權力分立與機關忠誠──以德國聯邦憲法法院裁判為中心〉，《憲政時代》27(4)：3–32。

許有為，1995，《法國第五共和制憲法總統與總理職權：以其憲政發展與理論背景為中心》，臺灣大學法律研究所碩士論文。

許志雄，1997，〈從比較憲法觀點論雙首長制〉，《月旦法學》26：30–37。

許育典，2009，《憲法》。臺北：元照出版公司。

郭正亮，1996，〈混合制：尋求總統與國會的平衡〉，載於國民大會祕書處主編《國民大會憲政改革委員會委託專題研究報告 （第一輯)》，頁 85–118。臺北：國民大會祕書處。

郭銘松，2001，〈違憲審查機制解決政治僵局可能性之評估──以司法院大法官針對政治部門權限爭議之解釋為中心〉，《台大法學論叢》30(2)：251–289。

陳世民，2002，〈大法官釋字第 520 號──錯過憲政體制再釐清之契機〉，載於翁岳生教授七秩誕辰祝壽論文集編委會主編《當代公法新論（上）──翁岳生教授七秩誕辰祝壽論文集》，頁 517–525。臺北：元照出版。

陳宏銘，1997，〈臺灣憲政體制的變遷──結構制約與路徑依循下的選擇〉，東吳大學政治研究所碩士論文。

陳宏銘，2004，〈超越總統制與內閣制二元對立的選擇──探求「四權半總統制」的時代性〉，「2004 年台灣政治學會年會暨學術研討會」論文，2004

年 12 月 18 日。高雄：台灣政治學會、義守大學公共政策與管理學系。

陳宏銘，2005，〈半總統制下總統、國會多數與政府的組成——以選制時程的牽引力為分析焦點〉，「台灣政治學會年會暨臺灣民主的挑戰與前景」學術研討會論文，2005 年 12 月 10 日。臺北：台灣政治學會、國立政治大學政治系。

陳宏銘、蔡榮祥，2008，〈選舉時程對政府組成型態的牽引力：半總統制經驗之探討〉，《東吳政治學報》26(2)：117–180。

陳宏銘，2009，〈臺灣半總統制下的黨政關係：以民進黨執政時期為焦點〉，《政治科學論叢》41：1–55。

陳宏銘，2012，〈半總統制下總統的法案推動與立法影響力：馬英九總統執政時期的研究〉，《東吳政治學報》30(2)：1–70。

陳茂雄，1999，〈由總辭案看憲政體制〉，《自由時報》，1999 年 1 月 18 日，第 15 版。

陳英鈐，2004，《憲政民主與人權》。臺北：學林文化。

陳英鈐，2005，〈民主鞏固與違憲審查——釋字第 585 號解釋的困境〉，《月旦法學》125：63–77。

陳長文，2009，〈端正選風，改為絕對多數決制〉，《中國時報》，2009 年 10 月 19 日，A17 版。

陳長文，2012，〈國情報告作詢答，破壞憲政〉，《聯合報》，2012 年 4 月 23 日，A15 版。

陳春生，2008，〈單一選區兩票制實施後立法院之運行與改革〉，《台灣本土法學雜誌》104：129–139。

陳淳文，2007，〈中央政府體制改革的謎思與展望〉，載於湯德宗、廖福特主編《憲法解釋之理論與實務（第五輯)》，頁 99–174。臺北：中央研究院法律學研究所。

陳淳文，2013，〈再論中央政府體制之改革展望——法國〇八修憲之啟發〉，《政大法學評論》131：1–88。

陳新民，2001，《中華民國憲法釋論》。臺北：作者自印。

陳新民，2005，〈憲政僵局與釋憲權的運用——檢討機關忠誠的概念問題〉，載於馬漢寶教授八秩華誕祝壽論文集編輯委員會主編《法律哲理與制度

——公法理論》，頁 345–393。臺北：元照出版社。

陳新民，2006，〈檢討憲政慣例的地位與效力——由總統的閣揆人事決定權談起，兼論德國聯邦憲法法院最近的「國會解散案」判決〉，《月旦法學》136：128–151。

陳朝建，2006，〈憲法隱藏的憲法巧門〉，《中國時報》，2006 年 6 月 21 日，A19 版。

陳淑芳，2006，〈獨立機關之設置及其人事權——評司法院大法官釋字第六一三號解釋〉，《月旦法學》137：41–59。

陳滄海，1999，《憲政改革與政治權力——九七憲改的例證》。臺北：五南圖書公司。

陳耀祥，2006，〈論總統彈劾案由司法院大法官審理之憲政意義〉，《臺灣民主季刊》3(1)：59–76。

陳儀深，1997，〈為總統制辯護〉，《中國時報》，1997 年 5 月 1 日，第 13 版。

陳瑞樺（譯），Philippe Ardant，2001，《法國為何出現左右共治？》。臺北：貓頭鷹出版社。

盛治仁，2006，〈單一選區兩票制對未來台灣政黨政治發展之可能影響探討〉，《臺灣民主季刊》3(2)：63–86。

黃文財、王美惠、翟思嘉，2009，〈新新聞獨家專訪馬英九總統——雙首長制成效，明年五月檢討〉，《新新聞》1182：26–27。

黃炎東，2004，〈新世紀臺灣憲政體制發展之研究〉，《新世紀智庫論壇》28：92–109。

黃秀端，2001，〈單一選區與複數選區相對多數制下的選民策略投票〉，《東吳政治學報》13：37–75。

黃秀端，2010，〈雙首長制中總統的角色——臺灣與波蘭之比較〉，「轉變中的行政與立法關係」學術研討會論文，2010 年 5 月 13–14 日。臺北：東吳大學政治系。

黃昭元，1999，〈立法院改選後行政院應否總辭〉，《月旦法學》47：6–7。

黃昭元，2000，〈當雙首長制遇上分裂政府——組閣權歸屬的爭議〉，《月旦法學》67：8–9。

黃昭元，2004a，〈九七修憲後我國中央政府體制的評估〉，載於顧忠華、金恆

煒主編《憲改大對決——九七憲改的教訓》，頁 216–256。臺北：桂冠圖書公司。

黃昭元，2004b，〈以總統制建構臺灣的中央政府體制〉，載於顧忠華、金恆煒主編《憲改大對決——九七憲改的教訓》，頁 63–66。臺北：桂冠圖書公司。

黃錦堂，2000，〈臺灣雙首長制的內涵——向總統制或內閣制傾斜？〉，「憲政體制與政黨政治的新走向」研討會論文，2000 年 12 月 23 日。臺北：臺大政治系、新台灣人文教基金會。

黃錦堂，2004，〈我國中央政府體制的現況與展望〉，《月旦法學》108：9–19。

黃錦堂，2009，〈憲法層級獨立機關之再檢討〉，「我國憲政體制問題及改革方向」研討會論文，2009 年 9 月 18 日。臺北：國家政策研究基金會。

黃錦堂，2010，〈權力分立之憲法解釋——兼評釋字第 520、585、613、633、645 號解釋〉，《法令月刊》61(9)：4–25。

黃德福，2000，〈少數政府與責任政治——台灣半總統制之下的政黨競爭〉，《問題與研究》39(12)：1–24。

黃德福、蘇子喬，2007，〈大法官釋憲對我國憲政體制的形塑〉，《臺灣民主季刊》4(1)：1–49。

彭錦鵬，2000，〈總統制是可取的制度嗎？〉，《政治科學論叢》14：75–106。

曾建元，1998，〈論民進黨轉型及其憲改策略之轉變 (1994–1996)〉，《中山人文社會科學期刊》15：147–195。

隋杜卿，2003，〈回歸憲法——憲政轉機的正路〉，載於周育仁主編《憲政危機與憲政轉機》，頁 125–158。臺北：國家政策研究基金會。

隋杜卿，2006，〈考試院〉，載於楊日青主編《中華民國憲法釋論》，頁 371–403。臺北：五南圖書公司。

湯德宗，1998，〈論九七修憲後的權力分立——憲改工程的另類選擇〉，《台大法學論叢》27(2)：135–178。

湯德宗，2005，〈九七憲改後的憲法結構〉，《權力分立新論（卷一）》，頁 1–58。臺北：作者自印。

楊泰順，1999，〈內閣總辭——法理情皆有商榷餘地〉，《中國時報》，1999 年

392

1 月 22 日,第 15 版。

楊日青,2000,〈憲法修改與政黨重組對憲政體制的影響〉,《理論與政策》14(2):199–218。

楊日青,2001,〈政府體制、選舉制度、政黨制度與內閣組合之關係〉,載於蘇永欽主編《聯合政府——臺灣民主體制的新選擇?》,頁 195–217。臺北:新台灣人文教基金會。

楊日青,2006,〈監察院〉,載於楊日青主編《中華民國憲法釋論》,頁 405–426。臺北:五南圖書公司。

楊鈞池,2005,〈一九九〇年代日本選舉制度改革及其影響之分析〉,《高大法學論叢》,創刊號:167–210。

葉俊榮,2000,《珍惜憲法時刻》。臺北:元照出版公司。

葛永光,2000,〈菁英抉擇與制度選擇〉,《政策月刊》59:13–16。

董翔飛,1997,《中國憲法與政府》。臺北:作者自印(修訂 33 版)。

董翔飛,1999,《大法官解釋文與我的不同意見書》。臺北:作者自印。

廖元豪,1998,〈蕭內閣並無義務提出總辭〉,《中國時報》,1998 年 12 月 15 日,第 13 版。

廖元豪,2000,〈論我國憲法上之行政保留——以行政、立法兩權關係為中心〉,《東吳法律學報》12(1):1–45。

廖國宏,2002,〈消散在世紀首航中的憲政風暴——憲政體制的「換軌」爭議與憲法解釋〉,「第一屆西子灣公法學研討會」論文,2002 年 12 月 13 日。高雄:國立中山大學中山學術研究所。

廖達琪、黃志呈,2001,〈制度、企圖、選舉結果與聯合政府:台灣 2001 年國會改選後個案分析〉,「政黨政治與選舉競爭」學術研討會論文,2001 年 10 月 6 日。臺北:國家政策研究基金會、中國政治學會。

廖達琪、簡赫琳、張慧芝,2008,〈臺灣剛性憲法的迷思:源起、賡續暨其對憲改的影響〉,《人文及社會科學集刊》20(3):357–395。

蔡榮祥,2008,〈比較憲政工程下的臺灣半總統制經驗〉,《台灣本土法學雜誌》103:112–127。

蔡榮祥、陳宏銘,2012,〈總統國會制的一致政府與憲政運作:以馬英九總統第一任期為例〉,《東吳政治學報》30(4):121–176。

蔡秀涓，2006，〈考試院存廢問題探討〉，載於行政院研究發展考核委員會主編《中華民國憲法釋論》，頁 174–176。臺北：五南圖書公司。

劉嘉甯，1990，《法國憲政共治之研究》。臺北：臺灣商務印書館。

劉義周，1998，〈政府體制五十年——我國中央政府體制的發展〉，《中華法學》8：145–158。

賴岳謙，2001，〈雙首長制度下國家安全的決策機制——以法國為例〉，《國防政策評論》1(3)：41–84。

聯合報社論，1998，〈內閣總辭以維民意政治與責任政治之原理〉，《聯合報》，1998 年 12 月 9 日，第 2 版。

薛化元，2001，〈二元型議會內閣制與中華民國憲法制定的原理——以張君勱為中心的討論〉，《當代》161：58–75。

鍾國允，2004，〈論法國第五共和中央政府體制定位〉，載於吳庚大法官榮退論文集編輯委員會主編 《公法學與政治理論——吳庚大法官榮退論文集》，頁 423–450。臺北：元照出版公司。

謝復生，1992，《政黨比例代表制》。臺北：理論與政策雜誌社。

謝復生，1994，〈憲政體制、選舉制度與政黨運作〉，《理論與政策》8(2)：5–13。

顏厥安，2000，〈建設性憲政忠誠原則與權限劃分〉，《中國時報》，2000 年 12 月 5 日，第 15 版。

顏厥安，2004，〈總統制能正當處理臺灣危機〉，載於顧忠華、金恆煒主編《憲改大對決——九七憲改的教訓》，頁 157–159。臺北：桂冠圖書公司。

嚴震生，2012，〈國情報告談不談民生？〉，《聯合報》，2012 年 4 月 21 日，A31 版。

蘇子喬，1999，〈法國第五共和與臺灣當前憲政體制之比較：以憲政選擇與憲政結構為中心〉，《美歐季刊》13(4)：465–515。

蘇子喬，2006，〈我國「雙首長制」為什麼不會換軌？——制度因素之分析〉，《政治學報》40：41–84。

蘇子喬、王業立，2010a，〈為何廢棄混合式選舉制度？——義大利、俄羅斯與泰國選制改革之研究〉，《東吳政治學報》28(3)：1–81。

蘇子喬，2010b，〈臺灣憲政體制的變遷軌跡 (1991–2010)——歷史制度論的分

析〉,《東吳政治學報》28(4):147–223。

蘇子喬,2010c,〈憲政體制與選舉制度的配套思考〉,《政治科學論叢》44:35–74。

蘇子喬,2011,〈哪一種半總統制——概念界定爭議之釐清〉,《東吳政治學報》29(4):1–72。

蘇子喬、王業立,2012,〈總統與國會選制影響政黨體系的跨國分析〉,《問題與研究》51(4):35–70。

蘇子喬、王業立,2013,〈選擇投票制與英國國會選制改革〉,《東吳政治學報》31(2):71–137。

蘇子喬、王業立,2016,〈從組閣爭議論我國憲政體制的定位與走向〉,《政治科學論叢》70:85–120。

蘇子喬,2018,〈選舉制度及時程對政黨體系與政府型態的影響——總統制與半總統制國家的跨國分析〉,《政治學報》65:37–81。

蘇子喬、王業立,2018,〈選舉制度與憲政體制的制度組合——半總統制國家的跨國分析〉,《選舉研究》25(1):1–36。

蘇子喬,2020,〈憲政體制、選舉制度、選舉時程與政府型態——臺灣的個案分析〉,《臺灣民主季刊》17(1):45–82。

蘇子喬,2021,〈司法部門〉,載於王業立主編《政治學與臺灣政治》,頁289–318。臺北:雙葉書廊。

蘇永欽,2000,〈新體制,須面對新觀念新挑戰〉,《中國時報》,2000年4月6日,第15版。

蘇永欽,2002,〈總統的選擇〉,載於高朗、隋杜卿主編《憲政體制與總統權力》,頁422–438。臺北:國家政策研究基金會。

蘇彥圖,2002,〈臺灣憲政政治制度下的政府組成〉,載於陳隆志主編《新世紀新憲政——新世紀智庫憲政研討會論文集》,頁427–459。臺北:元照出版公司。

蘇偉業,2005,〈從權力結構觀比較「總統制」、「內閣制」及「半總統制」〉,「2005年中國政治學會年會暨學術研討會」論文,2005年10月1–2日。臺北:中國政治學會、中央研究院政治學研究所籌備處、臺灣大學政治學系。

Almond, Gabriel and G. Bingham Powell. 1978. *Comparative Politics: System, Process, and Policy*. Boston: Little, Brown.

Aron, Raymond. 1981. "Alternation in Government in the Industrialized Countries." *Government and Opposition* 17(1): 3–12.

Bahro, Horst H. 1999. "Virtues and Vices of Semi-presidential Government." *Journal of Social Sciences and Philosophy* 11(1): 1–37.

Baker, Ross K. 1989. "The Congressional Elections." in Gerald M. Pomper et al. *The Election of 1988: Reports and Interpretations*. New Jersey: Chatham House Publishers.

Beliaev, Mikhail V. 2006. "Presidential Powers and Consolidation of New Postcommunist Democracies." *Comparative Political Studies* 39(3): 375–398.

Bergman, Torbjörn. 1995. *Constitutional Rules and Party Goals in Coalition Formation: An Analysis of Winning Minority Governments in Sweden*. Umea: Department of Political Science, Umea University.

Blais, Andre, Louis Massicotte, and Agnieszka Dobrzynska. 1997. "Direct Presidential Election: A World Summary." *Electoral Studies* 16(4): 441–455.

Blondel, Jean. 1992. "Dual Leadership in the Contemporary World." in Arend Lijphart, ed. *Parliamentary Versus Presidential Government*: 167–172. Oxford: Oxford University Press.

Buckman, Kirk. 2004. "Divided Government and Constitutional Reform in France and Germany." *French Politics* 2: 25–60.

Bunce, Valerie. 2003. "Rethinking Recent Democratization: Lessons from the Postcommunist Experience." *World Politics* 55(2): 167–192.

Cabestan, Jean-Pierre. 2003. "To 'Cohabit' or Not to 'Cohabit': That Is the Question! A Comparison of the Taiwanese and the French Semi-presidential System." Paper presented at the Conference on Semi-Presidentialism and Nascent Democracies. Taipei: Institute of Political Science, Academia Sinica. October 24–25, 2003.

Cain, Bruce John, and Morris Fiorina. 1986. "The Constituency Service Basis of the Personal Vote for U. S. Representative and British Members of Parliament." *The American Political Science Review* 78(1): 110–125.

Cammack, Paul. 1992. "The New Institutionalism: Predatory Rule, Institutional Persistence, and Macro-Social Change." *Economy and Society* 21(4): 397–429.

Canovan, Magaret. 1999. "Trust the People! Populism and the Two Faces of Democracy." *Political Studies* 407: 2–66.

Cheibub, José Antonio. 2002. "Minority Governments, Deadlock Situations and the Survival of Presidential Democracies." *Comparative Political Studies* 35(3): 284–312.

Cheibub, José Antonio. 2007. *Presidentialism, Parliamentarism, and Democracy*. New York: Cambridge University Press.

Cheibub, José Antonio, and Fernando Limongi. 2002. "Democratic Institutions and Regime Survival: Parliamentary and Presidential Democracies Reconsidered." *Annual Review of Political Science* 5(1): 151–179.

Cheibub, José Antonio, and S. Chernykh. 2009. "Are Semi-presidential Constitutions Bad for Democratic Performance?" *Constitutional Political Economy* 20(3–4): 202–229.

Cheng, Tun-Jen. 1989. "Democratization the Quasi-Leninist Regime in Taiwan." *World Politics* 41(4): 471–499.

Chu, Yun-han. 1998. "The Challenges of Democratic Consolidation." in Hung-mao Tien, and Steve Yui-sang Tsang, eds. *Democratization in Taiwan: Implications for China*: 148–167. New York: St. Martin's Press.

Cole, Alistair. 2000. "The Party System: The End of Old Certainties." in Gino G. Raymond. ed. *Structures of Power in Modern France*. New York: St. Martin's.

Colomer, Josep M. 2005. "It's Parties That Choose Electoral Systems (or Duverger's Laws Upside Down)." *Political Studies* 53(1): 1–21.

Cooney, Sean. 1999. "A Community Changes: Taiwan's Council of Grand Justice and Liberal Democratic Reform." in Kanishka Jayasuriya, ed. *Law, Capitalism and Power in Asia: The Rule of Law and Legal Institutions*: 253–280. London: Routledge.

Cox, Gary W. 1990. "Centripetal and Centrifugal Incentives in Electoral System." *American Journal of Political Science* 34(4): 903–935.

Cox, Gary W., and Frances McCall Rosenbluth. 1993. "The Electoral Fortunes of Legislative Factions in Japan." *American Political Science Review* 87(3): 577–589.

Duverger, Maurice. 1954. *Political Parties: Their Organization and Activity in the Modern State*. London: Methuen.

Duverger, Maurice. 1980. "A New Political System Model: Semi-Presidential Government." *European Journal of Political Research* 8(2): 165–187.

Duverger, Maurice. 1986. "Duverger's Law: Forty Years Later." in Bernard Grofman, and Arend Lijphart, eds. *Electoral Laws and Their Political Consequences*: 69–84. New York: Agathon Press.

Easter, Gerald. 1997. "Preference for Presidentialism: Post-Communist Regime Change in Russia and NIS." *World Politics* 49(2): 184–211.

Elgie, Robert. 1996. "The Institutional Logics of Presidential Elections." in Robert Elgie, ed. *Electing the French President: The 1995 Presidential Election*. New York: St. Martin's Press.

Elgie, Robert. 1999. "The Politics of Semi-Presidentialism." in Robert Elgie, ed. *Semi-Presidentialism in Europe*: 1–21. Oxford: Oxford University Press.

Elgie, Robert, ed. 2001. *Divided Government in Comparative Perspective*. Oxford: Oxford University Press.

Elgie, Robert. 2001. "Cohabitation: Divided Government French Style." in Robert Elgie, ed. *Divided Government in Comparative Perspective*. Oxford: Oxford University Press.

Elgie, Robert. 2003a. *Political Institutions in Contemporary France*. Oxford: Oxford University Press.

Elgie, Robert. 2003b. "Semi-Presidentialism: Concept, Consequences and

Contesting Explanations." Paper presented at the Conference on Semi-Presidentialism and Nascent Democracies. Taipei: Institute of Political Science, Academia Sinica. October 24–25, 2003.

Elgie, Robert. 2005. "A Fresh Look at Semi-Presidentialism: Variations on A Theme." *Journal of Democracy* 16(3): 98–112.

Elgie, Robert. 2007. "What Is Semi-presidentialism and Where Is It Found?" in Robert Elgie and Sophia Moestrup, eds. *Semi-Presidentialism Outside Europe: A Comparative Study*. London: Taylor and Francis.

Elgie, Robert. 2007. "Varieties of Semi-Presidentialism and Their Impact on Nascent Democracies." *Taiwan Journal of Democracy* 3(2): 53–71.

Elgie, Robert. 2008. "Semi-Presidentialism: An Increasingly Common Constitutional Choice." Paper presented at the Conference on Semi-Presidentialism and Democracy. Taipei: Academia Sinica. October 17–18, 2008.

Elgie, Robert, and Sophia Moestrup, eds. 2007. *Semi-Presidentialism Outside Europe: A Comparative Study*. London: Routledge.

Elgie, Robert, and Sophia Moestrup, eds. 2008. *Semi-presidentialism in Central and Eastern Europe*. Manchester: Manchester University.

Elgie, Robert, and Steven Griggs. 2000. *French Politics: Debates and Controversies*. New York: Routledge.

Elgie, Robert, Sophia Moestrup, and Yu-Shan Wu, eds. 2011. *Semi-presidentialism and Democracy*. New York: Palgrave.

Epstein, Leon D. 1967. *Political Parties in Western Democracies*. New York: Praeger.

Flanagan, Tom. 2001. "The Alternative Vote." *Policy Options* 22(6): 37–40.

Frye, Timothy. 1997. "A Politics of Institutional Choice: Post-Communist Presidencies." *Comparative Political Studies* 30(5): 523–552.

Fukuyama, Francis, Björn Dressel, and Boo-Seung Chang. 2005. "Facing the Perils of Presidentialism?" *Journal of Democracy* 16(2): 102–116.

Gaffney, John. 1989. "Introduction: Presidentialism and the Fifth Republic." in

John Gaffney, ed. *The French Presidential Elections of 1988: Ideology and Leadership in Contemporary France*. Brookfield, VT: Gower.

Geddes, Barbara. 1996. "Initiation of New Democratic Institutions in Eastern Europe and Latin America." in Arend Lijphart, and Carlos H. Waisman, eds. *Institutional Design in New Democracies: Eastern Europe and Latin American*: 15–42. Boulder, CO: Westview Press.

Giddens, Anthony. 1984. *The Constitution of Society*. Cambridge: Polity Press.

Ginsburg, Tom, José A. Cheibub, and Zachary Elkins. 2009. "Beyond Presidentialism and Parliamentarism: On the Hybridization of Constitutional Form." Paper presented at the Workshop on Measuring Law and Institutions: Analytical and Methodological Challenges. Barcelona: Pompeu Fabra University. October 2–3, 2009.

Goldey, David B. 1997. "Analysis of the Election Results." in John Gaffney, and Lorna Milne, eds. *French Presidentialism and the Election of 1995*. Brookfield, VT: Ashgate.

Grant, Ruth W., and Robert O. Koehane. 2005. "Accountability and Abuses of Power in World Politics." *American Political Science Review* 99(1): 29–43.

Hall, Peter A., and Rosemary C. R. Taylor. 1996. "Political Science and the Three New Institutionalisms." *Political Studies* 44(2): 936–957.

Hellwig, T., and D. Samuels. 2007. "Electoral Accountability and the Variety of Democratic Regimes." *British Journal of Political Science* 38(1): 65–90.

Heywood, Andrew. 2000. *Key Concepts in Politics*. New York: Palgrave Macmillan.

Hiebert, Janet L. 2006. "Parliament and the Human Rights Acts: Can the JCHR Help Facilitate a Culture of Rights?" *International Journal of Constitutional Law* 4(1): 1–38.

Hiroi, Taeko, and Sawa Omori. 2009. "Perils of Parliamentarism? Political Systems and the Stability of Democracy Revisited." *Democratization* 16(3): 485–507.

Hochsteller, Kathryn. 2006. "Rethinking Presidentialism: Challenges and

Presidential Falls in South America." *Comparative Politics* 38(4): 401–418.

Hoffmann, Stanley. 1989. "The Institutions of the Fifth Republic." in James F. Hollifield, and George Ross, eds. *Searching for the New France*. New York: Routledge.

Holland, Kenneth M., ed. 1991. *Judicial Activism in Comparative Perspective*. Basingstoke, Hampshire: Macmillan.

Horowitz, Donald. 1990. "Comparing Democratic Systems." *Journal of Democracy* 1(4): 73–79.

Hsieh, John F. S. 2003. "The Logic of (a Special Type of) Semi-Presidentialism: Loopholes, History, and Political Conflicts." Paper presented at the Conference on Semi-Presidentialism and Nascent Democracies. Taipei: Institute of Political Science, Academia Sinica. October 24–25, 2003.

Huntington, Samuel P. 1991. *The Third Wave: Democratization in the Late Twentieth Century*. Norman, OK: University of Oklahoma Press.

Immergut, Ellen M. 1998. "The Theoretical Core of the New Institutionalism." *Politics and Society* 26(1): 5–34.

Jackson, John S. 1994. "Incumbency in the United States." in Albert Somit et al. *The Victorious Incumbent: A Threat to Democracy?* 29–70. Vermont: Dartmouth.

Johannsen, Lars, and Ole Nørgaard. 2003. "IPA: The Index of Presidential Authority. Explorations into the Measurement of Impact of a Political Institution." Paper presented at the ECPR Joint Sessions of Workshops. Edinburgh: Department of Political Science, Aarhus University. March 28–April 4, 2003. in http://users.ox.ac.uk/~oaces/conference/papers/Irina_Tanasescu.pdf#search=%22Tanasescu%20the%20Presidency%20Poland%22. Latest update 17 September, 2006.

Jones, Charles O. 1990. "The Separated Presidency." in Anthony King, ed. *The New American Political System*: 1–28. Washington, DC: American Enterprise Institute.

Jones, Mark P. 1994. "Presidential Electoral Laws and Multipartism in Latin

America." *Political Research Quarterly* 47(1): 41–57.

Karl, Terry Lynn. 1991. "Dilemmas of Democratization in Latin America." *Comparative Politics* 23(1): 1–21.

Karl, Terry Lynn, and Philippe Schmitter. 1990. *Modes of Transition and Types of Democracy in Latin American, Southern and Eastern Europe.* Stanford, CA: Stanford University.

Kavanagh, Dennis. 1995. "Changes in Electoral Behavior and the Party System." in F. F. Ridley, and M. Rush, eds. *British Government and Politics Since 1945: Changes in Perspective*: 98–114. Oxford: Oxford University Press.

Keeler, John, and Martin A. Schain. 1997. "Institutions, Political Poker, and Regime Evolution in France." in Kurt von Mettenheim, ed. *Parliamentary versus Presidential Government.* Oxford: Oxford University Press.

Knapp, Andrew, and Vincent Wright. 2001. *The Government and Politics of France.* New York: Routledge.

Krasner, Stephen D. 1984. "Approaches to the State: Alternative Conceptions and Historical Dynamics." *Comparative Politics* 16(2): 223–246.

Laakso, Markku, and Rein Taagepera. 1979. "Effective Number of Parties: A Measure with Application to West Europe." *Comparative Political Studies* 12(1): 3–27.

Lane, Jan-Erik, and Svante Ersson. 2000. *The New Institutional Politics: Performance and Outcome.* New York: Routledge.

LeDuc, Lawrence, Richard G. Niemi, and Pippa Norris, eds. 1996. *Comparing Democracies: Elections and Voting in Global Perspective.* Thousand Oaks, CA: Sage Publications.

Lee, Pei-shan, and Yun-han Chu. 2003. "Crafting Taiwan's Semi-Presidentialism in the Shadow of History." Paper presented at the Conference on Semi-Presidentialism and Nascent Democracies. Taipei: Institute of Political Science, Academia Sinica. October 24–25.

Levi, Margaret. 1997. "A Model, a Method, and a Map: Rational Choice in Comparative and Historical Analysis." in Mark Irving Lichbach, and Alan S.

Zuckerman, eds. *Comparative Politics: Rationality, Culture, and Structure*: 19–41. Cambridge: Cambridge University Press.

Lewis, W. Arthur. 1965. *Politics in West Africa*. London: Allen and Unwin.

Lijphart, Arend. 1984. *Democracy: Patterns of Majoritarian and Consensus Government in Twenty-One Countries*. New Haven, CT: Yale University Press.

Lijphart, Arend. 1993. "Constitutional Choice for New Democracies." in Larry Diamond, and Marc F. Plattner, eds. *The Global Resurgence of Democracy*: 237–250. Baltimore, MD: The Johns Hopkins University Press.

Lijphart, Arend. 1994a. *Electoral Systems and Party Systems: A Study of Twenty-Seven Democracies, 1945–1990*. Oxford: Oxford University Press.

Lijphart, Arend. 1994b. "Presidentialism and Majoritarian Democracy: Theoretical Observations." in Juan J. Linz, and Arturo Valenzuela, eds. *The Failure of Presidential Democracy: Comparative Perspectives*: 91–105. Baltimore, MD: The Johns Hopkins University Press.

Lijphart, Arend. 1999. *Patterns of Democracy: Government Forms and Performance in Thirty-Six Countries*. New Haven, CT: Yale University Press.

Lijphart, Arend. 2004. "Constitutional Design for Divided Societies." *Journal of Democracy* 15(2): 96–109.

Lin, Chia-lung. 1996. "Politics of Constitutional Choice in Taiwan." Paper presented at the Taiwanese Political Science Association 1996 Annual Conference. Taipei: National Taiwan University. December 14–15, 1996.

Lin, Jih-wen. 2003. "Institutionalized Uncertainty and Governance Crisis in Posthegemonic Taiwan." *Journal of East Asian Studies* 3(3): 433–460.

Linz, Juan J. 1990a. "The Perils of Presidentialism." *Journal of Democracy* 1(1): 51–69.

Linz, Juan J. 1990b. "The Virtues of Parliamentarianism." *Journal of Democracy* 1(4): 80–83.

Linz, Juan J. 1994. "Presidential and Parliamentary Democracies: Does It Make a

Difference?" in Juan J. Linz, and Arturo Valenzuela, eds. *The Failure of Presidential Democracy: Comparative Perspectives*: 3–74. Baltimore, MD: The Johns Hopkins University Press.

Linz, Juan J. 1997. "Introduction: Some Thoughts on Presidentialism in Postcommunist Europe." in Ray Taras, ed. *Postcommunist Presidencies*: 3–74. New York: Cambridge University Press.

Lipset, Seymour Martin. 1990. "The Centrality of Political Culture." *Journal of Democracy* 1(4): 80–83.

Loewenstein, Karl. 1957. *Political Power and the Governmental Process*. Chicago: University of Chicago Press.

Maeda, Ko. 2006. "Duration of Party Control in Parliamentary and Presidential Governments: A Study of 65 Democracies, 1950–1998." *Comparative Political Studies* 39(3): 352–374.

Mahoney, James. 2000. "Path Dependence in Historical Sociology." *Theory and Society* 29(4): 507–548.

Mainwaring, Scott. 1993. "Presidentialism, Multipartism, and Democracy: The Difficult Combination." *Comparative Political Studies* 26(2): 198–228.

March, James G., and Johan P. Olsen. 1989. *Rediscovering Institutions: The Organizational Basis of Politics*. New York: The Free Press.

Massicotte, Louis, and A. Blais. 1999. "Mixed Electoral Systems: A Conceptual and Empirical Survey." *Electoral Studies* 18(3): 341–366.

McGregor, James. 1994. "The Presidency in East Central Europe." *RFE/RL Research Report* 33(2): 23–31.

Metcalf, Lee Kendall. 2000. "Measuring Presidential Power." *Comparative Political Studies* 33(5): 660–685.

Mettenheim, Kurt von, and Bert A. Rockman. 1997. "Presidential Institutions, Democracy, and Comparative Politics: Comparing Regional and National Contexts." in Kurt von Mettenheim, ed. *Presidential Institutions and Democratic Politics: Comparing Regional and National Contexts*: 136–246. Baltimore, MD: The Johns Hopkins University Press.

Meyer, John W., and Brian Rowan. 1991. "Institutionalized Organizations." in Walter W. Powell, and Paul J. DiMaggio, eds. *The New Institutionalism in Organizational Analysis*: 41–62. Chicago: University of Chicago Press.

Moestrup, Sophia. 2007. "Semi-Presidentialism in Young Democracies: Help or Hindrance?" in Robert Elgie, and Sophia Moestrup, eds. *Semi-Presidentialism Outside Europe: A Comparative Study*: 30–35. London: Routledge.

Mulgan, R. 2000. "Accountability: An Ever-Expanding Concept?" *Public Administration* 78(3): 555–573.

Nohlen, Dieter. 1996. "Electoral Systems and Electoral Reform in Latin America." in Arend Lijphart, and Carlos H. Waisman, eds. *Institutional Design in New Democracies: Eastern Europe and Latin America*: 43–57. Boulder: Westview Press.

Norris, Pippa. 2004. *Electoral Engineering: Voting Rules and Political Behavior.* Cambridge: Cambridge University Press.

Norton, Philip. 1994. "Parliament in the United Kingdom: The Incumbency Paradox." in Albert Somit et al. *The Victorious Incumbent: A Threat to Democracy?* 103–121. Vermont: Dartmouth.

O'Donnell, Guillermo. 1994. "Delegative Democracy." *Journal of Democracy* 5(1): 55–69.

O'Donnell, Guillermo. 1997. "Illusions about Consolidation." in Larry Diamond, Marc F. Plattner, Yun-han Chu, and Hung-mao Tien, eds. *Consolidating the Third Wave Democracies: Themes and Perspective*: 40–57. Baltimore, MD: The Johns Hopkins University Press.

O'Donnell, Guillermo. 2003. "Horizontal Accountability: The Legal Institutionalization of Mistrust." in Scott Mainwaring, and Christopher Welna, eds. *Democratic Accountability in Latin America*: 34–54. New York: Oxford University Press.

O'Neill, Patrick. 1993. "Presidential Power in Post-Communist: The Hungarian Case in Comparative Perspective." *Journal of Communist Studies* 9(3): 177–

201.

Pierson, Paul. 2000. "Increasing Returns Path Dependence, and the Study of Politics." *The American Political Science Review* 94(2): 251–267.

Pierson, Paul. 2004. *Politics in Time: History, Institutions, and Social Analysis.* Princeton, NJ: Princeton University Press.

Powell, G. Bingham. 1982. *Contemporary Democracies.* Cambridge: Harvard University Press.

Power, Timothy J., and Mark J. Gasiorowski. 1997. "Institutional Design and Democratic Consolidation in the Third World." *Comparative Political Studies* 30(2): 123–155.

Protsyk, Oleh. 2006. "Intra-Executive Competition between President and Prime Minister: Patterns of Institutional Conflict and Cooperation under Semi-Presidentialism." *Political Studies* 54(2): 219–244.

Przeworski, Adam. 1991. *Democracy and the Market: Political and Economic Reforms in Eastern European and Latin America.* Cambridge: Cambridge University Press.

Przeworski, Adam, Susan Stokes, and Bernard Manin. 1999. *Democracy, Accountability and Representation.* New York: Cambridge University Press.

Punnett, R. M. 1991. "The Alternative Vote Re-visited." *Electoral Studies* 10(4): 281–298.

Rae, Douglas W. 1971. *The Political Consequences of Electoral Laws.* New Haven, CT: Yale University Press.

Ranney, Austin. 1996. *Governing: An Introduction to Political Science.* Upper Saddle River, NJ: Prentice-Hall.

Reed, Steven R. 1990. "Structure and Behaviour: Extending Duverger's Law to the Japanese Case." *British Journal of Political Science* 20(3): 335–356.

Reed, Steven R. 2003. *Japanese Electoral Politics: Creating a New Party System.* New York: Routledge.

Riker, W. H. 1982. "The Two-party System and Duverger's Law: An Essay on the History of Political Science." *American Political Science Review* 76(4):

753–766.

Rohr, John A. 1995. *Founding Republics in France and America: A Study in Constitutional Governance*. Lawrence, KS: University Press of Kansas.

Roper, Steven D. 2002. "Are All Semi-Presidential Regime the Same?" *Comparative Politics* 34(3): 253–272.

Safran, William. 1991. *The French Polity*. New York: Longman.

Safran, William. 2003. "France." in M. Donald Hancock et al. *Politics in Europe*. New York: Chatham House Publishers.

Sartori, Giovanni. 1986. "The Influence of Electoral Systems: Faulty Laws or Faulty Methods?" in Bernard Grofman, and Arend Lijphart, eds. *Electoral Laws and Their Political Consequences*: 43–68. New York: Agathon Press.

Sartori, Giovanni. 1994. *Comparative Constitutional Engineering: An Inquiry into Structures, Incentives and Outcomes*. New York: Macmillan Press.

Schaap, Ross D. 2005. "The House of Representatives' Election in Japan, November 2003." *Electoral Studies* 24(1): 136–142.

Schedler, Andreas. 1999. "Conceptual Accountability." in Andreas Schedler, Larry Diamond, and Marc F. Plattner, eds. *The Self-restraining State: Power and Accountability in New Democracies*: 13–38. Boulder, CO: Lynne Reinner Publishers.

Shugart, Matthew Søberg. 2005. "Semi-Presidential Systems: Dual Executive and Mixed Authority Patterns." *French Politics* 3: 323–351.

Shugart, Matthew Søberg, and John M. Carey. 1992. *Presidents and Assemblies: Constitutional Design and Electoral Dynamics*. Cambridge: Cambridge University Press.

Shugart, Matthew S., and Rein Taagepera. 1999. "Plurality versus Majority Election of Presidents: A Proposal for a 'Double Complement Rule'." *Comparative Political Studies* 27(3): 323–348.

Siaroff, Alan. 2003. "Comparative Presidencies: The Inadequacy of the Presidential, Semi-Presidentialism and Parliamentary Distinction." *European Journal of Political Research* 42(3): 287–312.

Skach, Cindy. 2005. *Borrowing Constitutional Designs: Constitutional Law in Weimar Germany and the French Fifth Republic*. Princeton, NJ: Princeton University Press.

Steinmo, Sven, and Kathleen Thelen. 1992. "Historical Institutionalism in Comparative Analysis." in Sven Steinmo et al. *Structuring Politics*: 1–32. Cambridge: Cambridge University Press.

Stepan, Afred, and Cindy Skach. 1993. "Constitutional Frameworks and Democratic Consolidation: Parliamentarianism versus Presidentialism." *World Politics* 46(1): 1–22.

Taagepera, Rein, and Matthew S. Shugart. 1989. *Seats and Votes*. New Haven, CT: Yale University Press.

Tanasescu, Irina. 2002. "The Presidency in Central and Eastern Europe: A Comparative Analysis between Poland and Romania." Paper presented at the Contours of Legitimacy in Central Europe: New Approaches in Graduate Studies Conference. Oxford: European Studies Centre, St. Anthony's College. May 22–24, 2006. in http://www.demstar.dk/papers/JohannsenN%C3%B8rgaardIPA2.pdf#search=%22Johannsen%20%20IPA%20The%20Index%20of%20Presidential%22. Latest update September 17, 2006.

Tate, C. Neal, and Torbjörn Vallinder, eds. 1995. *The Global Expansion of Judicial Power*. New York: New York University Press.

Thelen, Kathleen. 2002. "How Institutions Evolve: Insights from Comparative-historical Analysis." in James Mahoney, and Dietrich Rueschemeyer, eds. *Comparative Historical Analysis in the Social Sciences*: 208–240. Cambridge: Cambridge University Press.

Tsai, Jung-Hsiang. 2008. "Sub-Types of Semi-presidentialism and Political Deadlock." *French Politics* 6: 63–84.

Wright, Vincent. 1989. *The Government and Politics of France*. New York: Holmes & Meier Publishers.

Wu, Yu-Shan. 1999. "Taiwan's Constitutional Framework and Cross-Straits

Relations." Paper presented at the 1999 Annual Meeting of the American Political Science Association. Atlanta: American Political Science Association. September 2–5, 1999.

Wu, Yu-shan. 2000. "The ROC's Semi-presidentialism at Work: Unstable Compromise, Not Cohabitation." *Issues and Studies* 36(5): 1–40.

Wu, Yu-shan. 2003. "Triangular Interactions under Semi-Presidentialism: A Typological Exposition." Paper presented at the Conference on Semi-Presidentialism and Nascent Democracies. Taipei: Institute of Political Science, Academia Sinica. October 24–25, 2003.

Wu, Yu-shan. 2005. "Appointing the Prime Minister under Incongruence: Taiwan in Comparison with France and Russia." *Taiwan Journal of Democracy* 1(1): 103–132.

Wu, Yu-shan. 2007. "Semi-presidentialism: Easy to Choose, Difficult to Operate: The Case of Taiwan." In Robert Elgie and Sophia Moestrup, eds. *Semi-Presidentialism Outside Europe: A Comparative Study*. London: Routledge.

Wu, Yu-shan. 2008. "Study of Semi-Presidentialism: A Holistic Approach." Paper presented at the Conference on Semi-Presidentialism and Democracy: Institutional Choice, Performance, and Evolution. Taipei: Institute of Political Science, Academia Sinica. October 17–18, 2008.

Wu, Yu-shan, and Jung-hsiang Tsai. 2011. "Taiwan: Democratic Consolidation under President-parliamentarism." In Robert Elgie, Sophia Moestrup, and Yu-Shan Wu, eds. 2011. *Semi-presidentialism and Democracy*. New York: Palgrave.

Ysmal, Colette. 1994. "Incumbency in France: Electoral Instability as a Way to Legislative Turnove." In Albert Somit et al. *The Victorious Incumbent: A Threat to Democracy?* 190–217. Vermont: Dartmouth.

Elections and Electoral Systems by Country
   http://www.politicsresources.net/election.htm

Freedom House
   http://www.freedomhouse.org/

Polity IV

  http://www.systemicpeace.org/polity/polity4.htm

Election Resources on the Internet

  http://electionresources.org/

ACE The Electoral Knowledge Network/Comparative Data

  http://aceproject.org/epic-en/CDMap?question=ES05

Adam Carr's Election Archive

  http://psephos.adam-carr.net/

中華民國憲法概要（修訂九版）

陳志華／著

　　中華民國憲法於民國三十六年制定、公布並施行，全十四章一百七十五條。修憲後，國民大會停止運作；司法體系大幅更新；考試院職權重行調整；監察院不再是民意機構；地方制度「省」改為非自治團體，憲政改革幅度巨大。加上，總統改由公民直接選舉；將內閣制政府要義「倒閣」與「解散」入憲；立法院提憲法修正案交公民投票複決；一〇八年一月憲法訴訟法公布（三年後施行），憲法法庭以判決取代解釋，都對我國憲政發展產生深遠的影響。而行政院為憲法第五十三條明定的最高行政機關之地位，是否因總統直接民選、閣揆任命不須經立法院同意以及釋字第六二七號解釋等而受到挑戰，攸關憲法發展。

中華民國憲法概要（修訂九版）

林騰鷂／著

　　我國憲法本文，仿照西元一九一九年德國威瑪憲法之體系架構，在形式上包括了基本信念、基本人權、基本政府與基本國策等四個建構，但因行憲以來，國家動亂，憲法本文一再被增修、支解，權力制衡機制受到破壞，以致在威權獨裁、民粹操弄之下，幾使我國憲政實況有如希特勒時代下的德國憲政情勢或如同法國學者盧梭所說二百多年前的英國人民一樣，「投完票以後，又變成奴隸！」

　　本書九版除了將憲政動態事件，如政黨法之施行、公民投票法之修正、公教年金之改革、地方議會議長之選舉罷免改採記名投票制等，加以增補並評述以外，也將八版發行以來之司法院大法官解釋，新制訂的法律及修正的法律在相關章節中補充或修訂，以求本書之新穎性。

政治學方法論（二版）

呂亞力／著

　　本書內容包括狹義的政治學方法論、政治研究的基礎、政治分析的主要概念架構，聚焦於政治現象的實證研究與政治問題的理性思辨，內容深入淺出，針對政治研究的方法、理論皆有著墨，對於從事政治學研究的讀者而言，實為值得一讀再讀的經典之作。

政治學（五版）

薩孟武／著

　　凡是一種著作，既加上「學」之一字，必有其中心觀念。沒有中心觀念以聯繫各章節，不過雜燴而已。本書是以統治權為中心觀念，採國法學的寫作方式，共分為五章：一是行使統治權的團體——國家論；二是行使統治權的形式——政體權；三是行使統治權的機構——機關論；四是國民如何參加統治權的行使——參政權論；五是統治權活動的動力——政黨論。書中論及政治制度及各種學說，均舉以敷暢厥旨，並旁徵博引各家之言，進而批判其優劣，是研究政治學之重要經典著作。

行政學（五版）

張潤書／著

　　本書共分七編、三十五章。從「行政學的基本概念」到「行政學的未來展望」，涵蓋了行政學的主要內容。舉凡國內外的相關理論與方法，皆有周詳的論述，堪稱目前國內行政學最新穎、最完備的著作，且兼顧學術性與實務性，無論大專院校或公務機構均可作為重要教科書或參考書。本書自二十年前初版以來，已多次修改、增訂，尤其對近十年所發展出來的理論與管理方法特別重視，例如組織學習、組織再造、非營利組織、轉換型領導及行政資訊管理等，是參加高、普考及研究所入學考試的最佳與必備參考書籍。

地方政府與自治（修訂二版）

丘昌泰／著

　　《地方政府與政治》描述臺灣實施地方自治的法制規範與運作原理，本書不僅涵蓋傳統的「法制途徑地方自治」，這是過去多年來的考試重點；而且也包括最新的「治理途徑地方自治」，這是新的命題方向。

　　章節結構係以考選部公布的「專業科目命題大綱」為藍本，參酌歷屆試題重點加以修正而成，刪除不必要的教材，使本書更為精簡扼要。

　　研讀地方自治時應掌握三要：釐清基本觀念、輔以案例說明、勤做練習題目、法條不用強記、抓住重點即可。本書是一本觀念清晰、結構系統、概念新穎的教科書，有助於提升讀者的系統思考與應試能力。

西洋政治思想史（七版）

薩孟武／著

本書有三項特點：

（一）分古代、中世、近代三篇，每篇第一章又分若干節，說明該時代該社會的一般情況，依此分析每個政治思想發生的原因及其結果。

（二）精選每個時代代表學者的代表思想，人數不求其多，說明務求清晰，使讀者容易瞭解某一時代政治思想的特質；尤致力於說明時空背景、何以產生此種思想、對後來有何影響。

（三）外國著作固不必說，就是國內學者亦不能將西洋政治思想與吾國先哲的政治思想做比較；本書於認為有比較的必要時，用「附註」之法，簡單說明中西思想的異同。

國家圖書館出版品預行編目資料

中華民國憲法：憲政體制的原理與實際／蘇子喬著.
——修訂二版一刷.——臺北市：三民，2021
　　面；　　公分

ISBN 978-957-14-7186-0 （平裝）
1. 中華民國憲法 2. 憲政主義 3. 總統制

581.25　　　　　　　　　　　　　110006177

中華民國憲法：憲政體制的原理與實際

作　者	蘇子喬
發行人	劉振強
出版者	三民書局股份有限公司
地　址	臺北市復興北路 386 號 (復北門市)
	臺北市重慶南路一段 61 號 (重南門市)
電　話	(02)25006600
網　址	三民網路書店 https://www.sanmin.com.tw
出版日期	初版一刷 2013 年 11 月
	修訂二版一刷 2021 年 7 月
書籍編號	S571410
I S B N	978-957-14-7186-0

三民書局